Karl Martin Fischer
Tendenz und Absicht des Epheserbriefes

KARL MARTIN FISCHER

Tendenz und Absicht des Epheserbriefes

VANDENHOECK & RUPRECHT
IN GÖTTINGEN

Forschungen zur Religion und Literatur
des Alten und Neuen Testaments

Herausgegeben von Ernst Käsemann und
Ernst Würthwein
Der ganzen Reihe 111. Band

ISBN 3-525-53256-3
Vandenhoeck & Ruprecht, Göttingen 1973.- Lizenzausgabe der
Evangelischen Verlagsanstalt Berlin.- Ohne ausdrückliche Genehmi-
gung des Verlages ist es nicht gestattet, das Buch oder Teile daraus
auf photo- oder akustomechanischem Wege zu vervielfältigen.-
Satz und Druck: VEB Broschurendruck Leipzig, DDR.-
Bindearbeit: Hubert & Co., Göttingen

Dem Berliner Arbeitskreis für
Koptisch-Gnostische Schriften

VORWORT

Die vorliegende Arbeit stellt die leicht überarbeitete Fassung der im Januar 1970 von der Theologischen Fakultät der Humboldt-Universität Berlin angenommenen Habilitations-Schrift dar. Sie wurde im Herbst 1969 abgeschlossen. Der Redaktionsschluß der vorliegenden Fassung erfolgte im Mai 1970.

Die Überschrift „Tendenz und Absicht des Epheserbriefes" deckt sich allerdings nur mit einem Teil der Arbeit (I–III, A, IV–V). Die übrigen Teile stehen dazu in einem mehr oder weniger lockeren Zusammenhang und können auch als in sich geschlossene Einzelstudien gelesen werden. Die Mehrspurigkeit der Arbeit hat ihren Grund in der allgemeinen Forschungssituation und meiner eigenen wissenschaftlichen Arbeit.

Mich interessierten zwei verschiedene Fragen in gleicher Weise:
1. das Rätsel, warum und wozu dieser Brief geschrieben wurde;
2. die Vielfalt der in diesem Brief lebendigen geistigen Tradition, also die religionsgeschichtliche Frage.

Anfang der dreißiger Jahre hatten Ernst Käsemann und Heinrich Schlier, aufbauend auf den Arbeiten der älteren religionsgeschichtlichen Schule, ihre bahnbrechenden Arbeiten zum religionsgeschichtlichen Hintergrund des Epheserbriefs veröffentlicht, die bis heute ihre Bedeutung nicht verloren haben. Nun hat sich die Lage in der Religionsgeschichte gegenüber damals erheblich gewandelt. Anerkannte Thesen, die damals selbstverständliche Geltung hatten, sind heute hinfällig geworden. Vor allem die Gnosisforschung hat durch die Nag-Hammadi-Funde zu völlig neuen Einsichten geführt. Es ist heute nicht mehr möglich, Mysterienreligionen, Gnosis, Philo usw. in einem einzigen Oberbegriff zusammenzufassen. Darum reizte es mich, neben der Einleitungsfrage nach Tendenz und Absicht des Epheserbriefes einen ersten Versuch zu machen, das ganze von Käsemann und Schlier zusammengetragene religionsgeschichtliche Material im Lichte der neuen Texte und methodischen Einsichten zu überprüfen. Das führte notgedrungen zu Exkursen, die sich weit vom eigentlichen Gegenstand entfernen mußten.

Selbstverständlich kann ein einzelner, zumal der Anfänger, nicht die ganze Fülle der Religionsgeschichte überschauen. An vielen Stellen bin ich mir bewußt, wie vorläufig die Resultate sind. Man muß aber den Mut haben, auch unter dem Zeichen der Vorläufigkeit etwas zu sagen, um das Gespräch in

Gang zu bringen. Die Kritik wird das Ihrige tun, um bessere Einsichten zu gewinnen.

Die Widmung soll ein Dank an Hans-Martin Schenke und an die Freunde aus unserem Arbeitskreis sein, denen ich im gemeinsamen Forschen und Fragen aufs engste verbunden bin.

INHALTSVERZEICHNIS

I. DAS PROBLEM

Der Epheserbrief soll im folgenden unter theologie-, kirchen- und religionsgeschichtlichem Blickwinkel untersucht werden. Aus welcher Position schreibt der Verfasser des Briefes? Welche Entwicklungen und Tendenzen nötigen ihn, diesen Brief zu schreiben? Welche Wirkung erhofft er sich von seinem Schreiben?

Wir gehen bei unserer Fragestellung von vornherein davon aus, daß Paulus selbst diesen Brief nicht geschrieben hat. Dennoch wird der Beweis, daß der Epheserbrief nicht von Paulus selbst stammen kann, ständig implizit erbracht werden. Eine gesonderte Untersuchung dieses Problems würde keine wirklich neuen Ergebnisse bringen. Jede wissenschaftliche Arbeit steht in einer bestimmten Forschungstradition. Es belastet nur, wenn Fragen, die innerhalb dieser kritischen Tradition schon geklärt sind, noch einmal ab ovo erörtert werden.

Eine eigenständige Untersuchung dieses Problems müßte vor allem eine ausführliche Diskussion mit Ernst Percy, Die Probleme der Kolosser- und Epheserbriefe, Lund 1946, führen, der trotz der Erkenntnis der schwierigen Probleme (im Unterschied zu Josef Schmid, Der Epheserbrief des Apostels Paulus, Freiburg 1928) die Echtheit des Briefes verteidigt. Auf mehrere seiner Einzelthesen werden wir innerhalb der Untersuchung zurückkommen. Hier sei andeutend nur so viel gesagt:

(1) Die Frage nach dem Stil und Wortschatz des Briefes müßte ganz neu aufgerollt werden, wenn man voraussetzt, daß der Epheserbrief in großen Partien liturgisches und paränetisches Gut zitiert, glossiert oder frei variiert (s. u. Teil VI). Der sprachliche Befund läßt ohnehin schon eine klare Entscheidung nicht zu. H. J. Cadbury, The Dilemma of Ephesians, NTS 5, 1958/59, geht noch einmal das sprachliche Material durch und läßt die Entscheidung mit der Frage offen: "Which is more likely – that an imitator of Paul in the first century composed a writing ninety or ninety-five per cent in accordance with Paul's style or that Paul himself wrote a letter diverging five or ten per cent from his usual style?" (p. 101.) Auf inhaltliche Divergenzen geht Cadbury nicht ein. Hier sei es noch schwerer zu sagen, daß etwas für Paulus oder auch für einen anderen undenkbar sei.

(2) In bezug auf den Gedankengehalt gibt Percy durchaus zu, daß der Epheserbrief anderes als Paulus und auch als der Kolosserbrief sagt und manche Aussagen sich nur schwer mit Paulus vereinbaren lassen (vgl. die Zusammenfassung S. 356). Viele Unterschiede hebt Percy aber durch eine höhere systematische Einheit auf.

(3) Wo Percy keine Möglichkeit zum Ausgleich sieht, zieht er sich auf die Auskunft zurück, daß der Verfasser des Briefes Paulus besser verstanden haben müsse als irgendein anderer vor Luther. Es sei schwer zu begreifen, daß von einem solchen überragenden Mann nichts mehr bekannt sei.

(4) Das Hauptargument Percys ist die „Situationslosigkeit" des Briefes. „Wenn ich dennoch Bedenken trage, im Eph. ein pseudonymes Schreiben zu sehen, so beruht dies

... vor allem darauf, daß es kaum möglich erscheint, den Eph. als Ganzes als eine nach-paulinische Fiktion zu verstehen. Es fehlt nämlich im Eph. jegliche Spur irgendeines besonderen Zwecks, der es hätte begreiflich machen können, daß ein Christ der nach-paulinischen Zeit diesen Brief unter dem Namen des Apostels geschrieben hätte" (S.443). Ähnlich urteilen Jülicher-Fascher, Einleitung, S.141.

Unsere Untersuchung stellt sich den Fragen, die sich aus dem Deutero-paulinismus des Epheserbriefes ergeben. Wo ist der theologische und kir-chengeschichtliche Ort des im Epheserbrief vertretenen Paulinismus?

Die Schwierigkeiten der Auslegung des Epheserbriefes rühren zum großen Teil daher, daß die Situation, aus der und in die der Verfasser schreibt, unbe-kannt ist. Die ,,Situationslosigkeit des Briefes" scheint beinahe der einzige Punkt zu sein, der von allen Seiten anerkannt ist.[1]

Zweifellos klingen manche Partien wie ein theologischer Traktat, der in gleichsam zeitloser Meditation sein Thema entfaltet. Nirgends wendet sich der Epheserbrief ausdrücklich gegen Häretiker.[2] Ein heiterer Friede scheint

---

[1] Edgar J. Goodspeed nahm die Situationslosigkeit des Briefes zum Ausgang seiner Überlegungen. Er hat seine Thesen zum Epheserbrief zum erstenmal ausführlich in dem Buch "The Meaning of Ephesians", Chicago 1933, niedergelegt und sie später noch ein-mal zusammenfassend dargestellt in "The Key to Ephesians", Chicago 1956, ohne je-doch neue Argumente zu bringen. Seine These hat im angelsächsischen Bereich starken Anklang gefunden und ist bis in Gemeindekommentare gedrungen (John A. Allan, The Epistle to the Ephesians, Torch Bible Commentary, London 1959, p.26f.). Nach Goodspeed ist die Situation des Eph. "two-fold". "1. Schisma is threatening the chur-ches, the sects are beginning to appear 2. And the Pauline letters have been discovered." (Meaning, p.3 und passim, speziell zu 1 vgl. Meaning, p.52–55.) Nach Goodspeed ist der Epheserbrief als eine Einführung in die Paulusbriefe zu verstehen. Wie dies näher zu verstehen ist, wollen wir mit den Worten Allans wiedergeben: "... there was a man in Ephesus who greatly admired Paul, and who had in his posession two letters that Paul had written to the Lycus valley, the letters we know as Colossians and Philemon. Acts came into his hands, and he conceived the idea of enquiring from the churches in which Acts records that Paul laboured as to any letters of his they had in their posession. Letters were sent in from Corinth, Galatia, Rome, Philippi and Thessalonica. These to-gether with the letter to Colossae and the letter to Laodicea (our Philemon), which had already in his hands, made a set of letters to seven churches. He wrote 'Ephesians' to introduce the collection and to commend Paul and his teaching to the Church at large and to provide as far as possible in Paul's own words a summary of the great apostle's teachings and admonitions, all gathered under the idea of the unity of the Church" (a.a.O., p.26). Die These hat aber einige Schwierigkeiten: (1) Es gibt keinen einzigen Textzeugen, bei dem Eph. an der Spitze des Corpus Paulinum steht. (2) Nir-gends läßt Eph. von sich aus erkennen, daß er eine Einführung sein will. Schwerlich kann man dies wie Goodspeed (Meaning, p.40ff.; Key, p.Xf.) aus 3,3f. herauslesen. (3) Acta zeitlich vor Eph. zu verlegen ist recht problematisch.
Leslie C. Mitton, The Epistle to the Ephesians, Oxford 1951, p.45–54, modifiziert die These Goodspeeds an einigen Punkten, wodurch zwar ihre offensichtlichen Schwä-chen vermieden werden, sie aber gleichzeitig an Prägnanz verliert. Ist Eph. nur noch die Einführung zu einem Teil der Briefe, dann erschöpft sich die Funktion der These darin, die Möglichkeit für die Unterbringung eines pseudepigraphischen Schreibens in das entstehende Corpus Paulinum aufzuzeigen. Doch liegt hierin nicht unser Problem. Uns interessiert, warum Eph. so und nicht anders die Paulinische Theologie reflektiert.
[2] Nur 4,14 warnt in sehr allgemeiner Form vor Irrlehre, ohne sie näher zu kenn-zeichnen. Das spricht nicht für eine These, wie sie Petr Pokorný, Der Epheserbrief und die Gnosis, Berlin 1965, vertritt: ,,Der Epheserbrief ist in der Auseinandersetzung mit

über dem ganzen Brief zu liegen. Darin unterscheidet sich der Epheserbrief wesentlich von allen anderen Schreiben, die innerhalb der kritischen Forschung als Pseudepigraphen angesehen werden. Der Kolosserbrief bekämpft im Namen des Paulus eine gnostische „Philosophie" jüdischen Einschlags. Der 2. Thessalonicherbrief will einem Mißverständnis der Eschatologie wehren. Die Pastoralbriefe beanspruchen die Autorität des Paulus für den monarchischen Episkopat, für die frühkatholische Kirchenordnung und für eine kräftige Damnatio gnostischer Irrlehrer. Der 1. Petrusbrief will mit Worten des Märtyrerapostels die kleinasiatischen Gemeinden zu der rechten Haltung des Glaubens angesichts der drohenden Verfolgung führen.[3] Der 2. Petrusbrief vertraut der Gemeinde als Testament des Petrus die auf den Augenzeugen beruhende Tradition als Mittel gegen die Irrlehre an. Was aber will der Epheserbrief? Will er überhaupt ein bestimmtes Ziel erreichen?

Um einer Beantwortung dieser Frage näher zu kommen, wollen wir einige Einzelfragen stellen, die sich als Schlüssel zu ihrer Lösung erweisen könnten. Mag man bei der Beantwortung auch andere Wege gehen, so scheint es mir zunächst wichtiger zu sein, sie überhaupt erst einmal zu stellen.

1. Eph. nennt in 2,20 (vgl. auch 3,5) die Apostel und Propheten das Fundament der Kirche. Schon ihre gemeinsame Erwähnung ist im Zusammenhang merkwürdig.[4] Es ist die einzige Stelle, wo in der urchristlichen Literatur die Apostel und die Propheten das kirchengründende Fundament bilden. In 4,11 werden als Ämter der Kirche Apostel, Propheten, Evangelisten, Hirten und Lehrer genannt. Warum fehlen die Bischöfe?[5] Gibt es sie zur Zeit des

---

der judaistischen Gnosis geschrieben" (S. 21). Weniger schroff hat auch Goodspeed diese These vertreten (vgl. vorhergehende Anmerkung). Daß Eph. den Einheitsgedanken auf Grund einer inneren Zerrissenheit der Gemeinde entfaltet, ist allerdings naheliegend. Die Frage ist nur, wo er die Spaltung sieht und auf welcher Seite des Grabens er sich befindet. Warum übernimmt Eph., wenn er eine solche antihäretische Absicht hat, beinahe als einziges nicht aus dem Kol. dessen antihäretische Partien? Das war schon Jülicher-Fascher, Einleitung, S. 141, aufgefallen, die daraus den Schluß zogen, „daß das antihäretische Interesse von Kol dem Verf. von Eph fernliegt".

[3] Nebenbei möchte ich zum 1. Petrusbrief bemerken, daß ich in bezug auf dieses Schreiben die Vermutung hege, daß es von seinem Verfasser unter dem Pseudonym des Paulus geschrieben wurde und erst nachträglich zu einem Petrusbrief gemacht wurde. Alles in dem Brief weist auf Paulus als den fiktiven Absender, außer dem ersten Wort. Die Änderung könnte sehr leicht durch eine kleine Korruptel in der Mater der Textüberlieferung erklärt werden. Der Abschreiber las nur $\Pi[\ldots]O\Sigma$ und setzte irrtümlich an Stelle der drei richtigen Buchstaben AYA die Buchstaben ETP. Ich hoffe, an anderer Stelle diese These näher zu begründen und zu zeigen, wie sich durch diese Konjektur die Einleitungsprobleme des 1. Petrusbriefes in gänzlich neuem Licht zeigen.

[4] Das war schon F. C. Baur, Paulus II, S. 27 ff., aufgefallen. Diese Beobachtung verführte ihn zu dem Schluß, daß Eph. montanistische Ideen aufgenommen habe. Die Stellung, die Eph. den Propheten zuerkennt, entspreche der im Montanismus. Auch wenn man dieser These schon allein aus chronologischen Gründen nicht folgen kann ,so sollte man doch das Wahrheitsmoment in ihr nicht in dem Maß übersehen, wie dies allgemein der Fall ist.

[5] Zwar dürfte es sich bei den ποιμένες und διδάσκαλοι um örtliche Gemeindeleiter handeln (vgl. R. Schnackenburg, Gestalt und Wesen der Kirche nach dem Epheserbrief,

Eph. noch nicht in Kleinasien? Ist es überhaupt denkbar, daß Eph. der
Bischof als Repräsentant der Gemeinde noch gänzlich unbekannt war?
Dasselbe gilt für die zum monarchischen Episkopat gehörigen Ämter der
Diakone und Presbyter, die ebenfalls nicht genannt werden. Was verbirgt
sich dahinter, daß allein die Apostel und die Propheten das Fundament der
Kirche bilden?

2. Das Hauptthema des Briefes ist die Einheit der Kirche, und zwar der
Gesamtkirche. Allerdings steht es nach 4,16 nicht mehr deutlich im Vordergrund, dennoch läßt sich nicht bestreiten, daß die Einheit der Kirche aus
Juden und Heiden das Hauptthema darstellt. Warum nimmt es einen so
breiten Raum ein? Soll die Einheit erst erreicht werden, oder ist sie da, und
der Verfasser möchte sie nur tiefer begründen und vor möglicher Gefähr-
dung schützen? Oder ist sie verloren, und das Unternehmen des Eph. gilt
der Wiederherstellung der Einheit auf höherer Ebene? Welches sind seine
theologischen Mittel, mit welchen Vorstellungen argumentiert er, welchen
Sinn haben sie?

3. Innerhalb des Themas der Einheit der Kirche spielt das Verhältnis von
Heidenchristen zu Judenchristen eine entscheidende Rolle. Dabei gewinnt
man den Eindruck, daß Eph. die Heidenchristen auf dem Weg sieht, sich
von Israel und seinen Verheißungen gänzlich loszusagen. Nicht die ,,Juden-
christen" gehen nach Meinung des Eph. eigene Wege, sondern die Heidenchristen. An welchem kirchengeschichtlichen Wendepunkt sind wir hier an-
gelangt?[6] Wo wird sonst die Loslösung von Israel gefordert? Ist die Absage
an die Gemeinschaft mit den Judenchristen eine ,,Häresie", oder ist sie
allgemeine frühkatholische Tendenz?[7]

Catholica 15, 1961, S.115), doch ist es wenig wahrscheinlich, daß die ποιμένες mit den
Bischöfen zu identifizieren sind. Sie stehen in der Aufzählung 4,11 erst an vorletzter
Stelle, also den charismatischen Ämtern nachgeordnet. In der Stellung entsprechen sie
also nicht den Bischöfen in den späteren Schriften des Neuen Testaments, so daß der
terminologische Unterschied einen sachlichen Grund haben dürfte, auch wenn die
gleiche Funktion (Gemeindeleitung im örtlichen Bereich) damit gemeint sein sollte.

Ganz abwegig ist m.E. die These, daß unter den Evangelisten die Schreiber unserer
Evangelien zu verstehen sind (so Dirkan Y.Hadidian, tous de euangelistas in Eph 4,11,
CBQ 28, 1966, p.317–321). Wie in Acta 21,8 und 2.Tim.4,5 ist an die Prediger (vielleicht
innerhalb der Ortsgemeinde im Unterschied zu den Aposteln) zu denken.

[6] Goodspeed, Meaning, p.36, sieht hierin keinen aktuellen Konfliktstoff. "This is
rather a calm retrospect of the old conflict which had been so bitter in the time of
Paul." Percy wiederum schließt aus dem Konflikt, daß Eph. von Paulus stammen
müsse, weil die Frage nach Paulus so nicht mehr gestellt werden könnte (Probleme,
S.285f.; 444).

[7] W.G.Kümmel gibt solche Tendenzen zu, will aber dennoch hierin keinen Anlaß für
den Brief sehen. ,,Es läßt sich aber nicht erkennen, welche konkrete Veranlassung dazu
vorlag, die paulinische Verkündigung durch die Betonung der Einheit aus Heiden und
Juden umzubilden" (Einleitung, S.263). Klarer spricht sich E.Käsemann aus. ,,Eine
heidenchristliche Gemeinde, die sich als Orthodoxie gegen Irrlehre abgrenzen muß (4,14)
und die Bindung an das Judenchristentum zu verlieren droht, bedarf der Belehrung
über das Wesen der Una Sancta" (RGG³ II, Sp.517).

4. Der Verfasser schreibt betont als Judenchrist und läßt an der Gegenüberstellung von „wir" und „ihr" erkennen, daß er eine echte Distanz
empfindet.[8] Welcherart ist das Judenchristentum des Verfassers? Geht es
dabei nur um die Herkunft? Repräsentiert Eph. nur ein traditionsbewußtes
Judenchristentum oder auch eine Gemeindeverfassung, der die Bindung an
die jüdische Tradition selbstverständlich war? Noch schärfer gefragt: Geht
es um verschiedene Gemeindeverfassungen? Welche repräsentiert Eph.,
welche die von ihm angesprochenen Heidenchristen?

5. Warum nimmt die Neophytenparänese einen so breiten Raum in dem
Brief ein?[9] Liegt das nur an dem paulinischen Briefformular, das der Verfasser übernimmt? Oder spricht Eph. zu neuen Gemeinden, die in kurzer
Zeit entstanden waren und eine eigene Gestalt gewonnen hatten, während
Eph. selbst eine ältere Gemeinde vertritt, die gar nicht Trägerin der Mission
war? Neugegründete Gemeinden – oder zumindest viele Neubekehrte – sind
auf Grund des ganzen Duktus des Briefes vorauszusetzen. Auffallend distan-
ziert klingt 4,21 „falls (εἴ γε) ihr ihn gehört habt und in ihm unterwiesen
worden seid".[10] Dazu kommt noch eine weitere Beobachtung: Eph. ruft
zwar die Gemeinde zum Wachstum auf, aber es ist ein Wachsen nach innen
zur Vollkommenheit, zur Einheit. Der Gegensatz, an dem das Wachstum
gemessen wird, ist nicht „klein – groß", sondern „Trennung – Einheit".
Nur von diesem inneren Wachstum spricht Eph., aber nicht vom Verkündigen der Botschaft.

6. Wir haben schon erwähnt, daß der Eph. sein Anliegen nicht polemisch
vorträgt. Sicherlich ist diese Friedlichkeit ein Ausdruck der inneren Haltung
des Verfassers. Er ist kein Mann, der den Streit sucht. Aber reichen sich
hier Not und Tugend nicht die Hand? Ist der Verfasser vielleicht gar nicht
in der Position der stärkeren Partei, sondern der schwächeren, die mit Pole-

---

[8] Goodspeed bestreitet das Judenchristentum des Verfassers. "The writer himself
has been in the same condition (2,3; scil. wie die Heidenchristen) and is therefore a
gentile Christian" (Key, p. V). Ist das Judenchristentum des Eph. wirklich nur ein Teil
seiner Pseudepigraphie? Wenn man so urteilt, verliert der ganze Teil 2,11–3,13 jede
aktuelle Bedeutung. Wie noch zu zeigen sein wird, enthält dieser Teil Aussagen, die weit
über das von Paulus zu dem Thema Gesagte hinausgehen, so daß auch vom Inhalt her
kein "calm retrospect of the old conflict" vorliegt.
[9] Wegen der zahlreichen Anspielungen auf die Taufe sehen viele im Eph. eine Tauf-
homilie, z.B. Williams, The Pauline Catechesis, in: Studies in Ephesians p.89–96;
J.Coutts, Ephesians 1,3–14 and 1 Petr 1,3–12, NTS 3, 1956/57, "... that it was a
pastoral letter, possibly by St Paul himself, written not to one Church alone, perhaps at
Easter, but at any rate on an occasion, when converts were to be baptized..." (p.124);
N. A. Dahl, Adresse und Proömium des Epheserbriefes, ThZ 7, 1951, S.241–264; Percy,
Probleme, S.447, der als weiterer Zweck hinzufügt: „... der Apostel will durch dieses
sein Schreiben mit ihm persönlich unbekannten Gemeinden, die zu seinem Missionsgebiet gehören, als ihr Apostel in persönliche Beziehung treten."
[10] Auch wenn man annehmen will, daß der Verfasser mit Rücksicht auf sein Pseudonym nicht sagen will „wie ich euch verkündigt habe", bleibt das zweifelnde „falls"
rätselhaft, denn man erwartet doch eher die Konjunktion „da ja".

mik nur ihre letzte Chance verspielen würde, auf die zukünftige Entwicklung
noch Einfluß nehmen zu können? Die Umständlichkeit des Stils wird ebenfalls eine persönliche Note des Verfassers sein; aber ist sie nur das, oder könnte
sie auch Ausdruck der Kompliziertheit der Sache sein, die der Verfasser
unter schwierigen Umständen vertritt?

7. Der Verfasser schreibt seinen Brief unter dem Namen des Paulus. Welche Funktion hat dieses Pseudonym? Man wird gewiß und zu Recht zuerst
hervorheben, daß der Verfasser sich als Schüler des Paulus versteht und an
seine Theologie anzuknüpfen vermag. Paulus als Pseudonym kann aber nur
dann sinnvoll sein, wenn er auch für die Angeredeten als Autorität gilt.[11]
Inwiefern kann „Paulus" der Brückenbauer sein? In diesem Zusammenhang
müssen wir uns vor allem mit dem Paulusbild beschäftigen, das sich aus
einzelnen Äußerungen des Briefes erschließen läßt.[12]

8. Stellt man sich dem Problem „Epheserbrief und Frühkatholizismus"
und sieht in Eph. einen Vertreter des Paulinismus, so ist darin das andere
Problem beschlossen: Wieweit hat Eph. die paulinischen Grundpositionen
bewahrt? Sind neben der Stimme des Paulus auch noch andere zu hören?
Das Problem spitzt sich besonders auf die Frage zu: Wie steht Eph. zur
Gnosis? Ist Eph. „Ketzer oder Zeuge"?[13] Diese Frage hat allerdings zwei
Seiten: (1) Konnte die von Eph. repräsentierte Gemeinde den Heidenchri-
sten häretisch erscheinen? (2) Bestände ein solcher Vorwurf zu Recht?

9. Um diese vielfältigen Einzelfragen einer Lösung näher zu bringen,
machen sich umfangreiche Detailuntersuchungen notwendig. Wir müssen bei
einzelnen Fragen versuchen, die Probleme der kleinasiatischen Gemeinden
der zweiten Generation und ihre möglichen Lösungen zu eruieren. Wir müssen durch Einzelanalysen versuchen, das vom Verfasser verwendete und
verarbeitete liturgische Gut herauszuschälen, und fragen, aus welcher geistigen Heimat es stammt. Das wird den Nachteil mit sich bringen, daß die
einzelnen Detailuntersuchungen manchmal beziehungslos zum Hauptthema
der Arbeit zu stehen scheinen. Aber nur auf diese Weise wird man ein
ungefähres Bild von der Vielfältigkeit der Situation, aus der und in die Eph.
schreibt, gewinnen können. Chadwick hat sicherlich darin recht, daß die
Situation des Briefes nicht durch ein ganz konkretes Ereignis bestimmt ist,
sondern durch „eine weite geistige Krise".[14] Worin diese Krise möglicher-

---

[11] Gegen Goodspeed, Meaning, p. 41 u. ö.; H. Chadwick, Die Absicht des Epheserbriefes, ZNW 51, 1960, S. 153, die umgekehrt annehmen, Eph. wolle die Autorität des
Paulus neu begründen, die in der Vergangenheit verlorengegangen sei. Die persönliche
Autorität des Paulus wird aber nirgends ausdrücklich hervorgehoben und außerdem
entspricht dies nicht dem Wesen der pseudepigraphischen Schreiben jener Zeit.
[12] Siehe unten Teil VI.
[13] So hat E. Käsemann in bezug auf Johannes gefragt. Vgl. Ketzer und Zeuge, EVB I,
S. 168—187; Jesu letzter Wille nach Johannes 17, Tübingen 1966.
[14] Chadwick, Absicht, S. 152, der allerdings die geistige Krise in einem philosophisch-
theologischen Problem sieht: „Er (scil. der Eph.) soll eine theologische ‚Plattform'

weise bestanden hat, kann man nur sagen, wenn man die Vielfalt der Traditionen erkennt, die in diesem Brief zusammengeflossen sind.

10. Ausgeklammert wird bei unserer Untersuchung die Frage nach dem literarischen Verhältnis vom Epheserbrief zum Kolosserbrief. Nur an einigen wichtigen Stellen werden wir auf Veränderungen, die Eph. gegenüber Kol. aufweist, eingehen. Für den Rahmen übernehmen wir folgende Thesen der kritischen Forschung: (1) Kol. ist älter als Eph.[15] (2) Eph. richtet seinen Paulinismus am Kol. aus, den er darum teilweise wörtlich ausschreibt und die literarische Nähe durch die Fiktion gleicher Briefumstände ausdrückt (Eph.6,21f. = Kol.4,7f.).[16] Nähere Einzelheiten sind für uns nicht so wichtig, weil der Gegenstand unserer Untersuchung gerade der Punkt ist, wo sich die beiden Briefe am nachdrücklichsten voneinander unterscheiden. Ist Anlaß und Zweck des Kolosserbriefes im ganzen durchsichtig, so die des Epheserbriefes ungeklärt. Eine Detailuntersuchung über die Art des literarischen Verhältnisses würde für unser Thema keinen Gewinn bringen.[17]

11. Das Ziel unserer Untersuchung ist die hypothetische Rekonstruktion der kirchengeschichtlichen Stunde, in der Eph. geschrieben wurde. Da es sich also um eine reine Hypothese handelt, sei gesagt, unter welchen Bedingungen sie m.E. als befriedigend angesehen werden darf:

(1) Sie muß auf möglichst viele der gestellten Fragen eine befriedigende Antwort geben.

(2) Sie muß sich in das Geschichtsbild der historisch-kritischen Forschung vom Übergang der apostolischen zur frühkatholischen Kirche einfügen. Das bedeutet nicht, daß es ein von allen und in jeder Beziehung geteiltes Geschichtsbild gibt, aber es gibt Grundlinien, die beachtet werden müssen. Unsere Hypothese muß sich in ein solches Gesamtbild einfügen.

---

schaffen und bestimmten Einwänden begegnen, die auf der Einmaligkeit der Inkarnation und den offensichtlichen Beschränkungen der empirischen Kirche in Zeit und Raum basieren."

[15] Zwar ist m.E. auch Kol. deuteropaulinisch, doch hat dies keinen Einfluß auf den Gang der Untersuchung. Die These, daß Eph. älter als Kol. ist, die gelegentlich vertreten wurde, darf bei dem heutigen Konsens übergangen werden. Auch die komplizierte These H.J.Holtzmanns, der in dem jetzigen Kol. eine Bearbeitung eines kürzeren echten Paulusbriefes durch die Hand des Eph. annimmt, darf als überholt gelten.

[16] Mitton sieht hierin das Hauptargument gegen eine Paulinische Verfasserschaft des Eph. Wenn Eph. und Kol. gleichzeitig geschrieben sind, dürften sie nicht sachlich so stark voneinander abweichen. Interessant ist, wie J.N.Sanders, The Case of the Pauline Authorship, in: Studies in Ephesians, p.9–20, der die Paulinische Verfasserschaft verteidigt, diesem Argument begegnet. Er vertritt die Auffassung, daß 6,21f. eine Glosse Marcions sei, um den Brief zum Laodizenerbrief zu machen (p.15). Doch wird man bei dem Fehlen jeden Anhalts in der Textgeschichte dies nur für ein verzweifeltes apologetisches Argument halten können.

[17] Mitton, a.a.O., p.55–67, der die verschiedenen Formen der Abhängigkeit des Eph. vom Kol. untersucht, kommt zu dem m.E. richtigen Ergebnis, "that the literary relationship between Ephesians and Colossians is based on memory rather than on documents" (p.67).

Das bedeutet, daß wir keine Situation zurechtzimmern dürfen, die zwar an
und für sich möglich wäre, für die es aber keine Belege gibt. Das heißt
schließlich Verzicht auf eine allzu genaue Konkretion. Wir können nur aus
dem Text Fragen herausarbeiten, sie mit den uns bekannten Fakten, Ereig-
nissen und Wandlungen der nachapostolischen Zeit konfrontieren und dann
daraus Schlüsse ziehen, die sich zu einer befriedigenden Hypothese verdich-
ten lassen.

II. DIE ÄMTER DES EPHESERBRIEFES

A. Ist zur Zeit der Abfassung des Epheserbriefs die episkopale Gemeindeverfassung in den heidenchristlichen Gemeinden Kleinasiens vorauszusetzen?

Wir setzen mit der Beobachtung ein, daß Eph. als die tragenden Ämter der Kirche nur die Apostel und Propheten nennt (2,20; 3,5) und neben ihnen noch Evangelisten, Hirten[1] und Lehrer erwähnt (4,11). Es fehlen die Bischöfe, Diakone und Presbyter. Ihre Nichterwähnung könnte auf dreifache Weise erklärt werden:

(1) Eph. strebt bei der Aufzählung der Ämter gar keine Vollzähligkeit an. Das Fehlen bestimmter Ämter ist rein zufällig und darum bedeutungslos.[2]

(2) Das Bischofsamt und die mit ihm in Verbindung stehenden Ämter der Diakone und Presbyter gibt es zur Zeit des Eph. noch nicht in Kleinasien. Oder etwas vorsichtiger gesagt: sie sind noch so unbedeutend, daß sie die Struktur der Gemeinde noch nicht bestimmen. Eph. konnte sie also wegen ihrer Bedeutungslosigkeit übergehen.

(3) Das Bischofsamt ist im Begriff, sich in den heidenchristlichen Gemeinden Kleinasiens zu etablieren und den Gemeinden eine neue Verfassung zu geben. Eph. nennt sie absichtlich nicht, weil er an einer anderen Gemeindeverfassung festhält und in der durch die Bischöfe repräsentierten Gemeindeordnung ernste Gefahren sieht.

Die erste Möglichkeit scheidet m.E. schon deshalb aus, weil Ämter dreimal erwähnt sind und dem Verfasser das Thema „Amt" wichtig ist und einen breiten Raum einnimmt. Wenn in späteren frühkatholischen Schriften von Kirche und Amt gesprochen wird, so hat innerhalb dieses Themas der Bischof eine zentrale Bedeutung.

Die Entscheidung kann also nur zwischen der zweiten und dritten Mög-

---

[1] Warum eine Identifikation von ποιμένες mit den Bischöfen nicht möglich ist, haben wir schon oben (S. 15f., Anm. 5) erklärt. Auch J. Jeremias (ThWB VI, S. 497) weist darauf hin, daß ποιμήν kein Amtstitel ist und es auch nicht in der Folgezeit geworden ist. Alle späteren Belege zeigen, daß ποιμήν nur bildhaft gebraucht ist, auch wenn die Gemeindeleiter ποιμένες genannt werden (1. Petr. 5,1; Acta 20,17 werden die πρεσβύτεροι ποιμένες genannt; Acta 20,28; Ign. Phd. 2,1; Röm. 9,1 die ἐπίσκοποι).

[2] So R. Schnackenburg, Gestalt und Wesen der Kirche nach dem Epheserbrief Catholica 15, 1961, S. 115f.

lichkeit liegen. Da Eph. selbst uns keine näheren Aufschlüsse gibt, müssen wir
von anderen Texten aus Rückschlüsse ziehen. Es geht uns dabei darum, den
höchsten Wahrscheinlichkeitsgrad für die These zu erzielen, daß zur Zeit des
Eph. die durch den Bischof repräsentierte heidenchristliche Gemeindeordnung sich allerorts in Kleinasien durchzusetzen im Begriff ist; die Nichterwähnung des Bischofsamts im Eph. also tiefere Gründe hat.

Bevor wir uns den einzelnen Texten zuwenden, ist noch eine Vorbemer-
kung notwendig. Zwar ist der Bischof die entscheidende Person, die die neue
Kirchenordnung repräsentiert, aber anscheinend ist bis Ignatius die Terminologie noch nicht verfestigt. Die Begriffe ἐπίσκοπος und πρεσβύτερος
werden noch eine ganze Zeit lang promiscue gebraucht.[3] Auch im 1. Clem. ist
die Terminologie noch nicht eindeutig.[4] Der Titel πρεσβύτερος gehört also
genauso in unseren Zusammenhang und ist in unsere Untersuchungen, soweit er sachlich dieselbe Bedeutung hat, mit einzubeziehen.

Von der Herkunft her mögen allerdings die πρεσβύτεροι eine andere
Wurzel als die ἐπίσκοποι haben. Vermutlich gehen die πρεσβύτεροι auf die
Ältesten der jüdischen Synagoge zurück,[5] während das Amt der ἐπίσκοποι
heidnisch-griechischen Ursprungs ist.

Die Herleitung des Titels ἐπίσκοπος aus dem heidnischen Bereich ist allerdings umstritten. Im Prinzip stehen drei Ableitungsmöglichkeiten zur Diskussion:

(1) Der Titel stammt aus dem Leben hellenistischer Genossenschaften, Vereine
usw., wo damit ein Verwaltungsbeamter bezeichnet wird. Diese These hat in der kritischen Forschung starken Anklang gefunden. Sie geht auf Edwin Hatch zurück, dessen
Bampton-Lectures Adolf Harnack 1883 veröffentlichte, in denen diese These zum
erstenmal ausführlich begründet wurde.

(2) Der Episkopus geht auf den essenisch-qumranischen mebaqqēr zurück. Nach
A. Adam ist diese These zuerst von dem französischen Rabbiner Lévi 1911 vertreten
worden und hat bei W. Staerck, Die jüdische Gemeinde des Neuen Bundes, BFchrTh
27,3, 1922, S. 316, und J. Jeremias, Jerusalem zur Zeit Jesu, II B 1, 1929, S. 132 f., Zustimmung gefunden, während H. W. Beyer, Artikel ἐπίσκοπος, ThWB II, S. 614, sich
zurückhaltend dazu äußert und eher an eine original christliche Schöpfung denkt. Besonders prononciert ist die These zuletzt von W. Nauck, Probleme des frühchristlichen
Amtsverständnisses, ZNW 46, 1955, S. 276 f., ┐getragen worden. Zur Kritik vgl. schon
früher K. G. Goetz, Ist der mebaqqēr der Gen fragmente wirklich das Vorbild des
christlichen Episkopats?, ZNW 30, 1931, S. 89—93; A. Adam, Die Entstehung des
Bischofsamts, Wort und Dienst, Jahrbuch der Theologischen Schule Bethel NF 5, 1957,
S. 107 f. Zu den Aufgaben des mebaqqēr vgl. H. Braun, Radikalismus I, S. 35, Anm. 12;
S. 105, Anm. 1.

(3) A. Adam stellt in dem eben genannten Aufsatz die These auf: „Die priesterlichen
mebaqqērim des jerusalemischen Tempels sind das unmittelbare Vorbild der urchristlichen ἐπίσκοποι" (S. 109). Diese ἐπίσκοποι hätten nach dem Traktat Ketubōt des
babylonischen Talmuds fol 106 a die Aufgabe der Untersuchung der Fehler der Opfer-
tiere gehabt. Daß diese Institution bis in vorchristliche Zeit zurückgeht, schließt Adam

---

[3] Vgl. Tit. 1,3 mit 1,5; Acta 20,17 (und 14,23) mit 20,28.

[4] Vgl. R. Knopf, Das nachapostolische Zeitalter, S. 161 ff.

[5] πρεσβύτεροι gibt es allerdings genauso im griechischen Bereich; vgl. R. Knopf,
a. a. O., S. 189 f. Doch ist bei den starken Anleihen an die jüdische Synagoge die jüdische
Herkunft des Titels wahrscheinlicher.

aus Philo spec Leg I 166. Von diesem Ursprung aus, der in 1.Clem.41,2 sogar klar vorausgesetzt sei, seien auch alle übrigen Funktionen als nachträgliche Anhäufung zu erklären.

Dennoch ist m. E. die erste Ableitung nach wie vor die beste, denn gerade in der palästinensischen Urgemeinde, die doch die größere Nähe zum Tempel und zur qumranischen Gemeinde haben müßte, fehlt der Titel. Er ist nur in heidenchristlichen Gemeinden zu finden und knüpft an den Kreis der Presbyter an, der nicht am Tempel, sondern an der Synagoge beheimatet ist. Schließlich scheinen die kultischen Funktionen als letzte dem Bischof zugewachsen zu sein. So ist m. E. der Episkopus in Anlehnung an den hellenistischen Gebrauch des Wortes ursprünglich nichts anderes als ein Verwaltungsbeamter, der im besonderen die Finanzen der Gemeinde (die Kollekte und ihre Verteilung) unter sich hatte. Bei ihm dürfte es von vornherein nahe liegen, daß er von der Gemeinde gewählt wurde, da das Vertrauen die Voraussetzung seines Amtes ist.

Ob die ἐπίσκοποι und die πρεσβύτεροι ursprünglich zwei verschiedene Verfassungstypen repräsentierten, die ,,sich zwar schnell gemischt und durchdrungen'' haben, aber deren Geschiedenheit ,,gleichwohl erkennbar'' ist,[6] ist allerdings fraglich. In der Sache läßt sich zumindest außerhalb der palästinensischen Urgemeinde kein Unterschied finden. Campenhausen weist zu Recht darauf hin, daß das Ältestenamt trotz jüdischen Ursprungs ,,von Anfang nicht dasselbe gewesen sein'' kann wie im Judentum.[7] Mag also das Amt der πρεσβύτεροι auch etwas älter sein, einen amtlich rechtlichen Charakter bekommt es erst zu dem Zeitpunkt, wo aus der Mitte der πρεσβύτεροι der Bischof gewählt wird. Das ist der uns interessierende Zeitpunkt, und da ist zwischen den Begriffen πρεσβύτερος und ἐπίσκοπος kein Unterschied mehr erkennbar. Wenn wir also von der episkopalen Gemeindeordnung sprechen, dann bezieht sich das auf die Zeit, wo die Leitung der Gemeinde in einer Hand vereinigt ist, die von der Gemeinde gewählt wurde und über sich keine andere rechtliche Instanz hat, mag sie nun πρεσβύτερος oder ἐπίσκοπος heißen.

Wenn wir im folgenden also von dem Fehlen des Bischofsamtes im Eph. sprechen, so bezieht sich das nicht nur auf den speziellen Amtstitel, sondern auch auf die ganze Gemeindeverfassung, die am augenfälligsten durch den Bischof vertreten wird.

Wir wenden uns nun den Texten zu, die Rückschlüsse über die Entstehung der episkopalen Gemeindeordnung zulassen.

1. Man könnte sich die Sache insofern einfach machen, daß man mit dem Präskript des Philipperbriefes (1,1) argumentiert. Schon zur Zeit des Paulus hätten zumindest in Philippi die Diakone und Bischöfe eine so wichtige Stellung eingenommen, daß sie ausdrücklich im Präskript mit angesprochen werden. Jedoch läßt sich die Vermutung nicht von der Hand weisen, daß es sich bei der Wendung σὺν ἐπισκόποις καὶ διακόνοις um eine Glosse handelt, die bei der Redaktion der verschiedenen Briefteile des Phil. eingefügt wurde.[8]

---

[6] v.Campenhausen, Kirchliches Amt und geistliche Vollmacht, S.84.
[7] Ebd., S.84f.
[8] Daß unser Philipperbrief eine Briefsammlung ist, die aus mehreren Briefen bzw.

Dafür sprechen drei Gründe:

(1) Die Nennung von Bischöfen ist innerhalb der echten Paulinen singulär.

(2) Wendungen, die mit σύν noch weitere Personen anknüpfen, unterliegen auch an anderen Stellen dem Verdacht, Glossen zu sein.[9]

(3) Der oft umrätselte Plural erklärt sich am leichtesten, wenn die Wendung erst eingefügt wurde, als der Brief für die Sammlung in das Corpus Paulinum aus den Einzelteilen zusammengefügt wurde und dadurch zu einem „katholischen" Schreiben wurde, das allen Grund hatte, die Bischöfe und Diakone gleich im Präskript zu nennen.

Man kann nun so argumentieren: Zu der Zeit, als der Philipperbrief redigiert wurde, waren das Bischofs- und Diakonenamt schon so fest in den Gemeinden Kleinasiens verankert, daß man es für selbstverständlich hielt, sie ausdrücklich im Präskript mit zu erwähnen. Allerdings wissen wir den Zeitpunkt der Redaktion des Philipperbriefes nicht. Sollte gar Polykarp noch Kenntnis von mehreren Philipperbriefen haben, würde die Redaktion so spät liegen, daß Phil. 1,1 jeden Wert für unsere Argumentation verlöre.[10] Doch wesentlich wahrscheinlicher ist, daß der Philipperbrief schon bei der ersten Sammlung der Paulusbriefe[11] die uns vorliegende Fassung hatte, weil die Textüberlieferung uns keine Spur der Einzelstücke bewahrt hat. Alle Anzeichen weisen darauf hin, daß die Abfassungszeit des Eph. und die Sammlung der Paulusbriefe zeitlich sehr eng beieinander liegen. Das würde heißen: Während Phil. die Bischöfe und Diakone in das Präskript aufnimmt, übergeht Eph. sie, obwohl er ausführlich von den Ämtern der Kirche redet. Doch wollen wir nicht eine Hypothese auf die andere bauen, denn es gibt andere Texte, die eindeutiger datierbar und darum überzeugender sind.

Fragmenten besteht, scheint sich in der kritischen Forschung immer stärker durchzusetzen. Auch die Aufteilung scheint in groben Umrissen geklärt, indem man in 3,2–4,3 und 4,10–20 relativ selbständige Fragmente sieht. Unstimmigkeiten gibt es nur darüber, was außerdem zu den einzelnen Fragmenten gehören könne. Vgl. W. Schmithals, Die Irrlehrer des Philipperbriefes, ZThK 54, 1957, S. 297 ff.; jetzt in: Paulus und die Gnostiker, S. 47 ff.; J. Müller-Bardorff, Zur Frage der literarischen Einheit des Philipperbriefes, WZ Jena 7, 1957/58, ges.-sprachwiss. Reihe 4, S. 591 ff.; B. D. Rahtjen, The three Letters of Paul to the Philippians, NTS 6, 1959/60, S. 167 ff.; G. Bornkamm, Der Philipperbrief als paulinische Briefsammlung, Neotestamentica et Patristica, Freundesgabe für O. Cullmann NovTest Suppl. 6, 1962, S. 192 ff.; W. Marxsen, Einleitung, S. 57 ff. Zur Kritik vgl. W. G. Kümmel, Einleitung, S. 239 ff. – Die Vermutung, daß 1,1 b eine Glosse sein könnte, äußert auch Riddle-Hutson, NT Life and Literature, 1946, S. 123, während W. Marxsen, Einleitung, S. 57, sie als eine Möglichkeit anbietet.

[9] Zum Beispiel Acta 15,22,25, wo Barnabas und Paulus anscheinend erst von Lukas nachträglich eingefügt wurden.

[10] Die schwierige Stelle Pol. 2. Phil. 11,3 läßt mehrere Übersetzungen zu, und der Schluß ist keineswegs zwingend, daß Polykarp von mehreren Briefen der Philipper redet. Die Stelle lautet nach den besten Zeugen: „Ego autem nihil tale sensi in vobis vel audivi, in quibus laboravit beatus Paulus, qui estis in principio epistulae eius." Der Text ist bis in die modernen Ausgaben hinein mehrfach korrigiert worden, vgl. den Apparat bei J. A. Fischer, Die Apostolischen Väter, München 1956, S. 260.

[11] Das heißt, unser Corpus Paulinum ohne die Pastoralbriefe.

2. Bessere Rückschlüsse sind aus der Legende von der Einsetzung der Bischöfe durch die Apostel möglich. Die Gewichtigkeit des Arguments wird noch dadurch erhöht, daß die Belege sehr früh und literarisch voneinander unabhängig sind.

Wir wenden uns zunächst 1. Clem. 42,4 f. zu. Die Apostel „verkündigten in Ländern und Städten und setzten ihre Erstbekehrten ($\tau\grave{\alpha}\varsigma$ $\dot{\alpha}\pi\alpha\varrho\chi\grave{\alpha}\varsigma$ $\alpha\dot{v}\tau\tilde{\omega}v$) nach einer Prüfung im Geist zu Bischöfen und Diakonen der künftigen Gläubigen ein. Und das war nichts Neues, denn schon vor langen Zeiten war über die Bischöfe und Diakone geschrieben worden. Denn irgendwo sagt die Schrift: ‚Ich will ihre Bischöfe in Gerechtigkeit und ihre Diakone in Treue einsetzen.‘ “

An dem Text ist uns dreierlei wichtig:

(1) Die heute unumstrittene Datierung des 1. Clem. in die Jahre 95/96 gibt einen zuverlässigen Fixpunkt an, wann sich das Bischofsamt – wenn auch noch nicht widerspruchslos[12] – als das entscheidende Amt durchgesetzt hat. Der Brief ist an eine Gemeinde gerichtet, deren Struktur sich wohl kaum von den kleinasiatischen Gemeinden unterschieden haben dürfte. Zwischen Ephesus und Korinth bestand direkte Verbindung wie die Stationsfolge Korinth–Ephesus in Acta 18 zeigt. Wir dürfen darum die Verhältnisse von Korinth im Prinzip auch für Kleinasien voraussetzen. Das heißt, daß schon Anfang der neunziger Jahre die Amtsgewalt in den Händen der Bischöfe und Diakone vereinigt war. Absetzen kann man nur, was schon da ist! Sinn hat eine solche Absetzung aber nur, wenn es sich dabei um maßgebliche und entscheidende Ämter handelt. Wegen der Absetzung subalterner Gemeindeangestellter gäbe es gewiß keinen derartigen Aufruhr, der die römische Gemeinde zu einem solchen Eingreifen herausfordern konnte.

Die Maßnahmen, die Clemens vorschlägt (1. Clem. 54) sind so schwerwiegend,[13] daß der Aufruhr gegen die Amtsträger als Rühren an den Grundpfeilern der Gemeinde verstanden und dementsprechend geahndet wurde.

(2) Die von Clemens benutzte Legende, daß die Apostel jeweils ihre Erstbekehrten zu Bischöfen und Diakonen einsetzten, kann sich erst bilden, wenn sich diese Ämter schon so weit durchgesetzt haben, daß man ihren

---

[12] Sowenig uns Clemens auch über die eigentlichen Hintergründe unterrichtet und versucht, die ganze Angelegenheit auf eine moralische Ebene zu bringen, so viel ist wenigstens klar, daß es sich um einen „Aufruhr“ gegen die Amtsträger handelt. Über die vielfältigen und widersprüchlichen Thesen zu den Hintergründen der Auseinandersetzung vgl. K. Beyschlag, Clemens Romanus und der Frühkatholizismus, BzhistTh 35, Tübingen 1966, S. 1 ff.

[13] Der Vorschlag an die „Aufrührer“, in die selbstgewählte Verbannung zu gehen, bleibt auch dann eine schwere Zumutung, wenn man alle mildernden Erwägungen, die Knopf, HBNT E I, S. 131 f., vorbringt, in Rechnung stellt. Auszuschließen ist aber die Vermutung, daß es sich bei ihnen um Wandercharismatiker handelt (Knopf, ebd., S. 131, läßt diese Möglichkeit offen). Diese brauchte man nur aufzufordern, weiterzuziehen, aber nicht zu einem heroischen Opfer, wie es Kap. 55 mit dem Hinweis auf die großen heidnischen Vorbilder fordert.

direkten Ursprung schon nicht mehr weiß. Sicher gibt es auch Legenden für
neue Ämter und Funktionen, aber wenn sie etwas noch nicht Vorhandenes
begründen sollen, müssen sie anders lauten. Die von Clemens verwendete
Legende ist ein entscheidendes Beweisstück für das Alter des Bischofsamtes, und zwar als des die Struktur der Gemeinde bestimmenden Amts.

(3) 1. Clem. 42,5 scheint einen Vorwurf vorwegzunehmen, daß es sich um
eine Neuerung handle. Darum betont Clemens καὶ τοῦτο οὐ καινῶς und
gibt einen Schriftbeweis, der nach unseren Maßstäben wenig Überzeugungskraft hat.[14]

Der Tatbestand, der sich aus 1. Clem. 42,4 f. und dem Anlaß des ganzen
Briefes ergibt, ist also ambivalent: Einesteils hat sich Anfang der neunziger
Jahre das Bischofsamt als das entscheidende Amt der Kirche in Korinth
durchgesetzt, so daß ein Aufruhr dagegen zur Gefahr für die ganze Gemeinde
werden konnte und eine Legende dieser Art entstehen und Glauben finden
konnte. Andrerseits ist seine Position noch nicht über jeden Zweifel erhaben,
sonst wäre eine Opposition wie in Korinth überhaupt nicht denkbar und
würde Clemens nicht so umständlich die Autorität dieses Amtes begründen.

Wägt man diese Beobachtungen vorsichtig gegeneinander ab, so dürfte
der Beginn des Prozesses, daß im Bischofsamt die entscheidende Gewalt der
Gemeinde vereinigt ist, 15 bis 20 Jahre zurückliegen. Nimmt man an, daß
Eph. zwischen 70 und 80 geschrieben ist, dann muß der Beginn des Sieges-
zuges dieses Amtes mit Eph. gleichzeitig sein.

Auch wenn man der Auffassung ist, daß die Entwicklung in Korinth
eher eingesetzt hat als in Kleinasien, bleibt noch genügend zeitlicher Spielraum für unsere These: Eph. kennt das Bischofsamt und verschweigt es
bewußt an den Stellen, wo er von den entscheidenden Ämtern der Kirche
spricht.

3. Zu dem gleichen Ergebnis führen die Pastoralbriefe. Sie eignen sich für
unsere Beweisführung fast noch besser als 1. Clem. Die Bedenken, die wegen
der Ortslage (Korinth bzw. Rom) erhoben werden könnten, haben hier keine
Berechtigung. Die Briefe gehören nach Kleinasien. Timotheus wird in der
Funktion eines Bischofs von Ephesus angesprochen, ohne allerdings mit dem
Titel Bischof angeredet zu werden (1. Tim. 1,3 ff.). Dasselbe gilt von Titus
(Tit. 1,5). In Tit. 1,7 sind anscheinend die Presbyter mit dem Bischof gleichgesetzt, denn der Brief fährt mit einem „Bischofsspiegel" fort: „Der Bischof
muß sein..."[15]

---

[14] Das Zitat kann nur auf die Stelle Jes. 60,17 zurückgehen, wo gerechte Herrscher
und Verwalter dem Volk Israel für die Zukunft verheißen werden: καὶ δώσω τοὺς
ἄρχοντάς σου ἐν εἰρήνῃ καὶ τοὺς ἐπισκόπους σου ἐν δικαιοσύνῃ.
[15] Ist schon an anderen Stellen die Unterscheidung zwischen Bischöfen und Presbytern kaum möglich, so kommt in den Past. noch das Problem hinzu, daß sich auch die
Diakone nicht deutlich von den Bischöfen abheben. H. W. Bartsch, Die Anfänge urchristlicher Rechtsbildungen, ThF 34, Hamburg 1965, S. 82–108, hat versucht, die drei

Die Datierung der Past. ist zwar nicht so genau möglich wie die des
1. Clem., doch sollte man eine Abfassung nach 100 ausschließen können,[16]
andrerseits darf man nicht zu weit von der Jahrhundertwende zurückgehen.
Falls das Material der „Kirchenordnungen" älter als die Briefe ist,[17] müßte
man allerdings für die relative Verfestigung der Ämter der episkopalen Gemeindeverfassung noch etwas weiter zurückgehen. Folgende Schlüsse scheinen mir aus den Past. für unseren Zusammenhang erlaubt:

(1) Auch die Past. kennen die Legende von der Einsetzung der Bischöfe
durch den Apostel. Die Legende hat aber gegenüber 1. Clem. 42,4 f. zwei Abweichungen, aus denen sich ergibt, daß es sich um voneinander unabhängige
Fassungen der Legende handelt.

Ämter deutlicher voneinander zu scheiden. Die Übereinstimmung der Tugendspiegel
der Diakone und Bischöfe (1. Tim. 3,1–7; 3,8–13) erklärt er damit: „Der Diakon in den
Past. ist der mögliche Bischof" (S. 91, vgl. auch S. 107). Dies legt sich B. nahe durch den
Begriff βαθμός (1. Tim. 3,13), den er als eine „Bezeichnung für den kirchlichen Rang"
versteht (S. 91). Spätere Texte zeigten, daß ein solches Aufrücken der Diakone in den
Bischofsrang vorkomme. Aber die beiden Belege (Acta Thom. 66 und Acta Verc. 27)
können kaum die Beweislast tragen. Acta Thom. 66 läßt Thomas den Diakonen Xeno-
phon zurück, der an Stelle von Thomas predigen soll, Acta Verc. 27 (= Acta Petri) ist
nicht einmal textlich sicher. Petrus erweckt den Sohn einer Witwe und verheißt ihm:
„Nachher wirst du dich mir in einem höheren Dienst widmen, im Amt des Bischofs und
Diakons (diaconi ac episcopi sorte)." Die Unterscheidung von Bischöfen und Presbytern
erscheint B. dagegen selbst problematisch: „Eher scheinen beide Ämter miteinander zu
konkurrieren" (S. 107). Für beide werden die gleichen Funktionen genannt: Lehren, Vor-
stehen und Überführen der Irrlehrer. Von Ignatius aus aber folgert B., daß die primäre Funktion des Bischofs die kultische sei (S. 96 f.). Gar nicht überzeugen kann die
Behauptung, daß der Bischof nicht aus dem Kreis der Presbyter gewählt wurde (S. 107),
woraus schließlich B. folgert, daß Presbyter und Bischöfe zwei nebeneinander kon-
kurrierende Ämter seien, wobei er auf die These Campenhausens von den zwei verschiedenen Ursprüngen der frühchristlichen Gemeindeverfassung zurückgreift (s. o.
S. 23). Für den Verfasser der Past. scheinen Presbyter und Bischof offensichtlich dasselbe
Amt zu sein, sonst könnten die Übergänge (Tit. 1,3 zu 1,5) nicht so fließend sein. Daß die
Ämter in den Past. einander so ähnlich sind, dürfte seinen Grund darin haben, daß die
Past. für den Amtsspiegel allgemeine hellenistische Tugendspiegel verwenden, die ursprünglich gar nichts mit einem solchen Amt zu tun haben. Diese Beziehungslosigkeit
auf das Amt findet sich auch in den hellenistischen Tugendspiegeln. Vgl. die Beilage
bei Dibelius-Conzelmann, HBNT 13, Onosander, De imperatoris officio, I. Kap., wo ein
Tugendspiegel für einen Strategen mitgeteilt wird, der erst nachträglich und künstlich
mit dem Amt selbst verbunden wird. Rückschlüsse auf Ähnlichkeit von Ämtern aus
diesen Tugendspiegeln zu ziehen ist also nicht möglich.

[16] Die Ignatiusbriefe, die man in das zweite Jahrzehnt des 2. Jh. datiert, zeigen ein
wesentlich fortgeschritteneres Stadium. Wenn man aber annimmt, daß er seine Verhältnisse einfach auf die kleinasiatischen Gemeinden überträgt, ohne daß sie schon in
Wirklichkeit ihnen entsprechen, kann man auch noch den Anfang des Jahrhunderts für
die Past. in Erwägung ziehen (vgl. W. G. Kümmel, Einleitung, S. 280; W. Marxsen, Einleitung, S. 186). Die These Campenhausens, daß Polykarp von Smyrna der Verfasser
der Past. sei, ist allgemein auf Widerspruch gestoßen (H. von Campenhausen, Polykarp
von Smyrna und die Pastoralbriefe, SAH phil.-hist. 1951, jetzt in: Aus der Frühzeit
des Christentums, Tübingen 1963, S. 197–252; zur Kritik vgl. W. G. Kümmel, Einleitung S. 280).

[17] So zuerst A. Harnack, Die Quellen der sogenannten Apostolischen Kirchenordnung, TU II,5, Leipzig 1886, S. 52 ff., vgl. H. W. Bartsch, a. a. O., S. 82 ff.

(a) Die Bischöfe werden nicht direkt von Paulus, sondern durch seine Schüler in ihr Amt eingesetzt. Die beiden Schüler Timotheus und Titus üben zwar im ausdrücklichen Auftrag des Paulus bischöfliche Gewalt aus, tragen aber den Titel nicht. Paulus gibt ihnen erst den testamentarischen Auftrag. Das schließt ein, daß der Verfasser der Past. nicht wie 1. Clem. die Erstbekehrten zu Bischöfen machen kann.

(b) Für die Past. gibt es nur einen einzigen Apostel, auf dem die Ordnung der Gemeinde fußt: Paulus. 1. Clem. dagegen stellt die Reihenfolge Christus–Apostel–Bischöfe auf.

Sachlich ist die Fassung der Legende von der Einsetzung des Bischofsamts in den Past. die ältere.

(2) In anscheinend noch frühere Zeit führt 1. Tim. 3, 1–7 zurück.[18] Vers 1 heißt es: ,,Wenn einer sich um ein Bischofsamt bewirbt, strebt er nach einer guten Sache.‘‘ Bewerbung in ein Amt und Einsetzung kraft apostolischer Sukzession sind wohl zweierlei.[19] Man könnte vermuten, daß 1. Tim. 3, 1 und Tit. 1, 5ff. die Verhältnisse zu verschiedenen Zeitpunkten widerspiegeln. 1. Tim. 3, 1 könnte einer Zeit angehören, wo das Bischofsamt noch nicht die Weihe apostolischer Sukzession hatte, sondern ein Gemeindeamt war, um das man sich bewerben konnte. Dieser Schluß ist aber nicht zwingend (s. u. Anm. 19).

Das Ergebnis der Analyse der Past. ist genauso ambivalent wie bei 1. Clem. Das Bischofsamt hat sich zur Zeit der Past. schon durchgesetzt und eine Legende über seine Einsetzung an sich gezogen. Die Vorsicht, mit der der Verfasser aber vermeidet, das Amt direkt auf Paulus zurückzuführen, macht deutlich, daß die Geschichte des Bischofsamtes bzw. der episkopalen Gemeindeverfassung mit Diakonen und Presbytern nicht bis in die graue Vorzeit zurückreichen kann.[20]

Das führt zu dem gleichen Schluß wie bei 1. Clem.: Zur Zeit der Abfassung des Eph. begann in Kleinasien das Bischofsamt die entscheidende Rolle im Gemeindeleben zu spielen. Es kann schon nicht mehr so bedeutungslos gewesen sein, daß Eph. es zufällig übergangen haben könnte.

4. Der Befund wird schließlich noch einmal eindrücklich durch die Apostel-

---

[18] Wichtig ist in unserem Zusammenhang natürlich nur Vers 1. Das folgende ist wieder ein Tugendspiegel, der mit dem Bischofsamt nur spärliche Berührungen aufweist.

[19] Das Argument ist natürlich sofort hinfällig, wenn die Eingangswendung εἴ τις ... ὀρέγεται, καλοῦ ἔργου ἐπιϑυμεῖ zur Form eines solchen Tugendspiegels gehört. Dann würde dies bedeuten, daß man überhaupt nicht folgern darf, daß es je eine Bewerbung um das Bischofsamt gegeben hat. Da es uns aber an Belegen fehlt, müssen beide Möglichkeiten offenbleiben.

[20] Vgl. R. Bultmann, Theologie, S. 459: ,,Jedenfalls wagt der Vf. der Past. die zu seiner Zeit als Gemeindebeamte fungierenden Presbyter und Episkopen nicht direkt auf die Apostel zurückzuführen, sondern schiebt als Zwischenglied die Apostelschüler Timotheus und Titus ein.‘‘

geschichte gestützt. Lukas ist der dritte unabhängige Zeuge für die Legende von der Einsetzung des Bischofsamts durch den Apostel Paulus. Sachlich gesehen, steht seine Form der Legende in der Mitte zwischen den Past. und 1. Clem. Der uns interessierende Text ist die Abschiedsrede des Paulus in Milet (Acta 20,17ff.). Sie ist das Testament des Paulus.[21] Er schickt von Milet nach Ephesus (!), um die Ältesten der Gemeinde zu sich zu rufen.[22] Schon zum zweitenmal begegnet uns im Zusammenhang der Entstehung des Bischofsamts Ephesus. Auch Timotheus soll ja nach 1. Tim. 1,3 sich in Ephesus aufhalten. Ganz gleich, wie man sich die Adresse des Eph. erklärt,[23] ohne einen sachlichen Zusammenhang wird sie kaum zustande gekommen sein. Sollten alle diese Spuren nur zufällig nach Ephesus führen?

Was läßt sich im einzelnen aus Acta 20,17ff. erkennen?

(1) Mit den Past. teilt Lukas die Vorstellung, daß Paulus das Bischofsamt eingesetzt hat. Erst Clemens führt es auf alle Apostel zurück. Allerdings läßt der Wortlaut von Acta 20,17ff. nicht erkennen, daß die Ältesten erst zu dieser Stunde als Bischöfe eingesetzt werden. Vers 28 heißt: „So hütet nun euch und die ganze Herde, in der euch der Heilige Geist zu Bischöfen eingesetzt hat, um die Gemeinde Gottes zu weiden." Das kann auch so verstanden werden, daß Paulus sie nur noch einmal an das von ihnen übernommene Amt erinnert. Geht es Lukas also nur darum, zwei Traditionen

---

[21] Vgl. Vers 25: „Und jetzt, siehe, ich weiß, daß ihr mein Angesicht nicht mehr sehen werdet, ihr alle, bei denen ich verweilte, als ich das Reich predigte." Vgl. E. Haenchen, Apostelgeschichte, S. 524; G. Klein, Die zwölf Apostel, S. 178; E. Käsemann, Die Johannesjünger in Ephesus, EVB I, S. 152; H. von Campenhausen, Kirchliches Amt, S. 87.

[22] Hieraus könnte man schließen, daß das Ältestenamt älter ist als das Bischofsamt. Aber was die Funktion der Presbyter war, ist nicht mehr auszumachen. Acta 14,23 dürfte von der Vorstellung der späteren Zeit aus geschrieben sein, so daß die dort genannten πρεσβύτεροι wohl mit den Bischöfen identifiziert werden müssen. Weil der Text Acta 14,23 aber nicht so eindeutig ist, ist er für unsere Analyse nicht so ergiebig.

[23] Das Problem der Adresse des Eph. braucht uns nicht näher zu beschäftigen. Ein wirklich sachliches Problem besteht nur für den, der an der Echtheit des Briefes festhält. Unter der Voraussetzung der Unechtheit ist es sogar möglich, daß ἐν ᾿Εφέσῳ ursprünglich ist, dann aber aus Gründen des besseren Wissens teilweise getilgt wurde. Zu der Fülle der Hypothesen wollen wir auch keine neue hinzufügen. Im Prinzip gibt es nur vier Grundmöglichkeiten:
(1) ἐν ᾿Εφέσῳ ist echt, dann ist der Brief schon deshalb unecht.
(2) Die Lückenhypothese. (a) Der Brief war ein Zirkularschreiben, wo jeweils der Ortsname eingefügt wurde. (b) Der Vf. hat den Ortsnamen absichtlich weggelassen, um die Herkunft zu verschleiern.
(3) Harnacks auf Marcion fußende Laodizenerhypothese.
(4) Die Konjekturalhypothese; statt ΟΥΣΙΝ habe ursprünglich ΙΩΣΙΝ, ΑΣΙΑΣ o. ä. gestanden.
Eine Variante zu (2a) wäre, den Text ohne Ortsangabe zu übersetzen (= die Dortigen oder „an die Heiligen, die auch Gläubige sind"). Nähere Einzelheiten siehe dazu in allen neueren Einleitungen und Kommentaren.
Meines Erachtens ist unter der Voraussetzung der Unechtheit nur (1) und (2b) sinnvoll, wobei mir die zweite etwas näher liegt. Auf jeden Fall ist der Brief in Kleinasien, vielleicht sogar in Ephesus selbst geschrieben.

miteinander zu verschmelzen?[24] Der Charakter der Rede als eines Testaments und das erstmalige Auftauchen des Titels Bischof gerade an dieser Stelle weisen aber darauf hin, daß Lukas an eine Amtsübertragung, zumindest aber an eine Übertragung weit größerer Vollmachten und Verantwortung als vorher denkt. Die Unklarheit kommt vielleicht von daher hinein, daß Lukas schon vorher in den paulinischen Gemeinden Presbyter annimmt.

Da die Legende von der Einsetzung der Bischöfe auf Grund einer testamentarischen Verfügung des Paulus sich auch in den Past. nachweisen läßt, ist es wahrscheinlich, daß Lukas hier auf einer Quelle fußt, die er seinem Bild von den Verhältnissen der paulinischen Gemeinden angleicht.

(2) Mit 1. Clem. 42,4 teilt Lukas die Fiktion, daß die Bischöfe die Erstbekehrten sind. Das geht aus Vers 18 hervor: „Ihr wißt, vom ersten Tag an, an dem ich Asien betrat, wie ich die ganze Zeit bei euch war..." Das Verhältnis zwischen Paulus und den Bischöfen stellt Lukas also analog dem Verhältnis zwischen Jesus und den Aposteln dar. Apostel kann nur sein, wer von der Taufe des Johannes an mit Jesus war (Acta 1,22; 10,37), ebenso kann der erste Träger der bischöflichen Sukzession nur der sein, der vom ersten Tag an, an dem Paulus Asien betrat, mit ihm war. Daß die Fiktion von Paulus als dem Gründer des Bischofsamts für das Paulusbild der Acta von entscheidender Bedeutung ist, wird man kaum bestreiten können.[25]

(3) Indem Lukas (bzw. seine Quelle) die Einsetzung des Bischofsamts auf das Testament des Paulus zurückführt, verrät er noch das Wissen daran, daß das Amt und die mit ihm verbundene Kirchenordnung sich erst nach dem Tode des Paulus durchgesetzt haben. Daß die Legende in dieser Form erzählt werden konnte und für Lukas glaubwürdig war, spricht dafür, daß der Zeitraum, den Lukas für das Aufkommen der neuen Kirchenordnung voraussetzt, historisch richtig ist. Schon sehr bald nach dem Tode des Paulus beginnt die neue Kirchenordnung sich durchzusetzen. Die Annahme der deuteropaulinischen Verfasserschaft des Eph. führt also zwangsläufig in die Zeit, in der die episkopale Kirchenordnung ihren Siegeszug in Kleinasien hält.

5. Neben diesen eindeutigen Belegen dürfen noch einige andere erwähnt werden. Wir hatten schon mehrfach darauf hingewiesen, daß die Begriffe πρεσβύτερος und ἐπίσκοπος promiscue gebraucht werden. Darum darf auch 1. Petr. als Zeuge für die episkopale Kirchenordnung in Kleinasien herangezogen werden. 1. Petr. 5,2 definiert das Amt des Presbyters fast

---

[24] So H. v. Campenhausen, Amt, S. 88.
[25] Auch G. Klein gibt zu: „Die Bedeutung dieser Rede im Rahmen des lukanischen Aufrisses kann nicht leicht überschätzt werden" (Zwölf Apostel, S. 178). Geht man von dieser Stelle aus und teilt man Kleins These nicht, daß Lukas selbst für die Beschränkung des Aposteltitels auf die Zwölf verantwortlich ist, bekommt das Paulusbild in der Apostelgeschichte ein wesentlich anderes Bild. Nähere Einzelheiten dazu siehe Teil V.

mit den gleichen Worten wie Acta 20,28 das der Bischöfe: „Weidet die Herde Gottes unter euch!" Die Presbyter sind die Leiter der Gemeinden, denen die „Jüngeren" absoluten Gehorsam schulden (1. Petr. 5,4 f.). „Petrus" (bzw. „Paulus"[26]) selbst bezeichnet sich als συμπρεσβύτερος καὶ μάρτυς τῶν τοῦ Χριστοῦ παθημάτων. Das Amt der Presbyter des 1. Petr. ist also an dem des „Paulus" gemessen. Das bedeutet, daß es sich nicht um ein Amt handeln kann, das von einem Kollegium ausgeübt wird, sondern von einem. Der Zeuge der Leiden Christi ist ihr „Kollege", der Glanz seiner Würde geht auf die über, die das gleiche Amt ausüben. So gewinnt man den Eindruck, daß das Amt sich zwar schon durchgesetzt hat, aber eine solche theologische Stärkung noch nötig hat. Da die Datierung des 1. Petr. relativ sicher möglich ist,[27] zwingt 1. Petr. zu denselben Schlüssen bezüglich der Entstehung der episkopalen Gemeindeordnung in Kleinasien.

6. Schwieriger steht es nun mit der Apokalypse.[28] Obwohl der Titel πρεσβύτερος 12mal vorkommt, so bezeichnet er doch ausschließlich die 24 himmlischen Ältesten. Die von Michl[29] und von v. Campenhausen[30] vertretene Auffassung, daß sie das himmlische Abbild des irdischen Presbyteriums seien, lehnt Satake m. E. zu Recht ab, „weil die vier Wesen, die neben ihnen auftreten, auf keinen Fall in der irdischen Gemeinde eine Entsprechung haben. Außerdem ist von einem irdischen Presbyterium an keiner Stelle der Apokalypse die Rede."[31] Bornkamm urteilt zu Recht: „Vielmehr zeigt die Apk. noch durchaus das Bild, mindestens die Fiktion einer pneumatisch-prophetisch geleiteten nicht nach festen Ämtern verfaßten Gemeinde. Von Episkopen, Diakonen, Lehrern, Hirten, Gemeinde-Ältesten ist nirgends die Rede. Die einzige Autorität sind neben den Aposteln[32] die Pro-

---

[26] Vgl. oben Teil I, Anm. 3.

[27] Es muß sich um den Zeitpunkt handeln, wo zum erstenmal Christenverfolgungen größeren Ausmaßes die kleinasiatischen Gemeinden heimsuchten, d. h. unter der Regierung Domitians (so auch W. G. Kümmel, Einleitung, S. 309 f.; W. Marxsen, Einleitung, S. 202). Der Abfassungsort dürfte ebenfalls Kleinasien sein, denn die Ortsangabe Babylon (= Rom) 5,13 dürfte m. E. auf die fiktive Briefsituation zurückgehen.

[28] Zur Gemeindeordnung der Apokalypse vgl. Akira Satake, Die Gemeindeordnung in der Johannesapokalypse, WMANT 21, Neukirchen 1966. Er kommt zu dem Ergebnis, „daß es sich bei der Gemeinde der Apokalypse um ein besonderes judenchristliches Konventikel handelt, dessen Tradition auf die früheste Zeit der palästinensischen Urgemeinde zurückgeht". Das ist fraglich, denn ob der Seher und seine Brüder eine Gemeinde repräsentieren, ist unklar. Es kann sich auch um einen kleinen Kreis handeln, der sich innerhalb der Gemeinden befindet und einen prophetisch-charismatischen Universalanspruch erhebt. Ganz unwahrscheinlich ist m. E., daß die Tradition dieses Kreises direkt auf die palästinensische Urgemeinde zurückgeht.

[29] Michl, Die 24 Ältesten, S. 38.

[30] von Campenhausen, Kirchliches Amt, S. 90.

[31] Satake, a. a. O., S. 149.

[32] G. Bornkamm, ThWB VI, S. 669, Anm. 110, weist darauf hin, daß der Aposteltitel in der Apk. nicht einheitlich verwendet ist. Nach 2,2 sind es lügnerische Wandercharismatiker, nach 21,14 dagegen stehen die Namen der 12 Apostel des Lammes auf den Grundsteinen des neuen Jerusalems. Mit Schmithals, Das kirchliche Apostelamt, S. 233,

pheten, repräsentiert durch den Seher selbst und ‚alle seine Brüder, die das
Zeugnis Jesu haben', d.h. den Geist der Prophetie (19,10; 22,6)."[33]

Besonders interessant ist, daß Ephesus (!) gelobt wird, weil es die Lügenapostel zurückgewiesen habe (2,2). Natürlich darf man aus dieser kurzen
Angabe keine kühnen Kombinationen ableiten, doch soviel darf man fest-
stellen: In der Umgebung von Ephesus gab es noch bis in die Zeit der Apk.
Apostel. Daß die Apk. sie als $\psi\varepsilon\nu\delta\varepsilon\tilde{\iota}\varsigma$ bezeichnet, muß noch nicht heißen,
daß es sich wirklich um Scharlatane und Goeten gehandelt hat. Sie können
sich selbst durchaus als die Rechtgläubigen verstanden haben. Wie dem
aber auch sei, allein das Vorhandensein solcher „Apostel" beweist, daß die
Dinge noch im Fluß sind. Auch eine falsche Verkleidung als Apostel hat ja
nur so lange Zweck, wie das Institut noch nicht völlig verschwunden ist.

Über die wirklichen Verhältnisse in den Gemeinden erfahren wir durch die
Apokalypse sehr wenig. Das Problem hat zwei Seiten: einmal das Gemeindeleben, das der Apokalyptiker wünscht, zum anderen, welche Verhältnisse
de facto bestehen. Was der Apokalyptiker schaut, hat wenig mit Kirchenordnung zu tun. Er und seine Gruppe bilden wohl eine ecclesiola in ecclesia,
die mit prophetischem Anspruch in die Belange der Gemeinden eingreift,
ohne eine eigene Organisation zu bilden. Sie sind Schwärmer, die die Christ-
lichkeit an der Bereitschaft zum Martyrium messen. Trotz dieser Vorbehalte
scheinen mir einige Schlüsse möglich:

(1) Der Apokalyptiker schreibt an die Engel der Gemeinden. Das besagt
zwar nichts für die irdischen Verhältnisse, erklärt sich aber psychologisch
am einfachsten dadurch, daß es für den Apokalyptiker selbstverständlich
ist, daß jede Ortsgemeinde eine in sich geschlossene Größe bildet. Jede hat
ihr eigenes Gesicht, ihre eigenen Probleme – und sogar ihren eigenen Engel.
Die Vorstellung einer Gesamtkirche gibt es für ihn nur im Himmel.

(2) Das bedeutet, daß in Kleinasien zur Zeit der Apk. keine überörtliche
Instanz anzunehmen ist, sondern nur Lokalgemeinden, die sich ziemlich
deutlich voneinander unterscheiden lassen. Nur der Seher überschaut das
Ganze und erhebt kraft der ihm widerfahrenen Offenbarung Christi den
Anspruch, den Gemeinden in ganz Kleinasien zu schreiben. Nirgends gewinnt man den Eindruck, daß hinter ihm eine umfassendere Organisation
steht, auf deren Autorität und Tradition er bauen kann, oder daß er kraft
eines Amtes berechtigt und befugt ist, den verschiedenen Gemeinden Lob
oder Tadel auszuteilen.

---

ist gegen G.Klein, Die zwölf Apostel, S.76ff., daran festzuhalten, daß Apk.21,14 die
Vorstellung vom Zwölferapostolat voraussetzt. 18,20 könnte den gleichen Sinn haben.
2,2 wird Ephesus gelobt, daß es die Pseudapostel zurückgewiesen hat. Das kann heißen,
daß die Apk. nur die 12 Apostel anerkennt und jeden, der sich jetzt noch den Titel
anmaßt, als Lügenapostel bezeichnet. Zum Apostel in der Apk. vgl. auch Satake, a.a.O.,
S.133–137, der zu dem gleichen Ergebnis kommt.

[33] G.Bornkamm, ThWB VI, S.669.

(3) Das heißt schließlich, daß in der Struktur und in der Sache die Apk. ebenfalls indirekt bezeugt, daß sich in Kleinasien die episkopale Kirchenordnung durchgesetzt hat[34] und nur noch Spuren einer älteren Ordnung durchschimmern.

Wir dürfen darum folgern, daß der Prozeß der Bildung von lokalen Einzelgemeinden, die dann ihrem Wesen nach auch unter bischöflicher (bzw. presbyterialer) Leitung stehen, zur Zeit der Apokalypse in Kleinasien schon abgeschlossen ist.[35] Der Apokalyptiker kritisiert nicht die Kirchenordnung – sie scheint ihm schon eine selbstverständliche Gegebenheit zu sein –, sondern er sieht die Schäden im Geistlichen, in der Laxheit der Gemeinden im Glauben und der mangelnden Bereitschaft zum Martyrium.

Auf Grund der Analyse aller Texte, die Rückschlüsse über die Kirchenordnung in Kleinasien zur Zeit der Abfassung des Eph. zulassen, hat unsere Hypothese den Grad an Wahrscheinlichkeit erreicht, um auf ihr weitere Überlegungen aufzubauen.

Wir fassen zusammen: Zur Zeit der Abfassung des Eph.[36] setzt sich in Kleinasien machtvoll die neue episkopale Kirchenordnung durch, die durch die Ämter der Bischöfe, Presbyter und Diakone repräsentiert wird. Daß alle diese Ämter im Eph. unerwähnt bleiben, obwohl er die Kirche und das Amt thematisch ausführlich behandelt, läßt nur noch den einen Schluß zu: Eph. nennt sie absichtlich nicht. Er erkennt die neue Ordnung nicht an, für ihn bleiben nach wie vor die Apostel und Propheten das einzige Fundament der Kirche.

B. Sind die Apostel für Eph. Gegenwartsgrößen?

Es macht sich nun eine Untersuchung darüber notwendig, welche Funktion und Bedeutung die im Eph. genannten Ämter haben und welche Kirchenordnung sie repräsentieren.

Das Hauptproblem ist: Wie sind die Apostel verstanden? Darauf sind drei Antworten möglich:

---

[34] Ein anderes Problem ist, wie man sich das Eigenleben der Gruppe um den Apokalyptiker vorstellen soll. Oder steht hinter ihm gar keine Gruppe, und ist er wirklich ein einsamer Prophet auf Patmos, der nur mit Christus selbst Zwiesprache hält? Doch das gehört nicht zu unserem Thema. Uns interessiert nur, wie die kirchlichen Verhältnisse in bezug auf ihre Verfassung und Struktur in Kleinasien im allgemeinen sind.

[35] Eine Analyse der Ignatianen brächte für unser Problem keinen Gewinn. Sie würde nur zeigen, daß eine Generation später die Ämter schon hierarchisch geordnet sind und die Begrifflichkeit sich verfestigt hat. An der Spitze steht der monarchische Bischof, dessen Berater die Presbyter sind, während die Diakone sich den karitativen Aufgaben widmen.

[36] Das gilt auch dann, wenn Eph. schon kurz nach dem Tode des Paulus geschrieben sein sollte. Unsere weitere Untersuchung wird aber nahelegen, etwa das Jahr 75 als die früheste Abfassungszeit anzunehmen, andrerseits darf man nicht zu nahe an das Jahr 90 gehen, wo der Prozeß nahezu schon abgeschlossen ist.

(1) Die Apostel sind die Zwölf und Paulus.[37]

(2) Sie sind ein zahlenmäßig nicht abgegrenzter Kreis, der aber einer heiligen Vergangenheit angehört.

(3) Die Apostel sind für Eph. noch Gegenwartsgrößen.

ad (1): Diese Auffassung war bis vor kurzem noch die allgemein übliche. Sie wird zuletzt ausdrücklich von Schlier vertreten Die Apostel „waren 2,20 als das Fundament des Hauses Gottes, der Kirche bezeichnet und 3,5 als die ‚heiligen‘ Apostel als Empfänger der Offenbarung charakterisiert. Zu ihnen gehört nach 3,1ff. auch Paulus selbst. Von hier aus liegt kein Grund vor, an unserer Stelle einen weiteren oder allgemeineren Apostelbegriff vorauszusetzen, also an einen weiteren Kreis von Aposteln zu denken. Sie sind auch hier schon eine heilsgeschichtliche Größe, die sich unter solchem Namen herausgebildet hat, also wahrscheinlich die Altapostel und Paulus."[38]

ad (2): In dieser Form kann die These nur vertreten werden, wenn man die Unechtheit des Briefes voraussetzt.[39]

ad (3) Diese These kann sowohl unter der Voraussetzung der Echtheit wie der Unechtheit vertreten werden. Da Paulus in 1. Kor. 15,7 und Röm. 16,7 einen weiteren Apostelbegriff voraussetzt, kann dieser auch im Eph. gemeint sein. Unter der Voraussetzung der Echtheit ist die These mehrfach vertreten worden.[40] G. Klein hat m. W. als erster den Versuch unternommen, die These aufzustellen und zu begründen, daß für Eph. die Apostel noch Gegenwartsgrößen sind.[41] Klein hat aber damit wenig Anklang gefunden.[42]

Bei der Lösung des Problems erlauben wir uns, die erste These auszuschließen, daß es sich um die Zwölf und Paulus handelt. Es hat sich inzwischen ein kritischer Konsens gebildet, auf den man sich berufen darf. Die beiden unabhängig voneinander entstandenen Arbeiten von W. Schmit-

---

[37] Ausscheiden darf wohl die Möglichkeit, daß es sich um die Zwölf ohne Paulus handelt (so R. Asting, Heiligkeit, S. 169). Ein solcher Schluß wäre zwar aus Eph. 3,5 möglich, weil es ohne Bezugnahme auf Paulus heißt: „... wie es jetzt seinen heiligen Aposteln und Propheten offenbart wurde." Gehört Paulus nicht zu ihnen, daß er von „seinen Aposteln" spricht, statt daß er sagt ἡμῖν τοῖς ἀποστόλοις? Der wirkliche Paulus hätte so nicht formulieren können. Dennoch ist die Formulierung interessant. Sie zeigt, wie schwer es ist, die Pseudonymität immer durchzuhalten. Es geschieht dann plötzlich, daß die „Maske" einmal ganz vergessen wird. Andere Schlüsse aber sind m. E. aus der Formulierung nicht möglich.

[38] Schlier, Kommentar, S. 196. Interessant ist, daß Schlier so formuliert, obwohl er Eph. für echt hält. Unter der Voraussetzung der Unechtheit vertreten diese These z. B. R. Bultmann, Theologie, S. 458, 529f.; weitere Vertreter siehe bei Klein, Die zwölf Apostel, S. 75, Anm. 341.

[39] W. Schmithals, Apostelamt, S. 225, Anm. 1: „In Wahrheit wird im Epheserbrief einfach der paulinische Apostelbegriff wiedergegeben." E. Käsemann, RGG³ II, Sp. 519.

[40] Zum Beispiel E. Percy, Probleme, S. 347; weitere Literatur siehe bei Schlier, Kommentar, S. 196, Anm. 1.

[41] G. Klein, Die zwölf Apostel, S. 66–75.

[42] W. Schmithals, Apostelamt, S. 225, Anm. 1, tut die Überlegungen Kleins damit ab: Klein lege die Deutung vor „mit nach meinem Empfinden untragbaren Argumenten".

hals (Das Kirchliche Apostelamt) und G. Klein (Die zwölf Apostel) haben in diffizilen Einzeluntersuchungen für gewisse Grundfragen zu einem gemeinsamen Ergebnis geführt, auf dem weiter aufgebaut werden darf. Dieses gemeinsame Ergebnis kann so formuliert werden:

Die Idee des Zwölferapostolats gehört der nachpaulinischen Zeit an und findet sich nirgends im unmittelbaren Einflußbereich der paulinischen Tradition.

Umstritten kann bleiben, ob die Idee vorlukanisch ist oder nicht und wann und wo sich die Vorstellung gebildet hat.

Dazu im einzelnen nur soviel:

(1) Schmithals ist m. E. im Recht gegen Klein, daß Apk. 21,14 zu den Zeugnissen für den Zwölferapostolat zu zählen ist.

(2) Das textlich einwandfrei bezeugte ἀπόστολοι in Mark. 6,30 und Matth. 10,2 als spätere Einfügung zu erklären ist nicht überzeugend (vgl. Schmithals [gegen Klein], Das Kirchliche Apostelamt, S. 62f.).

(3) Schwieriger ist 1. Clem. zu beurteilen. Richtig ist, daß 1. Clem. mit dem Aposteltitel noch wesentlich freier umgehen kann und die Vorstellung vom Zwölferapostolat bei ihm explizit nicht zu finden ist. Bedenkt man aber den oben dargelegten Sachverhalt, daß die Pastoralbriefe und Lukas die Einsetzung der Bischöfe auf Paulus allein zurückführen, 1. Clem. aber auf die Apostel schlechthin (42,1ff.), wird man nicht sicher ausschließen können, ob Clemens bzw. seine Quelle damit nicht doch die Zwölf meint. Zwar hat Klein recht: „Der Verf. hat am Apostolat gar kein eigenständiges Interesse" (S. 86), aber trifft das auch für die Quelle zu, die die Legende von Paulus auf die Apostel erweitert hat? Man kann nicht wie Klein lediglich von der Theologie des Clemens aus argumentieren, sondern muß auch hier zwischen Tradition und Redaktion unterscheiden. Die Quelle von 1. Clem. 42,1ff. scheint mir näher an der lukanischen Vorstellung zu liegen, als Klein zuzugeben bereit ist. Wesentlich vorsichtiger urteilt Schmithals, der beide Möglichkeiten offenläßt (a. a. O., S. 232f., vgl. auch S. 254, Anm. 159).

(4) Justin ist möglicherweise ein von Lukas in dieser Frage unabhängiger Zeuge für die Vorstellung des Zwölferapostolats.

(5) Andrerseits kann die Herleitung des Aposteltitels aus der Gnosis, die Schmithals vorlegt, nicht überzeugen. Auf eine nähere Auseinandersetzung darüber kann aber an dieser Stelle verzichtet werden.

Auch wenn man alle Antilegomena in Rechnung stellt, bleibt das für unsere Überlegungen als Voraussetzung angenommene gemeinsame Ergebnis erhalten: im Bereich der paulinischen Tradition ist die Vorstellung vom Zwölferapostolat nicht nachweisbar und ist im Prinzip auch ausgeschlossen, weil Paulus dadurch zu einer Randfigur wird. Konsequent paulinisch sind in dieser Beziehung die Pastoralbriefe, die anscheinend überhaupt nur einen einzigen Apostel kennen: Paulus (vgl. Schmithals, a. a. O., S. 223 bis 225).

Legen wir dieses Ergebnis zugrunde, verengt sich der Spielraum der Lösungen automatisch auf die Alternative: Entweder gehören die Apostel als eine zahlenmäßig nicht näher bestimmte Gruppe für Eph. der ersten Generation an, zu der er nicht mehr gehört und auf die er als auf eine heilige Zeit zurückblickt, oder sie sind für ihn noch Gegenwartsgrößen.

Für die erste Möglichkeit können im wesentlichen drei Gründe vorgebracht werden:

(1) Das allgemeine Geschichtsbild von der nachapostolischen Zeit, daß es in der zweiten Generation keine Apostel mehr gebe, es sei denn als häretische Erscheinungen (wie Apk. 2,2) oder ganz vereinzelt (Did. 11,4). Schon der

zweiten christlichen Generation habe sich die Überzeugung aufgedrängt,
daß die Apostel der kirchengründenden Zeit angehören.[43] Da Eph. aber ein
frühkatholischer Brief sei, könne er gar nicht anders als die Apostel der
Vergangenheit zurechnen.

(2) Es heißt in Eph. 2,19 f. von den Heiden: „Ihr seid Mitbürger der Heiligen und Hausgenossen Gottes, erbaut auf dem Grund der Apostel und Propheten..." Die Vorstellung eines ϑεμέλιον schließe den der zeitlichen Folge
ein: Erst wurde der Grund gelegt, und das ist ein Ereignis der Vergangenheit.

(3) Das Attribut ἅγιος in 3,5 sei in bezug auf lebende Personen sehr
schwierig. So könne man nur von Personen der Vergangenheit reden.[44]

Die Gründe erweisen sich bei näherer Nachprüfung aber nicht als unan-
fechtbar.

ad (1) Diese Begründung wird kaum explizit gegeben, sondern ist mehr
unterschwellig vorhanden, aber dafür um so tiefer eingesessen. Sie basiert
auf der Voraussetzung, daß Eph. ein Dokument des Frühkatholizismus ist.
Gerade diese Voraussetzung stellen wir in unserer Untersuchung ständig
in Frage.

ad (2) Eph. 2,20 braucht ϑεμέλιον nicht die temporale Priorität zu meinen,
sondern braucht nur die Relation zwischen den jetzt als Hausgenossen hin-
zukommenden Heiden zu den Aposteln und Propheten auszudrücken. Da
Eph. 2,19 f. ja darauf zielt, daß die Heiden ihr jetziges Verhältnis bedenken
sollen, liegt es sehr fern, daß der Verf. sie nur an heilsgeschichtliche Größen
der Vergangenheit binden will.[45] Zu beachten ist auch, daß die Bilder ineinander übergehen: die Heiden als Hausgenossen, dann als Steine eines
Baus. Schließlich gleitet das anorganische Bild vom Bau wieder in das orga-
nische vom Wachstum einer Pflanze über. Der Bau ist nämlich einmal schon
abgeschlossen – der Schlußstein ist schon eingesetzt –, wächst aber zum
andern noch weiter.[46] Diese merkwürdige Bildverschiebung wird klar, wenn

---

[43] Dabei ist es gleichgültig, ob es sich um die Vorstellung vom Zwölferapostolat, dem
einen Apostel Paulus (Pastoralbriefe) oder ohne nähere Bestimmung um die Apostel
allgemein handelt.

[44] Schlier greift dieses Argument auf und wertet es theologisch: „Solche Kennzeichnung ist in dem Augenblick möglich geworden, wo sie und ihr Dienst in ihrer heils-
geschichtlichen Funktion für das Ganze der Offenbarung und der Kirche erkannt worden ist" (Kommentar, S. 150).

[45] Vgl. auch G. Klein, Die zwölf Apostel, S. 72–75. Die Verse 19 ff. sind die Konsequenz aus den ganzen vorhergehenden Darlegungen. Sie sind der nervus rerum des
ganzen 2. Kapitels und ausdrücklich mit ἄρα οὖν eingeführt, was eine typische Über-
gangsformulierung von Zitaten zu den aus ihnen gezogenen Schlußfolgerungen ist. Vgl.
G. Schille, Frühchristliche Hymnen, S. 17. Daß die Verse 19 ff. ein vom Eph. über-
nommenes Tauflied sein sollen (so W. Nauch, Eph. 2,19–22 – ein Tauflied? EvTh 13,
1953, S. 362–371), ist sehr unwahrscheinlich. Eph. müßte dann die für ihn alles entscheidende Pointe mit einem Tauflied formuliert haben. Das scheint mir bei der Prägnanz der Behauptung ausgeschlossen.

[46] Hier liegt eine Stelle vor, wo man den Eindruck hat, daß der Verf. nicht nur wegen

man annimmt, daß der Verfasser mehrere Dinge zugleich sagen will: (a) Die
Gesamtstruktur der Kirche ist abgeschlossen; (b) das ist nicht nur die Struktur der Vergangenheit, sondern auch der Gegenwart. Weil der Verf. anscheinend zugleich von der Gegenwart und von der Vergangenheit als der
bindenden Norm reden will, entgleiten ihm die Bilder. Bei einer solchen Erklärung von Eph. 2,20 spricht die Stelle im Gegenteil sogar für die Apostel als
Gegenwartsgrößen.

ad (3) Welches Gewicht hat das Attribut $\dot{\alpha}\gamma\acute{\iota}o\iota\varsigma$ vor $\dot{\alpha}\pi o\sigma\tau\acute{o}\lambda o\iota\varsigma$?[47] Zuerst
muß festgestellt werden, daß nirgends im Neuen Testament der Begriff
$\ddot{\alpha}\gamma\iota o\varsigma$ so häufig vorkommt wie im Eph. Er findet sich im ganzen 13mal:
a.) Als Bezeichnung für die Christen allgemein 9mal (1,1; 1,15; 1,18; 2,19;
3,8; 3,18; 4,12; 5,3; 6,18); b.) 2mal in attributiver Stellung (1,4 $\varepsilon\tilde{\iota}\nu\alpha\iota$ $\dot{\eta}\mu\tilde{\alpha}\varsigma$
$\dot{\alpha}\gamma\acute{\iota}o\upsilon\varsigma$ $\varkappa\alpha\grave{\iota}$ $\dot{\alpha}\mu\acute{\omega}\mu o\upsilon\varsigma$; 5,27 $\tau\dot{\eta}\nu$ $\dot{\varepsilon}\varkappa\varkappa\lambda\eta\sigma\acute{\iota}\alpha\nu$, – $\ddot{\iota}\nu\alpha$ $\tilde{\eta}$ $\dot{\alpha}\gamma\acute{\iota}\alpha$ $\varkappa\alpha\grave{\iota}$ $\ddot{\alpha}\mu\omega\mu o\varsigma$); 1mal
als Adjektiv vor $\nu\alpha\acute{o}\varsigma$ (= die Kirche 2,21). Die 13. Stelle ist unsere. Aus dieser
Übersicht ergeben sich folgende Schlüsse:

1. An allen übrigen Stellen hat $\ddot{\alpha}\gamma\iota o\varsigma$ im Eph. Gegenwartscharakter. Nie
wird damit eine Größe bezeichnet, die der Vergangenheit angehört.

2. Da $\ddot{\alpha}\gamma\iota o\varsigma$ an den 9 Stellen, an denen es als Bezeichnung der Christen
im Eph. verwendet wird, nie eine besondere Gemeindegruppe, sondern
jeden Christen meint, dürfte es auch in 3,5 keinen so strengen exklusiven
Sinn haben, wie ihm allgemein zugeschrieben wird. Außerdem ist Eph. 3,5
durch Kol. 1,26 unmittelbar beeinflußt; $\dot{\alpha}\gamma\acute{\iota}o\iota\varsigma$ ist also Eph. schon vor-
gegeben.[48]

Damit soll keineswegs bestritten sein, daß das Prädikat $\ddot{\alpha}\gamma\iota o\varsigma$ von Ge-
wicht ist. Asting hat durchaus recht: „Es ist die autoritative Stellung der
Apostel, die ausgedrückt werden soll, wenn sie das Prädikat $\ddot{\alpha}\gamma\iota o\iota$ erhal-
ten."[49] Selbstverständlich haben die Apostel für Eph. eine autoritative
Stellung, die Eph. gerade stärken will, aber Exklusivität im Sinne einer
Vergangenheitsgröße braucht das nicht zu bedeuten.

Keiner der Gründe, die für den Vergangenheitscharakter der Apostel an-
geführt werden, kann also die ihm aufgebürdete Beweislast tragen. Um-

---

seiner persönlichen stilistischen Umständlichkeit so formuliert, sondern wegen der
Kompliziertheit der Sache erscheint ihm jedes einzelne Bild unvollkommen. G. Klein,
Die zwölf Apostel, S. 74, interpretiert es positiv: „Indem jeweils die ganze Kirche zu-
nächst als statisches, danach als dynamisches Phänomen beschrieben wird, gewinnt die
Gedankenführung ein Maß an dialektischer Bewegtheit, das ein formaler Index für die
theologische Tiefe des hier ausgedrückten Kirchenbegriffes ist."

[47] Wegen des $\alpha\dot{\upsilon}\tau o\tilde{\upsilon}$ nach $\dot{\alpha}\pi o\sigma\tau\acute{o}\lambda o\iota\varsigma$ ist $\dot{\alpha}\gamma\acute{\iota}o\iota\varsigma$ nur auf die Apostel zu beziehen, $\dot{\varepsilon}\nu$
$\pi\nu\varepsilon\acute{\upsilon}\mu\alpha\tau\iota$ dagegen wohl nur auf die Propheten; vgl. dazu R. Asting, Heiligkeit, S. 168.

[48] H. J. Holtzmann, Kritik, S. 49 hält umgekehrt Kol. 1,26 für eine mißverständ-
liche Zusammenfassung von Eph. 3,5, aber der komplizierte Rahmen, in dem diese
These erscheint, macht sie unmöglich.

[49] Heiligkeit, S. 170. Implizit führen die Ausführungen Astings zu demselben Ergebnis, wenn er auch von ganz anderen Voraussetzungen (Zwölferapostolat ohne Paulus)
ausgeht.

gekehrt sprechen aber gewichtige Gründe dafür,[50] daß die Apostel für Eph.
Gegenwartsgrößen darstellen.

(1) Das *νῦν* in 3,5.[51] Man könnte aber zur Not dagegen argumentieren, daß
das *νῦν* zur literarischen Fiktion gehört. Eph. schreibe als Paulus und für
dessen Zeit treffe das *νῦν* zu.

(2) Macht man die Apostel zu Vergangenheitsgrößen, müssen es die Propheten auch werden.[52] Wer auch dazu noch bereit ist, muß dann in 4,11
auch die drei übrigen genannten Ämter der Vergangenheit zuweisen oder aus
reiner Willkür behaupten, die einen gehörten der Vergangenheit, die anderen
der Gegenwart an.[53] Außerdem ist 4,11 die unmittelbare sachliche Fortsetzung von 4,7. Ganz gleich, wie man 4,7 versteht,[54] bei jeder möglichen
Deutung ist es „extrem unwahrscheinlich",[55] daß von einem fixierten Kreis,
der der Vergangenheit angehört, in Vers 11 gesprochen würde.

(3) Macht man die Apostel und die Propheten zu Vergangenheitsgrößen,
dann hat man für die Gegenwart des Eph. eine tabula rasa.[56] Eph. erlaubt
an keiner Stelle die Vermutung, daß andere Ämter die Funktionen der
Apostel und Propheten übernommen hätten oder auch nur könnten.[57]

Es gibt also exegetisch nur die Möglichkeit: Für Eph. sind die Apostel
und Propheten nach wie vor die entscheidenden kirchlichen Ämter, an denen
er nachdrücklich festhält.

Wir brauchen nun nur noch die beiden Ergebnisse dieses Teils der Untersuchung miteinander in Beziehung zu setzen. Wir hatten mit einer an Sicherheit grenzenden Wahrscheinlichkeit erschlossen, daß zur Abfassungszeit des
Eph. sich in Kleinasien die neue episkopale Kirchenordnung durchsetzte.
Aber dennoch wird von Eph. keines der zu dieser Kirchenordnung gehörigen

---

[50] Dabei übergehen wir die oben schon implizit genannten Gründe.

[51] Darauf legt G. Klein, Die zwölf Apostel, S. 69, großen Wert.

[52] Zum Beispiel E. Käsemann, RGG[3] II, Sp. 519. Daß es sich um urchristliche Propheten und nicht um alttestamentliche handelt, wie zuletzt noch Rengstorf, Artikel
ἀπόστολος ThWB I, S. 423, meint, scheint allgemein anerkannt zu sein. Begründungen
siehe bei Dibelius, HBNT 12, S. 72 f.; Schlier, Kommentar, S. 196.

[53] E. Schweizer, Gemeinde und Gemeindeordnung im Neuen Testament, AThANT 35,
Zürich 1959, § 8 f., S. 98, gibt zu, daß eine solche Scheidung nicht möglich ist, hält aber
dennoch daran fest, daß die Apostel eine „heilsgeschichtliche Größe geworden sind".

[54] Über die verschiedenen Auslegungsmöglichkeiten dieses Verses vgl. G. Klein, Die
zwölf Apostel, S. 67 f.

[55] G. Klein, ebd., S. 68.

[56] Konsequenterweise müßte man ja sogar die Evangelisten, Hirten und Lehrer der
Vergangenheit zuweisen.

[57] Rein theoretisch wäre noch ein einziger Einwand möglich: Eph. gebe nicht die
Verhältnisse seiner Zeit wieder, sondern die zur Zeit des Paulus. Die Ämter gehörten
dann mit zur literarischen Fiktion. – Dann aber gibt es überhaupt keine Möglichkeit
mehr, den Brief auszulegen, denn das hieße, Eph. wolle für seine Gegenwart überhaupt
nichts Konkretes sagen. Eph. wäre dann kein pseudepigraphisches Schreiben, das im
Namen des Paulus seine Sache in der Gegenwart neu vertreten will, sondern nur das
mehr oder weniger gute Produkt eines Fälschers, der die Kunst des Fälschens um ihrer
selbst willen betreibt – eine absurde Vorstellung.

Ämter auch nur erwähnt. Andrerseits sind die Apostel und Propheten für ihn das Amt, auf dem die ganze Kirche ruht (und wächst!). Wir wagen es darum, nun als Arbeitshypothese zu formulieren:

Eph. ist zu der Stunde geschrieben, als die neue episkopale Kirchenordnung der heidenchristlichen Gemeinden sich in Kleinasien durchsetzte und dabei die Struktur des paulinischen Missionsverbandes zerstörte. Eph. ist der Versuch, diese Zerstörung aufzuhalten, und er unternimmt ihn zu Recht im Namen des Paulus. Eph. polemisiert nicht, denn er will den Graben nicht noch tiefer werden lassen. Vielmehr will er das Alte retten.

Wir wollen nun darstellen, wie sich die einzelnen Themen des Briefes und seine Theologie bei der Annahme dieser These neu verstehen lassen.

III. DIE EINHEIT DER KIRCHE

A. Das Problem der Einheit der Kirche beim Übergang vom apostolischen zum nachapostolischen Zeitalter der Kirche

Das zentrale Thema des Eph. ist die Einheit der Kirche. Die Kirche ist die unteilbar eine. Das sagt schon die Vorstellung von der Kirche als dem Leib Christi (1,22f.; 2,15f.; 3,6; 4,4; 4,12–16; 5,23). An einigen Stellen wird es ausdrücklich unterstrichen, daß der für Eph. besonders wichtige Aspekt der Vorstellung vom Leib Christi die Einheit und Unteilbarkeit der Kirche ist.

Christus hat Heiden und Juden zu einem einzigen Leib geschaffen; er versöhnte die beiden zu einem einzigen Leibe (2,15f.). Beide haben in einem einzigen Geist den Zugang zum Vater (2,18). Es gibt nur einen Leib und einen Geist, wie auch die Heiden nur in einer einzigen Hoffnung berufen wurden (4,4). Das Ziel der Erbauung des Leibes Christi ist, daß alle zur Einheit des Glaubens gelangen (4,13).

Man sieht also, daß die Einheit und Unteilbarkeit der Kirche ein besonders wichtiges Anliegen des Eph. ist. Auch Paulus ist der Gedanke der Einheit des Leibes wichtig, aber er entfaltet ihn in eine andere Situation. Paulus geht es um das Verhältnis der Charismatiker untereinander, um das brüderliche Verhalten in der einzelnen Gemeinde, Eph. aber um das Verhältnis von Gruppen innerhalb der Gesamtkirche. Dabei deutet nichts darauf hin, daß er die Heidenchristen als Charismatiker anspricht, die ihre Geistesgaben in unbrüderlicher Weise eingesetzt hätten. Die Heidenchristen werden nicht als Schwärmer gezeichnet, die in ekstatischer Selbstvergessenheit nur ihrer eigenen religiösen Individualität leben, sondern als eine Gruppe,[1] die theologisch einen eigenen Weg geht.

Offensichtlich hat das Problem zwei Seiten. Einmal scheint es sich um das Problem der Gemeindestruktur zu handeln, zum anderen scheint das Verhältnis von Heiden und Juden in der einen Kirche besondere Bedeutung zu haben.

---

[1] „Gruppe" schließt hier kein Quantitätsurteil ein, es kann sich auch um die erdrückende Mehrheit handeln.

Beide Aspekte fallen nicht einfach zusammen. Das Verhältnis von Heiden und Juden in der einen Kirche ist ein Teilproblem des Themas Einheit der Kirche. Zwar handelt es sich um ein besonders kritisches Teilproblem, es aber zu dem einzigen zu machen, läßt zu viele Fragen offen. Der Brief könnte dann ohne weiteres nach 3,21 schließen, denn Eph. kommt danach auf das Problem überhaupt nicht mehr zurück. Unerklärt bliebe, warum Eph. von 4,1ff. an weiterhin von der Einheit der Kirche redet, nun aber unter dem Aspekt des Verhältnisses der Ämter zur Einheit der Kirche. Ohne jede Erklärung bliebe die lange Neophytenparänese (4,17–5,20; 6,10–20) und die neuerliche Entfaltung des Verhältnisses Christus und die Kirche in 5,22 bis 5,33. Ohne alle Teile des Briefes zu berücksichtigen, bleibt eine Erklärung über die Absicht und den Zweck des Eph. unbefriedigend.

Es scheint mir darum methodisch richtiger zu sein, zunächst zu fragen, inwiefern die Einheit der Kirche auch abgesehen von dem Verhältnis zwischen Heiden- und Judenchristen zu einem Problem werden konnte, und dann erst zu fragen, weshalb das Verhältnis zwischen Heiden- und Judenchristen einen neuralgischen Punkt darstellt. Wir beschränken uns in diesem Teil auf das erste Problem, während dem Verhältnis zwischen Heiden- und Judenchristen Teil IV vorbehalten bleiben soll. Die Aufgabe dieses Teils ist dennoch umfangreich genug, weil nicht nur das Problem selbst darzustellen ist, sondern auch die Vorstellung vom σῶμα Χριστοῦ, mit der Eph. die Einheit begründet, zu klären ist.

Die Ämter der Bischöfe, Presbyter und Diakone sind jeweils auf eine Einzelgemeinde bezogen. Je mehr sie in den Vordergrund treten, desto stärker wird die Eigenständigkeit der lokalen Gemeinde. Der 3. Johannesbrief zeigt die Autonomie der Einzelgemeinde. Diotrephes entscheidet ganz allein, ob die Boten des Presbyters aufgenommen werden sollen oder nicht.

Trotz aller Verschiedenheit besteht in dem einen Punkt innerhalb der Forschung Einigkeit, daß Diotrephes ein lokaler Gemeindeleiter ist. Umstritten ist aber, welche Sache Diotrephes und welche der Presbyter vertritt. Nach A. Harnack, Über den Dritten Johannesbrief, TU 15,3b, Leipzig 1897, ist Diotrephes monarchischer Bischof; der Presbyter, den er mit den bei Papias als Herrenjünger genannten identifiziert, Vertreter der „alten patriarchalischen und provinzialen Missionsorganisation", die „gegen die sich konsolidierende Einzelgemeinde, die zum Zweck ihrer Konsolidierung und strengen Abschließung nach außen den monarchischen Episkopat hervortreibt", kämpft (S. 21). Käsemann wendet dagegen ein, daß es kaum verständlich sei, daß Diotrephes sich gegen eine solche Autorität in dieser Weise hätte auflehnen können, und der Presbyter so erscheint, als wenn er aus der schwächeren Position heraus argumentiert (Ketzer und Zeuge, EVB I, S. 171 f.). Das gleiche Argument bringt Käsemann im Prinzip auch gegen W. Bauer vor, der in Diotrephes ein Ketzerhaupt sah, der gegen den Presbyter mit der gleichen Münze zurückzahlt (Rechtgläubigkeit, S. 97). Käsemann schließlich dreht die Fronten um, indem er den Presbyter zum Ketzer macht, der „exkommuniziert und darum notgedrungen ein Einzelgänger ist" (S. 177). „Und die Rechtgläubigkeit des Diotrephes ist offensichtlich nicht zu bezweifeln, seine Autorität muß grundsätzlich anerkannt werden und wird darum auch von der Gemeinde anerkannt, zu welch drastischen Maßnahmen er immer greift" (S. 173). Der Presbyter ist Vertreter einer „ecclesiola in ecclesia", die in den Ortsgemeinden Fuß zu fassen sucht (S. 179). Diese bestechende These begründet Käsemann dann noch weiter mit der Johanneischen

Theologie, die viele enge Beziehungen zur Gnosis aufweist. Er „war ein Schrittmacher der Gnosis, mochte er sich noch so erbittert gegen den Doketismus wenden" (S. 186). Doch dagegen erheben sich ebenfalls Einwände: 1. Schon Mitte des 2. Jahrhunderts gilt Kleinasien als das Land des Johannes. Die Überlieferung spricht dafür, daß man sich auf die Seite des Presbyters, nicht aber des Diotrephes gestellt hat. Außerdem bin ich mir nicht so sicher wie Käsemann, daß die Briefe mit dem Verfasser des Evangeliums identifiziert werden können. H. Conzelmann, Was von Anfang war, Neutestamentliche Studien für R. Bultmann, BZNW 21, 1954, S. 194 ff., hat gezeigt, daß 1. Joh. sich der kirchlichen Tradition viel stärker angenähert hat als das Evangelium. 2. Fraglich erscheint mir auch der Begriff der Exkommunikation, der eine viel stärkere kirchliche Organisation voraussetzt. ἐκβάλλειν dürfte nicht mehr heißen als die Ausweisung aus der Versammlung der Ortsgemeinde. Ob es zu dieser Zeit jemanden geben konnte, der den „Presbyter" hätte exkommunizieren können – zu der Ortsgemeinde des Diotrephes hat er ja nach dem Duktus des ganzen Briefes nicht gehört –, kann man bezweifeln.

Erkennt man die Einwände Käsemanns gegen die Thesen seiner Vorgänger an, so könnte man folgende These aufstellen: 1. Joh. spiegelt die dritte Phase wider, den Versuch, die Einzelgemeinden miteinander organisatorisch zu verbinden. Im Prinzip also die These Harnacks, nur ist der Presbyter nicht der Vertreter der alten Missionsorganisation, sondern selbst Vertreter des monarchischen Episkopats. Er müßte Bischof (= Presbyter) einer bedeutenderen Stadt sein, die den Versuch unternimmt, die Einzelgemeinden ihres Einflußbereichs zu vereinigen. Diotrephes aber ist ein lokaler Gemeindeleiter, der sich diesem Versuch mit allen Mitteln widersetzt und die Boten des Bischofs hinausweist. Dagegen kann der Presbyter zunächst nicht viel unternehmen, weil er weder die Tradition noch eine juristische Gewalt hinter sich hat. Dennoch ist er der Vertreter der Zukunft; deshalb sind doch wohl seine Schriften gesammelt worden. Zunächst aber mußte sein Versuch als Annexion erscheinen. Nach meiner Auffassung befinden wir uns mit dem 3. Johannesbrief eine ganze Generation später als mit dem Eph. Zwischen beiden liegt die Zeit der stärksten Macht der Einzelgemeinde. Beide Briefe kennzeichnen einen Übergang: Eph. vom paulinischen Missionsverband zur episkopalen Kirche; 3. Joh. von der episkopalen Einzelgemeinde zur überregionalen Episkopie.

Infolge der Konsolidierung der Einzelgemeinde ist gegenüber der Zeit des Wirkens des Apostels Paulus eine grundsätzlich neue Situation gegeben. Für die paulinischen Gemeinden stellt die Person des Apostels Paulus trotz aller Anfeindungen und Spannungen das einigende Band dar. Paulus hatte sich darüber hinaus um eine Absprache mit Jerusalem bemüht. Mag das Verhältnis zwischen Paulus und Jerusalem noch so spannungsreich gewesen sein, mag es mehrfach sogar bis zu einem vorübergehenden Abbruch der Beziehungen gekommen sein,[2] fest steht, daß Paulus am Ende seiner Arbeit im Osten mit einer Delegation aus seinen Gemeinden nach Jerusalem gereist ist, um eine gewiß nicht kleine Sammlung den Jerusalemern zu überbringen.[3] Ob diese Kollekte auf eine vertragliche Vereinbarung[4] zurückgeht oder der

---

[2] Das Verhältnis zwischen Paulus und Jerusalem gehört seit F. C. Baur zu den umstrittensten Problemen. Wir können im Rahmen unserer Untersuchung nicht auf die Einzelheiten eingehen. Auf die Arbeit von W. Schmithals, Paulus und Jakobus, werden wir im Rahmen des nächsten Teils eingehen, wo das Verhältnis von Juden- und Heidenchristen in den paulinischen Gemeinden behandelt werden soll.

[3] Nähere Einzelheiten über die Überbringung der Kollekte siehe bei D. Georgi, Die Geschichte der Kollekte des Paulus für Jerusalem, ThF 38, Hamburg 1965, S. 87 ff.

[4] Das ist die These von Karl Holl, Der Kirchenbegriff des Paulus in seinem Verhält-

alleinigen Initiative des Paulus zuzuschreiben ist,[5] ist in unserem Zusammenhang jetzt gleichgültig. Wichtig ist nur, daß ein nicht nur ideelles, sondern auch äußerlich sichtbares Band zwischen den Gemeinden, einschließlich des judenchristlichen Palästinas, bestand. Freilich war dieses Band labil und hatte sich nicht zu einer festen Organisation konsolidiert. Einer eschatologischen Gemeinde stellt sich das Problem der Organisation noch nicht in dem Maße, daß Regelungen getroffen werden müßten, die Dauer versprechen könnten. Die Einheit der Gemeinden – so angefochten sie auch sein mag, wie die Unruhen in Korinth, Galatien, Philippi und anderswo zeigen –, ist kein primär organisatorisches Problem. Die Labilität des einigenden Bandes zeigte sich aber spätestens nach dem Tode des Paulus und der Zerstörung Jerusalems, die auch die Jerusalemer Gemeinde zu Bedeutungslosigkeit versinken ließ.[6] Damit tritt ein Vakuum ein, das erst allmählich ausgefüllt wird, nachdem einzelne Gemeinden bzw. ihre Bischöfe auf Grund der politischen Lage ihrer Stadt die Entwicklung größerer Landstriche beeinflussen. Abgeschlossen ist freilich die sich anbahnende Entwicklung erst mit dem Primat Roms, als dessen Bischof zum Papst avanciert. Uns beschäftigt jetzt allein jene Phase, in der nicht einmal mehr das labile Band der paulinischen Zeit vorhanden war und andrerseits noch keine Institution sich als neuer Garant einer kirchlichen Einheit durchgesetzt hatte.

Es ist die große Stunde der Pseudepigraphie, die leider viel zu sehr unter literarkritischen Gesichtspunkten gesehen wird. Nur als „Paulus", „Petrus" oder „Johannes" ist eine gesamtkirchliche Botschaft vertretbar. „Katholische" Briefe kann in dieser Zeit niemand unter eigenem Namen schreiben, weil es gar keine Institution gibt, in deren Namen er reden kann und hoffen könnte, daß sein Wort auf Grund deren Autorität Gehör finden würde. Für eine höchst wichtige Phase der frühesten Kirchengeschichte ist die Pseudepigraphie der einzige Träger des Einheitsgedankens. Zeitlich umfaßt diese Phase die Zeit vom Tode des Paulus bis zum 1. Clem., also etwa den Zeitraum von 65 bis 100.[7]

---

nis zu dem der Urgemeinde, Ges. Aufs. II, 1928, S. 44 ff. Er sieht in der Kollekte eine von den Jerusalemern analog der Tempelsteuer geforderte Kopfsteuer. Begründet wird die These vor allem mit Gal. 2,10. Daß dieses Verständnis nicht unbedingt notwendig ist, zeigt Georgi, a.a.O., S. 22 ff. Vor allem spricht gegen die These Holls, daß Paulus an allen Stellen, wo er von der Kollekte spricht, nie auf eine solche Vereinbarung verweist, sondern im Gegenteil die Freiwilligkeit und Selbständigkeit der Gemeinden stark herausstreicht. Vgl. Georgi, a.a.O., S. 58 ff. u.ö.

[5] So schon die Tübinger Schule. Nach C. Holsten, Das Evangelium des Paulus I, S. 76, 142 ff. wollte Paulus mit der Kollekte seine judaistischen Gegner in Jerusalem zurückdrängen. Wenn auch die Einigkeit im Glauben nicht erreicht werden konnte, so in der Liebe. Mit ganz anderen Begründungen vertritt jetzt Georgi ebenfalls diese Auffassung.

[6] Der Prozeß, der zum Niedergang der Jerusalemer Urgemeinde führte, ist natürlich nicht an dieses Ereignis gebunden. Er ist vielschichtiger und hat auch schon wesentlich früher eingesetzt. Vgl. R. Knopf, Das nachapostolische Zeitalter, S. 8 ff.

[7] Überschneidungen sind selbstverständlich rein zeitlich möglich. Die Didache, ob-

Für diese Zeit ist auch der Begriff „Frühkatholizismus" nur mit großer Vorsicht zu gebrauchen.[8] Man spricht wohl besser vom „nachapostolischen Zeitalter". Daß diese Zeit eine eigene Epoche darstellt, zeigt sich darin, daß uns aus ihr keine einzige Schrift überliefert ist, die unter eigenem Namen geschrieben wurde. Haben Timotheus, Titus und all die anderen nichts Überlieferungswürdiges geschrieben? Sind die Verfasser dieser Schriften alle so unbedeutende Leute, daß nichts unter ihrem eigenen Namen Geschriebenes in die Überlieferung einging? Daß eine ganze Generation, die die Weichen für die ganze zukünftige Entwicklung stellte, nur pseudepigraphische bzw. anonyme Schriften hinterläßt, bedarf einer besonderen Erklärung. Es kann sich schwerlich um ein rein literarisches Phänomen handeln, als wäre Pseudepigraphie zu dieser Zeit „Mode" gewesen.

Dieses Phänomen läßt m. E. nur den einen Schluß zu, daß es in dieser Zeit keine Person oder Institution gab, die gesamtkirchliche – und sei es auch nur gebietsweise – Autorität hatte. Auch der Seher der Apokalypse kann zu den Gemeinden Kleinasiens nur auf Grund einer Vision reden, nicht kraft seines Amtes.[9] Das bedeutet, daß eine Organisation nur innerhalb der Ortsgemeinde existiert.

Das wesentliche Merkmal dieser Epochen ist, daß die Ortsgemeinde sich institutionell so festigt, daß sie am Ende von ihr handlungsfähig für größere Aufgaben ist. Ein unbedingt notwendiges Teilstück dieses Weges ist die Isolation der Lokalgemeinden. Ihr Abschluß ist erreicht, als die innere Struktur sich so gefestigt hat, daß der an ihrer Spitze stehende Bischof aus der Anonymität heraustreten kann und sich im eigenen Namen an größere Kreise wenden kann (Ignatius).

Der Beginn dieser Epoche ist durch den Abbau der letzten Strukturen des einheitlichen Missionsverbandes gekennzeichnet. Daß dies relativ leicht war, liegt an seiner oben erörterten Labilität. Die Einheit der Kirche war zur Zeit des Paulus nur eine personale und in actu demonstrierte, aber nicht institutionalisierte.

Soweit wir noch erkennen können, sind die Apostel ursprünglich die Bindeglieder jenes einheitlichen Missionsverbandes gewesen. Sie gingen von

---

wohl zeitlich wahrscheinlich etwas später, gehört dazu. Gemeint ist nur ein sachlicher Unterschied zwischen dem pseudepigraphischen Schrifttum dieser Zeit, das aus sachlicher Notwendigkeit heraus nur unter Pseudonymen verfaßt werden konnte, und den späteren Evangelien und Apostelgeschichten, wo das Pseudonym eine wesentlich andere literarische Funktion hat.

[8] Die Problematik des Begriffs Frühkatholizismus ist auch von W. Marxsen empfunden: „Vieles, was heute im NT als frühkatholisch bezeichnet wird..., ist an sich noch gar nicht frühkatholisch, wird es aber durch eine Exegese, die aus historischer Vorfindlichkeit ... theologisch-dogmatische Relevanz macht" (Die Nachfolge der Apostel, Wort und Dienst, Jahrbuch der Theol. Schule Bethel, NF 5, 1957, S. 122). Die Gefahr, die Marxsen sieht, besteht darin, daß der Begriff ständig dazu verführt, spätere Strukturen und Anschauungen zurückzuverlegen.

[9] Siehe oben S. 31—33.

Ort zu Ort, und keineswegs nur zum Zwecke der Mission, wie Epaphroditus, den Paulus Phil. 2,25 ausdrücklich Apostel nennt, zeigt. Er übernimmt – wohl im Auftrag seiner Gemeinde – einen Dienst bei Paulus. Das läßt darauf schließen, daß eine wichtige Funktion der Apostel darin bestand, die Gemeinden mit der „Missionszentrale" zu verbinden. Oder schlichter gesagt: Sie sind Boten des Paulus und Boten der Gemeinden, die über die Entwicklung der neugegründeten Gemeinden dem Paulus berichten und von ihm wiederum, öfters wohl auch mit Briefen von ihm, in das „Missionsgebiet" zurückkehren. Apostel sind also nicht Wanderprediger, die auf eigene Faust das Land durchziehen,[10] sondern Missionare, die ein Zuhause haben, zu dem sie zurückkehren können. Die Apostel verkörpern also in sich die Einheit des Missionsverbandes.

In dem Augenblick, wo ihr „Missionshaus" nicht mehr existiert, d. h. Paulus den Tod gefunden hat, tritt eine völlig neue Situation ein. Paulus scheint für diese Situation keinerlei organisatorische Vorbereitungen getroffen zu haben.[11] Der korinthischen Gemeinde gegenüber hatte sich Paulus einmal als Vater bezeichnet, der als solcher das Recht hat, der Gemeinde verbindliche Weisungen zu geben (1. Kor. 4,15). Nun sind die Gemeinden verwaist. Am stärksten sind durch den Tod des Paulus die mit ihm verbundenen Apostel getroffen. Ihrer Autorität ist der Boden entzogen, so daß sie gegen ihren Willen und Absicht zu Freibeutern werden mußten. Hinzu kommt, daß bei einer solchen Lage sich verstärkt Leute einschleichen konnten, die sich als Apostel ausgaben, in Wahrheit aber nur Scharlatane und Goeten waren.[12] Das brachte das Apostelamt zusätzlich in Mißkredit und trug zu seinem erstaunlich schnellen Verfall bei, so daß der Aposteltitel auf die Zwölf und Paulus beschränkt wurde. Der primäre Grund ist aber, daß es nach 65 keine Person oder Institution gab, in deren Namen sie auftreten konnten.[13]

---

[10] Freilich scheint es schon in frühester Zeit missionarische „Freibeuter" gegeben zu haben, gegen die Paulus sich mit aller Kraft wehren muß und die er als ψευδαπόστολος (2. Kor. 11,13) bezeichnet. Auf die komplizierten Fragen, ob sie gleichzeitig eine bestimmte Häresie verbreiteten (Schmithals, Gnosis in Korinth = Gnosis), judaistische Abgesandte aus Jerusalem (Käsemann, Die Legitimität des Apostels) oder nur Goeten waren, die ihren Pneumabesitz augenfällig demonstrierten (G. Bornkamm, Die Vorgeschichte des sog. Zweiten Korintherbriefes; D. Georgi, Die Gegner des Paulus im Zweiten Korintherbrief), kann hier nicht eingegangen werden.

[11] Die Pastoralbriefe füllen diese Lücke aus. Hier erscheint Paulus als der große Organisator, der weit über seinen Tod hinaus die Entwicklung voraussieht und für die dieser Entwicklung entsprechenden Ordnungen sorgt. – Paulus selbst scheint kein großer Organisator gewesen zu sein; seine eschatologische Theologie nötigte ihn aber auch nicht dazu.

[12] Den Verfall der Apostelinstitution zeigt die Didache in aller Deutlichkeit. Jede Gemeinde muß anscheinend selbst prüfen, ob die Apostel „echt" sind (Did. 11,4–6). Viel einfacher wäre es, Did. könnte sagen: Nehmt nur die als Apostel bei euch auf, die ein Empfehlungsschreiben von ... bei sich haben. Aber eine hinter den Aposteln stehende Autorität gibt es schon nicht mehr.

[13] W. Schmithals, Apostelamt, S. 253 meint, daß bei der Übertragung des Aposteltitels auf die Zwölf die Tatsache mitgespielt habe, daß man sich mit andersartigen und

Für das Verschwinden des Aposteltitels kann man natürlich auf die theologische Begründung des Apostelamts verweisen. Apostel sein kann nur der, der den Herrn gesehen hat. Schon 1.Kor.15,7 gibt der Überzeugung Ausdruck, daß Christus allen Aposteln erschienen sei, und Paulus sieht sich in der nicht ganz einfachen Lage, seine Christuserscheinung noch in diesen von der Formel her gesehen schon geschlossenen Kreis unterzubringen und so sein Apostolat theologisch zu legitimieren. An entscheidenden Stellen verweist Paulus darauf, daß er an diesem Punkt in keiner Weise hinter den anderen Aposteln zurückstehe (1.Kor.9,1; Gal.1,15).

Man könnte also sagen: Da die Zeit der Erscheinungen Christi nur begrenzt war, konnte es gar keine Erweiterungen des Apostelkreises geben. Richtig ist daran zweifellos, daß diese theologische Begründung des Apostelamts als Argument gebraucht wurde, unter dem schon Paulus zu leiden hatte und das sich schließlich bei Lukas in der Konzeption von den zwölf Aposteln niederschlägt. Jedoch ist die Begrenzung der Zeit der Erscheinungen Christi zunächst ein Postulat, das keineswegs von allen anerkannt wurde. Vielmehr ist diese Konzeption ein Argument, das erst zu der Zeit Überzeugungskraft gewinnen konnte, als sich eine feste Anschauung von der Art des Sehens Christi durchgesetzt hatte, durch die man spätere Erscheinungen Christi von den Ostererscheinungen abgrenzen konnte. Auch diejenigen, die hinter der Formulierung von 1.Kor.15,7 standen, wußten, daß eine Erscheinung Christi kein objektives Kriterium war, sondern immer nur von dem Betroffenen bezeugt werden konnte. So schließt, wie Paulus durch sich selbst beweist, diese Konzeption zunächst keineswegs eine Erweiterung des Apostelkreises aus. Darum scheint man schon frühzeitig auf den Gedanken gekommen zu sein, einen Apostel durch Empfehlungsschreiben zu legitimieren. Paulus sieht sich 2.Kor.3 in der schwierigen Lage, zugeben zu müssen, daß er keinen Empfehlungsbrief vorzeigen kann. Er sagt darum kühn, daß die Gemeinde selbst durch ihren Glauben sein Empfehlungsbrief sei (2.Kor.3,2). Das Sehen Christi führt nicht automatisch zum Apostelamt (siehe die 500 Brüder 1.Kor.15,6), sondern nur über eine Gemeinde, die eine auch von anderen anerkannte Autorität besaß, einen Menschen auszusenden. Darum ist das Ende der Autoritäten der ersten christlichen Missionsphase der primäre Grund für das Verschwinden der Apostel, die theologische Begründung des Amtes dagegen das sekundäre Argument.

Die Festigung der Lokalgemeinde und das Ende der Apostelinstitution sind die beiden Kehrseiten derselben Medaille. Mag man diesen Prozeß auch für notwendig halten, so kann man doch die Augen vor den Gefahren dieser Entwicklung nicht verschließen. Die Gefahr der totalen Zersplitterung, die das Christentum in einer kurzen Zeit zu einem kurzlebigen Phänomen gemacht hätte, zieht drohend herauf. Die pseudepigraphischen Schriften erkennen die Gefahr und versuchen sie zu bannen.

Dabei stehen grundsätzlich zwei Möglichkeiten offen: entweder werden die neuen sich herausbildenden Strukturen einheitlich ausgerichtet, oder man versucht die alten einer neuen Situation anzupassen.

Der erste Weg ist von der Mehrzahl beschritten worden. Die neuen Ämter der Ortsgemeinde werden „apostolisch" begründet. Auch wenn dabei nicht explizit von der Einheit der Kirche gesprochen wird, so impliziert doch die

---

auch häretischen apostolischen Ansprüchen auseinanderzusetzen hatte, demgegenüber man auf den Titel ἀπόστολος um der Charakteristik ἀποστολικός willen nicht verzichten konnte. Das mag insofern richtig sein, als der Titel überhaupt mißbraucht wurde. Daß es speziell die Gnostiker gewesen seien, ist nicht bewiesen wie überhaupt die Herleitung des Aposteltitels aus der Gnosis. Sie hängt mit der Sicht der Gnosis zusammen, von der Schmithals meint, daß sie ursprünglich „erlöserlos" gewesen sei.

Katholizität dieser Schriften eine einheitliche Ausrichtung. Überall sollen es die gleichen Ämter sein. Als weiteres Verbindendes tritt die Abwehr der Gnosis, die zum gemeinsamen Anliegen erhoben wird. Regeln diese Schriften – deren markanteste Vertreter die Pastoralbriefe sind – wohl in erster Linie die Ordnung der Einzelgemeinde, so doch im Ansatz jeder. Die neue Ordnung soll nicht nur in einer Gemeinde gelten, sondern in jeder; das ist das ökumenische Anliegen dieser pseudepigraphischen Schriften.

Den meisten erscheint dieser Weg, weil er der erfolgreiche war, anscheinend so selbstverständlich, daß mit einer völlig anderen Möglichkeit gar nicht ernsthaft gerechnet wird. Meines Erachtens ist der Epheserbrief als ein solcher Versuch einer Alternativlösung zu verstehen.

In der Stunde der drohenden Gefahr der völligen Zersplitterung der Kirche in einzelne voneinander isolierte Ortsgemeinden redet Eph. von der Einheit der Kirche. Aber er vermag in den sich herausbildenden institutionellen Ämtern der Ortsgemeinden keinen ökumenischen Ansatz zu erkennen und hält an den Aposteln und Propheten als dem Fundament der Gesamtkirche fest. Auch die anderen in Eph. 4,11 genannten Ämter, die wohl ebenfalls charismatisch sind, sind auf die Gesamtkirche bezogen.

Das Problem der Einheit der Kirche ist zur Zeit des Eph. ein ganzheitliches Strukturproblem und nicht auf das Verhältnis von Heiden- und Judenchristen beschränkt. Unter dieser Voraussetzung erklären sich die zwei Tatbestände: (1) Warum Eph. vom Thema Einheit der Kirche auch außerhalb des Verhältnisses von Heiden- und Judenchristen redet; (2) warum im Eph. die Gesamtkirche zum Zentralthema wird.

Häufig bezeichnet man dies als einen typisch „frühkatholischen" Zug des Eph., daß die Kirche zum Gegenstand der Reflexion wird. Die Ekklesiologie sei nicht mehr wie bei Paulus eine Funktion der Christologie, sondern umgekehrt. „Die paulinische Christusmystik wird zur christologischen Kirchenmystik…"[14] Richtig ist, daß dies ein Zeichen für den Deuteropaulinismus des Briefes ist, doch braucht das nicht „frühkatholisch" zu sein, sondern kann durchaus „paulinisch" sein. Die Nötigung dazu, daß die Kirche zum Thema schlechthin wird, kommt von außen, weil es eine äußerlich sichtbare Gesamtkirche nicht mehr bzw. noch nicht gibt. Das Unpaulinische daran sind weniger die Gedanken als die Situation, in die sie entfaltet werden. Das „Paulinische" des Eph. zeigt sich nicht zuletzt darin, daß er die Einheit der Kirche in den paulinischen Strukturen aufrechterhalten will.

Nun befindet sich Eph. freilich in einem Dilemma, weil er ja nicht übersehen kann, daß es die „Missionszentrale" nicht mehr gibt. Statt dessen bringt Eph. den kühnen Gedanken der Christusunmittelbarkeit der Apostel. Eph. kann auch hierin an Paulus anknüpfen, der über sich nur eine Autorität anerkannte: Jesus Christus, als dessen Apostel er auftrat. Paulus hat

---

[14] Wagenführer, Die Bedeutung Christi für Welt und Kirche, S.119.

darüber hinaus die Charismen auf Gott selbst zurückgeführt (1. Kor. 12,
6.28). Eph. führt nur konsequent weiter. Christus ist das Haupt der Gemeinde (1,22; 4,15; 5,23),[15] der die Ämter einsetzt. Die Apostel, Propheten,
Evangelisten, Hirten und Lehrer sind die Gabe dessen, der die Himmel
durchschritten und die Mächte gefangengeführt hat (4,8ff.). Christus selbst
sorgt dafür, daß durch diese Ämter der ganze Leib zur Vollkommenheit
wächst (4,16).[16] An die Stelle jeder irdisch möglichen Instanz, als deren Abgesandte die Apostel und Propheten autorisiert wären, ist Christus selbst
getreten. Es ist selbstverständlich, daß bei einem solchen Ansatz institutio-
nelle Ämter keinen Platz finden können.

Die Kirche bildet einen Kosmos im Kosmos, da sie direkt und unmittelbar
von ihrem Herrn regiert wird. So wie zwischen Gott und Welt niemand
steht, der aus sich selbst handeln könnte, sondern jede πατριά im Himmel
und auf Erden von ihm den Namen hat (3,15), so ist auch das Verhältnis
zwischen Christus und der Kirche, nur unmittelbarer und deutlicher, weil die
Kirche um seine Herrschaft weiß und sie bekennt.

Mit diesen letzten Worten haben wir aber vermutlich mehr gesagt, als bei
dem heutigen Stand der Erklärung von σῶμα Χριστοῦ anerkannt werden
dürfte. Wir müssen darum den Versuch unternehmen, die Herkunft und den
Vorstellungshintergrund von σῶμα Χριστοῦ zu erarbeiten.

B. Die Herkunft der Vorstellung vom σῶμα Χριστοῦ

I. Nichtkonstitutive Assoziationen

Innerhalb des Corpus Paulinum wird vom σῶμα Χριστοῦ in drei verschiedenen Zusammenhängen gesprochen:

(1) Der Leib des Gekreuzigten; Röm. 7,4: Ihr seid dem Gesetz abgestor-
    ben διὰ τοῦ σώματος τοῦ Χριστοῦ Kol. 1,22: νυνὶ δὲ ἀποκατήλλαξεν ἐν
    τῷ σώματι τῆς σαρκὸς αὐτοῦ
(2) Das Brotelement innerhalb des Sakraments des Herrenmahls (1. Kor.
    10,16; 11,24)
(3) Die Kirche

Handelt es sich hierbei um drei Aspekte derselben Sache,[17] oder stehen
hinter jedem jeweils andere Vorstellungen, die streng auseinanderzuhalten
sind?

---

[15] Dieser Gedanke findet sich typischerweise bei Paulus nicht, weil er ihn nicht in
dieser Richtung entfalten muß.
[16] Das heißt, daß Eph. anscheinend noch alle Ämter charismatisch versteht.
[17] Die meisten neueren Arbeiten, vor allem innerhalb der katholischen Forschung,
gehen an das Problem so heran, daß die Synthese gedanklich verstehbar gemacht wird.
Schlier hat seit seinem Aufsatz aus dem Jahre 1949 (Die Kirche im Epheserbrief) selbst
diesen Weg beschritten. Wir referieren diese im einzelnen sehr stark voneinander

1. Abendmahlselement und Kirchenleib

Eine ausdrückliche Verbindung zwischen dem Kirchenleib und dem Brotelement findet sich im Eph. nicht, sondern muß aus 1.Kor. 10,16f. gefolgert
werden. Doch gerade 1.Kor. 10,16f. zeigt, daß die Gedankenverbindung
zwischen dem Brotelement und dem Kirchenleib keine ursprüngliche Assoziation ist, sondern eine kühne und hochbedeutsame Interpretation des
Paulus ad hoc darstellt. Paulus führt den Gedanken neu ein, daß das Herrenmahl die brüderliche κοινωνία begründet.[18] In Korinth dagegen glaubte
man, daß das Sakrament das Heil garantiert.[19] Gegen diese Individuali-
sierung polemisiert Paulus. Daß aber das Sakrament überhaupt so mißverstanden werden konnte, zeigt, daß der Begriff σῶμα Χριστοῦ als Be-

---

variierenden Synthesen nicht, sondern stellen das Problem der Verbindungen prinzipiell. Literatur wird dabei nur herangezogen, wo sie für eine dieser Verbindungen besonders typisch ist.

[18] Die Problematik liegt in dem Übergang von Vers 16 zu Vers 17. E. Käsemann, Anliegen und Eigenart der paulinischen Abendmahlslehre, EVB I, S.12f., hat am klarsten
erkannt, daß Vers 17 einen Neueinsatz darstellt. Nur Vers 16 ist durch die Tradition vor-
gegeben. „Paulus stimmt dieser Einsicht seinerseits zu, aber er gibt ihr mit V.17 eine
neue Wendung. Jetzt wird nicht mehr gefragt und das Einverständnis der Korinther
vorausgesetzt. Jetzt wird behauptet, und zwar so abrupt und unter so überraschend
neuem Aspekt, wie Paulus häufig seine eigenen Anschauungen der Entfaltung des
Gemeindekerygmas anschließt... Gibt nach traditionell urchristlichem Verständnis das
Element des Brotes Anteil am Leibe Jesu, so modifiziert der Apostel solche Tradition
dahin, daß Anteil an Jesus und seinem Leibe mit der Eingliederung in den Christusleib
der Gemeinde identisch sei." Die gleiche Auffassung vertritt H. Hegermann, Schöpfungsmittler, S.140ff., der ausführlich begründet, daß Vers 17 paulinische Interpretation
ist. W. Schmithals, Gnosis in Korinth, S.234, will Vers 16b–17 als eine feste Formel ansehen und die Bezeichnung des Brotelements aus dem ekklesiologischen Soma-Begriff
ableiten. Diese Ableitung, die Schmithals mit Hilfe von Did. 9 versucht, setzt die Ableitung von σῶμα Χριστοῦ vom gnostischen Urmenschen voraus (zur Kritik dieser Ableitung s. u.), außerdem verwischt Schmithals m. E. die paulinische Pointe.

[19] G. Bornkamm, Herrenmahl und Kirche bei Paulus, Studien zu Antike und Christentum, S. 138–177, hat mit guten Gründen gegen die früher übliche Auslegung (z. B.
H. Lietzmann, Messe und Herrenmahl, S.254; J. Weiß, Der erste Korintherbrief,
MeyerK, S.283ff.) die These aufgestellt: „Keineswegs haben die Korinther das sakramentale Herrenmahl abgeschafft. Sie haben im Gegenteil dieses in so hohem Maße
für die Hauptsache angesehen, daß darüber die vorangehende Mahlzeit zu einer Sache
wurde, die man nach eigenem Belieben und zu eigenem Genuß gestalten konnte"
(S.144). Vgl. auch E. Käsemann, Anliegen und Eigenart der paulinischen Abendmahlslehre, EVB I, S.18: „Erst wenn man Paulus in der Auseinandersetzung mit einer Betrachtung des Sakramentes als φάρμακον ἀθανασίας sieht, begreift man seine Position." Ebenso P. Neuenzeit, Das Herrenmahl, S.73ff.; W. Schmithals, Gnosis in Ko-
rinth², S.239ff., aber ist der Auffassung, daß die Mißstände beim Herrenmahl in
Korinth daher rühren, daß Gnostiker demonstrativ das Herrenmahl zu einem Sätti-
gungsmahl profanierten. Doch dagegen sprechen drei Gründe: 1. muß Schmithals behaupten, daß schon vorher Herrenmahl und Agape voneinander getrennt waren, was
wegen des μετὰ τὸ δειπνῆσαι in 1.Kor. 11,25 nicht geht; 2. trifft 1.Kor. 10,1–13 die
Korinther nur prägnant, wenn sie die Sakramente als Heilsgarantie verstanden; 3. ist
die Kennzeichnung der Schismatiker in Korinth als Gnostiker nicht sicher, und selbst
wenn sie zutreffen sollte, ist Sakramentsfeindlichkeit der Gnostiker nicht so üblich, wie
man nach Schmithals annehmen könnte (vgl. EvPhil 23). Zur Kritik an Schmithals
vgl. Bornkamm, a.a.O., S.175f., Neuenzeit, Herrenmahl, S.75, Anm.30.

zeichnung des Brotelements nichts mit dem ekklesiologischen zu tun hat. Da Eph. das Herrenmahl überhaupt nicht erwähnt und eine von Paulus ad hoc gebildete Assoziation nicht der Erklärung zugrunde gelegt werden darf, sollte man diese Verbindung als nichtkonstitutiv für die Erklärung der Vorstellung von der Kirche als dem Leibe Christi ansehen.[20] Hinzu kommt, daß der kosmische Aspekt dieser Ekklesiologie so nicht erklärt werden kann.

2. *Der Leib des Gekreuzigten und der Kirchenleib*

Wesentlich schwieriger zu beurteilen ist, ob zwischen σῶμα als dem Leib des Gekreuzigten und dem Kirchenleib eine ursprüngliche Verbindung besteht. An der einzigen Stelle, wo innerhalb der echten Paulinen σῶμα Χριστοῦ den Leib des Gekreuzigten bezeichnet, ist von der ἐκκλησία nicht die Rede. Anders aber liegen die Dinge in Kol. 1,22, der Stelle, von der Eph. 2,16 literarisch abhängig zu sein scheint. Hier sieht es so aus, als ob eine unmittelbare Beziehung zwischen den beiden Bedeutungen von σῶμα Χριστοῦ bestände. Kol. 1,22 heißt es: νυνὶ δὲ ἀποκατήλλαξεν τῷ σώματι τῆς σαρκὸς αὐτοῦ διὰ τοῦ θανάτου.

Meines Erachtens ist hier durch den Gen. epex. τῆς σαρκός eindeutig, daß Kol. 1,22 nicht an die Kirche denkt.[21] Eph. 2,16 dagegen heißt es: καὶ ἀποκαταλλάξῃ τοὺς ἀμφοτέρους ἐν ἑνὶ σώματι τῷ θεῷ διὰ τοῦ σταυροῦ. Nach Schlier, Percy u. a. ist hier σῶμα bewußt doppeldeutig verstanden. „Das ἓν σῶμα ist im Sinn des Apostels in unserem Zusammenhang ohne Zweifel der Leib Christi am Kreuz. Aber man wird auch ... nicht übersehen dürfen, daß in dem Leibe Christi am Kreuz, der nun Juden und Heiden auf sich genommen hat, virtuell und potentiell die Kirche da ist. Die Doppeldeutigkeit des Begriffes σῶμα an unserer Stelle ... ist m. E. durch die Sache bedingt und insofern eine echte."[22]

---

[20] Gegen F. Mussner, Christus, das All und die Kirche, dem Hauptvertreter der Anschauung, daß die Bezeichnung des Brotelements als σῶμα Χριστοῦ „die christologische Grundlage der Somaekklesiologie" ist (S. 120ff., bes. S. 125). Das Vorgegebene ist die „im Sakrament der Taufe grundgelegte und im eucharistischen Mahle intensivierte, im realen Essen der Gabe zur Erfahrung gebrachte Christusgemeinschaft" (S. 131). Zur Kritik an Mussner und anderen, die ähnliche Thesen vertreten, vgl. Neuenzeit, Herrenmahl, S. 201ff. (der aber selbst nicht sehr klar ist), und H. Hegermann, Schöpfungsmittler, S. 143: „Daß die ekklesiologische Soma-Vorstellung hier entstanden sei, ist unwahrscheinlich und würde in jedem Falle eine Übertragung in ganz andere Vorstellungskreise bedeutet haben. Denn eine Art ‚kosmischer' Somagedanke liegt eben vor, und ihn gilt es abzuleiten."

[21] E. Lohse, Kolosserbrief, MeyerK, S. 107: „Damit ist Christi in den Tod gegebener Leib eindeutig unterschieden von der Kirche, die der Leib des erhöhten Herrn ist." Für Percy, Probleme, S. 109, 382, dagegen ist Kol. 1,22 zusammen mit Eph. 2,16 die Hauptbelegstelle für die Identifikation vom Leib des Gekreuzigten mit dem Kirchenleib. Die These Percys und anderer, daß der Leib-Christi-Gedanke vom Stammvatergedanken erklärt werden müsse (vgl. derselbe, Leib Christi, S. 38–43), steht und fällt mit diesen beiden Belegstellen, da die echten Paulinen dafür ganz ausscheiden.

[22] Schlier, Kommentar, S. 135, unter Anm. 1, ebd., weitere Vertreter dieser Auffas-

Dennoch scheint mir diese Auslegung nicht über jeden Zweifel erhaben zu sein. Ohne Kol. 1,22 gleich mitzudenken, findet man m. E. diese Doppeldeutigkeit nicht. Die Konstruktion des Satzes Eph. 2,16 könnte genauso dahin verstanden werden, daß Eph. die Bedeutung von σῶμα als Leib des Gekreuzigten durch σῶμα = Kirche ersetzt.[23] Eph. läßt nämlich erstens τῆς σαρκός weg, und zweitens ist ἑνί in bezug auf den Fleischesleib recht schwierig. Die Doppeldeutigkeit käme erst dann heraus, wenn nach σώματι wenigstens αὐτοῦ stände.

So liegt es m. E. näher, ἐν ἑνὶ σώματι doch ausschließlich auf die Kirche zu beziehen und Eph. 2,16 gegenüber Kol. 1,22 als Neuinterpretation anzusehen und zu übersetzen: „Er versöhnte die beiden zu einem einzigen Leibe mit Gott durch das Kreuz." Das ἐν ist nicht einmal störend, weil in der Koinē εἰς und ἐν wechseln können, ganz besonders ist ἐν im Sinne von „zu" beliebt, wenn die Dauer des zu Erreichenden betont werden soll.

Selbst wenn man dem nicht zustimmen sollte und doch eine unterschwellige Doppeldeutigkeit in Eph. 2,16 annehmen möchte, ist damit noch nicht gegeben, daß zwischen dem Leib des Gekreuzigten und dem Kirchenleib eine ursprüngliche Gedankenverbindung besteht; sie wäre erst künstlich von Eph. hineingebracht.[24] Auf jeden Fall ist die exegetische Basis zu schmal, um die These zu tragen, daß die Vorstellung von der Kirche als dem Leib Christi in einem unmittelbaren Zusammenhang mit dem Leib des Gekreuzigten steht.[25]

So scheint es mir das Wahrscheinlichste zu sein, daß jede der Bedeutungen von σῶμα Χριστοῦ ihren eigenen religionsgeschichtlichen Hintergrund hat.

Hinter Röm. 7,4; Kol. 1,22 steht die Paulinische Anthropologie, die im hebräischen Denken wurzelt, nach der man nicht ein σῶμα hat, sondern σῶμα ist, wobei am σῶμα sich zeigt, daß der Mensch nicht frei über sich verfügen kann, sondern Objekt anderer Mächte sein kann. Am σῶμα wird der Mensch in Dienst und Gehorsam genommen.[26] Röm. 7,4 ist dement-

---

sung. Unter den modernen sind zu nennen: Dibelius, HBNT 12, S. 70; E. Schweizer, Artikel σῶμα, ThWB VII, S. 1075; R. Schnackenburg, Gestalt und Wesen der Kirche nach dem Epheserbrief, S. 108 ff. – H. J. Holtzmann, Kritik, S. 95 f., dagegen ist der Meinung, daß Eph. 2,16 den Kirchenleib meine, daß der Verfasser aber durch die Reproduktion von Kol. 1,22 die Eindeutigkeit verwischt habe. Für Holtzmann ist die Stelle ein typisches Zeichen dafür, wie Eph. Begriffe verwischt. Nach O. Pfleiderer, Der Paulinismus, S. 451, hat Eph. den Sühnegedanken von Kol. 1,22 beseitigt, wodurch nur noch ein „figürlicher Sinn" bliebe.

[23] Ebenso Wagenführer, Bedeutung Christi, S. 22, 111 f. Weitere Beispiele für die Verschiebung von Gedanken des Kol. im Eph. bei Dibelius HBNT 12, S. 84.

[24] Erst bei Ignatius sind beide Bedeutungen miteinander verschmolzen worden. Trall. 11,2: „Durch (das Kreuz) ruft er euch in seinem Leiden als seine Glieder zu sich. Ein Haupt kann ja nicht ohne Glieder geboren werden, weil Gott Einigung verheißt, was er (auch) selbst ist."

[25] In engem Zusammenhang mit dieser Identifikation der beiden Bedeutungen steht die Ableitung der Leib-Christi-Ekklesiologie von der Stammvater-Vorstellung. Näheres dazu s. u.

[26] Zu dem anthropologischen σῶμα-Begriff bei Paulus vgl. Bultmann, Theologie, § 17,

sprechend zu paraphrasieren: Ihr seid dem Gesetz getötet, weil Christus sich dem Tod ausgesetzt hat.

Die Bezeichnung des Brotelements als σῶμα Χριστοῦ muß von daher verstanden werden, daß sie parallel zu αἷμα steht. Wahrscheinlich ist diese Terminologie durch die Mysterienfrömmigkeit beeinflußt. Brot und Wein werden mit Leib (Fleisch) und Blut der Kultgottheit identifiziert, durch deren Genuß der Myste am Leben der Kultgottheit Anteil erhält.[27]

Aus keinem dieser beiden Vorstellungsbereiche ist die Vorstellung von der Kirche als dem σῶμα Χριστοῦ ableitbar. Das wird gleich noch deutlicher, wenn wir die für diese Vorstellung konstitutiven Einzelaussagen zusammenstellen.

II. Konstitutive Einzelaussagen der Vorstellung von der Kirche als dem σῶμα Χριστοῦ

Unsere nächste Aufgabe besteht darin, herauszuarbeiten, welche Einzelaussagen konstitutiv zu der Vorstellung von der Kirche als dem σῶμα Χριστοῦ gehören und warum eine religionsgeschichtliche Erklärung dieses Komplexes notwendig ist.

Zu der religionsgeschichtlichen Erklärung sei methodisch vorher nur bemerkt: Eine religionsgeschichtliche Ableitung kann dann als befriedigend für eine Erklärung angesehen werden, wenn sie:

S. 193–203. Er definiert: Der Mensch „heißt σῶμα, sofern er sich selbst zum Objekt seines Tuns machen kann oder sich selbst als Subjekt eines Geschehens, eines Erleidens erfährt. Er kann also σῶμα genannt werden, sofern er ein Verhältnis zu sich selbst hat" (S. 196). Dagegen richtet sich die Kritik Käsemanns, Gottesdienst im Alltag der Welt, EVB II: „Doch geht es beim paulinischen Begriff des Leibes nicht ausschließlich um die Personalität des Menschen, sondern zum mindesten an den theologisch bedeutsamen Stellen um seine Fähigkeit zur Kommunikation und die Realität seiner Zugehörigkeit zu einer ihn qualifizierenden Welt" (S. 200). E. Güttgemanns, Der leidende Apostel, zieht diese Linie noch stärker aus: „Er ist ein rein anthropologischer Begriff und bezeichnet den ganzen Menschen in seiner Relation zu einem Gegenüber..." (S. 279). Diese Definition zwingt Güttgemanns zu der These, daß der auferstandene Jesus kein anderes σῶμα hat als die Kirche (S. 280). Trotz richtiger Intention scheint mir das doch eine Überinterpretation zu sein.

[27] Es ist im Rahmen unserer Untersuchung nicht möglich, diese umstrittene These ausführlich zu begründen. Große Schwierigkeiten bereitet vor allem die Quellenfrage für die Mysterienreligionen. Durch die strenge Arkandisziplin sind wir gerade über Sinn und Bedeutung der wesentlichen Akte nicht genau unterrichtet. So muß auch zugestanden werden, daß sich eine genaue Parallele nicht bringen läßt. So viel scheint aber immerhin sicher, daß in den meisten Mysterienreligionen ein Teil der Weihehandlung eine heilige Mahlzeit war und daß man durch den Genuß der Speise zum Mysten der Gottheit wurde. Gut läßt es sich für die Attis-Mysterien belegen. So heißt es bei Firmicus Maternus, De err. 18,1: „Ich habe aus dem Tympanon gegessen, ich habe aus der Zymbel getrunken; ich bin Myste des Attis geworden." Diese Formel, allerdings gerade im Schlußteil verändert, überliefert auch Clem. Alex. Protr. II,15. Auch für die Mithras-Mysterien läßt sich an Hand der Monumentalquellen und einzelnen Hinweisen bei den

(a) historisch für die in Frage stehende Zeit wirklich nachweisbar ist;
(b) ohne komplizierte, nur zu postulierende Zwischenglieder auskommt;
(c) keine konstitutive Einzelaussage unberücksichtigt läßt, sondern vielmehr sie als sinnvolles Ganzes erkennen läßt.

Die konstitutiven Einzelaussagen der σῶμα Χριστοῦ-Vorstellung sind:
1. Der Leib hat Glieder, die aufeinander angewiesen sind. Eph. 4,25; 5,30; Röm. 12,5; 1. Kor. 12,12ff.
2. Das Haupt hat gegenüber dem Leib eine Sonderstellung (Eph. 1,22; 4,15; 5,23), die aber nicht ausdrücklich und immer hervorgehoben werden muß, wie die Texte in Röm. 12 und 1. Kor. 12 zeigen.[28]
3. Christus ist der Erlöser des Leibes (Eph. 5,23).
4. Christus ist nicht nur das Haupt der Kirche, sondern auch des Kosmos bzw. des Alls. Es liegt hier anscheinend eine Analogie vor, die unbedingt berücksichtigt werden muß. Im Kol. ist die kosmische Seite des Gedankens stärker betont (Kol. 1,18; 2,10.19), obwohl die ekklesiologische ständig zur Stelle ist (1,18.24; 3,15);[29] im Eph. herrscht die ekklesiologische vor, wenn auch die kosmische deutlich durchschimmert (1,22f.).

Kirchenvätern der Charakter der heiligen Mahlzeit einigermaßen sicher erschließen. Es wurde das Fleisch und das Blut des heiligen Stieres genossen, der ja auch das Symbol für Mithras selbst war, auch wenn auf mehreren Bildern Mithras und der Stier zwei Gestalten sind. Es sind aber auch andere Speisen bekannt. Das erklärt Vermaseren damit: „War gerade kein Stier zu beschaffen oder war er zu kostspielig, dann begnügte man sich auch mit dem Fleisch anderer Tiere, meistens Kleinvieh; wenn man nicht sogar Fleisch durch Fisch und das Blut durch Wein ersetzte" (Vermaseren, Mithras, S. 81). Dann müßte es auch dort „Deuteworte" gegeben haben. Der Sinn des Mahles läßt sich vielleicht durch die Inschrift aus dem Mithräum unter Santa Prisca in Rom erschließen „et nos servasti eternali sanguine fuso". So scheint mir die Schlußfolgerung Vermaserens berechtigt, daß der Mithras-Gläubige davon überzeugt war, daß man „durch den Genuß von Fleisch und Blut des Stieres neu geboren wurde, so wie einst durch das Stierblut das neue Leben entstand. Diese Speise und dieser Trank schenken nicht allein Körperkraft, sondern auch das Seelenheil bei der Neugeburt im ewigen Licht" (a. a. O., S. 82). Vgl. auch K. W. Tröger, Mysterienglaube und Gnosis, S. 44ff. Man kann die Speisen also als ein φάρμακον ἀθανασίας bezeichnen. – Diese Beispiele mögen genügen, um wahrscheinlich zu machen, daß der σῶμα-Begriff beim Herrenmahl hier seinen Ursprung haben könnte. Das bedeutet natürlich nicht, daß etwa das ganze Herrenmahl hier seinen Ursprung hat. Es handelt sich ja hier nur um ein Motiv, denen noch weitere stehen (eschatologisches Freudenmahl, Bund, Anamnesis des Todes Jesu, Vergebung der Sünden usw.), die zum Teil bis in die früheste palästinensische Urgemeinde, wenn nicht gar auf Jesus selbst zurückgehen (eschatologisches Freudenmahl).

[28] Allerdings implizieren auch die Aussagen des Paulus die übergeordnete Stellung Christi. Bei seinem Anliegen in 1. Kor. 12 und Röm. 12 ist sie nur nicht ausdrücklich betont.

[29] Man muß wohl beide Seiten in gleicher Weise berücksichtigen und ihnen gleiches Gewicht zuerkennen. H. J. Gabathuler, Jesus Christus, Haupt der Kirche – Haupt der Welt, geht von der an und für sich richtigen Feststellung aus, daß in Kol. 1,15–20 ein glossierter Hymnus vorliegt, der kosmologisch orientiert war, aber von Kol. ekklesiologisch interpretiert wurde. Dennoch sollte man Kol. die kosmologische Seite nicht bestreiten und ein verschiedenes Relationsverhältnis postulieren: „Also nicht gemeinsames Haupt zweier verschieden weiter Bereiche, von denen das Haupt nur der engere kennt, sondern Zwingherr des einen das Wachstum bestimmende Haupt des andern, seines Leibes, ist Christus" (S. 173).

5. Der Leib wächst (Eph. 4,16), und zwar vom Haupt her.

Diese merkwürdige Komplexität der Vorstellung, die in sich so schwer begreiflich erscheint, verlangt nach einer religionsgeschichtlichen Erklärung: Gibt es eine Vorstellung, nach der etwas in seinen Gliedern vorhanden ist, weiterwächst und ein ihm übergeordnetes Haupt hat, das zugleich sein Erlöser ist? Sind das nicht ganz verschiedene Vorstellungen, die sich gar nicht auf einen Nenner bringen lassen? Man kann das Rätsel auch als eine dreifache Gleichung darstellen:[30]

$$\sigma\tilde{\omega}\mu\alpha \ (= \ \dot{\varepsilon}\varkappa\varkappa\lambda\eta\sigma\dot{\iota}\alpha) = X\rho\iota\sigma\tau\dot{o}\varsigma$$
$$\varkappa\varepsilon\varphi\alpha\lambda\dot{\eta} \qquad\quad = X\rho\iota\sigma\tau\dot{o}\varsigma$$
$$\sigma\tilde{\omega}\mu\alpha + \varkappa\varepsilon\varphi\alpha\lambda\dot{\eta} \ = X\rho\iota\sigma\tau\dot{o}\varsigma$$

Die meisten der bisher vorgelegten religionsgeschichtlichen Ableitungen leiden darunter, daß sie eine der Bedingungen oder auch mehrere nicht erfüllen. Entweder bleiben konstitutive Einzelaussagen unerklärt, oder man muß mehrere Komponenten berücksichtigen, so daß die Vorstellung als eine Mischung unterschiedlichster Vorstellungen erscheint, oder die Ableitung ist historisch nicht möglich.

Wir beschränken uns in der Darstellung auf wenige typische Ableitungsversuche, ohne Vollständigkeit anzustreben oder näher in die Einzelheiten einzudringen.[31]

III. Religionsgeschichtliche Ableitungen der Vorstellung von der Kirche als dem σῶμα Χριστοῦ

1. Die Stammvater-Vorstellung

Ein erheblicher Teil der modernen Ableitungsversuche hat die Vorstellung vom Stammvater als einer „corporate personality" zum Ausgangspunkt. Sie besagt, daß in dem Geschick des Stammvaters das Geschick aller seiner Kinder sich abbildet, denn sie sind potentiell in ihm (in seinen Len-

---

[30] So Schlier, Kommentar, S. 92.

[31] Dabei lassen wir nun die Ableitungen außerhalb der Betrachtung, die auf den Assoziationen Leib Christi = Kirche = Leib des Gekreuzigten fußen. Sie können gerade die auffälligsten konstitutiven Einzelaussagen nicht erklären. – Nicht näher befassen wir uns mit der These, daß die Somaekklesiologie auf das Damaskuserlebnis zurückgehe. Schon Augustin sah hier einen Zusammenhang. Christus sagt Acta 9,4f.; 22,7f.; 26,14f. nicht, warum verfolgst du meine Kirche, sondern warum verfolgst du mich. Augustin, En. in Ps. XXX, II,3 (PL 36,231): „Non ait, quid sanctos meos, quid servos meos? sed quid me persequeris, hoc est membra mea? caput pro membris clamabat, et membra in se caput transfigurabat." Diese Deutung findet sich noch bei katholischen Forschern wie Allo, L',,Evolution" de l ,l' Evangile de Paul, Vivre et Penser, I Sér. Paris 1941, S. 168f., und Amiot, L'Enseignement de Saint Paul I, S. 13. Innerhalb der kritischen, protestantischen Forschung hat diese These nie Fuß gefaßt. Sehr verschleiert findet sie sich nur bei A. Schweitzer, Die Mystik des Apostels Paulus, S. 118.

den). Adam schließt in sich das Geschick der ganzen Menschheit. Die Vorstellung findet sich aber auch in eschatologischen Erwartungen. Ein neuer Stammvater wird kommen, der zum Anfänger der neuen Menschheit wird.[32]

Diese Vorstellung findet sich innerhalb der jüdischen Quellen aber nur von Israel (= 2. Jakob).[33] Man muß dann annehmen, daß diese Vorstellung in der christlichen Gemeinde universalistisch umgebildet wurde. „Christus als der eschatologische Adam ist hierzu die universalistische Variante. In ihr steht der Leib Christi, der alle Glieder in sich schließt, an der Stelle des Weinstocks, der alle Reben in sich schließt."[34]

In der Vorstellung vom Leibe Christi werde dies in räumlichen Kategorien gesagt, was sonst zeitlich gesagt werde. Sachlich aber sei das gleiche gemeint, „daß alles Leben der Gemeinde bestimmt ist durch die geschichtliche Tat Gottes in Jesus".[35]

Die Schwierigkeit dieser Erklärung liegt m.E. in folgenden Punkten:

1. Der Sprung von der zeitlichen in die räumliche Kategorie, der doch ein wesentliches Problem wäre, wird als solches gar nicht empfunden.

2. Die in Kol. und auch Eph. auftauchenden kosmischen Gedanken (Christus das Haupt des Alls und das All sein Leib) können nur als ein nachträgliches Mißverständnis gegenüber den Aussagen des Paulus verstanden werden, das Kol. und Eph. ihrerseits wieder korrigieren.[36] Oder es müßte für die Rede von Christus als dem Haupt des Alls ein gänzlich anderer religionsgeschichtlicher Hintergrund angenommen werden als in bezug auf die Kirche.

3. Strenggenommen handelt es sich bei der Stammvater-Vorstellung überhaupt nicht um eine Parallele, sondern um eine gänzlich andere Vorstellung. Es gibt keinen Beleg dafür, daß die Stammvater-Vorstellung sich mit der Vorstellung von einem Leibe verbunden hätte. Das eine ist eine zeit-

---

[32] Diese These vertreten z.B. Percy, Leib, S.38ff.; Probleme, S.127f., 289 u.ö.; E. Schweizer, Artikel σῶμα, ThWB VII, S.1069ff.; Bedale, The Theology of the Church, in: Studies in Ephesians, S.64–75; R. Schnackenburg, Gestalt und Wesen der Kirche nach dem Epheserbrief, S.109ff., der sie aber mit dem Urmensch-Erlöser verbindet, wodurch die These ihre Prägnanz verliert und noch verwirrender wird.

[33] Jub.2,23; 19,24. E. Schweizer, Artikel σῶμα, ThWB VII, S.1070 zieht diese Linie noch weiter: „An diese Erwartungen hat sich wahrscheinlich auf einer Vorstufe des J(ohannes-Evangeliums) die Aussage angeschlossen, daß im Menschensohn Jesus der neue Jakob-Israel und in ihm der wahre Weinstock – Israel erschienen ist."

[34] E. Schweizer, ebd., S.1070.

[35] Ebd., S.1070.

[36] So anscheinend Schweizer, ebd., S.1072f., der das Mißverstehen zeitlicher Aussagen in räumliche Kategorien für typisch hellenistisch hält. – Dieses kategoriale Mißverständnis der verschiedensten christologischen Aussagen spielt in allen neueren Arbeiten Schweizers eine große Rolle, wobei er allerdings immer betont, daß dies ein positives Neuverständnis in sich schließt. Schweizer hat mit diesem Umdenken in räumliche Kategorien einen wesentlichen Punkt erkannt, doch ist diese Unterscheidung weder überall anwendbar, noch kann man sie als Indiz zur Unterscheidung hellenistischer Gemeinde von judenchristlicher durchweg benutzen.

liche Vorstellung, das andere eine räumliche. Etwas völlig anderes ist es, ob zwei gänzlich verschiedene Vorstellungen kerygmatisch dasselbe sagen können. Auch wenn das hier der Fall sein sollte, so besagt das nichts über das Verhältnis der Vorstellungen zueinander.

2. *Der stoische Organismusgedanke*

Diese Ableitung tritt nie als eine Gesamterklärung der Leib-Christi-Vorstellung auf, sondern nur als Erklärung eines konstitutiven Teilelements der Vorstellung. Wir werden uns aus methodischen Gründen in der Darstellung der These allein an Franz Mussner halten, einmal weil er sie noch am konsequentesten vertritt, zum anderen weil er sie in Auseinandersetzung mit der modernen Forschung darlegt. Natürlich kann diese These in den verschiedensten Variationen auftreten.[37] Das ungefähr Konstante an der These ist, daß dem stoischen Organismusgedanken für das Bild ein entscheidender Einfluß zugestanden wird, die Sache selbst aber aus dem „Paulinischen Kerygma" insbesondere der Gefangenschaftsbriefe. Variabel an der These sind die theologischen Gedanken des Paulus, die auf die Einschmelzung des stoischen Organismusgedankens in die Paulinische Theologie gewirkt haben.

Ausgangspunkt ist die berühmte Fabel des Menenius Agrippa, die uns Livius überliefert hat,[38] die aber auch auf andere Leute übertragen wurde.[39] „Der Grundgedanke ist, daß, wie die Glieder des Leibes eine Einheit bilden und sich dem Ganzen unterordnen müssen, so auch die einzelnen Teile des Volkes.

Das Volksganze ist also der Leib, als Organismus gedacht, dessen einzelne Glieder die Volksklassen darstellen; so ist das Verhältnis des Individuums zur Gesamtheit anschaulich dargestellt. So kann dieser Gedanke auch auf das Staatswesen[40] oder auf die menschliche Gesellschaft[41] übertragen werden. Auch auf die Welt, den Kosmos wird dies Bild so angewandt,[42] besonders in der Stoa."[43]

---

[37] Am kompliziertesten liegen die Dinge bei Traugott Schmidt, Der Leib Christi, Leipzig 1919, der sie nicht nur mit der paulinischen Christusmystik verbindet, sondern auch alle anderen religionsgeschichtlichen Erklärungen mit heranzieht, z. B. die Stammvater-Vorstellung, S. 227 ff.; den Urmenschen, S. 242 ff. Daß hier tatsächlich Verbindungslinien zu finden sind, ist ein anderes Problem. Paulus jedenfalls dürfte nicht der Vater einer solchen Kombination sein. Zu nennen ist in diesem Zusammenhang auch A. Wikenhauser, Die Kirche als der mystische Leib Christi nach dem Apostel Paulus, 1937, der im Prinzip ähnlich vorgeht.

[38] Livius II,32.

[39] Plutarch berichtet sie von Coriolan (Cor. 6), während Dio Chrys. 23 sie als eine Fabel Äsops bringt.

[40] Josephus, bell. IV, 7,2; Philo, migrAbr 178.

[41] Cicero, de off. III,5; Seneca, de ira II 31,7.

[42] Epictet I 14,2.

[43] Schmidt, Leib Christi, S. 128 f.

Wie Mussner an einer Stelle aus Curtius zeigt,[44] kann innerhalb der Organismusvorstellung auch die Bezogenheit auf das Haupt besonders betont sein. Ohne ihr Haupt (scil. den Herrscher) würden die Glieder in Zwietracht erzittern.[45]

Mussner weiß aber genau, daß damit die Somaekklesiologie nicht erklärt werden kann.[46] Er verwendet darum den Organismusgedanken nur für das Verhältnis der Christen untereinander. Der Gedanke sei dann durch den eucharistischen Kultus vertieft worden.[47] „So erhält die Soma-Metapher durch das Sakrament ein fundamentum in re, das sie fast zur Sache selber werden läßt... Möglicherweise tritt dazu auch noch ein offenbarungsgeschichtliches Element im Damaskuserlebnis des Apostels." Daß im Kol. und Eph. der Gedanke vom Haupt so stark hervortritt, „folgt konsequent aus der Erhöhungschristologie der Briefe".[48]

Die These leidet erheblich unter ihrer Kompliziertheit. Je komplizierter die Übertragung einer Vorstellung dargestellt wird, desto mehr verliert eine solche These an Überzeugungskraft. Sie scheitert letztlich daran, daß Kol. und Eph. deutlich erkennen lassen, daß die Soma-Vorstellung ihren Lesern nicht fremd sein kann, sondern nur ihre Anwendung auf das Verhältnis von Christus und der Kirche.[49] Etwas karikierend könnte man sagen: Hätte Mussner recht, dann würden die Leser das Gemeinte erst begreifen können, nachdem sie die Paulinische Sakramentslehre und seine „Mystik" gründlich studiert haben und dann auch noch informiert darüber sind, was der Erhöhte zu Paulus bei Damaskus gesagt hat. Man macht sich leider oft nicht klar, daß die Leser auf Anhieb etwas verstehen sollen. Die Vorstellung, die von Paulus und den Deuteropaulinen verwendet wird, kann kein tiefsinniges Mysterium sein. Sie hat nur dann Überzeugungskraft, wenn die Leser das Bild als solches klar verstehen.

Damit soll nicht bestritten werden, daß in 1. Kor. 12 das Bild vom Leib tatsächlich in der Weise verwendet ist, wie es auch in der Stoa geschieht. Aber alle anderen konstitutiven Einzelaussagen finden keine hinreichende Erklärung, vor allem nicht, daß der Leib gleich Christus ist, daß das Haupt des Leibes auch der Erlöser des Leibes ist und daß der Leib vom Haupt aus wächst.

---

[44] Historia X 9,1ff., zitiert bei Mussner, Christus, das All und die Kirche, S. 155f.

[45] Mussner wendet sich an dieser Stelle zu Recht gegen eine Ableitung des Haupt-Gedankens aus dem Alten Testament. Vertreter dieser Auffassung siehe bei Mussner, a. a. O., S. 155, Anm. 369.

[46] Vgl. die Einwände, die Mussner selbst erhebt, a. a. O., S. 134 ff.

[47] Ebd., S. 137 ff.

[48] Ebd., S. 155.

[49] Das gilt natürlich noch mehr, wenn man die Überzeugung teilt, daß in Kol. 1,15–20 ein Hymnus aufgenommen ist, der die Vorstellungen schon in bezug auf das All enthält.

3. Haupt, Leib und Glieder in gnostischen Texten

Es geht hier um die Ableitung der Vorstellung vom Leib Christi aus der Gnosis. Sie wird vor allem von Heinrich Schlier[50] und Ernst Käsemann[51] vertreten und ist von großem Einfluß auf die Exegese.[52]

Nach ihrer Auffassung stammt die Vorstellung vom Leib Christi in Kol. und Eph. bzw. überhaupt bei Paulus aus der gnostischen Vorstellung von einem Urmenschen, einem göttlichen Wesen, das zu Beginn der Zeit in die Gewalt der Herrscher der Finsternis geriet, sich aber nur zum Teil wieder aus ihrer Gewalt befreien konnte. Nur dem Haupt gelang die Rückkehr in die Welt des Lichts, während seine übrigen Glieder an die Materie gefesselt bleiben. Um diese versklavten Glieder nun auch noch zu erretten, steigt der schon erlöste Teil (das Haupt) noch einmal hinab. Es gelingt ihm nun, die Seelen zu erretten, d.h. seine Glieder einzusammeln, so daß sie nun wieder einen Leib bilden. Da der Erlöser sowohl als Haupt dem Leib gegenüberstehen kann und zugleich auch mit den Pneumatikern einen einzigen Leib bildet, der er selber ist, sei eine vollkommene Parallele zu der Vorstellung in den Deuteropaulinen gegeben.[53]

Schenke hat mit Recht hervorgehoben, daß Recht oder Unrecht dieser These nur daran erwiesen werden kann, ob die gnostischen Texte tatsächlich diese Vorstellung enthalten.[54] Schenke untersucht darum die Texte, wo in der Gnosis der Gott „Mensch" erwähnt ist, und kommt zu dem Ergebnis, daß dieses göttliche Wesen mit Namen Mensch ursprünglich gar nichts mit einem Urmenschen zu tun hat, sondern seinen Ursprung Spekulationen über Gen. 1,26f. verdankt. Erst im Manichäismus habe sich dieser Mythus mit der Allgott-Vorstellung verbunden.

Wenn auch der Ursprung des Gottes „Mensch" noch etwas komplizierter ist, so hat Schenke dennoch überzeugend nachgewiesen, daß der Mythus vom „erlösten Erlöser" erst im Manichäismus zu finden ist. Damit entfällt aus chronologischen Gründen die wesentliche Voraussetzung für die gnostische Interpretation der Leib-Christi-Vorstellung von der Gnosis aus.

Dennoch scheint es mir nützlich zu sein, die Belege noch einmal durchzugehen, in denen von Haupt, Leib und Gliedern in vormanichäischen[55]

---

[50] H. Schlier, Christus und die Kirche im Epheserbrief, 1930. In den späteren Arbeiten Schliers, vor allem in seinem Kommentar, verliert die These an Prägnanz, weil Schlier die Vorstellung mit den anderen σῶμα-Begriffen verbindet; s.o. Anm. 17.

[51] Leib und Leib Christi, Tübingen 1933.

[52] Das gilt vor allem für R. Bultmann und seine Schüler. Sie hat aber auch Zustimmung gefunden z.B. bei Dibelius, HBNT 12, S.17; A. Wikenhauser, Die Kirche als der mystische Leib Christi, S.239; P. Pokorný, Σῶμα Χριστοῦ im Epheserbrief, EvTh 20, 1960, S.456–464, engt die These ein, indem er sich im wesentlichen nur auf die Naassenerpredigt und das Corpus Hermeticum beschränkt.

[53] Vgl. die Zusammenfassung bei H.-M. Schenke, Der Gott „Mensch", S.1f.; Käsemann, Leib, S.51.

[54] Schenke, a.a.O., S.3.

[55] In manichäischen Texten läßt sich die Vorstellung belegen, am klarsten in den

gnostischen Texten die Rede ist. Das ist einmal eine ganz sinnvolle Ergänzung der Arbeit Schenkes, zum anderen könnte dies uns auf Umwegen
der Lösung der Frage näher bringen. Dabei überprüfen wir die Textbelege
Käsemanns, von denen einige gänzlich auszuscheiden sind, und präzisieren
die Dinge durch neue Belege. Einige der Belege Käsemanns stammen (1)
gar nicht aus gnostischen Texten, andere wiederum (2) stammen wohl aus
gnostischen Texten, haben aber keinen mythologischen Sinn.

(1) a.) Die Lehre des Arabers Monoimos[56] (Hipp. El. VIII, 12–15) ist nicht
gnostisch.[57] Richtig ist, daß hier das All als ein großes Menschenwesen verstanden wird, doch hat das nichts mit dem Urmenschen zu tun. Die Aussage
ἄνθρωπον εἶναι τὸ πᾶν (12,2) bezieht sich auf den obersten Gott, der die
ἀρχὴ τῶν ὅλων ist und deutlich von seinem Sohne, dem υἱὸς τοῦ ἀνθρώπου,
unterschieden ist. Der oberste Gott als das All (= ἄνθρωπος) ist der Makroanthropos, der weder hinabsteigt noch fällt, noch Glieder verloren hat.[58]

b.) Die Lehre von den Gotteskräften im Hirten des Hermas.[59] Käsemann
hat zwar recht, daß die παρθένοι im Pastor Hermae an einigen Stellen als
Äone erscheinen, die sich aus Emanationen gebildet haben[60] und bisweilen als
δυνάμεις und ἐνεργείαι gezeichnet werden,[61] aber die Vorstellung gehört als
Ganze in das vorgnostische Schema vom Aufstieg der Seele durch die

---

parthischen Glied-Hymnen aus den Turfanfunden, deren Entdeckung Reitzenstein
und andere zu der These vom Urmensch-Erlöser als dem Grundmythus der Gnosis
führte. Vgl. vor allem Angad Rōšnān Ia:
    4a Alle Flüsse, die Adern meines Körpers
      b Sind vertrocknet auf alle Weise.
    7a Alle meine Glieder sind ferner nicht mehr zusammenhängend,
      b Als sie wieder zerbrochen waren, bedachten sie die Existenz.
   11a Das Siegel meiner Füße und die Gelenke meiner Zehen –
      b Gelöst war jedes Band des Lebens meines griw,
   12a Jedes Glied von Hand und Fingern –
      b Alles war gelöst und weggenommen ihr Siegel.
   13a Alle Knorpel, ihr Leben wurde schwach.
      b Kalt geworden waren alle meine Glieder.
   14a Meine Knie wurden gefesselt von Furcht,
      b Und herausgezogen wurde die Stärke aus jedem Bein.
Zitiert nach C. Colpe, Die Religionsgeschichtliche Schule, S. 80 f. Auch Colpe unterzieht
die Thesen der religionsgeschichtlichen Schule einer umfassenden **Kritik**.
[56] Käsemann, Leib, S. 71.
[57] Vgl. Liechtenhan, RE³ XIII, S. 372.
[58] Noch ferner liegt die Buchstabenmystik des Markus (Käsemann, Leib, S. 72),
Hipp. El. VI, 44. Die ἀλήθεια wird als ein σῶμα beschrieben: „Sieh nun, sagte er, zuerst das Haupt Alpha Omega, den Hals Beta Psi usw." Das Ganze ist nur eine Beschreibung der ἀλήθεια mit Hilfe der Zahlensymbolik ohne irgendeinen Zusammenhang mit
dem Fall eines göttlichen Wesens mit Namen Mensch.
[59] Käsemann, Leib, S. 84 ff.
[60] Sie sind einander Töchter (Vis III 8,5 = 16,5). Ihre Kräfte stützen einander und
folgen einander, wie sie geboren sind. Aus der Pistis wird die Enthaltsamkeit geboren
usw.
[61] Ausdrücklich werden sie zwar nicht so bezeichnet, sondern es wird nur gesagt, daß
sie Kräfte haben.

Himmelssphären. Die Seele, die in die βασιλεία θεοῦ kommen will, muß alle
unteren Himmel durchschreiten, und nur wer die Namen von allen und dann
schließlich vom Sohn selbst trägt, kommt in die βασιλεία. Obwohl sich die
Gnosis dieses Schemas bedient,[62] ist es im Herm. doch völlig ungnostisch,
denn die Unteräone sind im Gegensatz zur Gnosis nicht Herrschaftsbereiche
des bösen Demiurgen, sondern „Tugendstationen".[63] Jede Tugend streift
der aufsteigenden Seele das Gewand über, damit sie in das Reich Gottes
kommt.[64]

(2) Wir wenden uns nun Belegen zu, die zwar aus gnostischen Texten stammen, aber dennoch nicht mythologisch verstanden werden dürfen.

a.) Dazu gehören die Belege aus den Od. Sal.[65] Die Od. Sal. repräsentieren
einen Zweig der Gnosis, der vielfach direkt Glaubensformeln der Kirche
übernimmt, die in gnostische Systeme konsequenterweise nicht passen.[66]
Man kann die Od. Sal. am besten als „halbgnostisch" bezeichnen. Die Od.
Sal. leben in biblischer Sprache, direkte Beeinflussung von alt- und neutestamentlichen Schriften muß immer mit eingerechnet werden. Ein großer
Teil der von Käsemann verwendeten Stellen hat gar keinen Mythus zum
Hintergrund; vielmehr dürfte es sich um poetischen Ausdruck handeln,
z. B.[67]

3,2: „Und meine Glieder sind bei ihm,
  und an ihnen hange ich, und er glüht für mich."

6,2: „... so tönt in meinen Gliedern der Geist des Herrn."

6,14–16: „Sie haben erquickt die trockenen Lippen,
   und den versagenden Willen haben sie aufgerichtet.

---

[62] In der Gnosis sind es die demiurgischen Kräfte, die den Aufstieg der Seele verhindern wollen.
[63] Es sind manchmal 7, manchmal 12; also die üblichen heiligen Zahlen: 7 Planeten,
12 Tierkreiszeichen. An der Spitze stehen bei Hermas die Pistis und die Enthaltsamkeit,
die weiteren variieren an den einzelnen Stellen. – Die Personifikation von Tugenden
findet sich überall im Griechentum; vgl. M. Dibelius, HBNT E IV, S. 472. Besonders
interessant ist die Philostelle cher 43 ff., wo die heiligen Frauen Israels als Tugenden
dargestellt sind, mit denen Gott Umgang hat. Auf diese Weise kann Philo sogar den
Gedanken von der Schwangerschaft einer Frau durch Gott übernehmen. – An unserer
Stelle sind die Tugenden zugleich Machträume, also Äone, aber auch das ist eine vorgnostische Vorstellung.
[64] Sim IX, 13,2 (= 90,2). Angemerkt sei, daß die mythologischen Schemata nur
benützt sind, aber nicht Selbstzweck sind. Primär geht es Hermas um den irdischen
moralischen Tugendweg, der durch Glaube und Enthaltsamkeit bestimmt ist.
[65] Vgl. Käsemann, Leib, S. 74.
[66] Im EV NHC I,2 findet sich eine sehr ähnliche Denkstruktur, weshalb Schenke,
Die Herkunft des sogenannten Evangelium Veritatis, die Auffassung vertritt, daß das
EV nicht valentinianisch ist (so die Herausgeber), sondern mit den Od. Sal. zusammen-
gehört.
[67] Zugrunde gelegt ist die Übersetzung von W. Bauer in Hennecke-Schneemelcher II,
S. 576 ff.

Und die Seelen, die dem Abscheiden nahe waren,
haben sie dem Tode abgejagt.
Und die Glieder, die gefallen waren,
haben sie geradegerichtet und aufgestellt.‘‘

Nur bei der letzten Stelle könnte man vermuten, daß die Glieder mit den Seelen gleichgesetzt werden könnten als Teile der Allseele. Jedoch ist das nicht sicher, denn offensichtlich sind in den Od. Sal. die Glieder die Sinnes organe, mit denen der Gläubige fähig ist, die Wahrheit Gottes zu erkennen. Daher scheint es mir näherzuliegen, den Sinn so wiederzugeben: Und ihre niedergedrückten Sinne haben sie aufgerichtet (damit sie den Herrn erkennen). Auf diese Deutung führt auch 8,16: Christus spricht:

„Ich habe ihre Glieder hingestellt,
und meine Brüste habe ich für sie bereitet,
daß sie meine heilige Milch trinken könnten,
um davon zu leben.‘‘[68]

17,15 führt an Käsemanns These näher heran. Der Erlöser spricht über sich und die Erlösten:

„Denn sie sind mir Glieder geworden
und ich ihr Haupt.‘‘

Möglich ist es, daß eine Beeinflussung von Kol./Eph. vorliegt. Auf jeden Fall läßt der Wortlaut nicht erkennen, daß die Glieder schon vorher Teile seines Leibes waren und die Erlösung eine restitutio in integrum wäre, sondern sie werden erst durch die Erlösung zu Gliedern. Dann kann der Text nur eine poetische Umschreibung mit biblischem Bildmaterial sein, um die unbedingte Zusammengehörigkeit von Erlöser und Erlösten zu beschreiben. Den Mythus vom Fall eines Urmenschen kann man nicht in die Stelle hineinlesen.[69]

b.) Ganz unmythologisch ist auch Act. Thom. 6f. Der Apostel Thomas besingt ein Mädchen, das als Tochter des Lichts bezeichnet wird. Im Zusammenhang ist es ein Lied zur Hochzeitsfeier der Königstochter. Selbst wenn man zugesteht, daß sich das Lied ursprünglich auf eine andere Gestalt bezogen habe und es sogar ein Lobpreis auf die Sophia im Stil von Sap. Sal. 6,12ff. gewesen sein sollte, so ist doch durch nichts nahegelegt, daß die Sophia dann auch noch der Urmensch-Erlöser sein soll.[70]

---

[68] Vgl. weiterhin ähnliche Stellen Od. Sal. 18,2; 21,4: „... es wurden mir Glieder an meiner Seele‘‘ (= der Erlöste bekommt gereinigte Sinne, „in denen keine Krankheit ist‘‘); 40,3.

[69] Ganz dunkel ist die Stelle 23,16–18, wo ebenfalls von einem Haupt gesprochen wird.

[70] Vgl. Schlier, Christus und die Kirche, S. 57; Käsemann, Leib, S. 74. Man kann

Das Mädchen ist des Lichtes Tochter,
es steht und ruht auf ihr der Könige hehrer Glanz,
ergötzend ist ihr Anblick.
In strahlender Schönheit erglänzt sie.
Ihre Gewänder gleichen Frühlingsblumen,
lieblicher Wohlgeruch entströmt ihnen.
Auf ihrem Scheitel sitzt der König
und nährt, die ⟨unter⟩ ihm sitzen mit seiner Götterspeise.
Wahrheit ruht auf ihrem Haupte,
Freude erzeigt sie durch ihre(r) Füße (Bewegung).
Ihr Mund ist geöffnet und gar schicklich,
⟨da sie lauter Loblieder (mit ihm) spricht.⟩[71]

Diese Belege scheiden also von vornherein aus, um die mythologische Vorstellung von Haupt, Leib und Gliedern in der Gnosis zu bestimmen. Wir wenden uns nun den rein gnostischen Texten zu und fragen nach der Verwendung dieser Terminologie. Der Übersichtlichkeit wegen führen wir die Begriffe getrennt auf.

a) Κεφαλή in gnostischen Texten

1. An sehr vielen Stellen ist κεφαλή gar nicht auf den Erlöser bezogen, sondern:

a.) auf den obersten Gott, der keine soteriologische Funktion hat – z. B. Hipp. El. V 7,33: „Denn im Haupt ist das prägende Gehirn (χαρακτηριστικὸν ἐγκέφαλον), das Wesen, von dem jede Herrschaft ihren Charakter empfängt."[72] –;

b.) auf eine Gestalt im Pleroma, die zwar unterhalb der obersten Gottheit steht, aber ebenfalls keine soteriologische Funktion hat. Das gilt speziell für den Monogenes. Der Sinn des Wortes „Haupt" ist die Einsetzung in die herrscherliche Stellung gegenüber den anderen Kräften des Pleromas – vgl. dazu AJ BG 26,9f. (= NHC II,1 p.4,13); NHC II,1 p.6,15; 7,22 –;

c.) auf den Schöpfergott – vgl. Hipp. El. VI,23,3f.: „Es wurde erzeugt der große Archont, das Haupt der Welt, dessen Schönheit, Größe und Kraft unaussprechlich ist. Er übertraf alles, außer allein der in der Samenfülle

---

Bildworte nicht so pressen, daß man aus dem Sitzen des Königs auf ihrem Scheitel einen Mythus herausliest.

[71] Zugrunde gelegt ist die Übersetzung von G. Bornkamm, Hennecke-Schneemelcher II, S. 311.

[72] Diese Stelle gehört zur zweiten Schicht der Naassenerpredigt; direkter literarischer Einfluß von Eph. 3,15 ist wahrscheinlich. Auch dieses oberste Wesen heißt „Mensch", ist aber ein anderes Wesen als der untere Adamas. Nur der Sohn des Vaters, der aber gerade nicht als κεφαλή bezeichnet wird, nimmt Wohnung in dem irdischen Gebilde. Zu dem Gott „Mensch" in der Naassenerpredigt siehe Schenke, Der Gott „Mensch" in der Gnosis, S. 57–60.

zurückgebliebenen Sohnschaft. Er ist der Herrscher der Ogdoas, die aber unter dem nichtexistenten Gott ist" (vgl. auch VI,27,9; Iren. I,5,3).

2. An einigen Stellen bezieht sich κεφαλή auf den Erlöser. Dabei muß unterschieden werden, ob es sich um literarisch und gedanklich unmittelbar vom Neuen Testament abhängige Zeugen oder um zumindest gedanklich relativ selbständige handelt.

a.) Zu den abhängigen Zeugen möchte ich Ignatius rechnen. „Durch das Kreuz ruft er euch zu sich als seine Glieder. Ein Haupt kann nicht ohne Glieder geboren werden, weil Gott Einigung verheißt, was er (auch) selber ist" (Trall. 1,2). Außerdem ist die Stelle kein Zeugnis für die Gnosis. Der Wiedergeburtsgedanke ist nicht typisch gnostisch. In der Struktur ist es etwas anderes, ob es heißt, daß er sich wieder mit seinen verstreuten Gliedern vereinigt, oder ob es heißt, er ruft euch zu sich als seine Glieder.

Der hier vorliegende Gedanke ist m. E. am besten als eine Fortsetzung der paulinisch-deuteropaulinischen Texte zu verstehen. Der Kreuzestod ist die Geburt des Hauptes, aber da ein Haupt nie allein geboren wird, werden dadurch auch die Glieder mitgeboren. Anscheinend ist nun die σῶμα-Ekklesiologie nachträglich mit der Stammvater-Vorstellung verbunden worden. Gnostisch scheint mir das nicht zu sein.

b.) Schwieriger steht es mit den Excerpta ex Theodoto. 33,2 heißt es: „Und er ist gleichsam unsere Wurzel und Haupt, die Kirche aber seine Früchte." Die Vermischung der Bilder (Wurzel, Haupt, Früchte) zeigt, daß nur bildhafte Sprache vorliegt, aber nicht Mythologie.

Ganz eigentümlich ist ExcexTheod 42,1-3: „Deshalb trug Jesus die Samen durch das Zeichen (scil. das Kreuz) auf den Schultern in das Pleroma, denn Jesus nennt man die Schultern des Samens, das Haupt aber ist Christus." Als Beleg für die Vorstellung vom Urmensch-Erlöser kann die Stelle aber nicht dienen.[73] Denn nach den ExcexTheod ist wie in allen valentinianischen Systemen[74] der Soter nie ein vorher gefallenes Wesen, sondern Bote des Pleromas, ausgesandt mit seinen Engeln, der Sophia Ruhe zu verschaffen. Der von der Sophia in die Welt zum Ausreifen gebrachte Samen wird durch Jesus erlöst; er trägt ihn auf seinen Schultern in das Pleroma zurück. Die Logik des Satzes wird zunächst durch das folgende verdunkelt, „denn Jesus nennt man die Schultern des Samens, das Haupt aber ist Christus". Klar ist, daß hinter dem Gedanken die Unterscheidung von Christus und Jesus liegt.[75] Der Titel „Haupt" bleibt dem oberen Chri-

---

[73] So Käsemann, Leib, S. 73: „Die Kirche ist als der verstreute Samen zugleich der Urmensch-Erlöser." Vgl. auch Schlier, Christus und die Kirche, S. 43.

[74] Näheres zu den valentinianischen Systemen, vor allem zum Sophia-Mythus, siehe Teil VII.

[75] Im einzelnen sind es sogar noch mehr „Hypostasen" des σωτήρ, doch ist die Teilung in Christus und Jesus die ursprüngliche Form, die uns schon von Kerinth bekannt ist.

stus vorbehalten, der im Pleroma geblieben war. Die Bezeichnung Jesu als
„Schultern" ist die Übertragung dieses Theologumenons in das Bild, wodurch es verschoben wird. Das heißt, daß drei verschiedene Bildassoziationen
miteinander verbunden sind, die jede aus dem System verständlich ist, aber
innerhalb des Bildes keine logische Folge ergeben: (1) Jesus trägt durch das
Kreuz den Samen in das Pleroma; (2) Jesus und Christus sind nicht identisch; (3) der Erlöser ist das Haupt der Erlösten.

c.) In den Nag-Hammadi-Texten findet sich die Terminologie nur in einer
einzigen Schrift (Die Auslegung seitens der Erkenntnis = Inter NHC XI,1).
Sie ist leider nur sehr fragmentarisch erhalten, so daß eine Analyse mit
erheblichen Unsicherheitsfaktoren belastet ist. Drei Dinge kann man m. E.
sagen: 1. Die Terminologie ist so ausführlich verwendet, daß man nun doch
schon von Mythologie sprechen kann. Wir kommen nun zum erstenmal in
die Nähe der von Reitzenstein postulierten Vorstellung vom Urmensch-
Erlöser. 2. Andrerseits wirken die Textstücke weniger wie Mythologie
(höchstens das erste unten mitgeteilte Stück), sondern eher wie ein Bild, das
predigtmäßig mit paränetischem Ziel ausgeführt wird. 3. Scheinen die Gedanken unmittelbar aus den neutestamentlichen Texten herausgesponnen
zu sein, natürlich unter gnostischem Vorverständnis, aber doch nicht von
einem schon feststehenden Urmensch-Erlöser-Mythus aus. Die Fragmente
dieser Schrift sind ein wichtiges Zeugnis dafür, wie die Gnosis die Terminologie übernahm und in den gnostischen Mythus einschmolz. Als Beleg für einen
alten Mythus vom Urmensch-Erlöser kann die Schrift schon wegen ihrer
bewußten Orientierung am Neuen Testament nicht gelten.

Da die Schrift noch nicht veröffentlicht ist, seien die Stellen mitgeteilt,
die sicherlich noch gründlicher diskutiert werden müssen:

p. 15,27–40: Denn das Haupt zog sie hinauf aus der Grube, als [es] sich
neigte oben am Kreuz. Und es blickte h[in]ab in den Tartaros, damit die, die
unten sind, hinaufblicken. Denn ebenso, wie wenn einer auf einen [Spie-
gel(?)] blickt, dann das Gesicht dessen, der unten geblieben ist, nach oben
blickt, so blickt das Haupt aus der [Hö]he (?) zu seinen Gliedern und die
Glieder, [die] eingeschlossen sind, (hinauf) zu dem Ort, wo das Haupt war.
Das Kreuz aber nagelte vo[rher] die Glieder fest, und (zwar) nur damit sie
fähig wären... (Ende des Fragments).

p. 17,21 ff. – zu sehr zerstört, um den Sinn zu erfassen.

p. 18,26–33: Sieh es nicht an, als ob es etwas [Fremdes(?)] wäre, sondern
(daß) es der [Geist] ist, der(selbe), den jeder [einzelne von] deinen Mit-
Gliedern empfangen hat, indem du [bedenkst,] daß das Haupt, das jene
besitzt, auch du (als Haupt) besitzt (und daß,) aus diesen (stammend,) dieser Ausfluß der Gnaden in deinen Brüdern wo[hnt].

p. 19,17–23 (nur Zeilenanfänge erhalten:) ... in einem Leibe ... uns alle, indem sie dienen ... jeder einzelne von ... in ihr als Glieder ... alle, um zu werden ... gerechnet ganz als Auge ... diese Glieder der ... sondern sie sind tot.

p. 20,15–40 (anfangs nur Bruchstücke): Die Glieder ... von ihm selbst, sie machten ..., und sie streiten nicht ... wegen des Unterschiedes (?) des ... leidend mit[einander und] wirkend miteinander ... Wenn eins von ihnen [ist krank, die anderen sind kr]ank mit ihm; und wenn eins gesund ist, sind [alle] gesund. [We]nn sie also festste[hen] in der Harmonie, werden sie ... dann beginnen sie zu empfangen ... der Symphonie. Um wieviel mehr sind [die, die] aus der Einheit ... sind, verpflichtet, sich mitein[ander] zu verbinden. Beschuldige nicht dein Haupt, daß es dich nicht zum Auge gemacht hat, sondern dich zum Finger gemacht hat. Sei auch nicht neidisch auf den, der gemacht wurde jeweils zum Auge oder zum Fuß. Danke aber nicht dafür, daß du das Auge des Leibes bist, sondern (dafür, daß) du dasselbe Haupt hast, das, um dessentwillen das Auge da ist und die Hand und der Fuß und die übrigen Teile. (Das Bild scheint sich p. 21 noch fortzusetzen, wie die Bruchstücke zeigen: Manche existieren in der Kirche als Augen, manche als Füße...)

p. 19,32–36: (Sei nicht neidisch auf die Gaben der Brüder,) indem du sie nicht verbinden willst mit [der] Gabe des Hauptes. Es geziemt sich für dich, zu [da]nken wie (?) die Glieder und zu [bitten,] daß auch dir [die] Gnade gegeben wird, die jenen gegeben wurde.

p. 23,28–37 (der Schluß der Schrift): Wi[e (?) ein Ath]let und ein Bürger ein und demselben [Haupt] gehö[ren], dem, das sie haben, so sind wir Glieder des Logos. Wenn wir sündigen [gegen unser Haupt (?)], sündigen wir schlimmer als die Heiden (?). We[nn] wir aber jede Lieb[e] überwinden, werden wir den Siegeskranz empfangen wie unser Haupt, das [die Herrl]ichkeit [empfing] durch den Vater.

b) Μέλη in gnostischen Texten

Der Befund, der sich aus den κεφαλή-Belegen ergibt, bestätigt sich auch bei μελή.

1. An einigen Stellen sind mit „Glieder" nicht die Gläubigen gemeint, sondern die **Mächte des Pleromas.**

Zum Beispiel EV NHC I,2 p. 18,38–40: „Der Vater ist nicht neidisch (scil. auf das All), denn welcher Neid sollte zwischen ihm und seinen Gliedern bestehen?"

Pist. Soph. 155,17 ff.[76] „... sondern wenn ich im Begriff bin, euch die Ausbreitung des Alls zu sagen, werde ich alles einzeln sagen, nämlich seine Ausbreitungen und seine Beschreibung, wie er ist, und die Anhäufung (?) aller seiner Glieder, die zu der Einrichtung (οἰκονομία) des einzigen, des wahren, unnahbaren Gottes gehören."

---

[76] **Stellenangaben** nach der deutschen Textausgabe von Schmidt nach deren Seiten- und Zeilenzählung.

2. Die Gläubigen als Glieder. Zunächst kann man wieder auf Ignatius verweisen, doch er kann nicht als Quelle für die Gnosis verwertet werden, zumal direkte Abhängigkeit vom Neuen Testament bei ihm immer das Wahrscheinlichste ist. Die Stelle Trall. 11,2 haben wir schon besprochen. Auch Eph. 4,2 dürfte aus der neutestamentlichen Sprache stammen: „... damit der Vater durch das, was ihr gut tut, erkennt, daß ihr Glieder seines Sohnes seid."

Relativ häufig findet sich der Sprachgebrauch in der Pistis Sophia und den von Schmidt in demselben Band herausgegebenen gnostischen Schriften, am plastischsten in dem Fragment eines gnostischen Gebetes,[77] das wahrscheinlich die gefallene Allseele zu dem ersten Mysterium spricht. Jeder Gebetsabschnitt schließt kehrreimartig mit den Worten: „Rette alle meine Glieder, die seit der Erschaffung der Welt in allen Archonten und Dekanen und Liturgen des (1.2.3. usw.) Aeons zerstreut sind, und sammle sie alle ein und nimm sie in das Licht auf."[78]

Vgl. auch die Stelle in dem Unbekannten altgnostischen Werk (S. 350 24 ff.): „... und die Vereinigung ihrer Glieder ist die Einsammlung der Zerstreuung Israels" (Zeile 35 f.).[79]

Nebr NHC VI,2 p. 16,18 ff.: „Tadelt meine Glieder unter euch und nehmt euren Weg zu mir, ihr, die ihr mich und meine Glieder kennt." In der für diese Schrift typischen complexio oppositorum wird gesagt: Tadelt meine Glieder – nehmt den Weg zu mir. Die Glieder der Allgöttin, die auf die Erde geworfen ist (p. 15,3 ff.) sind als Pneumafunken in den Gnostikern.[80]

---

[77] Schmidt, Koptische Schriften, S. 330–332.

[78] Interessant ist, daß sich hier nicht eindeutig sagen läßt, ob die Glieder überhaupt die Gläubigen sind. Die Gläubigen befinden sich doch nicht in allen Äonen.

[79] Die Belege hat schon Käsemann, Leib, S. 78, gesammelt.

[80] Diese hochinteressante Schrift aus Codex VI von Nag-Hammadi ist leider noch nicht ediert. Die Schrift beginnt mit den Worten NEBPONTH: ΝΟΥΣ ΝΤΕΛΕΙΟΣ. Sie ist bisher unter dem Titel „Die Donner" geführt worden. Doch darunter kann man sich schwerlich etwas vorstellen. Schenke (mündlich) vermutet, daß Nebront ein Eigenname ist. Zwar läßt sich der Name in dieser Schreibung nicht nachweisen, aber in den Formen Νεβρωδ, Νεβροτ, Νεβροωδ (vgl. F. Wutz, Onomastica Sacra, Untersuchungen zum Liber Interpretationes Nominum Hebraicorum des Hl. Hieronymus, TU 41, Leipzig 1914, S. 73, der als Übersetzungen des Namens vermerkt αὐτομόλησις und rebellans). Man braucht nur noch ein auch sonst im Koptischen häufig vorkommendes Sproß-N anzunehmen, und der Name läßt sich sogar identifizieren. Philo gig 66 gibt in der Schreibweise Νεβρωδ den Namen Nimrod wieder und sagt über ihn: „Nimrod aber bedeutet ‚überlaufen' (αὐτομόλησις), denn die elende Seele wollte auf keiner der beiden Seiten bleiben, sondern sie schloß sich den Feinden an, erhob die Waffen gegen die Freunde und bekämpfte sie in offenem Widerstand." Bedenkt man noch die spätere jüdische Legendenbildung um Nimrod, so wird der Titel unserer Schrift vollends verständlich. Nimrod als Vertreter der rohen Naturreligion ist nach der späteren Abrahamslegende der große Gegner des für den Monotheismus streitenden Abraham. Nimrod gilt als großer Magier und wird sogar mit Zoroaster identifiziert (Ps. Clem. Hom. IX,4 f.; Rec. IV, 27–29; in der Ausgabe der Recognitionen sind auf S. 160 noch weitere spätere Zeugnisse angegeben). Zur Nimrod-Tradition vgl. Bousset-Gressmann, Die Religion des Judentums, HBNT 21, 1966⁴, S. 481, 493 f. Die Überschrift „Nebront (= Nimrod)

Wahrscheinlich schon manichäisch beeinflußt sind die noch zu nennenden Belege. Es sieht so aus, als wenn hier der typische Fall und die Erlösung des Urmenschen dahintersteht. So teilt Epiphanius aus einem Philippus-Evangelium[81] eine Formel mit, die die aufsteigende Seele sprechen soll: „Ich erkannte mich, ich sammelte mich selbst von überallher, und ich säte nicht (= ich gebar nicht) Kinder dem Archonten, sondern ich riß seine Wurzeln aus und sammelte die zerstreuten Glieder, und ich weiß, wer du bist" (Epiph. Pan. 26,13,2).

Auch für Acta Joh. 100 scheint mir manichäischer Einfluß wahrscheinlich: „... noch ist nicht jedes Glied des Herabgekommenen zusammengefaßt."

Im ganzen wird man urteilen können, daß die Terminologie Glieder für Gläubige in der frühen Gnosis relativ selten zu finden ist, wie die spärliche Bezeugung in den Nag-Hammadi-Schriften beweist. Aber auch in den vormanichäischen Schriften findet sie sich eigentlich nur in den Schriften, die zu den jüngsten gerechnet werden müssen. Die Ursache dafür könnte sein, daß die uns bekannten gnostischen Systeme ihr Anliegen in Mythen schildern, innerhalb derer die Rede von Gliedern wenig organisch ist. Die Sophia verliert nicht Glieder wie die manichäische Fünftgottheit, sondern sie gebiert, bringt Samen zur Erde, haucht ihr Pneuma in Jaldabaoths Geschöpfe usw.

c) Σῶμα als „ekklesiologischer" Begriff in gnostischen Texten

Sind die Belege für μέλη als Bezeichnung der Gläubigen schon sehr spärlich, so erst recht für σῶμα als Gemeinschaftsbegriff für die Gläubigen.

Käsemann bringt dafür einen einzigen Beleg, der aber auch nicht überzeugen kann.[82]

Ecl. proph. 56,1–3 handle nach Käsemann von der Auffahrt des Urmenschen, wobei eine allegorische Auslegung von Ps. 19 zugrunde liegt: ἐν τῷ ἡλίῳ ἔθετο τὸ σκήνωμα αὐτοῦ. Dieses σκήνωμα ist nach Meinung der einen der Leib des Herrn, nach anderen aber die Gemeinde der Gläubigen.

Aber der Text redet überhaupt nicht von der Auffahrt, sondern von der

---

oder vollkommener Verstand" entspricht auch dem Inhalt der Schrift. So heißt es p. 16,3–5: „Denn ich bin die Weisheit (σοφία) der Griechen und die Erkenntnis (γνῶσις) der Barbaren." Die ganze Schrift ist ein einziger Monolog der Sophia, die als Allgöttin alle Gegensätze umfaßt.

[81] Dieses Philippus-Evangelium darf nicht mit dem uns bekannten gnostischen aus NHC II verwechselt werden. Epiphanius weist dieses Evangelium den „Gnostikern" zu, die auch Stratiotiker heißen (Pan. 26,4,6) und über die er die schlimmsten Abscheulichkeiten mitteilt (vgl. 26,4,1–5.8). Ich bin der Überzeugung, daß es sich um eine manichäische Schrift handelt, denn Leontius kennt ein Thomas- und Philippus-Evangelium der Manichäer (vgl. die Hinweise in der Ausgabe von Holl I, S. 292). Das in der Pistis Sophia (Schmidt, S. 44 f.) erwähnte Philippus-Evangelium dagegen könnte unser koptisches aus NHC II sein. Derselbe Gedanke wie in Pan. 26,13,2 findet sich in demselben Kapitel mehrmals, z. B. in dem Zitat aus dem Evangelium der Eva (26,3,1) und 26,10,9.

[82] Käsemann, Leib, S. 80.

Niederfahrt, der ἔξοδος ἀπ᾽ ἄκρου τοῦ οὐρανοῦ. Bei diesem Abstieg aus dem
Himmel legt der Herr sein σκήνωμα ab, d.h. seinen pneumatischen Leib,
wohl um dann im Vollzug des Abstiegs einen anderen anzulegen. Dieser im
Himmel verbleibende Leib wird von einigen mit der Gemeinde der Gläubigen identifiziert. Das heißt, im Himmel befindet sich schon vorher die himmlische Kirche, die für die Gerechten und Gläubigen zur Wohnung werden
soll. „Denn ἔθετο bezieht sich sowohl auf die Vergangenheit als auch auf die
Zukunft. Auf die Zukunft insofern, als der Herr, nachdem er die Periode
κατὰ τὴν παροῦσαν κατάστασιν beendet hat, zu den Gerechten, den Gläubigen kommen wird, οἷς ἐπαναπαύεται καθάπερ σκηνῇ, denn alle sind ein
Leib und stammen aus demselben Geschlecht und haben denselben Glauben
und Gerechtigkeit erwählt und sollen zu derselben Einheit aufgerichtet
werden (Futur!), aber die einen als Haupt, die anderen als Augen, die anderen als Ohren... usw."
      Mit einem Urmensch-Erlöser hat das nichts zu tun; eine originär gnosti-
sche Vorstellung läßt sich ebenfalls nicht erkennen. Es handelt sich wieder
um eine typische Verquickung verschiedener Sätze aus unterschiedlichen
Gedankenreihen, wobei offensichtlich für die Identifikation des beim Abstieg abgelegten Leibes mit der Kirche die neutestamentliche Terminologie
entscheidend war. Möglich ist, daß der Schlußgedanke auf Clemens zurückgeht, wie überhaupt Zitat und Kommentar sich bei Clemens schwer auseinanderhalten lassen.
      Außer in der oben (S. 64f.) mitgeteilten Schrift habe ich keinen einzigen
Beleg dafür finden können, daß σῶμα in der Gnosis als ekklesiologischer Begriff verwendet worden ist.

d) Zusammenfassung

1. Die Verwendung der Begriffe „Haupt, Leib und Glieder" ist in gnostischen Texten uneinheitlich. Dadurch ist es ausgeschlossen, daß diese Terminologie ihren Ursprung in einem gnostischen Mythus hat.
      2. Besonders auffallend ist, daß die Terminologie „wertfrei" verwendet
werden kann. Das zeigt sich vor allem an dem Gebrauch von κεφαλή. Als
Haupt der Welt kann sowohl der höchste Gott wie auch der Demiurg bezeichnet werden. Entsprechendes gilt auch für μέλη.
      3. Die Verwendung des Begriffs μελή für die Gnostiker ergibt sich nicht
aus den bekannten Mythen.

4. Die Makroanthropos-Vorstellung

Scheidet also auf Grund der Quellenbefunde die Gnosis als Ursprung für
den Leib-Christi-Gedanken aus, so legt sich die Vermutung nahe, in ihm eine
christliche Variante der Allgott-Vorstellung zu sehen. Und zwar ist dabei
an die Form zu denken, wo der Allgott als Riesenleib verstanden wird.

Die Vorstellung vom Allgott als Makroanthropos ist die Verbindung der Vorstellung von der Welt als einem Riesenleib mit der Vorstellung von dem Gott, der alles in allem ist.

Wir werden den Komplex in der Weise darstellen, daß wir zunächst Belege für die Vorstellung von der Welt als einem Riesenleib (1), dann für die Allgott-Vorstellung im allgemeinen (2) und schließlich für die Verbindung beider (3) bieten.

(1) Die Welt als Riesenleib

Die Vorstellung von der Welt als einem Riesenleib geht bis in die ältesten kosmogonischen Mythen zurück und findet sich in den verschiedensten Kulturkreisen.[83]

a.) Nach der babylonischen Kosmogonie, wie sie in Enuma Eliŝ erzählt wird, vernichtet Marduk die Tiamat und schafft aus ihren einzelnen Teilen die Welt:

„Mit seiner schonungslosen Keule zerspaltete er den Schädel,
schnitt durch die Adern ihres Blutes,
ließ es den Nordwind ins Verborgene führen,
als es seine Väter sahen, freuten sie sich, jubelten,
Begrüßungsgaben ließen sie ihm bringen.
Es ruhte der Herr, ihren Leichnam zu betrachten,
den Rumpf zu teilen, Kunstvolles zu schaffen.
Er hälftete sie wie eine Muschel (?) in zwei Teile
und setzte ihre (eine) Hälfte hin, den Himmel bedeckte er (damit).
Er zog einen Riegel, postierte Wächter,
ihre Wasser nicht herauszulassen, bestellte er sie."[84]

b.) Plastischer tritt die Vorstellung in der germanischen Mythologie der isländischen Edda hervor. Der Riese Ymir, entstanden aus der Vermischung von Kälte und Wärme, Feuer und Wasser, ist das erste Lebewesen. Neben ihm entsteht die Kuh Audumla, die den Riesen ernährt. Sie nährte sich von den salzigen Eisblöcken, und durch die Wärme, die sie ihnen mitteilt, entsteht Buri und ihm folgend das Geschlecht Bors. Ymir, selbst mannweiblich, hat ein eigenes Geschlecht erzeugt, aber Bors Söhne töten Ymir und ertränken in seinem Blut sein ganzes Geschlecht (nur Bergelmir entkommt). Ymirs Leib wird dann in die Mitte von Ginnungagap geworfen: sein Blut gibt Seen und Gewässer, sein Fleisch das Land, seine Knochen die Berge, seine Haare die Wälder, sein Schädel den Himmel, sein Gehirn die Wolken.[85]

c.) Für Persien läßt sich die Vorstellung ebenfalls belegen in der Lehre vom

---

[83] Ob ein letzter Zusammenhang besteht, wage ich nicht zu entscheiden.
[84] Tafel IV, Zeile 130–140, zitiert nach Gressmann, AOT 1926², S.119f.
[85] Nach Eugen Mogk in: Grundriß der germanischen Philologie III, Straßburg 1900, hrsg. von H. Paul, S.376f.

Urmenschen Gayomard. Beim Tode Gayomards treten aus seinem Körper
sieben Metalle hervor.[86] ,,Aus seinem Haupte kam das Blei, aus dem Blute
das Zinn, aus dem Mark das Silber, aus den Füßen das Erz, aus den Knochen
das Kupfer, aus dem Fett das Glas, aus dem Fleisch der Stahl und aus dem
Austreten der Seele das Gold zum Vorschein..."[87] Interessant ist, daß im
Gr. Bundahîŝn 28 der Urmensch kreisförmig beschrieben wird, wodurch er
dem Aussehen der Welt noch besser entspricht: ,,Im einzelnen gleichen sich:
Himmel und Rücken, Erde und Fleisch, Berge und Knochen, Blut im Leibe
und Wasser im Meer, Bauch und Meer, Haar und Vegetation, Mark und
Metall, eingeborener Verstand und Mensch, erworbener und Tier, Wärme und
Feuer, Finger und Zehen mit den sieben Planeten und den zwölf Tierkreis-
zeichen."[88]

d.) Eine ganze Reihe von Einzelbelegen läßt sich aus Indien beibringen.
Wir nennen hier zunächst nur den Purusa-Hymnus. ,,Als sie den Purusa
zerlegten, wieviel Teile haben sie gemacht? Was wurde sein Mund, was
seine Arme, was seine Schenkel, was seine Füße genannt? Der Brāhmana war
sein Mund, seine Arme wurden zum Krieger, seine Schenkel zum Vaisya
(dritte Kaste), aus seinen Füßen ging der Sūdra hervor. Aus dem Nabel
entstand der Luftraum, aus dem Haupt ward der Himmel, aus den Füßen die
Erde, aus dem Ohr entstanden die Himmelsrichtungen. In dieser Weise
bildeten sie die Welten."[89]

Diese Belege mögen genügen,[90] um zu zeigen, wie selbstverständlich sich
der antike Mensch die Welt als einen Riesenleib vorstellen konnte. Daß selbst
der mittelalterliche Mensch noch in dieser Vorstellung zu Hause sein konnte,
zeigen einige Bilder, die bei Reitzenstein-Schaeder, Studien, Tafeln II und
III, abgebildet sind, deutlich. Das muß keineswegs immer sehr massiv vor-

---

[86] Die folgenden Belege sind entnommen aus Reitzenstein-Schaeder, Studien zum
antiken Synkretismus aus Iran und Griechenland, speziell aus der Arbeit Reitzensteins
über das orphische Fragment 168 (S. 69–103) und der Studie Schaeders über den Urmenschen in der awestischen und mittelpersischen Überlieferung (S. 205–239).

[87] Schaeder, ebd., S. 225f.

[88] Vgl. Käsemann, Leib, S. 61.

[89] Rgveda X,90, zitiert nach Reitzenstein, Studien, S. 93.

[90] Schwieriger liegen die Dinge in Ägypten. Wir kennen einige Bilder, wo ebenfalls
der menschliche Körper in kosmischer Dimension erscheint. So wird auf einem Bild
der Himmel als Frau dargestellt, deren Füße und Hände die Erde berühren und deren
Leib der Luftgott Schu stützt (siehe A. Erman, Die Welt am Nil, Leipzig 1936, Ab-
bildung 10 auf S. 35). Auch das Urwasser wird als männlicher Gott dargestellt. Er heißt
,,Nun", er existiert vor allen und ist der ,,Vater der Götter" und ist doch nicht der
Schöpfergott, sondern sein Sohn Re, den er anredet: ,,Mein Sohn Re, Gott, der größer
ist als sein Schöpfer und mächtiger als die, die ihn geschaffen haben" (AOT, S. 4). Ein
Vergleich zwischen Nun und Tiamat ist aber nicht möglich. Eine Stelle im Berliner
Ptah-Hymnus könnte allerdings darauf hinweisen: ,,Was dein Mund erzeugte, was deine
Hände schufen, du hast es herausgenommen aus dem Nun" (IV, S. 8f.). Nach der Erklärung von S. Morenz, Ägyptische Religion, S. 181, ist das aber nicht so zu verstehen,
als sei Nun selbst die Substanz der Schöpfung, sondern Ptah trennt das aus dem Urwasser herausragende Land ab.

gestellt sein, sondern kann auch als Ausdruck für eine tiefe geistige Zusammengehörigkeit aufgegriffen werden. So begründet Seneca die Liebe zum Menschen damit: ,,Alles, was du siehst, worin Göttliches und Menschliches zusammengeschlossen ist, ist eines: wir sind Glieder eines großen Leibes. Die Natur hat uns als Verwandte erschaffen, weil sie uns aus demselben und zu demselben erzeugte."[91]

(2) Die Allgott-Vorstellung

Sie sagt, Gott ist der oberste von allem und doch zugleich in allem. Die Allgott-Vorstellung findet sich ebenfalls zu den verschiedensten Zeiten an den verschiedensten Orten und taucht beinahe im Zusammenhang mit jeder bedeutenderen Gottheit auf. Schon über Marduk gibt es Allgott-Aussagen.[92] Die Orphiker preisen Zeus als Gott, der in allem ist.[93] In der hellenistischen Zeit häufen sich die Belege. Besonders häufig finden sich Allgott-Aussagen bei den syrischen Sonnengöttern,[94] bei dem Zeitgott Aion[95] und bei Isis.[96]

Auch Mysteriengottheiten sind Allgötter, so daß der Myste bei der Vergottung selbst zum Allgott wird. So schildert es vor allem der Wiedergeburtstraktat im Corpus Hermeticum.[97]

Auch für das Judentum läßt sich die Allgott-Vorstellung belegen; allerdings nicht direkt auf Jahwe, sondern auf die Sophia[98] und den Logos[99] bezogen.

Als Fortsetzung dieser jüdischen Belege können auch die gnostischen verstanden werden. Die schon erwähnte Schrift Nebront (NHC VI,2) ist eine einzige Selbstprädikation der Sophia als Allgöttin in gnostischer Verwandlung.

Allgott-Aussagen finden sich auch in bezug auf Jesus, wovon zwei besonders plastische genannt sein sollen. Mart. Petri 10 betet Petrus zu Jesus: ,,Du bist nur dem Geist erkennbar, Du bist mir Vater, Mutter, Bruder, Freund, Diener, Verwalter. Du bist das All und das All (ist) in dir. Und du bist das Sein, und außer dir gibt es nichts, sondern nur dich allein."[100]

---

[91] Seneca ep.95,52, zitiert nach L. Aenaei Senecae Opera quae supersunt III, edidit Otto Hense, BT, Leipzig 1914.

[92] AOT, S.329.

[93] Orphisches Fragment 168.

[94] F. Cumont, Die orientalischen Religionen im Römischen Heidentum, Leipzig 1931³, S.119ff. Belege im einzelnen siehe ebd., Anm.116 auf S.227.

[95] Zum Gott Aion vgl. die Beigabe I in R. Reitzenstein, Das iranische Erlösungsmysterium, Bonn 1921, ,,Aion und ewige Stadt". Weitere Literatur zur Frage bei K. W. Tröger, Mysterienglaube und Gnosis, S. 128, Anm. 6.

[96] Vgl. die Isis-Aretologie bei Dittenberger, Sylloge Nr.1267.

[97] Nähere Einzelheiten zu der Vergottung zum Allgott in CH XIII siehe bei Tröger, a. a. O., S.160–162. Vielleicht ist auch das Isismysterium, wie es Apuleius (Met. XI,23) schildert, so verstanden.

[98] Zum Beispiel Sap. Sal. 7,22ff.

[99] Öfters bei Philo; vgl. Hegermann, Schöpfungsmittler, S.47ff.

[100] Lipsius-Bonnet I, S.98; vgl. auch Hennecke-Schneemelcher II, S.220.

EvThom 77: „Jesus sprach: Ich bin das Licht, das über allen ist. Ich bin
das All, das All ist aus mir hervorgegangen, und das All ist zu mir gelangt."
Die zweite Hälfte des Logions bringt den Text, der uns auch als Einzelwort
aus dem Pap. Ox. 1, Zeile 25–31 überliefert ist: „Spalte Holz, ich bin dort.
Heb den Stein auf, und ihr werdet mich dort finden."[101]

(3) Der Allgott als Makroanthropos

Aus der Verbindung der Allgott-Vorstellung mit der Vorstellung von der
Welt als einem Riesenleib verstehen sich alle Texte, wo von Gott als dem
Haupt, von seinen Gliedern als Teilen der Welt gesprochen wird. Mit dem
Fall eines Urmenschen hat das zunächst gar nichts zu tun. Es wird nur die
bildhafte Vorstellung vom Gesamtkosmos als einem riesenhaften Leib auf
den Allgott übertragen.

Auch diese Verbindung ist so alt, daß man nicht einmal ganz sicher sagen
kann, ob das nicht überhaupt der älteste und ursprüngliche Ausdruck der
Allgott-Vorstellung ist.

Wir finden sie schon in alten indischen Texten. Mundaka-Upanisad II 3,4:
„Aus ihm entsteht der Odem, der Verstand und alle Sinne, aus ihm ent-
stehen Äther, Wind und Feuer, das Wasser und, Alltragende, die Erde. Sein
Haupt ist Feuer, seine Augen Mond und Sonne, die Himmelsgegenden die
Ohren, seine Stimme ist des Veda Offenbarung. Wind ist sein Hauch, sein
Herz die Welt, aus seinen Füßen Erde. Er ist das innere Selbst in allen
Wesen."[102]

Vgl. auch Nadabindu-Upanisad 3,4: „An seinen Füßen Bhūrloka (die
Erde), an den Knien Bhuvarloka (der Luftraum), Svarloka (der Himmel) an
der Hüftgegend; am Nabel ist Maharloka (die nächstobere Welt). Am Herzen
ist Janarloka, an seinem Hals die Tapaswelt, zwischen Stirn und den Brauen
befindet sich Satyaloka."[103]

Für das alte Griechenland gibt der berühmte orphische Zeushymnus[104] das
beste Beispiel: „Zeus war der Erste, Zeus der Letzte, Glanz des Donnerkeils;
Zeus ist der Kopf, Zeus ist die Mitte, aus Zeus vollendet sich alles. Zeus ist

---

[101] Der Anfang des Logions im Pap.Ox.1 lautet allerdings anders, ist aber leider im
Anfang so verstümmelt, daß man die ersten beiden Zeilen nur raten kann: Jesus spricht:
Wenn irgendwo zwei sind, (sind sie nicht ohne?) Gott, und wo einer allein ist, sage ich:
... (s.o.). Die Alternative, die J. Jeremias, Hennecke-Schneemelcher I, S.69, aufstellt,
verstehe ich nicht: „... der zweite Teil wird vielfach als ein panchristisches Wort verstanden, das Jesus eine kosmische Ubiquität zuschreibt, ist aber im Zusammenhang eher
als Verheißung der unsichtbaren Gegenwart Jesu bei den Seinen gemeint." So kann
man die Absicht des Gedankens nicht gegen den Inhalt ausspielen.
[102] Zitiert nach Reitzenstein, Studien, S.93.
[103] Ebd., S.92.
[104] Orph. Fragm. 168; griechischer Text bei Kern, S.201f.; Reitzenstein, Studien,
S.71f.; Dibelius, HBNT 12, Beilage 1, S.109. Ich übernehme die Übersetzung aus
O.Kern, Die Religion der Griechen, Band II, Berlin 1935, S.158.

der Grund der Erde und des sternenreichen Himmels. Zeus war männlichen Geschlechts geschaffen; Zeus ward auch eine unsterbliche Jungfrau. Zeus ist der Atem von allem, Zeus ist die Kraft des ewigen Feuers, Zeus die Wurzel der Erde. Zeus ist Sonne und Mond. Zeus ist König, Zeus, der Glanz des Donnerkeils, ist der Herrscher über alle Wesen."

In der hellenistischen Zeit häufen sich die Belege. Drei mögen es hier verdeutlichen:

Macrobius Sat XX,17 heißt es von Serapis-Zeus: „Mein Kopf ist der Himmelsraum, mein Bauch das Meer, und meine Füße die Erde. Meine Ohren reichen in den Äther, und meine Augen sind der weithin sichtbare Sonnenschein."

Eine monumentale Quelle ist eine Zeusplastik aus Heliopolis.[105] Zeus in Menschengestalt hat auf seinem Leib Darstellungen der Götter, von denen Helios und Selene an oberster Stelle angebracht sind.[106]

Besonders interessant ist eine Stelle aus dem Leidener Zauberpapyrus V,[107] vor allem deshalb, weil hier belegt werden kann, daß das All im Wachstum begriffen ist. Gegen eine Ableitung der Vorstellung vom Urmenschen hatte vor allem Percy eingewandt, daß man in diesem Zusammenhang nicht von Wachstum sprechen könne.[108] Man vergleiche zu Eph. 4,16 vor allem den Schluß des folgenden Textes, und man wird erkennen, daß genau die gleiche Struktur vorliegt: „Komm zu mir, der von den vier Winden, der Allherrscher, der Geist (den) Menschen zum Leben einhauchte, dessen Name verborgen und unaussprechbar ist, der mit Menschenmund nicht gesprochen werden kann. Wenn die Dämonen seinen Namen hören, fallen sie. Die Sonne und der Mond sind seine nie ruhenden Augen, die in den Augen der Menschen leuchten. Sein Haupt ist der Himmel, sein Leib der Äther, seine Füße die Erde. Das Wasser um dich, der Ozean, ist (dein) guter Dämon. Du bist der Herr, der alles erzeugt, nährt und wachsen läßt. Deine ewige Wohnstätte wird oben erbaut." Der Allgott ist das Haupt, das alles zusammenhält und zugleich das Wachstum des Leibes bewirkt.

Auch für das hellenistische Judentum läßt sich diese Vorstellung aus

---

[105] Abgebildet in: Umwelt des Urchristentums, Band III, Nr. 158.

[106] Nicht mehr zu erkennen ist, was er in den Händen gehalten hat, doch ist das zu erschließen. „Er hielt in der erhobenen Rechten eine Peitsche, in der Linken Ähren. Den Kopf krönt wohl ein Getreidemaß" (J. Leipoldt, Umwelt des Urchristentums, Band III, S. 42).

[107] Ich übersetze den griechischen Text, der sich bei Reitzenstein, Studien, S. 99, findet.

[108] Percy, Probleme, S. 384, wendet gegen eine Deutung von Kol. 2,19 auf den Kosmos ein: „Zweitens würde man sich fragen, was ein vom κόσμος ausgesagtes Wachstum wohl für einen Sinn haben würde..." Darauf kann man antworten, es hätte genau den Sinn wie in dem Zauberpapyrus. Das Wachstum des Leibes muß ja nicht bedeuten, daß das All selbst sich immer weiter ausdehnt, sondern daß vom Haupt her jedes einzelne Glied wächst. Die Inkonsequenz des Bildes ist in Kol. 2,19 und Eph. 4,16 keine andere als in dem Papyrustext.

Philo Quaest in Ex II,117 belegen: „Das ewige Wort des ewigen Gottes ist
das Haupt des Alls, unter dem wie die Füße oder auch die übrigen Glieder
die ganze Welt unterworfen liegt, über der, obwohl sie durcheilend, er fest
steht (supra quem transiens constanter stat)."[109] Interessant ist, daß für das
Judentum sich solche Belege nicht in bezug auf Jahwe, sondern nur auf den
Logos und die Sophia finden. Das mag den Übergang für die neutestamentlichen Autoren erleichtert haben.

(4) Die gnostische Variante der Vorstellung vom Allgott als Makroanthropos

Die bisherige Darstellung hat gezeigt, daß die Vorstellung vom Allgott als
Makroanthropos im Ursprung überhaupt nichts mit der Gnosis zu tun hat. Sie
ist im Gegenteil ein besonders schöner Ausdruck eines einheitlichen Welt-
gefühls. Alles ist eins, alles ist ein einziger Leib, Gott selbst ist dieser Leib,
zugleich aber auch sein Haupt, der alles nährt und wachsen läßt.

Weil diese Vorstellung Ausdruck eines ganzheitlichen Denkens ist, kann
sie überall da aufgegriffen werden, wo man sich einer letzten Einheit bewußt
ist. So geschieht es in der Stoa, die diese Grundvorstellung in verschiedenen
Formen aufgegriffen hat, vor allem als Ausdruck der gemeinsamen Teilhabe
an der Weltvernunft.[110]

Sie ist also ihrem Wesen nach völlig ungnostisch. Daß sie Ausdruck einer
vollkommenen Einheit ist, schimmert auch noch deutlich durch mehrere der
im vorigen Abschnitt gebotenen Belege. Das gilt besonders für die Texte, wo
die Vorstellung für die vollkommene Einheit des Pleromas verwendet wird,
wenn der höchste Gott selbst oder der Monogenes als Haupt bezeichnet
wird und die Kräfte des Pleromas als Glieder. Das gilt aber auch da noch,
wo der Demiurg als Haupt der Welt bezeichnet wird, weil dann immerhin
noch durchklingt, daß diese Welt in sich eine Einheit ist.

Schließlich ist es dann aber doch geschehen, daß auch diese Vorstellung
ihre gnostisch-dualistische Verwandlung erfahren hat. Sie geschieht dort,
wo die Allgott-Vorstellung auch noch für die gefallene Sophia beibehalten
wird. Dann aber kann nicht mehr von der Einheit des Leibes – es sei denn
unter eschatologischem Aspekt – gesprochen werden, sondern nur von seiner
Zerstückelung in unendlich viele Teile. Die Vorstellung wird also in ihr
Gegenteil verkehrt. Es gibt eigentlich gar keinen Leib mehr, sondern nur
noch Glieder.

Wie die Allgott-Aussagen in ihrer Übertragung auf die gefallene Sophia

---

[109] Käsemann, Leib, S. 73, will freilich auch diese Stelle als Beleg dafür anführen, daß
„sich die stoische Lehre vom διοικητής und die gnostische vom Urmensch-Aion aufs
engste verbunden hat". Doch Philo ist nicht zur Gnosis zu rechnen; vgl. Hegermann,
Schöpfungsmittler, S. 23: „Der ‚feindliche‘, der ‚gnostische Urgegensatz zwischen Gott
und Welt‘ fehlt bei Philo; er denkt in den Bahnen des Schöpferglaubens." Vgl. im
ganzen die Auseinandersetzung Hegermanns mit Jonas im ersten Teil seiner Arbeit.
[110] Siehe oben die Belege auf S. 71

sich anhören, zeigt die Schrift Nebront (NHC VI,2), aus der eine Probe zitiert sei: „Ich bin die Erste und die Letzte. Ich bin die Geehrte und die Verachtete. Ich bin die Hure und die Ehrbare. Ich bin die Frau und die Jungfrau. Ich bin die Mutter und die Tochter. Ich bin die Glieder meiner Mutter (!). Ich bin die Unfruchtbare und habe doch viele Kinder. Ich feiere viele Hochzeiten und habe doch keinen Gatten. Ich bin die Hebamme und die, die nicht gebiert. Ich bin der Trost meiner Wehen. Ich bin die Braut und der Bräutigam; und mein Gatte hat mich erzeugt. Ich bin die Mutter meines Vaters und die Schwester meines Gatten; und er ist mein Kind" (p. 13, 15–32). „Schaut auf meine Armut und meinen Reichtum. Erhebt euch nicht über mich, weil ich auf die Erde geworfen bin, dann werdet ihr mich finden in den kommenden Äonen! Geht auch nicht weg und verlaßt mich nicht, wenn ihr mich in den Dreck geworfen seht, dann werdet ihr mich in den Königreichen finden! Lacht auch nicht über mich, wenn ihr mich in die verachteten und die geringsten Orte geworfen seht" (p. 14,34–15,12).

Das ist die typisch gnostische Verwandlung der Allgott-Vorstellung. Die Sophia ist selbst in den Dreck geworfen und der Leib ist in Glieder zerteilt. Und doch werden immer zugleich auch die positiven Aussagen mitgenannt, weil die Zerspaltung auch nur eine zeitliche ist und die Einheit ideell zumindest auch immer da ist. Oder um es mit dem valentinianischen Mythus zu sagen: Es gibt eine obere und eine untere Sophia, und letzten Endes ist es doch die eine.

Aus der gnostischen Verwandlung der Allgott-Vorstellung sind dann alle jene Gebete zu verstehen, wo um die Errettung der Glieder aus dieser Welt gebetet wird.

Wir hatten allerdings schon gesehen, daß die Adaption der Allgott-Vorstellung in der Gnosis erst spät und vereinzelt geschieht. Sie geschieht vollkommen erst im Manichäismus, wo sie zusätzlich noch mit dem Fall des Urmenschen verbunden wird, der zugleich ja auch der Erlöser ist.

Mit diesem letzten Augenblick auf die Gnosis können wir die religionsgeschichtlichen Untersuchungen zu diesem Komplex abschließen. Es hat sich gezeigt, daß die gnostische Variante aus historischen Gründen nicht in Frage kommt, erst recht nicht aus sachlichen. Die neutestamentlichen Aussagen sind ungebrochen positiv. Die Glieder sind nicht zerstreut, der Leib nicht zerstückelt, sondern vereinigt. Das heißt, die christliche Version der Allgott-Vorstellung als Makroanthropos ist eine Variante der ursprünglichen ganzheitlichen Vorstellung, nicht aber der gnostisch dualistischen.

Dieses Ergebnis muß nun noch einmal überprüft werden.

IV. Die Vorstellung vom σῶμα Χριστοῦ als christliche Variante der Vorstellung vom Allgott als Makroanthropos

Unsere religionsgeschichtlichen Einzeluntersuchungen haben zu dem Ergebnis geführt, daß die Vorstellung von der Kirche als dem σῶμα Χριστοῦ als christliche Variante der Vorstellung vom Allgott als Makroanthropos zu verstehen ist. Dieses Ergebnis soll noch einmal abgesichert werden. Genügt diese Ableitung allen Ansprüchen, die an eine religionsgeschichtliche Ableitung zu stellen sind? Dafür haben wir auf S. 53 Kriterien aufgestellt, anhand derer wir das Ergebnis überprüfen können.

a.) Die Vorstellung ist für diese Zeit nachweisbar. Die Belege sind so zahlreich, daß von hier aus keinerlei Bedenken angemeldet werden können. Sie läßt sich sogar für den Bereich nachweisen, der für die Entwicklung der neutestamentlichen Christologie entscheidenden Einfluß hatte: das hellenistische Judentum mit seinen Sophia- und Logosspekulationen. Das muß nicht heißen, daß Paulus – oder die vorpaulinische Gemeinde – sie von dort übernommen hat. Allerdings dürfte das am nächsten liegen. Sie ist aber, und das ist besonders wichtig, auch jedem Heiden geläufig.

b.) Wir brauchen keine komplizierten Zwischenglieder zu postulieren, für die die Belege fehlen, wie dies bei der Ableitung von der Stammvater-Vorstellung ist. Die Vorstellung ist, wenn man sie sich erst einmal verdeutlicht hat und erkannt hat, daß sie antikes Allgemeingut war, so klar, daß jeder Leser (bzw. Hörer) sofort verstehen konnte, was gemeint war, wenn von Christus als dem Haupt des Leibes und der Kirche als seinem Leib gesprochen wurde.

c.) Keine konstitutive Einzelaussage bleibt unberücksichtigt, sondern jede läßt sich sinnvoll aus dem Ganzen der Vorstellung begreifen.

(1) Der Leib hat Glieder, die aufeinander angewiesen sind. Der ursprüngliche Sinn der Vorstellung vom Allgott als Makroanthropos ist ja gerade die herrliche Einheit der Welt in Gott. Die Stoa hat diesen Aspekt besonders hervorgehoben, wenn sie sich der Allgott-Vorstellung bediente.

(2) Ganz klar ist, warum das Haupt gegenüber dem Leib eine Sonderstellung einnimmt. Oft wird nur vom Haupt gesprochen, obwohl es Teil des Leibes ist. Überordnung des Hauptes bei gleichzeitiger Gleichstellung als Teil des Gesamtleibes hat sich uns bei allen Texten als das besonders Typische der Vorstellung herausgestellt.

(3) Keine wörtliche Parallele ließ sich für die Aussage bringen, daß der Allgott auch der Erlöser des Leibes ist. Doch scheint mir dies auf der Linie der einzelnen Aussagen über den Allgott zu liegen. Er zeugt, nährt und läßt alles wachsen. Für eine christliche Gemeinde ist der Erlösungsgedanke so wesentlich, daß er selbstverständlich mit formuliert werden konnte, ohne die Vorstellung zu sprengen. Es scheint mir auch möglich zu sein, daß noch ein Text gefunden wird, wo diese Einzelaussage innerhalb der Allgott-Vorstellung

ausdrücklich formuliert ist. Sie wäre wahrscheinlich am ehesten bei einer der Mysteriengottheiten zu finden, die als Erlöser und als Allgötter gezeichnet sind (Isis, Osiris).

(4) Am klarsten erklärt sich nun das Nebeneinander von kosmischen und ekklesiologischen Aussagen. Christus ist Haupt der Kirche und Haupt der Welt. Wir haben gesehen, daß die kosmische Aussage die ursprüngliche ist. An dem Hymnus in Kol. 1,15–20 ist der Übergang besonders gut zu beobachten. Immer wieder schimmert durch, daß die kosmischen Aussagen der Ausgangspunkt sind. Man mag die Übertragung der Vorstellung auf die Kirche als eine Verengung empfinden. Vorbereitet ist aber eine solche Verengung schon in der Stoa, die mit dieser Vorstellung die Teilhabe an der Weltvernunft auszudrücken vermag (Seneca ep. 95,52). Auch bei Philo lassen sich solche Übergänge erkennen, daß der Logos als Allgott nur in den Seelen derer ist, die fähig sind, ihn aufzunehmen. Der theologische Grund für die Übernahme der Vorstellung auf die Kirche mag sein, daß die Gläubigen schon die neue Schöpfung sind (2. Kor. 5,17). Die Gemeinde ist ein eschatologisches Ereignis, in dem die neue Welt schon da ist. Darum ist es angemessen, von ihr in kosmischen Dimensionen zu reden. Der Christ ist schon in dem neuen Kosmos, dessen Allgott Christus ist.[111]

(5) Schließlich erklärt sich der zunächst so merkwürdige Gedanke, daß der Leib vom Haupt her wächst (Kol. 2,19; Eph. 4,16). Der Allgott ist das Haupt, der alles wachsen läßt und dem ganzen Kosmos hilfreich und gütig zur Seite steht, obwohl er ja selbst auch der Kosmos ist. Der Gedanke des Wachstums muß nicht dahin verstanden werden, daß der Gesamtkosmos sich immer weiter ausdehnt, sondern selbstverständlich so, daß jedes einzelne Glied wächst. Möglich ist allerdings auch, daß an das äußere Wachstum der Kirche mitgedacht ist. Jedoch der Kontext von Eph. 4,16 zeigt, daß Eph. mehr an das Wachsen jedes einzelnen Gliedes zur Vollkommenheit und also an ein inneres Wachstum denkt, wie es auch im Kosmos gedacht ist.

Schließlich ist noch ein Wort zu der Funktion der Vorstellung im Eph. zu sagen. Sie ist ja etwas anders als bei Paulus und im Kol. – Wendet Paulus die Vorstellung vor allem für das Verhältnis innerhalb der Ortsgemeinde an und Kol. auf das Verhältnis Christi zu den Mächten, so Eph. auf die Gesamtkirche. Allerdings fehlt dieser universalistische Aspekt weder bei Paulus noch im Kol., rückt aber im Eph. in den Mittelpunkt.

Nun hatten wir gesehen, daß eines der Hauptprobleme beim Übergang

---

[111] Auf diesem Hintergrund erklärt sich m. E. auch die paulinische Formel ἐν Χριστῷ. Wir können im Rahmen unserer Untersuchung dieses Problem nicht behandeln. Es sei nur darauf hingewiesen, daß sich vom Hintergrund der Allgott-Vorstellung her erklärt, warum man an vielen Stellen ἐν Χριστῷ durchaus mit ἐν τῷ σώματι αὐτοῦ = ἐν τῇ ἐκκλησίᾳ wiedergeben kann und warum es an anderen Stellen ausgesprochen „mystisch" klingt, so daß es in Gal. 2,20 auch heißen kann „Christus in mir". Diese Doppelheit ist auf dem Hintergrund der Allgott-Vorstellung m. E. sehr gut verständlich.

vom apostolischen zum nachapostolischen Zeitalter die Einheit der Gesamtkirche war, für die zunächst jede Bindung fehlte. Während z. B. die Pastoralbriefe und Lukas die Tradition und das organisierte Amt als das einheitliche
Band proklamieren, bleibt Eph. nur die Möglichkeit, die Einheit ideell zu
begründen. Dazu ist die Vorstellung vom Leib Christi bestens geeignet, denn
hier wird die Kirche als Ganzheit begriffen, als die eine neue Welt, in der die
Trennung von Gruppen oder Einzelgemeinden eine „unmögliche Möglichkeit" ist. Eph. hat durch diese Vorstellung die Möglichkeit, die Versöhnung
und Gleichstellung aller Gruppen zu predigen, die sein letztes und tiefstes
Anliegen ist. Wir werden dies im nächsten Abschnitt an einem besonders
heiklen Problem noch deutlicher erkennen.

Jedoch kann nicht verschwiegen werden, daß der Versuch des Eph. gescheitert ist. Eph. hat den Schritt, den die heidenchristlichen Gemeinden
gingen, nicht aufhalten können, weder für die Struktur der Gemeinden, die
zur immer stärkeren Ausschaltung der Charismatiker führte, noch hat er die
Gleichstellung der Judenchristen erreichen können. Seiner kühnen Vision
von der alle Gegensätze umfassenden und überwindenden Gesamtekklesia
fehlte die Basis. Christusunmittelbarkeit aller Ämter, wie sie Eph. 4,7f. ver-
kündet, schließt den Mißbrauch nicht aus, weil Sachkriterien in dieser Welt
unerläßlich sind. Dennoch zeigt der Eph. Möglichkeiten für ein kirchliches
Selbstverständnis auf, die neu zu bedenken wären.

IV. HEIDEN- UND JUDENCHRISTEN

A. Das Thema im Epheserbrief

Keine Frage behandelt Eph. klarer und dringender als das Verhältnis von Heiden- und Judenchristen in der einen Kirche.[1] In der Behandlung dieser Frage unterscheidet sich Eph. deutlich von allen anderen nachapostolischen Schriften.

Schon in seiner Ausgangsposition ist das Problem anders als bei Paulus gelagert. Zwar warnt auch Paulus die Heidenchristen vor der Überheblichkeit gegenüber Israel; sie sind nur Zweige, die in den Stamm eingepfropft sind (Röm. 11,13ff.). Doch Paulus entfaltet seine Gedanken innerhalb des Ringens um Israel und scheint der theoretischen Möglichkeit einer καύχησις des Heiden von vornherein den Weg verlegen zu wollen. Ganz ohne praktische Erfahrungen wird Paulus das wohl nicht sagen, aber der ganze Römerbrief deutet darauf hin, daß Paulus die größere Gefahr der καύχησις bei den Judenchristen sieht. Der jüdischen καύχησις, die sich auf die moralische Integrität gründet, sagt Paulus den schärfsten Kampf an.

Mag man aber in der Gewichtsverteilung bei Paulus auch anderer Auffassung sein, so ist doch deutlich, daß Eph. die Gefahr einer καύχησις einseitig bei den Heidenchristen sieht, auch wenn er die Judenchristen einmal in das Urteil mit einschließt, „auch wir waren Kinder des Zorns wie die übrigen" (Eph. 2,3). Sachlich übernimmt Eph. zwar korrekt Paulinische Gedanken aus Röm. 11,13ff. und sagt doch etwas anderes. Denn Paulus weiß von dem Gericht über die Juden und von ihrer schweren Schuld zu reden, aber verkündigt das große Dennoch: Dennoch hat der Heide keinen Grund zur Verachtung gegenüber Israel; dennoch ist das letzte Ziel Gottes die Rettung seines Volkes Israel. Eph. hat die Warnung vor der Selbstüberhebung

---

[1] Daß das Problem für Eph. schon erledigt sei, ist m. E. ein offensichtliches Fehlurteil, denn dann sind alle Klarheiten beseitigt. So Mitton, The Epistle to the Ephesians, S. 20: "In the section on historical arguments we noted that in Ephesians all strife and misunderstanding between Jews and Gentiles is at end, and this is claimed of a post-Pauline date." Vgl. auch S. 227f. Obwohl Mitton, S. 21, zugibt, daß das Auffällige an Eph. im Unterschied zu Paulus ist, daß die Versöhnung zwischen Heiden und Juden "a primary object of Christ's work on earth" ist, fällt er diese Entscheidung. Warum soll etwas nachträglich zum „Hauptwerk" werden, wenn es sich gar nicht um ein aktuelles Problem handelt? Was zwingt Eph. sachlich dazu, dies zu einem „Hauptwerk" zu machen? Das ist die Frage, die zu stellen ist.

der Heiden aus diesem „Dennoch" herausgelöst und spricht sie ohne die
paulinische Dialektik aus.

Die These des Eph. ist klar und eindeutig: Israel ist Gottes Volk und hat
seine Bundesverheißungen; die Heiden haben nichts. Das ist die Ausgangsposition. Da aber geschieht das unbegreifliche Wunder, daß Christus den
Zaun zwischen Heiden und Juden, das Gesetz mit seinen Geboten, nieder-
reißt und so den Heiden den Zugang zu Gott in der einen Kirche eröffnet
(2,11ff.). Die Kirche ist aber nicht nur einfach die Fortsetzung Israels, ein
entschränktes Judentum, sondern etwas völlig Neues, ein „neuer Mensch"
(2,15). Sie ist der Erbe Israels, seiner Verheißungen und des Bundes. Die Geschichte Israels ist so auch die Geschichte der Kirche. Kontinuität und Diskontinuität sind in gleicher Weise zu bedenken. Es ist die Kontinuität der
Verheißung, aber die Diskontinuität ihrer Realisierung. Es gibt nicht einen
Alten und einen Neuen Bund, aber alte und neue Bundespartner. Aber die
Heiden werden nicht darum zu Partnern des Bundes Gottes, weil die alten
schuldhaft versagt haben, sondern weil Gott reich ist an Erbarmen, um seiner großen Liebe willen (2,4). Jede Verachtung des alten Bundespartners
ist Mißachtung der Liebe Gottes. Die Christen verdanken ihre Existenz, die
Wende vom Tod zum Leben allein der Gnade, damit Gott „den kommenden
Äonen den überschwenglichen Reichtum seiner Gnade in seiner Güte zu uns
in Christus Jesus zeige" (2,7). Das bedeutet für Heiden wie für Juden einen
wirklichen Neuanfang. Wohl redet Eph. allein von dem, was dieser Neuanfang für die ehemaligen Heiden bedeutet, aber implizit ist auch für den
ehemaligen Juden alles anders geworden. Um des überschwenglichen Reichtums der Güte Gottes willen verlieren die Zeichen ihren konstitutiven Charakter, die nur dem Juden das Heil schenken. Beschneidung und Gesetz
können nicht mehr Bedingungen des Heils sein. Aber sie fallen nicht darum,
weil sie minderwertig und falsch seien, sondern weil sie einen Zaun zu den
neuen Bundespartnern aufrichten. Sie dürfen darum nicht von den Heiden
gefordert werden, damit die umfassende Güte Gottes walten kann. Allerdings spricht Eph. davon nicht ausdrücklich, weil er sich nicht an Judenchristen, sondern ausschließlich an ehemalige Heiden wendet.

Nun muß aber beachtet werden, daß Eph. damit anscheinend nicht alle
Unterschiede zwischen ehemaligen Heiden und Juden aufgehoben sieht.
Er spricht mehrfach betont von „wir" und „ihr" (1,12f.; 2,1ff.; 2,11). So-
sehr Heiden und Juden auch zu einem neuen Menschen geworden sind, so
haben sie doch beide – jeder für sich – Zugang zum Vater. Wohl leitet sie ein
Geist (2,18; 4,4); sie haben einen Herrn, einen Glauben, eine Taufe (4,5),
und doch scheint Eph. damit nicht eine Gleichschaltung anzustreben. Er
spricht nicht von einem „dritten Geschlecht", sondern von Heidenchristen
und Judenchristen, die miteinander einen Leib bilden. Es geht also um
Partnerschaft, nicht um unterschiedslose Verschmelzung. Man könnte es
konkret so formulieren: Die Einheit der Kirche bedeutet nicht, daß auch der

Jude nicht mehr die Beschneidung üben dürfe oder gezwungen werden
müßte, nichtkoscheres Fleisch zu essen, sondern nur, daß diese nicht mehr
Signa der Erwählung sind. Als „nationale Eigenart" dürfen sie weiter bestehen und sollten auch in diesem Sinne menschlich respektiert werden. Die
eine Kirche bedeutet nicht eine platte Gleichmacherei, sondern den anderen
gerade in seiner Eigenheit als gleichberechtigten Partner anzuerkennen. Die
Güte Gottes ebnet nicht alle menschlichen Unterschiede ein, sondern reißt
die nieder, die zu Zäunen zwischen Menschen werden. Oder, um es mit einem
modernen Problem zu sagen: es geht nicht darum, das Schwarze zu Weißen
werden, sondern daß sie sich als völlig gleichberechtigte Partner gerade auch
in ihrer menschlichen Unterschiedlichkeit achten und in einer Kirche zusammen leben.

Diese feine Mitte der Aussagen des Eph. sollte beachtet werden. Es ist
zuviel gesagt, daß auf Grund der Versöhnung Christi am Kreuz Juden und
Heiden aufgehört haben „zwei verschiedene Völkergruppen zu sein".[2] Dann
brauchte Eph. die Heidenchristen nicht so eindringlich daran zu erinnern,
daß sie auf Grund der Güte Gottes Mitbürger der Heiligen sind.

Andrerseits ist es zuwenig gesagt, daß Israel das bleiben solle, was es
schon vorher war. Diese These hat Markus Barth mit großer Leidenschaft
vertreten.[3] Er geht von dem Gleichnis Luk. 15,11–32 aus. Während es aber
in dem Gleichnis um das Verhältnis des älteren zum jüngeren Bruder gehe,
sei es im Eph. umgekehrt: „Im Epheserbrief wird nicht die Haltung des
Älteren gegenüber dem Jüngeren, sondern die Beziehung des Jüngeren zum
Älteren dargestellt" (S. 8 f.). Beide gehören in das eine Vaterhaus, sie bilden
miteinander eine Gemeinschaft. Eben dies meine der Eph. mit der Einheit

---

[2] Percy, Probleme, S. 283 f. Ebenso H. Sahlin, Die Beschneidung Christi, Symb.
Bibl. Ups. 12, 1950, S. 12 f.: „Die neue Grenzlinie, die das Christentum zwischen dem
Israel Gottes und den übrigen zieht, bedeutet im Verhältnis zu der alten jüdischen Anschauung eine vollständige Revolution. Mit einem Schlag ist das Judentum, das sich so
hoch über die Gojim meinte, auf deren Ebene herabgesunken; seine Stellung als das
auserwählte Volk Gottes ist vom wahren Israel, von der Kirche, eingenommen. Christus
hat das alte Israel gesprengt und ein anderes in (sic! Lies: an) dessen Stelle entstehen
lassen." Sahlin interpretiert also so, als ob Eph. an Judenchristen schreibt, die sich
über die Heidenchristen erheben, und beachtet nicht, daß Eph. Heidenchristen zu bedenken gibt, daß sie kraft eines göttlichen Wunders den Zugang zu Gott haben, den
einst Israel allein hatte. Auch Chadwick, Absicht des Epheserbriefes, S. 147, geht m. E.
einen kleinen Schritt zu weit: „Die Kirche ist Gottes neue Schöpfung und die Christen
sind ein ‚drittes Geschlecht', aber nicht im Sinne einer Diskontinuität gegenüber dem
Volk des alten Bundes. Heidenchristentum ist universal gewordenes Judentum."
R. Schnackenburg, Gestalt und Wesen der Kirche nach dem Epheserbrief, sieht das
Verhältnis nicht als ein historisches Problem: „Die beiden Menschengruppen, Juden
und Heiden, sind konstitutiv für die Kirche, nicht nur für die Idee, sondern auch für ihre
Existenz" (S. 107). Das ist richtig gesehen, aber Schnackenburg äußert sich nicht dar-
über, wie diese Existenz verwirklicht werden soll, wenn die beiden Gruppen „konstitutiv" sind.
[3] M. Barth, Israel und die Kirche im Brief des Paulus an die Epheser, ThExh 75,
München 1959.

im Leib Christi. Wie in einer Ehe das „Ein-Leib-Sein" nicht die Auflösung der Unterschiede von Mann und Frau zum Ziele hat, so bedeutet das auf das Verhältnis von Juden und Heiden angewandt, „daß gerade durch die Vereinigung von Juden und Heiden eine besondere Verantwortung des einen für den anderen nicht verwischt, sondern wach, aktuell und dringend wird" (S.13). Daß Eph. tatsächlich beide Teile in ihrer Eigenheit erhalten sehen will, folgert Barth aus den Beobachtungen: „Im Epheserbrief wird nicht das geringste gegen den Alten Bund gesagt" (S.15), und daß Eph. das Heil für die Heiden als „mit Israel" bezeichnet (S.16). Von dieser Voraussetzung aus kann Barth folgern, daß das historische und empirische Israel nicht missioniert werden darf. Für die letzte Behauptung stützt er sich auf die Beobachtung, daß im Eph. keine Aufforderung zur Judenmission stehe (S.37). In dem einen Leibe Christi haben beide miteinander partnerschaftlich und in Solidarität zu leben.

So beherzigenswert diese Sätze Barths über die Solidarität auch sind, als Exegese des Eph. kann man sie nicht anerkennen. Barth übersieht, daß es nicht um die Partnerschaft zwischen Israel und der Kirche, sondern zwischen Heiden- und Judenchristen in der einen Kirche geht, die einen Herrn, einen Glauben und eine Taufe hat.

Sieht man beide Aussagen des Eph. gleich deutlich – die Einheit der Kirche und die doch in ihr festgehaltenen Unterschiede –, so kann man folgende These versuchen:

1. Zur Zeit der Abfassung des Eph. hat es noch in Kleinasien Gemeinden gegeben, in denen ehemalige Juden noch eine relativ geschlossene Gruppe bildeten.[4]

2. Sie stellten aber schon eine Minderheit dar, und die Heidenchristen

---

[4] W. Grundmann, Die Νήπιοι in der urchristlichen Paränese, NTS 5, 1958/59, S.188–205, sieht in den Judenchristen Palästinaflüchtlinge. „Eph gehört u. E. in eine bestimmte geschichtliche Situation hinein: es ist unverkennbare Tatsache, daß die von Paulus begründeten kleinasiatischen Gemeinden nach seinem Tode eine Leitung bekommen haben, die durch Leute ausgeübt wurde, die, wahrscheinlich durch den Jüdischen Krieg veranlaßt, aus Palästina nach Kleinasien ausgewandert sind und der Urgemeinde zugehört haben, ohne Judaisten zu sein. Die hervorragende Gestalt dieses Kreises ist ‚Johannes', der Träger der johanneischen Literatur... Das Hereinströmen dieser judenchristlichen Kreise in die vorwiegend heidenchristlichen Gemeinden führte zu Spannungen, die einen Paulusschüler unter Verwendung paulinischer Gedanken veranlassen, durch Eph die Brücke zu bauen, die ein Zusammenkommen zwischen den Heidenchristen der kleinasiatischen Gemeinden und den Judenchristen aus Palästina ermöglicht und die entstandenen Spannungen ausgleicht" (S.194, Anm.1). Die gleiche These vertrat auch Wagenführer, Die Bedeutung Christi für Welt und Kirche, S.139ff. Dagegen spricht: 1. Eph. würde ganz anders reden, wenn die Gemeinde Flüchtlinge aufnehmen sollte. Man hat durchweg den Eindruck, daß Eph. auf einen früheren Standpunkt zurück will. Das Problem ist die Emanzipation der Heiden aus einer traditionellen Gemeinschaft. 2. Eine Flucht palästinensischer Judenchristen, die nicht Judaisten waren, nach Kleinasien in solcher Zahl, daß daraus ein akutes Gemeindeproblem werden konnte, ist weder durch Quellen belegbar noch überhaupt wahrscheinlich.

waren im Begriff, sich endgültig zu emanzipieren. Sie waren anscheinend nicht mehr bereit, in den Judenchristen gleichberechtigte Partner zu sehen. Wir werden versuchen, im folgenden zu zeigen, daß wir hier auf einen ganz heiklen Punkt der frühesten Kirchengeschichte gestoßen sind. Wenn man sich diese Probleme verdeutlicht, werden vielleicht die Ausführungen des Eph. zu dem Thema in ihrer Aktualität durchsichtig.

B. Das Problem des Verhältnisses von Heiden- und Judenchristen bei Paulus

Paulus hatte in 1. Kor. 7,17 ff. den Grundsatz aufgestellt, daß jeder in dem Stand bleiben solle, in dem er berufen wurde. Der Jude sollte Jude bleiben, der Heide Heide, der Sklave Sklave, der Freie Freier. Dieser Grundsatz scheint kein individueller Gedanke des Paulus gewesen zu sein, sondern lag wahrscheinlich der gesamten Missionspraxis der ersten Missionsphase zugrunde.

An dieser Stelle müssen wir kurz auf die Thesen von W. Schmithals eingehen, die er in seinem Buch, Paulus und Jakobus, aufgestellt hat. Schmithals ist der Auffassung, daß die Abmachungen des Apostelkonzils (Gal. 2,1 ff.) beinhalten, daß Paulus gänzlich auf eine Judenmission verzichtet habe (S. 38) und daß Petrus parallel zu ihm die Judenmission betreiben solle. Diese Abmachungen waren getroffen worden, um die hart bedrängten jüdischen Gemeinden Palästinas vor der jüdischen Behörde zu schützen und um andrerseits eine gesetzesfreie Heidenmission zu ermöglichen. Das Judentum mußte in einer gesetzesfreien Judenmission den Bestand des Volkes gefährdet sehen. „Die Verfolgung der gesetzesfreien Hellenisten war darum ein unumgänglicher Akt nationaler und kirchlicher Notwehr" (S. 18). Die Abmachung zwischen Paulus und den Jerusalemern bedeutete also: „Paulus mußte sich vor Beginn seiner selbständigen Missionsarbeit in Gebieten, in denen bisher nicht gepredigt worden war, dessen versichern, daß seiner heidenchristlichen Mission eine judenchristliche Mission zur Seite trat. Genau das ist auf dem ‚Apostelkonzil' geschehen… Das Abkommen verpflichtete also die Judenchristen Jerusalems zur Mission unter den Juden dort, wo Paulus den Heiden predigte, und dieser Aspekt des Abkommens dürfte für Paulus von nicht zu unterschätzender Bedeutung gewesen sein" (S. 43). Es hätten sich also zwei relativ voneinander unabhängige Gemeinden gebildet. Nun habe allerdings Petrus in Antiochien mit den Heidenchristen gemeinsame Mahlfeiern gehalten und so praktisch eine Vereinigung der beiden Gemeinden vollzogen. Das mußte natürlich die Jerusalemer auf den Plan rufen, weil damit vor der jüdischen Obrigkeit der Anschein erweckt werden konnte, als würden die Jerusalemer Christen doch Juden vom Judentum abspenstig machen. Petrus beugt sich diesen Argumenten, also letztlich aus Furcht vor der jüdischen Obrigkeit, und hebt die Tischgemeinschaft mit den Heidenchristen wieder auf. Im Prinzip habe Paulus natürlich nichts einwenden können, daß Petrus sich von der Tischgemeinschaft mit den Heidenchristen fernhielt. Aber nachdem er einmal den Schritt vollzogen hatte, mußte seine Rücknahme für die ganze Gemeinde schwere Folgen haben. Das zeige sich vor allem an Barnabas, der sich dem Schritt des Petrus anschloß (S. 57 f.). Es „kann doch kein Zweifel daran sein, daß sein Zerwürfnis mit Barnabas den eigentlichen Inhalt jenes Zwischenfalles in Antiochien bildete" (S. 58). Das heißt, daß das Verhältnis zwischen Paulus und Jerusalem von einem schiedlich-friedlichen Nebeneinander bestimmt war. „Wir kennen, von Gnostikern abgesehen, kein Glied der Urchristenheit mit Namen, das sich außerhalb der durch die Gestalten des Paulus und Jakobus bezeichneten schiedlich-friedlichen Gemeinschaft der Christenheit stellte. Die Auseinandersetzung zwischen

Paulus einerseits und Petrus und Barnabas andrerseits spielte sich innerhalb dieser Gemeinschaft ab und hat sie nicht in Frage gestellt" (S. 87).

Diese hochinteressante These, die die stärkste Alternative zu dem Geschichtsbild F. C. Bauers darstellt, krankt aber an einigen Schwierigkeiten, die für sie tödlich sind.

1. Schmithals „arbeitet durchweg mit einer Prämisse, die als solche ohne einen einzigen Beleg bleibt, daß nämlich seit dem Apostelkonzil der wesentliche Gesichtspunkt in der Gestaltung des Verhältnisses zwischen juden- und heidenchristlichen Gemeinden für beide Seiten der Schutz der Jerusalemer Urgemeinde vor jüdischen Übergriffen gewesen sei. Zumal in Gal. 2 ist davon nirgends die Rede" (U. Wilckens, Rezension von Schmithals, ThLZ 90, 1965, Sp. 600).

2. „Von rein judenchristlichen Gemeinden in der Diaspora wissen wir nichts. Und im Blick auf Paulus ist klar belegt, daß jedenfalls er sich in seiner Missionspredigt an Juden und Heiden – an beide in gleicher Weise, ja sogar Ἰουδαίῳ τε πρῶτον καὶ Ἕλληνι (Röm. 1,16) wendet" (Wilckens, ebd., Sp. 600).

3. Paulus müßte im 1. Korintherbrief ganz anders argumentieren, wenn er zwei verschiedene Gemeindegruppen als gegeben hinnehmen müßte. Die Leute, die sich auf Kephas berufen, sind Glieder der einen korinthischen Gemeinde. Paulus sind Spaltungen in der Gemeinde eine ganz und gar unmögliche Sache. Die Rücksichten, die Paulus für den schwachen Bruder fordert, beziehen sich doch wohl ziemlich eindeutig auf den Judenchristen, der nur koscheres Fleisch essen will.

Strittig war zunächst nur die Frage, welche jüdischen Gebote den Heidenchristen auferlegt werden sollten. Brennpunkt war natürlich die Beschneidung, doch war dieses Problem teilweise durch die Missionspraxis der Antiochener schon vor Paulus de facto gelöst, so daß die Jerusalemer diese Lösung nur noch nachträglich sanktionieren konnten: Heiden müssen nicht beschnitten werden, um Christen zu werden. Dennoch war das Feld noch ziemlich groß, welche Verpflichtungen die Heiden dennoch durch die Taufe übernehmen sollten. Wir brauchen in unserem Zusammenhang nicht die Vielfalt und auch Widersprüchlichkeit der Entscheidungen darzustellen. Ob den Heiden die noachitischen Gebote (Acta 15,29) wirklich auferlegt wurden und es eine dementsprechende Vereinbarung gegeben hat, ist sehr fraglich.[5] Paulus verrät in der Behandlung der Frage nach dem Genuß von Götzenopferfleisch (1. Kor. 8 und 10) keinerlei Kenntnis einer solchen Festlegung. Wir dürfen uns hier der Erörterung der Einzelheiten entheben und uns mit der Feststellung begnügen, daß es allein um die Frage ging, was den Heiden als Bedingung auferlegt werden sollte. Die umgekehrte Frage, ob auch dem Juden Bedingungen auferlegt werden müßten, blieb bis auf einen einzigen zunächst unbeantwortet.

Jener eine Punkt, den Paulus vom Judenchristen forderte, war die Tischgemeinschaft mit den Heidenchristen. Wie schwer sich selbst diese Forderung verwirklichen ließ, zeigt Gal. 2,11ff. deutlich. Allerdings impliziert die Tischgemeinschaft sofort die heikle Frage, was für Fleisch bei einer gemeinsamen Mahlzeit gegessen werden sollte. Paulus hat hier von den Heiden-

---

[5] Natürlich muß es eine solche Praxis gegeben haben, denn sonst könnte Lukas nicht so schreiben. Ob es sich um eine auch noch zu seiner Zeit praktizierte Forderung handelt, ist allerdings fraglich. Lukas berichtet hier wohl nur, was er für die Praxis zu Beginn der Heidenmission hielt.

christen erwartet, daß sie sich um der Liebe willen nach dem schwächeren Bruder, d. h. nach dem Juden, richten sollen. Anscheinend ist diese Lösung auch akzeptiert worden, wenn auch unter Murren. Wieweit der Jude aber überhaupt auf seine Eigenheiten zu verzichten hätte, wieweit sein Brauchtum und Sitte aufzugeben sei, blieb wohl zunächst gänzlich außerhalb der Diskussion.

Theologisch ist für Paulus allerdings klar, daß das Gesetz keine Heilsfunktion mehr hat. Hierin besteht ja gerade die theologische Bedeutung des Paulus, daß er das Gesetz theologisch überwunden hat. Uns interessieren hier aber nur die praktischen Konsequenzen, die Paulus gezogen hat.

1. Die Heidenchristen dürfen unter keinen Umständen zur Übernahme des Gesetzes gezwungen werden.[6]

2. Die Judenchristen haben die Heidenchristen als gleichberechtigt anzuerkennen und sollen mit ihnen Gemeinschaft halten; das bedingt an einer nicht unwichtigen Stelle die Aufgabe der Praktizierung des Gesetzes.

3. Paulus verlangt im übrigen nicht, daß die Juden auf ihre väterliche Sitte verzichten sollen.

4. Die Heidenchristen sollen ihrerseits die Lebensformen und Sitte des jüdischen Mitbruders anerkennen.

Eine andere Frage ist es, ob nicht viele Judenchristen ihrerseits auf die Praktizierung des Gesetzes verzichtet haben, daß z. B. ein Judenchrist nach der Geburt eines Sohnes ihn nicht mehr beschnitten hat. Daraus konnte Paulus der Vorwurf gemacht werden, daß er von den Judenchristen fordere, „nicht mehr ihre Kinder zu beschneiden und auch nicht mehr nach den (jüdischen) Sitten zu leben" (Acta 21,21). Ob die Verteidigung des Paulus gegen diesen Vorwurf tatsächlich so geschehen ist, wie es Acta 21,23–26 berichtet, mag dahingestellt bleiben.[7] Gänzlich unmöglich wäre ein solches Verhalten des Paulus nicht.[8] Es wäre als eine letzte Konsequenz der Toleranz zu verstehen, die Paulus in seiner eigenen Person praktiziert, wenn er sagt: „Ich wurde den Juden wie ein Jude, damit ich Juden gewinne; denen unter dem Gesetz wie einer, der (selber) unter dem Gesetz steht, nicht als ob ich selbst dem Gesetz unterworfen sei, (sondern) damit ich die unter dem Gesetz gewinne" (1. Kor. 9,20). Auch die Beschneidung des Timotheus, auch wenn sie vielleicht nur eine Legende ist, könnte so verstanden werden (Acta 16,1–4).

---

[6] Natürlich gibt es eine Gemeinsamkeit im Halten der Gebote (1.Kor. 7,19). Nach dem Zusammenhang sind aber nicht die spezifisch jüdischen kultischen Gebote gemeint, sondern nur ethische, die sowohl für Beschnittene wie Unbeschnittene gelten.

[7] W. Schmithals, Paulus und Jakobus, S. 70ff., setzt sich nachdrücklich dafür ein, daß trotz mancher Schwierigkeiten des Textes ein historischer Kern vorhanden sei. „Unmöglich ist die ganze Geschichte 21,20–27 aus der Luft gegriffen" (S. 72). Auch Haenchen, Die Apostelgeschichte, MeyerK, S. 546ff., vermutet eine alte Quelle, die Lukas nicht mehr ganz verstanden hat.

[8] Vgl. auch L. Goppelt, Christentum und Judentum, S. 97.

Die Folge dieser Haltung des Paulus war, daß in der einen Gemeinde verschiedene Lebensformen nebeneinander existierten. Wie lange dieser Zustand gedauert hat, ist allerdings umstritten. Nach Goppelt scheint es so, als sei die Aufgabe der bisherigen Lebensgewohnheiten des Juden ein ganz natürlicher Prozeß, der sich aus den paulinischen Prämissen ergibt und der „noch in der paulinischen Zeit im wesentlichen zum Abschluß" kam.[9] Wenn man aber bedenkt, wie zäh sich gerade Sitte und Lebensgewohnheiten halten, und vergleicht man es analog mit den Lebensgewohnheiten der Heiden, die noch nach mehreren hundert Jahren die Eierschalen ihrer Vergangenheit nicht abgelegt haben, erscheint es unglaublich, daß ohne sehr erheblichen Druck von außen allein durch die Predigt des Paulus eine freiwillige Assimilation der Judenchristen stattgefunden hat.

Außerdem fehlt es nicht an Zeugnissen, daß gerade in Kleinasien jüdisch lebende Gruppen noch eine ganze Zeit existiert haben. Man denke an die Kerinthianer,[10] an die, die sich Juden nennen und sind es doch nicht (Apk. 3,9), und an die Gruppen, die Ignatius in seinen Briefen an die Magnesier und Philadelphier bekämpft. In dieser Zeit erscheinen jüdisch lebende Christen nur als Ketzer. Aber wann erfolgte ihre Trennung von der heidenchristlichen Gemeinde? Schwerlich handelt es sich hier um eine neue Lehre, als seien Christen nachträglich in das Judentum zurückgefallen,[11] sondern es dürften Judenchristen sein, die noch weiterhin die paulinische Toleranz für sich beanspruchen, daß jeder in seinem Stand bleiben könne, in dem er berufen wurde. Durch den Druck des Heidenchristentums, das alles ἰουδαΐζειν ausmerzte, wurden sie so an den Rand gedrängt, daß ihnen nur noch der Weg zur (gnostischen) Sekte offenstand.

Doch mit diesen letzten Bemerkungen haben wir schon ein wenig vorgegriffen. In diesem Abschnitt wollten wir nur zeigen, daß die Haltung des Paulus trotz seiner Theologie von der Toleranz gegenüber dem ehemaligen Juden bestimmt war. Nach Paulus stellte sich die Frage, ob man die von Paulus eschatologisch begründete Toleranz zu stabilisieren bereit war.

C. Das Verhältnis von Heiden- und Judenchristen am Ausgang des ersten Jahrhunderts

Die Ausgangssituation des Verhältnisses zwischen Heiden- und Judenchristen, wie sie durch Paulus bestimmt war, ist also zwar nicht in allen Einzelheiten, aber doch hinreichend deutlich. Klar ist auch in den Umrissen

---

[9] Goppelt, ebd., S. 97. Für Percy, Probleme, S. 285 f., 444, ist Eph. deshalb paulinisch, weil die Frage nach Paulus nicht mehr so gestellt sei.

[10] Auch wenn man die Identifikation der Kerinthianer mit den Gegnern des Paulus in Galatien für eine reine Erfindung des Epiphanius hält (Pan. 28,2,4), besteht keine Notwendigkeit, jede Beziehung des Kerinth zu den „Ebionäern" zu bestreiten (so Goppelt, Christentum und Judentum, S. 248).

[11] So Goppelt, ebd., S. 248 f.

die Lösung zu Ausgang des ersten Jahrhunderts. Man könnte sie ganz kurz zusammenfassen in die Worte des Ignatius Magn. 10,3 ἄτοπόν ἐστιν, Χριστόν Ἰησοῦν λαλεῖν καὶ ἰουδαΐζειν. Jüdische Sitte und Brauchtum gibt es als gleichberechtigte Lebensformen in der christlichen Gemeinde nicht mehr. An die Stelle des Sabbats tritt der Sonntag;[12] Montag und Donnerstag als Fastentage zu halten wird als Praxis der Heuchler bezeichnet.[13] Das jüdische Speise- und Ritualgesetz wird in seiner wörtlichen Befolgung als falsch dargestellt und moralisch interpretiert.[14] Das jüdische Zeremonialgesetz ist bestenfalls von vorläufiger Bedeutung und ist endgültig und für immer durch das Opfer Christi überholt.[15] Teils stärker, teils schwächer wird die Antithese zum Israel κατὰ σάρκα betont, so daß jüdische Sitte und Brauchtum nicht mehr nur als vorläufig und religiös bedeutungslos erscheinen, sondern unter das Verdikt des Antichristlichen geraten. Was sich christlich nicht assimilieren läßt und umdeuten läßt, wird ganz verbannt.

Es ist nicht zu bezweifeln, daß hinter dieser Entscheidung theologische Gründe stehen, aber sie reichen nicht aus, um die Härte und die Schnelligkeit der Entscheidung zu begründen.[16] Gewiß überholt der Opfertod Christi alle kultischen Opfer, aber schon 1. Clem. 44,4 zeigt, daß man dem Opfergedanken nicht grundsätzlich abgesagt hat. Gewiß verkündigt Paulus die Freiheit vom Gesetz und macht damit jede verdienstliche Leistung fragwürdig, aber ebenso gewiß ist, daß man die Botschaft des Paulus von der Freiheit vom Gesetz schon bald nicht mehr verstanden hat, sondern die „Werkerei" bald überall wieder Einzug hielt. Man kann an dem Phänomen nicht vorbeisehen, daß der Theologe, der die stärksten Gründe hatte, allen kultischen und rituellen Praktiken den Boden zu entziehen, die größte Toleranz übte, während die größte Intoleranz dort herrscht, wo die von Christus geschenkte Freiheit zur Liebe nicht mehr im Zentrum des Denkens steht. Jüdische Sitte und Brauchtum werden nicht deshalb als heuchlerisch aus der Kirche verbannt, weil jede menschliche kultische Praxis überholt ist und weil alle in Christus eine neue Kreatur geworden sind, wodurch jede frühere menschliche Norm außer Kraft gesetzt wird, sondern weil andere

---

[12] Ign. Magn. 9,1.   [13] Did. 8,1.
[14] So der ganze Barnabasbrief.   [15] Hebr. 5; 7 u. ö.
[16] So harmonisch und problemlos wie Goppelt, a. a. O., vermag ich den Vorgang nicht zu sehen: „Die in ihrem Gewissen noch an jüdische Traditionen gebundenen Judenchristen innerhalb der heidenchristlichen Gemeinden sind zu ‚Schwachen', nämlich Schwachen im Glauben (Röm. 14,1) geworden, denen die Glaubenserkenntnis der Vollchristen fehlt (1. Kor. 8,7), die sich daher noch nicht ganz von ihrer vorchristlichen Vergangenheit gelöst haben. Mußten sie nicht selbst bestrebt sein, nicht mehr als ‚Schwache' zu gelten, ihre vorchristlichen Bindungen völlig fahren zu lassen?" (S. 96.) Es gibt nach Goppelt nur einen theologisch legitimen Weg, die Vergangenheit Israels als heilsgeschichtliche Vergangenheit anzuerkennen, während in der Gegenwart jüdische Traditionen nicht weiterwirken können. Darum ist der Weg des Judenchristen durch die Aufgabe des „Gesetzes" gekennzeichnet, hält er dennoch daran fest, so befindet er sich auf sektiererischem Weg.

verbindliche Normen an die Stelle der alten getreten sind. Es geht nicht um
den Kampf zwischen dem Geist der Freiheit und kultischer Praxis, sondern
Praxis steht im Widerstreit mit einer anderen Praxis.[17]

Bedenkt man weiterhin, wieviel Rücksicht die Mission öfter auf die
Landessitte und früheres religiöses Brauchtum nehmen konnte, wie etwa die
Germanenmission zeigt, so wird man noch vorsichtiger sein müssen. Es
heißt ja nicht, daß die frühere Sitte und religiöse Praxis ewig fortbestehen
müßten, sondern daß sie sich allmählich wandeln. Vielen Völkern hat man
mehr Zeit gelassen,[18] allein den Juden wurde schon nach nur einem Men-
schenalter abverlangt, sich kulturell und menschlich völlig zu assimilieren.

Jene Intoleranz gegenüber den jüdischen Lebensformen nur damit zu erklären, daß man auf das urchristliche Kerygma verweist, das alle jüdische
Praxis aufhebt, ist menschlich und darum im letzten Sinne auch theologisch
unangemessen. Wir sollten hier die Worte Paul Winters bedenken, die er
gegen eine rein kerygmatische Auslegung der Passionsgeschichte, der die
Frage nach der historischen Schuld an der Kreuzigung Christi gänzlich gleichgültig ist, erhebt: „Was bei dieser Betrachtungsweise auf der Strecke bleibt,
ist die Wahrheit: die unverschönerte, unverkerygmatisierte, untiefsinnige
Wahrheit der Tatsachen. Was bei dieser Betrachtungsweise zu kurz kommt,
ist das Gewissen. Den religiösen Sinn der Freudenbotschaft des Evangeliums
muß man nicht verkennen, wenn man bereit ist, auf die Forderungen der
Wahrheit und des Gewissens zu hören."[19]

D. Die Gründe für den Bruch zwischen Heiden- und Judenchristen

Jene „untiefsinnige Wahrheit der Tatsachen", die wir nicht verschweigen
dürfen, ist: eine der Ursachen für die Intoleranz gegenüber den jüdischen

---

[17] Auch J. Munck, Israel and the Gentiles in the New Testament, JThSt NS 2,
1951, S. 3–16 sieht die Entwicklung von der Verkündigung Jesu zur frühkatholischen
Kirche in ihrer Problematik: "Instead we see that an original universalism, the representative universalism of Jesus, the earliest disciples, and Paul, perished, and that Israel, that is the Jewish people, is no longer granted a decisive place in the history of
salvation. We thus have the direct opposite – that the original universalism is succeeded
by particularism. Instead of the positive revelation to the Jews as the chosen people
existing at the time of the apostles, we get either a Gentile Christian appropriation of
the Jewish revelation in the Old Testament, but with the exclusion of the Gospel's
connexion with the old covenant" (S. 16). Das heißt, die Verkündigung Jesu, die sich
den Verlassenen Israels zuwendet, ist "a representative universalism", während die
heidenchristliche Kirche, die die Juden explizit ausschließt, partikularistisch ist.
[18] Damit soll nicht behauptet werden, daß die christliche Mission sich ständig und
überall von jener Weisheit leiten ließ. Die Missionierung Afrikas ist leider auch voller
solcher Fehler. Die Afrikaner lernten Christus nur als weißen Mann kennen und lernten
Choräle mit europäischer Harmonie. Diese Intoleranz hat jedoch wesentlich andere
Gründe. Sie hat primär politische Gründe, weil die Kirche sich hier oft bewußt oder
unbewußt dazu mißbrauchen ließ, das Eigenleben der Afrikaner zu zerstören und sie zu
Sklaven des weißen Mannes zu machen.
[19] P. Winter, Zum Prozeß Jesu, in: Antijudaismus, S. 104.

Lebensformen ist der Einbruch des antiken Antisemitismus in die christlichen Gemeinden. Es gibt keine theologische Begründung dafür, warum Fasten am Montag und Donnerstag schwere Heuchelei ist, während es am Mittwoch und Freitag fromm und christlich ist, mag man immerhin den Freitag mit dem Tag der Kreuzigung erklären.[20]

Natürlich ist der Antijudaismus im Neuen Testament und in der Kirche ein vielfältiges Phänomen, und es ist unmöglich, in diesem Rahmen eine umfassende Darstellung zu geben. Wir müssen uns mit einigen Hinweisen begnügen.

1. Es gibt eine außerordentlich scharfe innerjüdische Polemik. Das Judentum zur Zeit Jesu zerfällt in zahlreiche Gruppen, die sich auf das härteste befehden. Die antipharisäische Polemik der Essener ist schärfer als die meisten synoptischen Worte. Es ist gut denkbar, daß schon in der palästinensischen Urgemeinde die Schuld an Jesu Tod allein den jüdischen Volksgenossen zugesprochen wurde.[21]

2. Jesus selbst stand in Auseinandersetzung mit der pharisäischen religiösen Praxis.[22] Wie scharf die Auseinandersetzung wirklich gewesen ist, ist allerdings auf Grund der Quellenlage kaum noch eindeutig festzustellen. Nach einigen der Parabeln, die zweifellos zum ältesten Gut gehören, scheint Jesus die Pharisäer nicht nur bekämpft zu haben, sondern dringend und herzlich um ihr Einverständnis gerungen zu haben. Gegen den älteren Sohn in Luk. 15,11–32 wird nicht der Vorwurf der Heuchelei erhoben. Er hat wirklich in Treue dem Vater gedient, und ihm wird ausdrücklich gesagt: Alles, was mein ist, ist dein (15,31). Also wird nicht Kritik an ihrer Frömmigkeit geübt, sondern daß sie die Güte des Vaters nicht anerkennen, die sich den Verlorenen zuwendet. Ebenso wird in der Parabel von den Arbeitern im Weinberg der Eifer der Ganztagsarbeiter nicht kritisiert; sie haben wirklich die Last und Hitze des ganzen Tages getragen und sollen auch ihren gerech-

---

[20] Did. 8,1 tut das nicht einmal, sondern stellt nur die Praxis der Heuchler der wahren gegenüber.

[21] Diese Vermutung äußert besonders pointiert der jüdische Historiker D. Flusser. Ihr liegt zugrunde, daß aus späterer Zeit ein extrem judenchristliches Schrifttum bekannt ist, das diese Tendenzen schärfer als die neutestamentlichen Passionsberichte vertritt. Der Wert der Quellen, auf denen diese Schlüsse beruhen, scheint mir allerdings noch nicht erwiesen. Vorläufig sind die Texte noch nicht ediert; sie sind auch nur sekundäre Quellen (Referat eines arabischen Gelehrten, Abd-el-Dschabbers um 1000), noch später ist das sogenannte Barnabas-Evangelium. Nach dem Referat Flussers gewinnt man zudem den Eindruck, daß auch die dortigen so scharf antijüdischen Passionsdarstellungen auf der Bekanntschaft mit unseren Evangelien beruhen und sie erst nachträglich fortentwickeln. Da aber eine genauere Nachprüfung der Texte noch nicht möglich ist, können wir nur Flussers Vermutung referieren: „Es scheint mir, daß die neuen Texte die Vermutung bestätigen, daß die Beschuldigung der Juden, sie hätten ein Deicidium vollbracht, ein Geschenk des Judenchristentums gewesen ist" (D. Flusser, Die Christenheit nach dem Apostelkonzil, Antijudaismus, S. 72).

[22] Das ist sicher für die Sabbatfrage, das Fasten und den Umgang mit den „Unreinen".

ten Lohn empfangen (Matth. 20,1–16).[23] Nicht ihr Eifer im Gesetz ist heuchlerisch. Falsch ist allein, daß sie die Freiheit der Güte Gottes nicht anerkennen. Und löst man die Geschichte vom Pharisäer und Zöllner (Luk. 18,9–14) aus ihrer moralisierenden Umrahmung,[24] so besagt auch sie, daß der Pflichteifer unkritisiert bleibt, denn es wird anerkannt, daß der Pharisäer alles wirklich und ehrlich in frommem Eifer geleistet hat. Er geht aber arm davon, weil er ohne die Liebe und Vergebung Gottes leben will. Geht man von diesen Texten aus, so ist Jesu Verkündigung darauf ausgerichtet, gerade auch die Pharisäer zu der jetzt erfolgenden Zuwendung der Güte Gottes zu den Verlassenen zu rufen. Er tut das unter ausdrücklicher Anerkennung ihres frommen Eifers.

Geht man also von diesen Texten aus, so bemüht sich Jesus ernsthaft darum, die Pharisäer für sich zu gewinnen, Weherufe wie in Matth. 23 (vgl. Luk. 11,39–52) vertragen sich schwer mit diesem Anliegen.[25] Wohl aber setzt Jesus sich über die jüdische Frömmigkeitspraxis hinweg, wo die sich jetzt ereignende Güte Gottes zu den Verlorenen gehindert wird.[26] Faktisch führt das natürlich zu einer Relativierung der jüdischen Gebote, besonders der Reinheitsgebote. Es ist offensichtlich, daß Jesus das Liebesgebot und seine Erfüllung so konsequent über die kultische Reinheit stellte, daß diese Gebote völlig bedeutungslos werden konnten.[27]

---

[23] Das Gleichnis ist ursprünglich zu Pharisäern gesprochen worden. Die Schlußsentenz (Matth. 20,16; vgl. auch 19,30) ist eindeutig sekundär und verschiebt den Sinn. Nähere Einzelheiten dazu siehe bei E. Linnemann, Gleichnisse Jesu, S. 87 ff.

[24] Meines Erachtens sind Vers 9 und Vers 14b sekundär.

[25] Goppelt, Christentum und Judentum, S. 45, hält sie für echt. W. G. Kümmel, Die Weherufe über die Schriftgelehrten und Pharisäer, Antijudaismus, S. 135 ff., urteilt etwas vorsichtiger. Er möchte allerdings zumindest in der Sache diese Weherufe Jesus nicht absprechen. „Und auch wenn diese Form der Anklage nicht auf Jesus zurückgeht, so muß doch mit der Tatsache gerechnet werden, daß Jesus den Schriftgelehrten vorwirft, daß sie die Menschen am Eingang in die Gottesherrschaft hindern, und die Pharisäer anklagt, weil ihr Verhalten mit den wesentlichen Forderungen des Gesetzes nicht übereinstimmt" (S. 145).

[26] Ob Jesus sich mit seinem Verhalten völlig über die Halacha hinweggesetzt hat, ist allerdings nicht einmal sicher. Flusser verweist in einem Diskussionsbeitrag auf Jochanan ben Sakkai, der ebenso die Liebe über die kultische Reinheit stellte: „Jesus radikalisiert die Auffassung vom Gesetz, die sich bei seinen Vorgängern und Nachfahren findet, in dem Sinne, daß er bestimmte Dinge für unwichtig hält. Das Gesetz ist für ihn der Ausdruck des Willens Gottes; er sieht die Gefahr, daß das Gesetz eine auch Gott gegenüber autonome Größe wird (wofür es geschichtliche Beispiele gibt). Der Talmudist Epstein habe z. B. festgestellt, daß Jesus mit der einzigen Ausnahme des Ährenraufens niemals die Halacha ‚gebrochen' habe. Heilungen mit Zuspruch waren erlaubt – nur wußte es nicht jeder Dorfpharisäer" (Antijudaismus, S. 206). Goppelt, Christentum und Judentum, S. 41 ff., sieht Jesus dagegen in einem unaufhebbaren Widerspruch zu den Pharisäern, doch liegt das zum Teil daran, daß er Jesus ein heilsgeschichtliches Selbstbewußtsein zuspricht: „Jesu Mittlerschaft löst die Mittlerschaft des Gesetzes ab" (S. 54), zum Teil liegt es auch an der unkritischen Verwendung der synoptischen Texte.

[27] Eine andere Frage ist es, ob die Haltung Jesu wirklich ein entscheidender Anstoß gewesen ist. Ab und zu läßt sich beobachten, daß die Gemeinde – oder vorsichtiger: einzelne Gruppen, die solche Logien weitergaben – eine andere Haltung als Jesus einnahmen und das noch ausdrücklich durch sein Wort bestätigten. Diese Umkehrung

3. Ein weiterer Anstoß zur Distanzierung vom Judentum liegt wohl in dem Bestreben der christlichen Gemeinden, mit dem römischen Staat in Frieden leben zu wollen. Gerade die Gestaltung der Passionsgeschichte zeigt, wie früh apologetische Motive wirksam wurden. Pilatus und die Römer werden immer mehr entlastet, die Juden dagegen belastet. Das Verhalten Jesu, das durch die radikale Verkündung der Nähe des Reiches Gottes implizit auch eine politische Haltung war, wurde einseitig antijüdisch interpretiert. Bei den immer schärfer werdenden Spannungen zwischen Rom und den Juden (Claudius-Edikt, Jüdischer Krieg) legte es sich nahe, sich auch äußerlich von den Juden zu distanzieren. Die Christen wollten anscheinend nicht dem Vorwurf der Kollaboration mit Aufrührern ausgesetzt sein. Begreiflicherweise erfahren wir über eine solche Motivierung nichts, aber zumindest Lukas mit seiner Darstellung der Apostelgeschichte und der paulinischen Mission legt die Vermutung nahe, daß auch solche Motive wirksam waren. Judenchristen, die äußerlich erkennbar noch als Juden lebten, als gleichberechtigte Partner in der einen Gemeinde anzuerkennen mag aus sehr menschlichen Gründen schon bald als unangenehm empfunden worden sein.

4. Wir müssen uns aber auch vor jeder Einseitigkeit hüten. Die Juden, besonders ihre maßgeblichen Kreise, haben nicht wenig dazu getan, die Atmosphäre zwischen Juden und Christen so zu vergiften, daß ein Zusammenleben immer schwerer wurde. Die christlichen Missionare waren der Verfolgung durch die jüdischen Behörden ausgesetzt, so weit nur ihr Arm reichte. Einige wurden auch umgebracht (die Zebedaiden, Stephanus, Jakobus „der Gerechte"). Die Schuld an dem großen Bruch lag keineswegs allein bei den Christen. Paulus hat nicht weniger als fünfmal die Tortur der „40 weniger einen Streich" aushalten müssen. Sowenig wir die Schuld an der Intoleranz gegenüber dem judenchristlichen Bruder auf seiten der Christen verkleinern wollen, so steht doch fest, daß das weitgehend auch eine Reaktion auf die Maßnahmen der jüdischen Obrigkeit war, die kein Mittel scheute, die christliche Mission zu unterbinden. Verleumdungen bei der heidnischen Obrigkeit mögen vielleicht nicht ganz so häufig gewesen sein, wie es nach der Apostelgeschichte scheint, pure Erfindung sind sie aber auch nicht.[28] Schließlich haben auch die Juden ihrerseits den Schlußstrich gezogen und die Christen als Ketzer (Minim) exkommuniziert.[29] Das bedeutete das theo-

---

läßt sich am besten an dem Traditionsprozeß der Perikope Mark. 2,18–22 beobachten. Die wenigen Nachrichten, die wir besitzen, lassen vermuten, daß die ersten Christen Palästinas die Haltung Jesu an diesem Punkt nicht radikalisierten, sondern daß das aus anderen Motiven heraus die „Hellenisten" (Acta 7) taten.

[28] Gerade in Kleinasien scheint es außerordentlich heftige Vorstöße der Juden gegeben zu haben; das spiegelt sich in der Apokalypse wider (2,9; 3,9; 12,17).

[29] Die Birkath ha Minim wurde um 90 formuliert als 12. Benediktion des Schemone Esre: „Die Nazarener und die Häretiker mögen zugrunde gehen in einem Augenblick, ausgelöscht werden aus dem Buch des Lebens und mit den Gerechten nicht aufgeschrie-

retische Ende der Judenmission, die praktisch wohl schon eher zum Erliegen
gekommen war. Es ist begreiflich, daß bei so großer Spannung in den christlichen Gemeinden eine so heftige Aversion entstand, daß jüdische Lebensformen – auch wenn es sich um einen christlichen Bruder handelte – für
untragbar in der christlichen Gemeinde empfunden wurden.

5. Zu dem allem kommt schließlich noch der ganz allgemeine antike Antisemitismus, der an Grausamkeit und absurder Beschuldigung hinter dem
neuzeitlichen kaum zurücksteht.[30] Pogrome sind keine christliche Erfindung – so beschämend sie auch für die Christen sind –, sondern sie gehörten
schon seit langer Zeit zum jüdischen Alltag.[31] Besonders in Alexandrien
brachen immer wieder Verfolgungen über die Juden herein. So gewiß es
unter den Gebildeten viele gab, die mit dem Judentum sympathisierten, und
das Judentum zur Zeitenwende seine größte Wirksamkeit in seiner Geschichte hatte, so gewiß ist auch, daß die breite Masse die Juden verachtete
und zugleich fürchtete. Sobald die Obrigkeit die Juden nicht mehr schützte,
wurden sie zum Freiwild,[32] oft als Sündenbock für das Versagen der herrschenden Klassen. Es würde der Wahrheit nicht entsprechen, anzunehmen,
daß dieser Antisemitismus vor den christlichen Gemeinden haltgemacht
hätte. Daß der allgemeine Grundsatz, den Paulus jeder Gemeinde aufgetragen hatte, daß jeder in seinem Stande bleiben dürfe (1. Kor. 7,17), schon
nach zwanzig Jahren völlig vergessen war, ist nur erklärlich, wenn so spon-
tane und unkontrollierbare Motive mitgewirkt haben. Alle diese Gründe
wirken zusammen, so daß sogar im Neuen Testament antijüdische Gedanken
laut werden.[33]

Eine in diesem Punkt ähnliche Entwicklung hat auch die Gnosis genommen, auch wo
sie nicht christlich beeinflußt ist. Ursprünglich war die Gnosis nicht antijüdisch, wie
noch manche Texte zeigen, sondern hat im Gegenteil zur Objektivation ihrer Weltanschauung positiv auf das Alte Testament und jüdische Tradition zurückgegriffen.
Schon sehr bald ist es auch hier zum Bruch gekommen, wobei die Antithese in der Gnosis noch wesentlich schärfer artikuliert ist, obwohl man merkwürdigerweise am Alten
Testament als Offenbarungsbuch festhielt, indem man es neu interpretierte.
Typischer Ausdruck der antijüdischen Wendung der Gnosis ist die Identifikation

---

ben werden" (Billerbeck IV, S.212f.). Die Härte der Verfluchung zeigt sich in vielen
Einzelbestimmungen; vgl. W. Schrage, Artikel ἀποσυνάγωγος ThWB VII, S.847.

[30] Vgl. die Schrift von Josephus gegen Apion.

[31] Vgl. Josephus, Antiquitates XVIII,9.

[32] Als die Juden unter Trajan selbst zu den Waffen griffen, mußten sie das blutig
bezahlen und erholten sich von diesem Schlag nicht mehr.

[33] In der maschinenschriftlichen Fassung der Arbeit folgte an dieser Stelle noch ein
längerer Abschnitt (S.98–114) über Antijudaismus im Neuen Testament, in dem vor
allem das Matthäus- und Johannes-Evangelium auf diese Frage hin untersucht wurden.
Auf eine Veröffentlichung des Abschnitts wurde verzichtet, weil die dort vertretenen
Thesen inzwischen in zwei anderen Veröffentlichungen von mir zugänglich sind: Redak-
tionsgeschichtliche Bemerkungen zur Passionsgeschichte des Matthäus, Theologische
Versuche II, Berlin 1970, S.109–130; Der johanneische Christus und der gnostische Erlöser, in: Gnosis und Neues Testament, Berlin 1973.

des bösen Demiurgen mit dem Gott der Juden, dessen Herrschaft vernichtet werden muß. Vgl. Satornil: „Christus ist gekommen, um den Gott der Juden zu vernichten" (Hipp. El. VII, 28,5). Das markanteste Beispiel ist, daß die Selbstüberhebung des Demiurgen immer wieder mit den Worten von Jes.44,6 (LXX 45,5; 46,9) dargestellt wird, z.B. Iren. I,5,4; 30,6; Hipp.El. VII, 25,3; AJ NHC II,1 p.11, 16ff.; 13,5 Parr; UW NHC II,5 p.151,2ff.; ApcAd NHC V, 5 p.66,28f.; ÄgEv NHC III,2 p.58,25ff.; 2 LogSeth NHC VII, 2 p.53,30ff.; 64,16ff.

Weitere Beispiele für den Antijudaismus der Gnosis sind: die Metapher Juden (Hebräer) für die Psychiker (als unterste Klasse); vgl. Iren. I,30,10; EvPhil NHC II,3 46: „Wer den Herren nicht empfangen hat, ist noch ein Hebräer" (vgl. auch EvPhil 6; EvThom NHC II,2 43). Dieser Topos kann auch breiter ausgeführt werden, z.B. Iren. I,30,10: „Jaldabaoth erwählte Abraham und machte dessen Nachkommen zu Juden." 2LogSeth NHC VII,2 p.62,27–65,18 ist eine gnostische Paraphrase der jüdischen Heilsgeschichte unter dem Stichwort „Eine Sache zum Lachen war ... Adam, Abraham, Isaak, Jakob, David, Salomo, die 12 Propheten, Mose". P.64,1–6: „Denn es war eine Lehre von Engeln, was sie hatten, (bloß) zur Beobachtung von Speise(vorschriften), und bittere Knechtschaft, weil sie niemals die Wahrheit erkannten, noch erkennen werden."

E. Zusammenfassung

Es ist deutlich erkennbar, daß die Entfremdung zwischen Juden und Christen sich so rasch vollzog, daß ein jüdisches Eigenleben innerhalb der christlichen Gemeinde der Mehrheit als völlig untragbar erschien. Wenn man auf diesem Hintergrund die Aussagen des Epheserbriefs versteht, erkennt man, daß er eines der wichtigsten Probleme des nachapostolischen Zeitalters behandelt.

Oft wird behauptet, daß das Anliegen des Eph. nur die Bindung der Heidenchristen an die heilsgeschichtliche Vergangenheit Israels sei. Jedoch fehlt bisher jede Spur davon, daß es eine heidenchristliche Gemeinde gegeben hat, die grundsätzlich die Verheißungen des Alten Testaments für irrelevant erklärt hätte. Vor Marcion gibt es nach unserer bisherigen Kenntnis keine Gemeinde – auch keine gnostische –, für die das Alte Testament nicht die Bibel gewesen wäre. Einen Streit darüber, ob die Heiden Erben der Verheißungen Israels seien, konnte es nach Lage der Dinge gar nicht geben. Darüber braucht Eph. auch nichts zu sagen. Das Problem zwischen Eph. und seinen Adressaten steckt also allein in dem σύν (συμπολῖται 2,15; συγκληρονόμα, σύσσωμα, συμμέτοχοι 3,6).

Daß die Heiden Erben der Verheißungen Israels sind, braucht ihnen niemand zu sagen, das ist nach allen Zeugnissen ihre selbstverständliche Überzeugung. Erinnert werden müssen sie aber, wie unsere Untersuchungen gezeigt haben, daß sie „nur" Miterben sind. Weil die Heiden ihre „Erbschaft" nur der grenzenlosen Liebe Gottes verdanken, so daß nun auch sie den Zugang zu ihm haben, den früher ausschließlich Israel hatte, sollten sie die Judenchristen als gleichberechtigte Partner anerkennen.

Sehen wir richtig, so versucht Eph. eine Entscheidung zu verhindern, die dem Juden als Juden das Christsein unmöglich machte. Was Eph. vorbringt,

ist der echt paulinische Standpunkt, daß jeder in seinem Stand bleiben
dürfe, in dem er berufen wurde. Seine Worte in 2,11–3,7 sind ein paulinisches
Programm, aber in ganz anderer Situation entfaltet. Auch hier steht Eph.
also gegen die vorherrschende Tendenz in den heidenchristlichen Gemeinden. Aber ihm ist auch hier genausowenig Erfolg beschieden gewesen wie in
der Frage der inneren Struktur der Gemeinde. Eph. ist aber ein Zeugnis
dafür, daß es noch einen anderen Weg der frühen Kirche in dieser Frage
gegeben hätte, die paulinische Entscheidung, daß jeder in seinem Stande
bleiben dürfe, als eine innerchristliche Toleranz zu stabilisieren.

V. DAS PAULUSBILD DES EPHESERBRIEFES

Jeder pseudepigraphische Schriftsteller hat von dem von ihm gewählten Pseudonym eine bestimmte Vorstellung. Während aber ein Werk über Paulus, wie z. B. die Apostelgeschichte, die Konturen seines Paulusbildes deutlich erkennen läßt, sind sie in einem pseudepigraphischen Schreiben nur schwer erkenntlich. Zwar will der „historische Bericht" wie der pseudepigraphische Brief seinen Lesern ein Bild der Persönlichkeit vermitteln, aber er direkt, der Brief indirekt. Das Paulusbild des Epheserbriefes muß man zwischen den Zeilen lesen.[1]

Die Indirektheit des Bildes kann zugleich auch Unvollständigkeit bedeuten. Der pseudepigraphische Brief läßt das Bild seines Pseudonyms nur soweit erkennen, wie es mit der Absicht seines Briefes zusammenhängt. Nur gelegentlich begegnen Züge, die der Verfasser mehr oder weniger bewußt erwähnt. Die unbewußt erwähnten Züge dürften dem allgemeinen Bild entsprechen, das in nachapostolischer Zeit von Paulus lebendig war.

Die Bedeutung einer Untersuchung des Paulusbildes des Eph. im Rahmen unseres Themas besteht zunächst darin, zu zeigen, wie Anliegen des Briefes und Paulusbild sich gegenseitig beeinflussen. Als Nebeneffekt können dabei auch einige Unterschiede zwischen dem Paulusbild und dem wirklichen Paulus ins Blickfeld kommen. Methodisch gehen wir so vor, daß wir die einzelnen erkennbaren Züge nicht nur mit Paulus, sondern vor allem mit dem Paulusbild der Apostelgeschichte und der Pastoralbriefe vergleichen. Nur durch solche gegenseitigen Vergleiche ist ein einigermaßen zuverlässiges Ergebnis möglich.

1. Paulus vor seiner Bekehrung

Auf die Zeit des Paulus vor seiner Bekehrung spielt nur die kurze Wendung in Eph. 3,8 an: „Mir, dem geringsten der Heiligen, wurde diese Gnade gegeben." Unverkennbar ist, daß 1. Kor. 15,9 dem Verfasser vorschwebt, aber eigentümlich gesteigert ist. In 1. Kor. 15,9 hat die Rede von dem geringsten

---

[1] Daß Eph. 3,1–13 zielbewußt den vergessenen Paulus für seine Leser neu einführen will (so Goodspeed, Meaning, S. 41), scheint mir wegen der Indirektheit der Aussagen wenig wahrscheinlich. Wegen seiner Hauptthese muß Goodspeed annehmen, daß Eph. nach Acta geschrieben sei. Er kann darum nur sagen: "The value of the paragraph is

der Apostel einen prägnanten Sinn: die Verteidigung seines Apostolats und die Zeugniskraft der ihm zuteil gewordenen Erscheinung Christi trotz seiner Verfolgung der Gemeinde. Aber die Gnade Gottes hat nun den Makel beseitigt und Paulus hat sich mehr als sie alle gemüht. Und er fügt noch hinzu: „... allerdings nicht ich, sondern die Gnade Gottes durch mich."

Man gewinnt aus dem Ganzen den Eindruck, daß Paulus mit dem „geringsten der Apostel" gar nicht sein eigenes subjektives Urteil wiedergibt, sondern das seiner Gegner, denn die Argumentation läuft genau auf das Gegenteil hinaus: Er ist keineswegs der geringste der Apostel, sondern der, der kraft der Gnade Gottes mehr geleistet hat als alle anderen, der für die Korinther der Apostel schlechthin ist und sich als ihren Vater bezeichnet (1. Kor. 4,15).

Paulus hat also von sich aus gar keinen Grund, sich als den geringsten der Apostel zu bezeichnen, noch viel weniger, wenn man die Vorstellung vom exklusiven Apostolat der Zwölf als Paulus völlig unbekannt annimmt.[2] Es kann für Paulus daher keinen anderen Grund dafür geben, sich so zu bezeichnen, als daß er eine Beschuldigung gegen ihn aufnimmt, ihr sachliches Recht anerkennt und gerade trotzdem sein Apostolat den Korinthern gegenüber als entscheidend hinstellt.

Der konkrete Anlaß fehlt in Eph. 3,8. Da überhaupt nicht zu erkennen ist, warum diese Kennzeichnung hier vorgenommen ist, liegt die Vermutung nahe, daß es sich hier um ein Element des nachapostolischen Paulusbildes handelt. Auffallend ist die zweifache Steigerung. Einmal ist Paulus nicht nur der geringste der Apostel, sondern aller Heiligen, zum anderen wird der Superlativ ἐλάχιστος noch einmal gesteigert zu ἐλαχιστότερος.[3]

Es wird allgemein zugegeben, daß es sich hier um eine Steigerung gegenüber 1. Kor. 15,9 handelt. Vertreter der Echtheit des Eph. suchen zu beweisen, daß eine solche Aussage Paulus möglich wäre.[4] Nur G. Klein bestreitet,

---

clear. It is to reintroduce Paul to any who may not know Acts." Doch scheint mir ein pseudepigraphischer Brief kein sehr günstiges Mittel zu sein, um eine vergessene Persönlichkeit neu einzuführen. Nach allen Analogien wird ein Pseudonym nur benutzt, um den Aussagen größere Autorität zu verleihen. Die Autorität des Pseudonyms ist also immer Voraussetzung, nie Ziel eines pseudepigraphischen Schreibens.

[2] Solange man wie K. Holl, Der Kirchenbegriff des Paulus in seinem Verhältnis zu dem der Urgemeinde, S. 48, die Existenz des Zwölferapostolats als für Paulus selbstverständliche Voraussetzung ansieht, kann man sagen, daß Paulus auch einen subjektiven Grund haben könne, sich den geringsten der Apostel zu nennen: „Wenn Paulus sich selbst so tief herabsetzt, so können ihm als Vergleich nur Persönlichkeiten höchsten Ansehens vorgeschwebt haben, diejenigen Männer, die er nach Gal. 1,18 allein als ‚die Apostel vor ihm' anerkannte und denen er, auch wo er seine Selbständigkeit verfocht, doch gewisse Überlegenheit einräumte." Wer diese Voraussetzung nicht teilt, wird annehmen müssen, daß Paulus hier Schlagworte seiner Gegner aufnimmt. Das hat E. Güttgemanns, Der leidende Apostel, S. 81 ff., klar herausgearbeitet.

[3] Von doppelter Steigerung sprechen auch Ewald, Kommentar, S. 162; Joh. Weiß, Der erste Korintherbrief, MeyerK, sogar von „sinnloser Übertreibung"; Gaugler, Kommentar, S. 139.

[4] Vgl. etwa Haupt, Die Gefangenschaftsbriefe, MeyerK, S. 104; Schlier, Kommentar,

daß es eine Steigerung sei, und behauptet im Gegenteil, daß eine Minderung gegenüber 1. Kor. 15,9 vorliege. „Sofern das behauptete ἐλαχιστότερος εἶναι an unserer Stelle im Unterschied zu jener nicht ausgelegt wird, liegt aber nicht nur eine Steigerung, sondern auch eine Minderung vor."[5] Eine solche Auslegung ist nur von Kleins Interpretation des Paulusbildes in der Apostelgeschichte her verständlich. Nach seiner Darstellung ist das „Saulus"-Bild der Apostelgeschichte ein „erratischer Block".[6] Die in der Apostelgeschichte von Lukas vorgenommene Perhorreszierung der vorchristlichen Vergangenheit soll allein das Werk des Lukas ohne Anknüpfung an die Tradition sein.

In der Tat ist die Steigerung der Verfolgertätigkeit des Paulus in der Apostelgeschichte auffällig. Die Züge lassen sich nicht einmal sinnvoll miteinander koordinieren. Paulus ist der Jüngling, zu dessen Füßen die Zeugen bei der Steinigung des Stephanus die Kleider ablegen (7,58) und der seiner Hinrichtung freudig zustimmt (7,60). Wenig später hört man von ihm, daß er in die Häuser eindringt, Männer und Frauen „herauszieht" und ins Gefängnis bringt (8,3). Damit nicht genug. In den unruhigsten Zeiten Palästinas läßt sich Paulus Briefe geben, um die Vollmacht zu haben, Frauen und Männer gebunden quer durch Palästina von Damaskus nach Jerusalem zu führen (9,1). Schließlich hat er selbst an Todesurteilen mitgewirkt (26,10). Aus dem Jüngling ist mittlerweile ein Vierzigjähriger geworden, der an richterlichen Urteilen durch Stimmabgabe mitwirken kann. Auf den ersten Blick ist zu erkennen, daß die Farben viel zu dick aufgetragen sind. Für Günther Klein ist Lukas für dieses Zerrbild ganz allein verantwortlich. Die Absicht des Lukas sei in erster Linie nicht die, die Größe des Umschwunges den Lesern plastisch vor Augen zu führen – was Klein als einen Nebenzweck zuzugestehen bereit ist –, sondern die „primäre Tendenz" des Saulusbildes „scheint vielmehr auf eine Herabminderung der Gestalt des Paulus zu zielen".[7] Dagegen spricht, daß man zu allen Zeiten so empfunden hat, daß auf dem dunklen Hintergrund des einstigen Wandels des Paulus das Wunder seiner Bekehrung um so strahlender leuchtet. Lukas hätte dann also das Gegenteil von dem erreicht, was er eigentlich wollte. Weit mehr als die Hälfte der Apostelgeschichte ist angefüllt mit den Taten des Mannes, dessen Gestalt eigentlich herabgemindert werden soll!

Auch wenn man sich dieser Sicht der Dinge nicht anschließt, sondern der Überzeugung ist, daß das Bild von dem einstigen Verfolger den Sinn hat, die Größe des Herrn zu demonstrieren, der aus dem Geringsten den Größten

S. 152: „Angesichts von Gal. 1,13 ff. 23 ist es seltsam, wenn man behauptet, Paulus hätte selbst nicht so formulieren können." Doch dort liegen die Dinge ebenfalls nicht so, daß Paulus sich allgemein negativ kennzeichnet (1,14!), sondern die Erwähnung seiner Verfolgung hat primär den Zweck, die Unabhängigkeit seines Apostolats zu erweisen. Vgl. Klein, Die zwölf Apostel, S. 128 ff.
[5] Klein, a. a. O., S. 133.
[6] Ebd., S. 143.
[7] Ebd., S. 144.

macht,[8] darf man natürlich fragen, ob Lukas der Schöpfer dieses Saulusbildes ist. Selbst wenn wir keine andere Quelle als die Apostelgeschichte hätten, ergibt sich m. E. zwingend der Schluß, daß Lukas Traditionen verwendet. Ein so schlechter Schriftsteller ist Lukas nicht, daß er so verschiedene und widersprüchliche Züge sich erdacht hat. Im Kopfe eines Mannes ist schwerlich eine so vielfältige Legende mit mehreren unvereinbaren Zügen entstanden. Lukas hat verschiedene Traditionen aufgegriffen, sie so gut als möglich ausgeglichen und seinem Anliegen dienstbar gemacht.

Wir dürfen also die Apostelgeschichte als Zeugnis für die Legendenbildung über die Verfolgertätigkeit des Paulus in der nachpaulinischen Zeit ansehen. Darum besteht auch keine Notwendigkeit, Kleins philologischen Argumenten in 1.Tim.1,12ff. nachzugehen, mit denen er beweisen möchte, daß πρῶτος nicht qualitativen, sondern temporalen Sinn habe.[9] Luther übersetzt richtig, wie es auch heute die meisten verstehen: „Jesus Christus ist in die Welt gekommen, die Sünder selig zu machen, unter welchen ich der vornehmste bin...“ Man mag sich nun streiten, ob das mehr oder weniger als das in der Apostelgeschichte Gesagte ist, mehr als die Aussage von Eph. 3,8 ist es auf jeden Fall. Trotz des Protestes von G. Klein wird man also dabei bleiben müssen, daß es eine sich steigernde Entwicklung von 1.Kor.15,9 über Eph.3,8; 1.Tim.1,12ff. nach Barn.5,9 gibt,[10] daß also das „vulgärchristliche ‚Saulus‘bild“ keine „Chimäre“ ist.[11]

Eph.3,8 ist daher von der nachapostolischen Tendenz her zu erklären, die vorchristliche Zeit des Paulus immer dunkler zu zeichnen. Freilich handelt es sich hier nur um einen Nebenzug. Eine bestimmte Absicht des Eph. ist nicht zu erkennen, so daß man annehmen darf, daß Eph. einfach unbewußt die Vorstellung der nachapostolischen Zeit wiedergibt.

2. Die Bedeutung der „Bekehrung“ des Paulus

Auf die Bekehrung des Paulus, die mit der Berufung in sein Amt identisch ist, weist Eph.3,3 hin: „... denn in einer Offenbarung wurde mir das Ge-

---

[8] Das ist die Sicht von Ernst Haenchen, Die Apostelgeschichte, MeyerK, die er über seinen ganzen Apostelgeschichtskommentar hinweg entfaltet und die m. E. die größte innere Wahrscheinlichkeit für sich hat.

[9] Klein, a.a.O., S.136f.

[10] Gegen Klein, a.a.O., S.143. Barn. 5,9 bezieht sich allerdings auf die Jünger: Jesus erwählte zu seinen künftigen Aposteln Männer, die über alle Maßen Sünder waren, um zu zeigen, daß er nicht gekommen sei, die Gerechten zu rufen, sondern die Sünder.“ Das zeigt, daß es sich um einen festen Topos handelt und nichts dagegen spricht, auch in bezug auf die Person des Paulus eine solche allgemeine Entwicklungstendenz anzunehmen, wenn auch 1.Tim.1,13 entschuldigend mildert, daß Paulus ἐν ἀπιστίᾳ gehandelt habe. Diese Entwicklung ist sicher durch das Predigtschema „einst–jetzt“ veranlaßt, wobei Paulus paradigmatische Bedeutung hat. Vgl. Dibelius–Conzelmann, HBNT 13, S.23.

[11] Klein, a.a.O., S.143.

heimnis mitgeteilt." Die Identität von Bekehrung und Berufung entspricht genau der eigenen Ansicht des Paulus[12] und wird auch von den Pastoralbriefen geteilt.[13] Nur in der Apostelgeschichte ist das Verhältnis wesentlich komplizierter. Ebenfalls gemeinsame Anschauung ist, daß der Zweck der Berufung die Berufung zum Missionar der Heiden ist.

Damit haben sich aber die Gemeinsamkeiten schon erschöpft. Zwar besteht zwischen Gal. 1,16 und Eph. 3,8 insoweit noch Einigkeit, daß es Aufgabe des Paulus ist, τοῖς ἔθνεσιν εὐαγγελίζεσθαι, aber schon bei der Inhaltsangabe des Evangeliums ändert sich die Terminologie. Gal. 1,16 sagt schlicht, „ihn (d. h. Christus) verkündigen", während Eph. 3,8 sagt „den unerforschlichen Reichtum Christi", was Vers 9 noch ergänzt „und ans Licht zu bringen, was die οἰκονομία des vor den Äonen verborgenen Mysteriums ist". Paulus erscheint weniger als Missionar denn als Mystagoge. Die Worte klingen merkwürdigerweise so, als seien die Heiden schon Christen, und die Aufgabe des Paulus bestehe nicht mehr darin, die Heiden überhaupt erst zu bekehren, sondern ihnen zusätzlich das Mysterium der Kirche mitzuteilen.[14]

Genau an dieser Stelle wird der fundamentale Unterschied zwischen Paulus und Eph. deutlich und verrät die Verschiedenheit der Ausgangspunkte. Das Problem des Eph. ist nicht mehr in erster Linie die Mission, sondern die Wahrung der Einheit der Kirche. So wenig Eph. in seinen Worten ausschließt, daß Paulus der Heidenmissionar ist, seine Formulierung verrät doch, daß ihm etwas anderes wichtig ist. Die Perspektive des Sinnes der Berufung hat sich verschoben; ein Vorgang, der unter ganz anderen Vorzeichen ebenso in den Pastoralbriefen zu beobachten ist.

Daran wird wieder verständlich, warum Eph. seinen Brief als Paulusbrief schreibt. Er verlegt gleichsam sein aktuelles Anliegen in die Stunde der Berufung des Paulus zurück, also an den Anfang der ganzen Heidenmission. Diese äußere Rückverlegung hat den theologischen Sinn, daß Christus selbst die von Eph. angestrebte Einheit der Kirche autorisiert. Eph. beruft sich darum über die Autorität des Paulus auf Christus selbst und hat nun die geschichtliche wie die himmlische Autorität auf seiner Seite.

Die Berufung des Paulus in Gal. 1,15f. auf die ihm geschenkte Offenbarung, die ihn zum Heidenmissionar machte, hat freilich einen anderen Sinn. Wie der ganze Duktus zeigt, geht es darum, daß den Heiden die Beschneidung nicht auferlegt werden soll, sie also ohne die Werke des Gesetzes

---

[12] Gal. 1,16.

[13] 1. Tim. 1,16.

[14] In dieser inhaltlichen Füllung des Begriffes μυστήριον unterscheidet sich Eph. 3,6 auch von Kol. 1,27. Für Dibelius, HBNT 12, S. 84, ist das einer der Gründe, Eph. für deuteropaulinisch zu halten. Ebenso Wagenführer, Bedeutung Christi, S. 24: Mitton, Epistle to the Ephesians, S. 86–91: "It is true, that earlier letters Paulus has affirmed that this one-time secret has now been made known to Gentiles as well as to Jews, but never before has Paul made the 'mystery' consist in the equal partnership of Gentiles with Jews in the privileges of the Gospel" (S. 89).

Christen werden dürfen. Das ist das von Anfang an ihm geoffenbarte Evangelium, das auch die Jerusalemer Autoritäten anerkannten und das nun in Galatien in seinen Grundlagen gefährdet ist. Dieses Problem ist für Eph. nicht mehr aktuell. Die paulinische Gnadenlehre steht nicht mehr auf dem Spiel. Sie ist schon, wenn auch entschärft und moralisiert (Eph. 2,9 f.),[15] Allgemeingut geworden. An die Freiheit vom (jüdischen) Gesetz haben sich die Heidenchristen schon so gewöhnt, daß Eph. alle Mühe hat, sie daran zu erinnern, daß das keineswegs eine Selbstverständlichkeit ist (2,11 ff.). Der für Paulus schlechthin entscheidende Inhalt der Offenbarung verwandelt sich im Eph. in das Mysterium des Ein-Leib-Werdens von Heiden und Juden in der einen Kirche. Charakteristischerweise sind die Adressaten, denen dieses Mysterium mitgeteilt werden muß, nicht die Judenchristen, sondern die Heidenchristen.

So prägt sich bis in das Paulusbild hinein die neue Situation aus, in der Eph. das Anliegen des Paulus vertritt. Ein paulinisches Anliegen kann man es nennen, denn obwohl in der Perspektive ein deutlicher Unterschied zu erkennen ist, ist das gemeinsame Anliegen nicht zu übersehen. Beide kämpfen um die Gleichberechtigung von Heiden und Juden; Paulus aber darum, daß der Jude den Heiden als gleichberechtigt anerkennt, Eph. darum, daß der Heide erkennt, daß er nur unter Anerkennung des Juden als gleichberechtigten Partner an der Verheißung Israels teilhat. Darum verändert sich der Inhalt der Berufungsoffenbarung. Reichte es für Paulus aus, Christus den Heiden zu verkündigen, so ist das nun für Eph. zu wenig, vielmehr gehört das Mysterium der Kirche hinzu.[16]

Auch in den Pastoralbriefen zeigt sich deutlich, wie durch das Anliegen der Briefe die Bedeutung der Berufung des Paulus umgeprägt wird. Offenbarung und Berufung sind auch für sie eins (1. Tim. 1,11; Tit. 1,3), aber der eigentliche Zweck der Berufung wird nicht mehr ausdrücklich genannt. Formelhaft wird auch noch erwähnt, daß Paulus der Lehrer der Heiden ist (1. Tim. 2,7). Im Rückblick auf eine erste Apologie sagt „Paulus": „Der Herr aber stand mir bei und machte mich stark, damit durch mich die Botschaft verbreitet werde und alle Heiden sie hören, und er rettete mich aus dem Rachen des Löwen" (2. Tim. 4,17). Das traditionelle Paulusbild, das sein einstiges Wirken widerspiegelt, ist also noch bekannt und wird weiter überliefert, spielt aber keine tragende Rolle mehr. Denn ein Unterschied zwischen Heiden und Juden ist innerhalb der Gemeinde der Pastoralbriefe nicht mehr

---

[15] Näheres zu dieser Stelle s. u. Teil VI.
[16] Meines Erachtens dreht Chadwick, Absicht, S. 153, den Spieß ungerechtfertigterweise um, indem er sagt, daß Eph. die Stellung des Paulus sichern wolle. „... der Epheserbrief ist auf eine Situation gerichtet, in der vielen Heidenchristen ein Gefühl des Zusammenhalts und der persönlichen Loyalität gegenüber Paulus gegeben werden muß, auch wenn sie ganz unabhängig entstanden sind." Das ist im Grunde nur eine Abwandlung der These Goodspeeds; s. o. Anm. 1.

zu spüren. Auch von Mission wird nicht gesprochen. Ihre Probleme liegen an anderer Stelle. Die episkopal verfaßte Kirche befindet sich in ihrem Konsolidierungsprozeß und beruft sich auf Paulus und so über die ihm zuteil gewordene Offenbarung auf Christus selbst. Das Prinzip ist das gleiche wie im Eph., aber inhaltlich anders gefüllt. Das Evangelium, das Paulus offenbart wurde, ist schon eine in Formeln gefaßte Glaubenslehre, die mit πιστὸς ὁ λόγος (1. Tim. 1,15; 3,1; 4,9; 2. Tim. 2,11; Tit. 3,8) zitiert wird.[17]

Die Aufgabe des Paulus ist die getreue Tradierung der Glaubensformel, und sein Wirken erschöpft sich darin, alle Maßnahmen und jede Vorsorge dafür zu treffen, daß die Lehre „gesund"[18] erhalten bleibt. Darum setzt er die Bischöfe ein (1. Tim. 1,3; Tit. 1,5), regelt die Ordnung der Gemeinde[19] und gibt Anweisungen, wie den Irrlehrern beizukommen ist (1. Tim. 1,3ff.; 1,18ff.; 4,1ff.; 6,20; 2. Tim. 2,14–18.23ff.; 4,3ff.; Tit. 1,13f.). Paulus ist das erste Glied der Traditionskette, die in Christi Offenbarung verankert ist. Kein Mysterium wird Paulus mitgeteilt, sondern eine παραγγελία (1. Tim. 1,5; 1,18), eine „gebietende Weisung",[20] die unverändert weitergegeben werden muß (1. Tim. 1,18).

Anders liegen die Dinge in der Apostelgeschichte, da Paulus für Lukas keine kirchengründende Bedeutung hat. Die komplizierten Einzelheiten, wie Lukas Paulus in sein Geschichtsbild einfügt, brauchen wir nicht im einzelnen darzustellen, sondern nur die großen Linien anzudeuten.

Die uns zuerst interessierende Frage, ob Bekehrung und Berufung auch für Lukas identisch sind, muß wohl verneint werden. Zwar ließe sich dies aus Kapitel 26 folgern, wo die Bekehrung des Paulus zum drittenmal erzählt wird. Hier fallen Bekehrung und Berufung zum Heidenmissionar zusammen (26,16–18). Da auch die Mittlerfigur Ananias in diesem Bericht nicht erwähnt wird, folgerten Wendt und andere,[21] daß Lukas hier eine paulinische Quelle verarbeitet habe. Die Differenzen zwischen den Berichten gehen nach ihrer Meinung auf verschiedene Quellen zurück.[22] Die neuere Forschung (M. Dibe-

---

[17] Vgl. auch K. Wegenast, Das Verständnis der Tradition bei Paulus und den Deuteropaulinen, S. 138–143; Dibelius–Conzelmann, HBNT 13, S. 23f. Ob die Alternative „Zitationsformel" oder „Beteuerungsformel" sinnvoll ist, ist mir fraglich.

[18] Das ist wohl der charakteristischste Ausdruck der Pastoralbriefe, und er findet sich in verschiedenen Abwandlungen nicht weniger als 9mal: zu διδασκαλία 1. Tim. 1,10; 2. Tim. 4,3; Tit. 1,9; 2,1 als Partizip. Zu λόγοι 1. Tim. 6,3; 2. Tim. 1,13; als Verb Tit. 1,13; 2,2; als Adjektiv Tit. 2,8. Vgl. den Exkurs bei Dibelius–Conzelmann, HBNT 13, S. 20f.

[19] Näheres dazu siehe bei H.-W. Bartsch, Die Anfänge urchristlicher Rechtsbildungen, passim.

[20] Zu dieser Übersetzung vgl. Schmitz, Artikel παραγγέλλω παραγγελία ThWB V, S. 759ff.

[21] H. H. Wendt, Die Apostelgeschichte, MeyerK, S. 166; E. Hirsch, Die drei Berichte der Apostelgeschichte über die Bekehrung des Paulus; ZNW 28, 1929, S. 305–312.

[22] Die Versuche von Spitta, Die Apostelgeschichte, ihre Quellen und deren geschichtlicher Wert, Halle 1891, S. 270ff., und J. Jüngst, Die Quellen der Apostelgeschichte, Gotha 1895, S. 86ff., haben sich nicht durchsetzen können und dürfen darum hier übergangen werden.

lius, Haenchen, Conzelmann, Klein)[23] hat aber wahrscheinlich gemacht, daß
Lukas nur eine einzige Quelle verwendet hat, die sich im einzelnen nicht
mehr genau rekonstruieren läßt und die jeweils nach der Situation frei
variiert wurde. In der Apologie vor Agrippa geht es darum, daß Paulus
Christus nicht ungehorsam sein durfte, sondern daß er mit seinem ganzen
Wirken nur das Werkzeug Christi war. An dieser Stelle noch einmal Ananias
zu erwähnen würde dem Argument die Spitze abbrechen.[24] Die Perspektive
ist eine andere als in Kapitel 9, wo die Bekehrung für die Gemeinde erzählt
wird. In den Kapiteln 9 und 22 ist ganz eindeutig, daß Bekehrung und Berufung nicht identisch sind. Diese Auseinanderlegung ist so offensichtlich,
daß man mit Klein von einer sehr bewußt durchgeführten These sprechen
muß.

Zunächst ist noch hervorzuheben, daß Lukas die Christuserscheinung vor
Paulus grundsätzlich von der vor den Jüngern in den 40 Tagen zwischen
Ostern und Himmelfahrt abhebt. Damit wird die Christusvision des Paulus
und die leibhaftige Erscheinung vor den Jüngern auch qualitativ unterschieden, was sich von der Wertung des Paulus in 1.Kor.15,3ff. wesentlich unterscheidet. Sodann fällt auf, daß das Wort Christi zu Paulus recht inhaltsarm
ist. Ihm wird nur gesagt, er solle in die Stadt gehen und dort werde man ihm
mitteilen, was er zu tun habe (9,6). Was Paulus direkt betrifft, wird nur
Ananias mitgeteilt. Dieser löst zwar Paulus von seiner Blindheit, aber nicht
einmal er teilt dem Paulus seinen zukünftigen Auftrag mit.

Wenn irgendwo, dann hat hier die Sicht Kleins ihre Berechtigung.[25] Zwar
verkündigt Paulus schon in Damaskus (9,22), aber als Heidenmissionar im
eigentlichen Sinne stellt ihn Lukas noch nicht dar. In Jerusalem wird er
durch Barnabas in den Kreis der Apostel eingeführt (9,27f.), wodurch die
Kontinuität mit den „Uraposteln" hergestellt wird.[26] Erst in 13,3 wird
Paulus unter Gebet der Gemeinde auf Weisung des Heiligen Geistes zum
Heidenmissionar bestimmt. Der Weg von der Bekehrung bis zur Berufung
zum Heidenmissionar ist also stark ausgedehnt. Mit der Darstellung des Paulus in Gal.1,13ff. läßt sich das nicht harmonisieren. Nach der eigenen Darstellung des Paulus ist er erst nach drei Jahren nach Jerusalem gekommen

---

[23] Die ersten Anregungen zu dieser Sicht finden sich bei M. Dibelius, Aufsätze zur
Apostelgeschichte, S.136 und S.152. Haenchen hat in seinem Kommentar diese Sicht
ausführlich begründet.
[24] Vgl. Conzelmann, HBNT 7, S.139: „War in Kap.22 die Mitwirkung des frommen
Juden Ananias zu erwähnen, so hier, vor dem Machthaber, die Unwiderstehlichkeit der
Gewalt Gottes."
[25] Klein, Die zwölf Apostel, S.146: „Der unmittelbare Kontakt mit der himmlischen
Welt erschöpft sich also in dem Zweck, Paulus bis an die Schwelle der Begegnung mit
Ananias heranzuführen, und bleibt diesseits jeder sachlichen Instruktion. Diese – und
damit die Überführung des desorientierten Paulus in die Orientiertheit des Glaubens –
bleibt das exklusive Vorrecht des Repräsentanten der Kirche."
[26] Haenchen, Die Apostelgeschichte, S.290.

(Gal. 1,18), konnte also den Jerusalemern gar nicht bekannt sein und bedurfte darum auch keiner Einführung durch Barnabas.

Sowenig Acta 22 in den Einzelheiten mit Kapitel 9 übereinstimmt, so ist doch die gleiche Tendenz zu beobachten. Der Anfang stimmt noch ziemlich genau überein. Im Unterschied zu Kapitel 9 sagt aber hier Ananias Paulus schon, daß er Zeuge sein soll vor allen Menschen (22,15). In Jerusalem, im Tempel (!), widerfährt Paulus noch eine Christuserscheinung. Nun gibt ihm Christus ausdrücklich den Auftrag: „Gehe hin, denn ich will dich weit zu den Heiden senden!" (22,21.) Auch hier sind also Bekehrung und Berufung auseinandergelegt. Günter Klein meint, daß auch das wieder der Tendenz der Mediatisierung entspreche: „Erst dadurch, daß die Berufung am heils-geschichtlich ausgezeichneten Ort festgemacht wird, tritt sie in Kraft; die Mediatisierung ist gleichsam verdoppelt." Wahrscheinlich ist aber ein ganz anderes Motiv für diese Ortswahl entscheidend. Die Szene ist typisch für Lukas, „weil er damit die Kontinuität von Urgemeinde in Jerusalem und heutiger Kirche darlegen kann und weil er außerdem in der speziellen Situa-tion das Verhältnis des Paulus zum Tempel klarstellen kann".[27] Immerhin ist auch hier deutlich, daß Lukas die Identität von Bekehrung und Berufung anscheinend bewußt vermeidet.

Das Grundmotiv ist klar. Lukas ordnet Paulus in ein bestimmtes heils-geschichtliches Schema ein. Das Apostelbild von den Zwölfen, die von An-fang an mit Jesus zusammen waren und nach Ostern mit ihm gegessen und getrunken haben (1,21; 10,39–41; 13,31), ist fest geprägt. Sie sind die wah-ren Zeugen, und auf ihnen gründet die Kirche.[28] So geht auch Petrus Paulus in der Heidenmission voran. Umstritten ist nur, ob Lukas Schöpfer dieses Schemas ist und darum konsequent die Gestalt des Paulus „mediatisiert" (Klein) oder ob Lukas aus dem Zwang eines schon vorgegebenen Schemas zu seiner Darstellung kommt und letzten Endes doch alles tun möchte, um die Gestalt des Paulus in helles Licht setzen zu können (Haenchen, Conzel-mann).

Sicherlich hat sich Lukas dieses heilsgeschichtliche Schema auch innerlich angeeignet, aber ein von Lukas unabhängiger Zeuge wie der 1. Clemensbrief[29] zeigt, daß es schon in der Tradition angebahnt ist. Es hat seinen Grund in der apostolischen Sukzession, dem stärksten Bollwerk gegen die Häresie. Das Problem, wie Paulus dann seinen Platz findet, löst Lukas durch die Zu-ordnung zu den Zwölfen. Ihm geht es darum, das Werk des Paulus in der

---

[27] Conzelmann, HBNT 7, S.127; zum Tempelmotiv bei Lukas vgl. H.Conzelmann, Die Mitte der Zeit, S.68ff., 153ff.
[28] Vgl. U.Wilckens, Die Missionsreden der Apostelgeschichte, WMANT 5, Neu-kirchen 1963²: „Das Jesuszeugnis ist in seiner grundlegenden Urgestalt Augenzeugnis. Von daher kommt im lukanischen System den Aposteln als den durch ihr Augenzeugnis legitimierten und autorisierten Trägern des entscheidenden Jesuszeugnisses eine be-sondere heilsgeschichtliche Funktion zu" (S.95).
[29] 1.Clem.42. Vgl. zu den Einzelfragen oben Teil II.

ungebrochenen Kontinuität der Kirche darzustellen. „Dahinter steht keine antipaulinische Tendenz",[30] sondern im Sinne des Lukas ist Paulus in jeder Beziehung Vollender des Werkes, das Christus begonnen und wozu er die Zwölf berufen hat. Daß das dennoch eine Zurücksetzung des Paulus bedeutet, ist eine ganz andere Frage. Um die große Harmonie der Urkirche in hellem Licht leuchten zu lassen, muß auch Paulus etwas opfern. Aus dem Außenseiter wird der Vollender einer gemeinsamen Linie. Auch für Lukas ist Paulus der Heidenmissionar schlechthin, aber er geht nicht auf eigenen Wegen, sondern den einen gemeinsamen Weg in brüderlicher Einigkeit mit den Zwölfen unter der ständigen Führung des Heiligen Geistes.[31]

3. Der leidende Paulus

Zu den am stärksten ausgeprägten Zügen des Paulusbildes gehört sein Leiden.[32] Dreimal erwähnt Eph. es ausdrücklich. 3,1: „Ich, Paulus, der Gefangene Christi für euch, die Heiden"; 3,13: „Deshalb bitte ich, daß ihr nicht verzagt[33] in meinen Leiden für euch"; 4,1: „Ich ermahne nun euch, ich, der Gefangene im Herrn."

Eph. wählt also für seinen Brief die Situation der Gefangenschaft des Paulus. Unzweifelhaft denkt Eph. dabei an die letzte Gefangenschaft des Paulus, die mit seinem Tode endet. Nirgends klingt im Brief noch einmal an, daß Paulus freikommen und selbst nach den Gemeinden sehen könnte. Der Brief hat also den Charakter eines Testamentes. Dieser Zug ist mehreren pseudepigraphischen Schreiben eigen (der 1. Petrusbrief, vgl. 5,1; der zweite Timotheusbrief, vgl. 4,16–18). Der Brief bekommt dadurch noch größeres sachliches Gewicht.

Als nächstes fällt auf, daß Eph. das Leiden des Apostels nur unter dem Aspekt des stellvertretenden Leidens für die Heiden sieht. Ob Paulus selbst gelegentlich sein Leiden auch unter diesem Gesichtspunkt gesehen hat, ist möglich, aber nicht sicher.[34] Im Zentrum seiner Leidensdeutung steht der

---

[30] Conzelmann, HBNT 7, S. 59.

[31] Zum Paulusbild gehört auch die Stellung des Paulus zu den anderen Aposteln. Da dies schon oben (Teil II) ausführlich geschehen ist, brauchen wir hier nicht mehr darauf einzugehen.

[32] Vgl. E. Lohse, Die Briefe an die Kolosser und an Philemon, MeyerK, S. 236 f.: „In nachpaulinischer Zeit verallgemeinerte man diese Situation und stellte sich den Apostel als ständig leidend vor. Während er gefangengehalten wird, spricht er seinen Gemeinden und seinen Mitarbeitern durch Briefe sein Wort zu ... So wird der Apostel als im Leiden vollendeter Zeuge des Evangeliums dargestellt, der als Offenbarer des Geheimnisses Christi in seinem Leiden das Zeichen unantastbarer Beglaubigung vorweist."

[33] Es ist auch eine andere Übersetzung möglich: „Deshalb bitte ich, daß ich nicht müde werde in meinem Leiden für euch." Dibelius, HBNT 12, S. 76, entscheidet sich für die obige, ebenso Gaugler, Kommentar, S. 148. Sie dürfte wahrscheinlicher sein. Zu dem Paulusbild paßt schlecht, daß Paulus selbst in Sorge wäre, er könne verzagen.

[34] Man könnte auf 2. Kor. 4,10–12 und 13,9 (2. Kor. 1,5 f.?) verweisen. Die Möglichkeit,

Stellvertretungsgedanke auf jeden Fall nicht. Das entscheidende Motiv des Paulus scheint mir dort zu liegen, wo er das Leiden des Christen als ein „Mit-Christus-Leiden" versteht, als die existentielle Gestaltung des σὺν Χριστῷ. In der Spannung zwischen „schon" und „noch nicht" sind die Leiden kein Argument gegen die Erlösung, sondern wie das Kreuz Christi verborgene Siegeszeichen. Jetzt ist nur einer auferstanden, Christus, die Christen haben nur an der Auferstehung teil, indem sie sich zur Gegenwärtigkeit des Kreuzes bekennen. Darum behält Paulus in bezug auf das Mitauferstehen streng das Futur bei (Röm. 6,3 ff.; 5,9 f.; 5,17; 1. Kor. 15; 2. Kor. 4,14; 13,4; Phil. 3,10). Aber weil das Leiden nicht ein widersinniges Geschick, sondern das Zeichen der Zugehörigkeit zu Christus ist, verheißt es auch die Herrlichkeit (Röm. 8,17.31 ff.; 1. Kor. 4,9–13; 2. Kor. 4,7–12; Phil. 3,10). Das Bekenntnis zu dem Gekreuzigten geschieht im Leben, Handeln und Leiden; im Bekenntnis zur Ohnmacht des Kreuzes, die doch die Macht hat, alles zu verändern.[35] Ob Paulus wirklich die Auffassung vertreten hat, daß er für andere stellvertretend leide und also ihnen das existentielle Bekenntnis zu dem Gekreuzigten abnehmen könne, darf man ernstlich fragen.

Der deuteropaulinischen Tradition ist allerdings der Stellvertretungsgedanke selbstverständlich geworden. Schärfer als Eph. spricht es Kol. 1,24 aus: „Ich erfülle die Mängel der Christusleiden an meinem Fleisch für seinen Leib, welcher die Kirche ist." Die Deutung dieser schwierigen Stelle wird etwas leichter, wenn man hinter ϑλίψεις Χριστοῦ den Terminus „Messiaswehen" sieht.[36] Dazu tritt noch der apokalyptische Gedanke, daß ein bestimmtes Maß an Leiden verordnet ist.[37] Kol. 1,24 würde dann sagen: Für die Endzeit ist ein bestimmtes Maß an Messiaswehen verordnet. Paulus trägt an seinem

---

daß Paulus hier aber ironisch das Leben der Apostel mit der eingebildeten Stärke der Korinther vergleicht, ist ernsthaft in Betracht zu ziehen, denn Paulus stellt nur das Leben der Apostel und das der Gemeinde gegenüber, vgl. K. M. Fischer, Die Bedeutung des Leidens in der Theologie des Paulus, Diss. Masch. Berlin 1967, S. 101. Den Stellvertretungsgedanken rücken in das Zentrum der Leidensdeutung des Paulus z. B.: G. Saß, Apostelamt und Kirche, S. 89 f. u. ö.; E. Lohse, Märtyrer und Gottesknecht, S. 200; E. Kamlah, Wie beurteilt Paulus sein Leiden? ZNW 54, 1963, S. 229.

[35] E. Käsemann hat diesen Gedanken in seinem Vortrag, Die Gegenwart Christi: Das Kreuz, in: Christus unter uns, Stuttgart 1967, S. 5–18, in den Mittelpunkt gestellt.

[36] Schwer vorstellbar ist der Gedanke, daß das stellvertretende Leiden Christi unvollständig wäre und noch einer Ergänzung bedürfe. So H. Windisch, Paulus und Christus, UNT 24, Leipzig 1934, S. 236 ff. Ähnlich auch Kremer, Was an den Leiden Christi noch mangelt, BBB 12, S. 190 ff., der Paulus als den Stellvertreter Christi ansieht. Dagegen mit Recht E. Lohse, Kolosserbrief, S. 112 f. Der Begriff ϑλίψεις Χριστοῦ kann auch nicht mystischen Sinn haben (so Deissmann, Paulus, S. 126 f.; Joh. Schneider, Passionsmystik, S. 57), denn Paulus unterscheidet sich ja gerade als διάκονος von dem Leibe. Die Auffassung, daß ϑλίψεις τοῦ Χριστοῦ Übersetzung des Begriffs Messiaswehen ist, vertreten auch Lohse, Kolosserbrief, S. 114; Dibelius, HBNT 12, S. 23. Der Begriff findet sich Mekh Ex 16,25 (58b); 16,29 (59a); b. Schab 118a; b. Pes 118a. Vgl. auch Mark. 13,8; Matth. 24,8. Belege bei Billerbeck I, S. 950; die jüdischen Belege sind allerdings alle etwas spät.

[37] Vgl. äth. Hen. 47,1–4; syr. Bar. 30,2.

Leibe den letzten Teil ab,[38] so daß nun die Gemeinde nicht mehr leiden muß. Mit dieser Deutung sind freilich nicht alle Schwierigkeiten beseitigt. Zwar ist der Wortlaut des Verses erklärt, aber es ist doch schwer vorstellbar, daß nach Paulus jemand so sprechen konnte, daß Paulus den Rest der Leiden abgetragen hat. Der Gedanke impliziert die apokalyptische Zeitrechnung, daß mit dem Ende der Messiaswehen die Heilszeit anbricht. Sind solche Gedanken dem so wenig apokalyptisch denkenden Kol. zuzutrauen?[39] Man könnte es sich so zurechtlegen: Vielleicht schreibt der Verfasser von Kol. in einer Zeit der Ruhe für die Gemeinde und sieht auf die Zeit zwischen dem Kreuz Jesu und dem Tod des Paulus als auf die Zeit der Messiaswehen zurück, nach der nun für die Gläubigen die Heilszeit angebrochen ist. Das dunkle Tor ist durchschritten, die Zukunft liegt offen da. Dazu könnte passen, daß Kol. auch sonst in ganz anderer Weise als Paulus das „Schon" des Heils betont. Wegen ihrer Kompliziertheit befriedigt die These allerdings nicht ganz, aber eine bessere bietet sich m. E. auch nicht an. So kann der konkrete Bezug des Sinnes von Kol. 1,24 zwar nicht ganz erhellt werden, aber daß Paulus in ganz ausgezeichneter Weise stellvertretend für die Gemeinde gelitten hat, ist die feste Überzeugung dessen, der diese Worte geschrieben hat.

2. Tim. 2,10 zeigt noch einmal, daß die paulinischen Gemeinden das Leiden und den Tod des Paulus stellvertretend verstanden.[40] Im Hintergrund dürfte der jüdische Gedanke vom Leiden der Gerechten stehen, das Sühne für die anderen bewirkt.[41] Paulus erscheint der Gemeinde als ein solcher Gerechter. Die Inkonsequenz, daß nach urchristlicher Anschauung, die doch auch die Deuteropaulinen teilen, Christus ein für allemal gelitten hat und jede weitere Sühnung unnötig macht, wiegt wohl nicht so schwer. Die christliche Tradition hat es meist verstanden, beides miteinander zu verbinden. Schon Ignatius ist wenig später ein ausgezeichneter Zeuge dafür, da er seinem eigenen Tod Sühnkraft zuschreibt (Ign. Eph. 21,1; Smyrn. 10,2; Pol. 2,3; 6,1).

Wir dürfen also daraus schließen, daß zum festen Bestandteil des Paulusbildes der paulinischen Gemeinden die Anschauung von seinem Leiden und Tod als stellvertretend für sie lebendig war. Daß das gegenüber der Fülle der paulinischen Leidensdeutungen eine Verengung, wenn nicht sogar eine Umprägung darstellt, dürfte deutlich geworden sein.

---

[38] ἀνταναπληρόω kann nur „vollständig erfüllen" bedeuten. Belege dafür bei Lohse, Kolosserbrief, S.115, Anm.7.

[39] Lohse, Kolosserbrief, S. 114, Anm.1, kann noch auf weitere Begriffe in den folgenden Versen verweisen, die ursprünglich apokalyptisch sind; aber sie sind nicht in diesem Sinne verwendet.

[40] Daß hier eine Beziehung besteht, hat auch G. H. P. Thompson, Ephesians III,13 and 2 Timothy II,10 in the Light of Colossians I,24, ExpT 71, 1959/60, S.187–189, gesehen.

[41] Vgl. E. Lohse, Märtyrer und Gottesknecht, S. 94 ff.

Für ein pseudepigraphisches Schreiben ist der Gedanke natürlich sehr
wertvoll. Die Autorität, unter der der Verfasser schreibt, wird verstärkt, wenn
an entscheidenden Stellen die Leser darauf hingewiesen werden: das sind die
Worte eures Apostels, des Mannes, der um euretwillen gefangen war und für
euch gelitten hat.

Diese festausgeprägte Deutung der Leiden des Paulus findet sich nur im
direkt paulinischen Bereich, was auch naheliegend ist. Die Apostelgeschichte
weiß zwar ebenfalls, daß Paulus viel gelitten hat – schon Ananias wird über
Paulus mitgeteilt, daß er viel leiden muß (9,16) –, aber im ganzen gewinnt
man doch den Eindruck, als wolle Lukas davon nicht mehr berichten als
unbedingt notwendig. Auch Lukas kennt die Tradition, die sich in 1. Tim.
3,10f. ebenfalls findet, daß Paulus in den kleinasiatischen Gemeinden
Antiochien, Ikonium und Lystra schwer verfolgt wurde und daß er in Lystra
sogar gesteinigt wurde. Aber Lukas läßt die Leidensstunden sogleich vom
Siegeslicht überstrahlen. Typisch dafür ist die Szene Acta 14,8–20, die Lukas
mit besonderer Liebe und Farbenpracht gestaltet. Ein von Mutterleib an
Lahmer wird von Paulus geheilt. Darauf will das Volk Paulus und Barnabas
zu Göttern erheben. Ein Höhepunkt apostolischen Wirkens ist erreicht. Die
beiden Missionare halten eine Rede, deren Eindruck so gewaltig ist, daß die
Menge kaum zurückgehalten werden kann, Paulus und Barnabas zu opfern.
Auf diesem Höhepunkt bricht die Geschichte ab. In einem einzigen Vers (!)
berichtet Lukas, daß Juden von Ikonium und Antiochien kamen, das Volk
aufwiegelten und Paulus steinigten. Sie schleppten ihn aus der Stadt, in der
Meinung, er wäre tot. Und im nächsten Vers heißt es, daß ihn seine Freunde
umringen. Da steht er auf, geht in die Stadt und reist am nächsten Tag (!)
nach Derbe, um dort das Evangelium zu verkündigen. Der Triumph über-
strahlt die Niederlage. So geschieht es auch in Philippi und in Ephesus.
Haenchen charakterisiert das Vorgehen des Lukas völlig richtig: „Aber
Lukas hat den Grundton der Leidenserfahrung, den diese Tradition in
2. Tim. trägt, mit Recht als seiner eigenen Gesamtauffassung fremd beurteilt. Denn wenn Lukas auch das Leiden des Apostels schon in der Be-
rufungsgeschichte angekündigt hat, so ist es doch nicht die Macht Christi in
der Schwachheit des Paulus, die er schildert, sondern die Macht des Herrn
in der Macht des Jüngers."[42] Lukas stellt die Apostel und Missionare als
ϑεῖοι ἄνδρες dar, die aus Niederlagen mit Hilfe des Heiligen Geistes Siege
machen können.

Sowenig Eph. ein explizites Paulusbild entwirft, so sind uns doch einige
Konturen deutlich geworden.

Einige Elemente seines Paulusbildes entstammen der Tradition, die in den
paulinischen Gemeinden lebendig war:

---

[42] Haenchen, Apostelgeschichte, S. 380.

1. Die Zeichnung der vorchristlichen Vergangenheit des Paulus in dunkleren Farben.

2. Die Identität von Bekehrung und Berufung zum Heidenmissionar. Das entspricht allerdings auch der eigenen Anschauung des Paulus.

3. Die Deutung seines Leidens (= seines Todes) als stellvertretendes Opfer für die Gemeinde.

Der im Eph. originäre Zug des Paulusbildes ist: Der Sinn der Berufung ist die Mitteilung des Mysterium der Kirche, die aus Heiden und Juden als gleichberechtigten Partnern besteht. Hier zeigt sich, wie sich Anliegen des Briefes und Paulusbild gegenseitig durchdringen. Wie wichtig Eph. dieser Gedanke ist, wird noch dadurch unterstrichen, daß er in diesem Zusammenhang von dem stellvertretenden Leiden des Paulus spricht, wodurch er seinen Lesern sein Anliegen noch dringlicher macht.

VI. GEMEINDEGUT IM EPHESERBRIEF

Da es uns um das spezifische Anliegen des Eph. geht, ist es notwendig, zwischen den eigenen Aussagen des Verfassers und dem überlieferten Gemeindegut zu scheiden. Freilich bedeutet die Feststellung überlieferten Gutes nicht, daß es gegen den Verfasser auszuspielen ist. Indem er zitiert, identifiziert er sich – zumindest zum Teil – mit dem zitierten Text. Andrerseits kann man sich durch solche Unterscheidung den Blick für die Eigenart der Theologie des Verfassers schärfen. Eine restlose und vollständige Identifizierung zwischen Überlieferung und eigenem Anliegen ist selten möglich. Gerade die feinen Risse und Nähte geben den Anlaß, hinter einigen Partien überliefertes Gut zu vermuten.

Ein weiteres sehr wichtiges Ergebnis solcher Einzeluntersuchungen kann sein, daß man die Mannigfaltigkeit der Gedanken und Tendenzen der Gemeinde, die Eph. vertritt, erkennen kann. Das heißt nicht, daß immer auch bewußt wäre, woher letztlich die übernommene Überlieferung stammt – das weiß auch heute eine Gemeinde nicht –, aber man kann vielleicht das geistige Fluidum anschaulich machen.

Bei der Analyse von überliefertem Gut sind zunächst zwei grundsätzliche Schwierigkeiten zu beachten:

1. Außer in 5,14 gibt der Verfasser nirgends von sich aus zu erkennen, daß er Überlieferung zitiert. Wir kennen nicht die Quellen, aus denen er zitiert. Jede Rekonstruktion von tradiertem Gut ist also notwendig eine Hypothese, die ihre Beweiskraft nur aus inneren Kriterien und vom Ergebnis her gewinnt.

2. Erschwerend kommt für Eph. noch hinzu, daß sein eigener Stil stark liturgisch gefärbt ist. Fast jeder Satz enthält Wendungen liturgischer Sprache. Ihm ist liturgisches Reden keine fremde Sprache, sondern er lebt und denkt in ihr.

Wenn wir also nicht den Boden gänzlich unter den Füßen verlieren wollen, müssen wir uns zunächst Rechenschaft darüber geben, nach welchen Kriterien liturgisches Gut vermutet werden kann. Mehr als eine Vermutung, die an den einzelnen Stellen größere oder geringere Wahrscheinlichkeit besitzt, wird darum kaum gewagt werden können.

A. Kriterien zur Feststellung liturgischen Gutes

Die Forschung hat sich in den letzten Jahrzehnten dieser Frage intensiv zugewandt.[1] Es haben sich nun inzwischen auch bestimmte Kriterien bewährt, so daß wir auf Vorarbeiten dankbar zurückgreifen können. Die umfassendste Zusammenstellung solcher Kriterien findet sich m.W. bei G. Schille, Frühchristliche Hymnen, S.15ff. Die m.E. wichtigsten Kriterien seien noch einmal genannt, zum Teil etwas modifiziert und manchmal ergänzt.

1. Äußere Kriterien

1. Im Idealfall wird ausdrücklich gesagt, daß nun Überlieferung folgt;[2] z.B. 1.Kor.15,3; Röm.10,9. Im Eph. ist das nur in 5,14 der Fall.

2. „Eine Zitationspartikel (recitativum) pflegt das Zitat an die vorangehenden Ausführungen anzuschließen (γάρ, δέ, ὅτι usw.)" (Schille, S.16).

3. „Eine Zusammenfassung des Vergleichspunktes pflegt das Zitat nachträglich mit dem epistolischen Anliegen zu verknüpfen (ἄρα οὖν, μὴ οὖν τίς)" (Schille, S.17).

4. Der Inhalt des Zitats geht über das vom Verfasser Angestrebte hinaus, es wirkt wie ein Exkurs (Schille, S.17). Man kann geradezu sagen, daß der Verfasser „unter dem Zwang liturgischer Formulierung"[3] redet.

5. Stilunterschiede. „Der hymnische Bekenntnisstil (‚wir') stößt oft hart auf die epistolische Anrede" (Schille, S.17).

6. Die Terminologie im Hymnus ist gelegentlich eine andere als die des Zitators.[4]

7. Nachträgliche Einordnung der Gedanken des Zitats in den Briefzusammenhang.

8. Zu beachten ist, daß der zitierte Text öfters glossiert wird. Diese Erweiterungen sind daran zu erkennen, daß sie in Prosa formuliert sind und daß sie unter Umständen auch den Sinn des Zitats abbiegen oder aktualisieren.

9. Das Zitat kann gelegentlich die vom Verfasser angestrebte Satzkonstruktion zerbrechen (Schille, S.18).

---

[1] Einen kurzen Überblick über die Forschungsgeschichte zu diesem Thema bietet R.Deichgräber, Gotteshymnus und Christushymnus in der frühen Christenheit, Göttingen 1967, S.11–21.

[2] Vgl. auch E.Stauffer, Die Theologie des Neuen Testaments, Gütersloh 1948[4], Beilage III, Zwölf Kriterien formelhaften Glaubensgutes im NT, S.316.

[3] G.Bornkamm, Das Bekenntnis im Hebräerbrief, in: Studien zu Antike und Urchristentum. S.198.

[4] Als erster hat A.Seeberg dieses Kriterium erkannt und es heuristisch angewandt. A.Seeberg, Der Katechismus der Urchristenheit, S.50ff.

2. Innere Kriterien

1. „Das hymnische Zitat enthält allgemeine hymnische Formelemente. Wir rechnen hierher die Verwendung des Partizipial- und Relativstils, einen regelmäßigen Zeilenwechsel, der oft in den Parallelismus membrorum übergeht, eine gewisse Zeilenführung und -länge, die jedoch Unregelmäßigkeiten am Anfang (Vorschlag, Aufgesang) oder am Schluß (Nachzeile, hymnischer Aufruf) nicht ausschließt, und die konstruktive Gesamtform.“[5]

2. Von erheblicher Bedeutung ist, daß man sich über die völlig andere hermeneutische Funktion von Liturgie und Brief klar wird. Sofern der Brief liturgische Elemente aufnimmt, verläßt er seine eigene hermeneutische Funktion. Die verschiedene hermeneutische Funktion bedingt einen jeweils anderen Inhalt. Der Brief ermahnt und erklärt und will für die Leser die anthropologischen und soteriologischen Konsequenzen des Kerygmas deutlich machen. Die Liturgie dagegen erklärt nicht, sondern bleibt schauend im Lob. Inhaltlich zeigt sich der Unterschied darin, daß in liturgischen Stücken Christi Wesen und Weg gefeiert werden, während der Brief die Bedeutung des Geschehenen erklären will. Darum kann der Brief zwar als Anknüpfungspunkt liturgische Texte zitieren, aber die Zitation geht ihrem Wesen nach meist über den Anknüpfungspunkt hinaus. Ihre Gesamtaussage läßt sich in den Skopus des Briefes nicht integrieren.

Mit diesen Kriterien kann der Versuch unternommen werden, das hymnische Gut im Eph. herauszukristallisieren. Unberücksichtigt bleiben einige liturgische „Splitter“, die sich über den ganzen Brief verstreut finden,[6] z.B. 1,17: „Der Gott unseres Herrn Jesus Christus, der Vater der Herrlichkeit“; 3,9: „Der Gott, der alles geschaffen hat“; die Doxologie in 3,20f.; die Aufforderung zum Lob in 5,19f. und der Schlußgruß in 6,23f.[7]

Neben den liturgischen Traditionen sind auch die paränetischen zu beachten. In Abschnitt C dieses Teils werden wir einige auf ihre Herkunft hin untersuchen. Die Feststellung bestimmter paränetischer Formen ist allerdings etwas einfacher, weil man Vergleichstexte hat, aus denen sich eine Form relativ leicht ableiten läßt (Näheres s.u.).

B. Einzeluntersuchungen liturgischer Texte

1. Eph. 1,3–14

Dieser vielbehandelte Text birgt eine derartige Fülle von Schwierigkeiten in sich, daß eine überzeugende Lösung noch nicht gefunden werden konnte. Weder die Abgrenzung des Textes noch sein Aufbau sind geklärt.

---

[5] Schille, Frühchristliche Hymnen, S.19.
[6] Schon E. Norden, Agnostos Theos, S.381, hat diese Formeln aufgezählt.
[7] Außerhalb unserer Analyse bleibt Eph. 2,19–22. W. Nauck, Eph. 2,19–22 – ein

Es wird sogar auch immer wieder bestritten, daß es sich überhaupt um einen Hymnus handelt.[8]

Auf der einen Seite läßt sich nicht bestreiten, daß der Text eine Fülle von hymnischen Elementen enthält. Vers 3 ist ein deutlicher Aufgesang. Διὰ τοῦτο in Vers 15 ist eine typische Anknüpfung an ein Zitat. Der Text hat den für Hymnen charakteristischen Partizipialstil, hymnische Synonyme finden sich an mehreren Stellen. Auf der anderen Seite lassen sich keine auch nur annähernd gleichlangen Strophen erkennen, die auch einer sachlichen Gliederung entsprechen würden.[9] Insofern hat Deichgräber recht: So wie der Text jetzt vorliegt, kann er kein Hymnus sein.

Will man aber bei dieser Auskunft nicht stehenbleiben, muß man die Erwägung in Betracht ziehen, daß ein ursprünglicher Hymnus vom Verfasser erweitert und glossiert wurde. Natürlich wird das noch mehr hypothetisch bleiben müssen als eine Rekonstruktion eines geschlossenen Hym-

---

Tauflied? EvTh 13, 1953, S. 362–371, sieht in diesen Versen ein Tauflied. Dagegen spricht, daß gerade diese Verse die Hauptthese des Abschnittes 2,11 ff. bringen und mit ἄρα οὖν als Folgerung aus 2,14–18 formuliert sind.

[8] Deichgräber, Gotteshymnus, S. 67: „Der Lobpreis ist ad hoc geschaffen. Mag der Verfasser auch im einzelnen Traditionen benutzt haben, mag der Lobpreis für die Erlösung zu seiner Zeit feste Formen und vielleicht auch einen festen Sitz im Leben gehabt haben, es ist unwahrscheinlich, daß die Epheser-Eulogie von ihm als Ganze übernommen wurde." Ebenso Sanders, Hymnic Elements, S. 223, "whatever else may be true of the passage, it is not a quotation." Auch N. A. Dahl, Adresse und Proömium des Epheserbriefes, lehnt die These ab, daß ein festgefügter Hymnus vorliege (S. 262).

[9] So teilt Schille, Frühchristliche Hymnen, S. 67: 3–4 Aufgesang; 5–8; 9–12. Formal legt sich ihm die Gliederung durch die beiden Partizipien προορίσας – γνωρίσας nahe; sachlich sei sie bestimmt durch das Einst und Jetzt. – Aber γνωρίσας Vers 9 steht in engem Zusammenhang mit Vers 8. Ein Wechsel der Tempora ist nicht zu erkennen. In Vers 11 steht nochmals ἐκληρώθημεν προορισθέντες, was nach Schille doch zu dem Einst gehören würde. Auch zwischen ἔχομεν τὴν ἀπολύτρωσιν Vers 7 und πιστεύσαντες ἐσφραγίσθητε kann man keinen Unterschied der Zeiten erkennen, sondern eher liegen die Zeitverhältnisse umgekehrt.

Schlier, Kommentar, S. 40, rechnet den Hymnus sogar nur bis Vers 10 und sieht in 11–14 „eine Doppelstrophe angefügt". Die Verse 4–10 gliedert er in 3 Strophen, die jeweils durch ein Verb eingeleitet sind:

4–6a ἐξελέξατο – Erwählung, Vorherbestimmung – Vater – Vergangenheit
6b–7 ἐχαρίτωσεν – Vergebung der Sünden – Sohn – Gegenwart
8–10 ἐπερίσσευσεν – Einweihung in das Mysterium – Geist – Zukunft.

„Dabei fällt der Blick, nicht ausschließlich, aber doch vorwiegend, bei der Erwählung auf Gott den Vater, bei der Begnadung auf Christus, bei der Erleuchtung auf den Geist, soweit der Urheber und Spender des Segens in Frage kommt. Soweit die Empfänger des Segens ins Auge gefaßt werden, eröffnet sich, auch nicht ausschließlich, aber vorwiegend, zunächst ihre Vergangenheit, dann ihre Gegenwart, dann ihre Zukunft."

Mit Vers 10 den Hymnus enden zu lassen, ist mißlich, weil Vers 11 stilistisch dafür keinen Anhaltspunkt gibt. Vom Geist ist in den Versen 8–10 gar nicht die Rede, sondern erst in Vers 13. Von der Zukunft der Gläubigen sprechen die Verse 8–10 nicht, sondern von der Versöhnung des Alls, während die Zukunft der Gläubigen erst in Vers 14 genannt wird.

Gegen die anderen Gliederungsversuche (z. B. 3–6; 7–10; 11–14; Dibelius HBNT 12, S. 59 f. u. a., 4–6; 7–12; 13–14 Th. Innitzer, Der Hymnus in Eph. 1,3–14, ZKTh 1904, S. 612 ff.) hat Schlier, Kommentar, S. 40 f., Anm. 4 schon wichtige Einwände erhoben, die nicht noch einmal wiederholt werden müssen.

nus. Daß ein solcher Gedankengang aber nicht ganz und gar unmöglich ist, könnten folgende Überlegungen ergeben:

1. Dreimal kehrt die Wendung εἰς ἔπαινον [τῆς] δόξης αὐτοῦ wieder. Da sie sich zuletzt am Ende des ganzen Textes findet, bestände die Möglichkeit, daß sie auch an den anderen beiden Stellen einmal am Schluß einer Strophe gestanden haben könnte.[10]

2. Eine der größten sachlichen Schwierigkeiten des Textes besteht m. E. darin, daß am Anfang und am Schluß nur von dem Heil der Gläubigen gesprochen wird, sich aber in der Mitte ein Stück findet, das von der Versöhnung des Alls unter das Haupt Christus spricht. Dieses Mittelstück ist weder durch den Anfang vorbereitet, noch wird es am Schluß wieder aufgenommen. Dieser Mittelteil entspricht aber genau dem zentralen Anliegen und der Theologie des Eph.: Christus ist das Haupt der neuen Welt. Dieses unvorbereitete und unverbundene Auftauchen eines Gedankens, der typisch für die Theologie des Eph. ist, ist m. E. der Hauptanlaß, mit der Glossierung eines vorgegebenen Textes zu rechnen.[11]

3. Eine weitere Schwierigkeit findet sich darin, daß in Vers 11 sachlich dasselbe wie in Vers 4 gesagt wird, also eine inhaltliche Dublette vorliegt.

4. In den Versen 12b.13 stehen sich auf einmal zwei Gruppen gegenüber. Die, die vorher schon in Christus hofften, und die Adressaten, die nun das Wort gläubig aufgenommen haben. Darum rechnen einige Exegeten entweder von Vers 12b oder auch erst ab Vers 13 damit, daß der Verfasser nun schon die Anwendung bringt.[12] Aber diese Teilung widerspricht dem, daß Vers 14 wieder ganz und gar hymnisch formuliert ist und die Schlußwendung εἰς ἔπαινον τῆς δόξης αὐτοῦ am Ende steht. Auch inhaltlich kann die Versiegelung mit dem Geist nicht gefehlt haben. Schließlich blickt Vers 15 auf den ganzen Text zurück.

Angesichts so vieler Schwierigkeiten scheint mir der kühne Versuch doch berechtigt zu sein, eine sehr umfangreiche Bearbeitung anzunehmen und einen Rekonstruktionsversuch zu wagen.

Vers 3 dürfte der Aufgesang sein, wobei man fragen kann, ob 3b schon Zusatz des Eph. ist, denn die Wendung ἐν τοῖς ἐπουρανίοις findet sich nur bei ihm. Der eigentliche Hymnus beginnt mit Vers 4: καθώς

---

[10] Das haben schon Cambier, La Bénédiction d'Eph 1,3–14, ZNW 54, 1963, S.58 bis 104, und J. Coutts, Ephesians 1,3–14 und 1 Peter 3–12, NTS 3, 1956/57, S.115–127, zum Ausgangspunkt ihrer Rekonstruktionsversuche des ursprünglichen Hymnus genommen.

[11] Auch J. Coutts, ebd., S.120, hat erkannt, daß hier eine inhaltliche Divergenz vorliegt: "But in vv 8–10 his homiletic comment disrupts the ordenly structure with the thought of the divine plan for the summing up of all things in Christ, his line of thought is deflected."

[12] So sieht Schille, Frühchristliche Hymnen, S.68, den Schluß schon in 12a; Deichgräber, Gotteshymnus, obwohl er eigentlich gar nicht mit einem festen Hymnus rechnet, am Ende von Vers 12.

(1) ἐξελέξατο ἡμᾶς ἐν αὐτῷ πρὸ καταβολῆς κόσμου
εἶναι ἡμᾶς ἁγίους καὶ ἀμώμους κατενώπιον αὐτοῦ
ἐν ἀγάπῃ προορίσας ἡμᾶς εἰς υἱοθεσίαν διὰ Ἰησοῦ Χριστοῦ [εἰς αὐτὸν]
κατὰ τὴν εὐδοκίαν τοῦ θελήματος αὐτοῦ
εἰς ἔπαινον [τῆς] δόξης αὐτοῦ[13]

(2) ἐν ᾧ ἔχομεν τὴν ἀπολύτρωσιν διὰ τοῦ αἵματος αὐτοῦ
τὴν ἄφεσιν τῶν παραπτωμάτων
κατὰ τὸ πλοῦτος τῆς χάριτος αὐτοῦ
ἧς ἐπερίσσευσεν εἰς ἡμᾶς (ἐν πάσῃ σοφίᾳ καὶ φρονήσει)
εἰς ἔπαινον δόξης αὐτοῦ

(3) ἐν ᾧ πιστεύσαντες ἐσφραγίσθημεν
τῷ πνεύματι τῆς ἐπαγγελίας τῷ ἁγίῳ
ὅς ἐστιν ἀρραβὼν τῆς κληρονομίας ἡμῶν
εἰς ἀπολύτρωσιν τῆς περιποιήσεως
εἰς ἔπαινον τῆς δόξης αὐτοῦ.[14]

Die Rekonstruktion im einzelnen ist natürlich sehr unsicher. Wichtig erscheinen mir nur zwei Grundeinsichten.[15]

1. Der Hymnus besingt ursprünglich nur die Erwählung, Erlösung und Versiegelung mit dem Geist. Die kosmische Christologie dürfte ursprünglich nicht zu dem Hymnus gehört haben. Sie liegt sachlich auf einer anderen Ebene. Sie hat andere geistige Wurzeln und drückt das spezifische Anliegen des Eph. aus.

2. Die Gegenüberstellung von „wir" und „ihr" hat der Verf. in den Hymnus eingefügt. Die nochmalige Erwähnung der Erwählung derer, die schon vorher in Christus gehofft haben, und der Zuspruch, daß nun auch die Heidenchristen das Siegel des Geistes empfangen haben, bereitet so glänzend das Thema des Briefes vor, daß die Wahrscheinlichkeit außerordentlich groß ist, daß auch hier mit einem Eingriff des Verfassers in einen ursprünglich anderen Text zu rechnen ist.

Stimmt unsere Analyse in den Grundzügen, dann wäre die Gattung des Hymnus genauer als „Danklied" zu bezeichnen, denn alle drei Strophen sind ein einziger Dank für die Erlösung der Christen.

---

[13] Dieser Übergang ist besonders unsicher, χάριτος scheint überzuschießen.

[14] Von anderen Voraussetzungen aus kommt W. Ochel, Die Annahme einer Bearbeitung des Kolosserbriefes im Epheserbrief in einer Analyse des Epheserbriefes dargestellt, Diss. Phil. Marburg 1936, für die letzte Strophe zu dem gleichen Ergebnis.

[15] Im einzelnen weicht der hier vorgelegte Rekonstruktionsversuch von dem ab, den J. Coutts, a. a. O., vorgelegt hat. Prinzipiell kommt er zu demselben Ergebnis, vor allem bezüglich der Ausscheidung von Vers 8–10 und der Gegenüberstellung von „wir" und „ihr" in Vers 13f. Auch darin besteht Übereinstimmung, daß die Wendung εἰς ἔπαινον τῆς δόξης αὐτοῦ ursprünglich stärker strukturbestimmend war, als sie im vorliegenden

Zum Inhalt des ursprünglichen Liedes:

Inhaltlich steht das Danklied deutlich in paulinischer Tradition. Es ist eine schöne Zusammenfassung des Paulinischen Evangeliums. Das Heil der Christen gründet in Gottes Erwählung (vgl. Röm.8,28–30; 1.Kor.2,7).[16] Über Paulus hinaus geht zunächst nur die Formulierung, daß unsere Erwählung vor Grundlegung der Welt geschah.

Größere Schwierigkeiten bereitet ἐν αὐτῷ. Bei der großen Vorliebe des Eph. für die ἐν-Formel[17] liegt der Verdacht nahe, daß erst Eph. diese Bestimmung eingefügt hat. Da leider im Eph. die ἐν-Formel nicht mehr prägnant ist, sondern schon zur liturgischen Wendung erstarrt ist, muß offenbleiben, ob nur an Christus als den Mittler der Erwählung[18] oder an eine reale Präexistenz in Christus gedacht ist.[19] Das erstere ist m.E. wahrscheinlicher. Die Präexistenz der Gläubigen ist hier wohl noch nicht ausdrücklich gemeint; erst 5,26–27 ist die Präexistenz der Kirche eindeutig ausgesagt.

Vers 5: ἐν ἀγάπῃ ist aus grammatischen und sachlichen Gründen zu προορίσας zu ziehen.[20] εἰς αὐτόν dürfte wohl wieder auf Eph. zurückgehen. Ob es sich auf Christus oder auf Gott bezieht, ist wieder nicht ganz klar, doch neben διὰ Ἰησοῦ Χριστοῦ liegt die Bestimmung der Sohnschaft zum Vater näher.[21]

Vers 6: Die Streichung von χάριτος und des anschließenden Nebensatzes hat nur stilistische Gründe. In Analogie zu den andern beiden Wendungen liegt es nahe, daß auch hier das letzte Ziel die δόξα Gottes und nicht die Gnade[22] ist, die doch gleich im nächsten Vers besungen wird.

Vers 7: Durch die Streichung des vorhergehenden Satzes fällt zwar auf den ersten Blick die Beziehung des Relativpronomens ἐν ᾧ weg, aber da die

---

Text erscheint. Für die weitere Ausscheidung einzelner Wendungen, die Coutts vornimmt, sehe ich keinen sachlichen Anlaß.

[16] Vgl. im Neuen Testament außerdem 2.Tim. 1,9; 1.Petr.1,2; am häufigsten findet sich der Präexistenzgedanke im Johannes-Evangelium.

[17] Vgl. F. Neugebauer, In Christus, S.175–181; John A.Allan, The "In Christ" Formula in Ephesians, NTS 5, 1958/59, zeigt an den einzelnen Stellen auf, daß die Formel im Eph. schon stark abgeschliffen ist. Teilweise hat sie nur noch die Bedeutung von „christlich", teilweise hat sie nur instrumentalen Sinn, und das ist im Eph. der "most characteristic use". Zwar ist für Allan der Maßstab für den paulinischen Gebrauch der Zusammenhang mit der Vorstellung der "corporate personality", aber auch wenn man diese These nicht teilt, sind die Beobachtungen Allans gültig: " 'In Christ' is no longer for this Writer the formula of incorporation into Christ, but has become the formula of God's activity through Christ" (S.59).

[18] So Dibelius, HBNT 12, S.60.

[19] So Schlier, Kommentar, S.49: „Es ist vielmehr gemeint, daß wir auch schon in unserer Erwählung in Christus waren. Sofern wir Erwählte sind und als Erwählte präexistieren, prä-existieren wir schon in Christus. Das ist eine christliche Umbildung des jüdischen Theologumenon von der Präexistenz nicht nur des Messias, sondern auch des Heilsvolkes und der Heilsgüter."

[20] Nähere Begründung bei Schlier, Kommentar, S.52, Anm.2.

[21] Anders Schlier, Kommentar, S.54.

[22] Auch W.Ochel, a.a.O., S.30, streicht diese Partie.

letzte sachliche Aussage der vorangehenden Strophe die Sohnschaft durch Jesus Christus war, ist der Neuanfang mit ἐν ᾧ nicht störend, sondern könnte durchaus stilgemäß sein. Der Inhalt entspricht wieder dem paulinischen Kerygma (vgl. z. B. Röm. 3,24–26;[23] 4,25).

Die größte Schwierigkeit für die hier vorgelegte Rekonstruktion bildet der Abschluß dieser Strophe. Man erwartet auch hier die Wendung εἰς ἔπαινον δόξης αὐτοῦ. Sie erscheint zwar in Vers 12, aber da in Verbindung mit einem Infinitivsatz. Ich vermute, daß der Verfasser sein spezifisches Anliegen, die Kundgabe des Mysteriums, an die letzte Sachaussage der zweiten Strophe anschließen wollte, dann frei formulierte und die Schlußwendung, die er im Ohr hatte, frei mitverarbeitete.

Unsicher ist auch, ob ἐν πάσῃ σοφίᾳ καὶ φρονήσει im ursprünglichen Text gestanden hat und also den Anlaß zu der umfangreichen folgenden Erweiterung gegeben hat oder ob es erst Eph. hinzugefügt hat.

Vers 13 b f.: Sinngemäß muß nach der Erlösung, die wir schon haben, die Versiegelung mit dem Geist als Unterpfand[24] für die zukünftige Erlösung folgen. Auch das ist ein gut paulinischer Gedanke (vgl. 2. Kor. 1,22; 5,5; vor allem auch Röm. 8 besonders Vers 16 f.). Die Paulinische Dialektik zwischen „schon" und „noch nicht" der Erlösung, zwischen der, die wir haben, und der, die wir erst gewinnen werden,[25] kommt auch in diesem Lied klar zum Ausdruck.

Stilistisch läßt sich zu diesem Danklied sagen, daß es weit weniger hellenistische als jüdische Elemente enthält. Schon die Einleitung εὐλογητός ist typisch jüdisch.[26] Die voneinander abhängigen Genetive sind uns auch aus jüdischem Hymnengut vertraut. Für manche Wendungen kann man auf die Qumrantexte verweisen, was freilich nicht bedeutet, daß ein direkter Einfluß von Qumran vorliegt.[27] Die Berührungen betreffen nur einzelne Stil-

---

[23] Es handelt sich auch dort um vorpaulinisches Gut. Vgl. E. Käsemann, Zum Verständnis von Röm. 3,24–26, EVB I, S. 96–100; P. Stuhlmacher, Gerechtigkeit Gottes bei Paulus, S. 86–91.

[24] Zu dem Heiligen Geist als Unterpfand vgl. B. Ahern, The Indwelling Spirit, Pledge of our Inheritance Eph 1,14, CBQ 9, 1947, S. 179–189. Ahern fragt: "Did he (scil. Paul) conceive the role of the Holy Spirit in the soul as confined to the narrow limitations of the noncommital pledge, a mere guarantee of God's fidelity to His promises? Or did he regard the divine indwelling as a real imperfect forestate of eternal life, a part-payment of our inheritance?" (S. 183.) Nach Untersuchung der Exegese der Kirchenväter kommt Ahern zu dem Ergebnis, "that arrabon should here convey the rich and full signification of its twofold meaning" (S. 189).

[25] Auch bei Paulus findet sich ἀπολύτρωσις in beiden Bedeutungen; als schon geschenkte Röm. 3,24; 1. Kor. 1,30; als zukünftige Röm. 8,23.

[26] Vgl. Deichgräber, Gotteshymnus, S. 72 f.

[27] Deichgräber, Gotteshymnus, S. 73–75, hat solche Belege gesammelt, bleibt aber mit seinem Urteil vorsichtig genug, keine direkte Abhängigkeit zu behaupten. „Die Sprache der Briefeingangseulogie des Eph. zeigt den Einfluß der hebräisch formulierten liturgischen Tradition bestimmter nicht-rabbinischer Gruppen des Spätjudentums, wie sie uns in den Qumrantexten erstmals literarisch begegnen." Allerdings sagt Deichgräber damit auch nichts Neues, denn daß der Stil nicht hellenistisch ist, hat schon Eduard

elemente, während es mit den sachlichen Aussagen keine nähere Berührung gibt, als daß hier wie da alttestamentliche Begriffe eine Rolle spielen.

Die Zusätze des Eph. zu dem Lied.

Mit den Versen 8b–10 kommt eine ganz neue Dimension in den Hymnus. Nicht mehr von dem Heil der Christen wird gesprochen, die durch den Heiligen Geist versiegelt sind – was die Bewahrung im Endgericht in sich schließt –, sondern von der Vollendung des ganzen Kosmos. Mit den Christen hat das zunächst nur insoweit zu tun, wie ihnen dieses Mysterium offenbart ist.

Grammatisch schwierig ist die Wendung εἰς οἰκονομίαν τοῦ πληρώματος τῶν καιρῶν wegen des Fehlens eines Verbums. Es muß wohl sinngemäß in εἰς οἰκονομίαν enthalten sein und τοῦ πληρώματος als Gen. obj. verstanden sein. οἰκονομία kommt im Eph. noch in 3,2 und 3,9 vor. Grundbedeutung des Wortes ist „Verwaltung". In 3,2 ist es die Verwaltung der Gnade, die Paulus übergeben ist, als sein „Amt".[28] In 3,9 dagegen ist es die Zielsetzung der göttlichen Verwaltung. Mit dieser Stelle ist auch 1,10 verwandt, so daß man frei übersetzen kann: „Nach seinem Beschluß, den er in ihm gefaßt hatte, der auf die Vollendung der Zeiten zielt, alles (oder das All) unter Christus als dem Haupt zu fassen." Da diese Bedeutung „Zielsetzung"[29] für οἰκονομία sich nur im Eph. belegen läßt, legt sich auch vom sprachlichen Befund her nahe, hier mit einer Glosse des Verfassers zu rechnen. Das große Thema des Briefes klingt an. Das letzte Ziel ist, daß Christus auch der Allgott des Kosmos ist. In ihm wird die Welt ihre Einheit und Vollendung finden. Die Kirche aber als die eine, aus Juden und Heiden bestehende, ist schon Abbild dieser kosmischen Einheit.[30] Diese aktuelle Anwendung der kosmischen Christologie, die das Hauptthema des Briefes darstellt, klingt in den Versen 12f. an. In dem, in dem das All seine Vollendung findet, sind wir, die wir schon vorher in ihm hofften, erwählt: in ihm aber seid auch ihr, die ihr das Wort gläubig angenommen habt. Aus dieser

---

Norden gewußt, und wenn jüdischerseits nur die Rabbinen ausgeschlossen werden, bleibt der Raum genausogroß wie vorher.

[28] Das entspricht dem Sinn, den οἰκονομία auch in Kol. 1,25 hat, der Stelle, die Eph. wieder frei übernimmt. An den beiden anderen Stellen (1,10 und 3,9), die kein Äquivalent im Kol. haben, hat οἰκονομία einen anderen Sinn; vgl. Mitton, Ephesians, S. 89–94.

[29] Mitton, Ephesians, S. 93, schlägt als Übersetzung vor "generalship or strategy".

[30] F. Mussner, Die Geschichtstheologie des Epheserbriefes, hat die Möglichkeiten dieses Ansatzes für das Selbstverständnis der katholischen Kirche erkannt. „Die Bildung der one world in Christus, die sich in der Kirche immer mehr vollzieht, macht die Kirche zu einem geschichtlichen Ereignis ersten Ranges, besonders angesichts der Versuche Satans, die eine Welt unter seiner Ägide herzustellen" (S. 62). Die Schrift von E. Walter, Christus und der Kosmos. Eine Auslegung von Eph. 1,10, Stuttgart 1948, ist keine Auslegung im strengen Sinne, sondern eine geistliche Meditation, die durch ihre bedingungslose Verteidigung des ganzen Weltbildes mit seinen Teufeln und Engeln, deren Versöhnung Christus bewirkt, gegen „den überheblichen Menschen der gestrigen Neuzeit" (S. 40) auffällt.

Umbiegung des Gedankens ergibt sich, was der Brief immer wieder von
neuem bestätigt, daß Eph. die kosmische Christologie wohl wichtig ist,
aber nicht an und für sich, sondern als Begründung dafür, daß die Versöhnung des Alls jetzt schon in der Kirche vorweggenommen ist.

2. Eph. 1,20–23

Von Vers 15 an erbittet Eph. für die Leser, daß sie mit der Kraft Gottes
erfüllt werden möchten, mit der Kraft, mit der Gott Jesus von den Toten
auferweckte. Würde Eph. an dieser Stelle nicht mehr sagen, läge nur eine
kurze Anspielung auf das urchristliche Credo vor. Aber der Text geht weiter.
Die Fürbitte wird ganz aus den Augen verloren, und statt dessen wird
Christi herrscherliche Stellung über alle Mächte besungen. Der Hinweis auf
die Macht Gottes hat sich zu einem Exkurs ausgeweitet und die konkrete
Absicht des Briefschreibers zugedeckt. Verständlich ist das nur, wenn der
Verfasser unter dem Zwang liturgischer Formulierung steht. Der Faden, der
mit Vers 20 verlorengeht, wird erst nach einem neuen Anlauf von 2,1 ab in
2,4 ff. aufgenommen, wo die Größe der Macht Gottes daran gezeigt wird, daß
er auch uns mit Christus auferweckte.
    Damit sind die äußeren Kriterien dafür gegeben, in 1,20–23 einen Hymnus
zu vermuten.
    Innere Kriterien sind ebenfalls zu erkennen. Ein deutlicher Parallelismus
membrorum prägt die Sätze. Synonyma stehen nebeneinander. Eine Aufteilung in Zeilen läßt sich ohne Schwierigkeiten durchführen.[31]
    Allerdings ist auch hier wieder mit einer Glossierung durch den Verfasser
zu rechnen. Eigentümlicherweise wird der Hymnus, der in räumlichen Kategorien denkt, in Vers 23 durch eine eschatologisch zeitliche Aussage durchbrochen. Der Hymnus feiert die Herrscherstellung Christi, die er nun auf
Grund seiner Erhöhung zur Rechten Gottes hat. Er besingt die Unterwer-
fung der Mächte, die jetzt schon geschehen ist. An einem Unterschied zwischen Gegenwart und Zukunft denkt ein solcher Hymnus ursprünglich wohl
nicht. Entweder wird die Herrscherstellung Christi in dieser Weise erst für die
Zukunft erwartet (so 1. Kor. 15,20–28), oder sie ist jetzt schon da; dann aber
scheint eine Hervorhebung, daß das auch in Zukunft so sein wird, auf den
ersten Blick unverständlich. Zu diesem sachlichen Grund tritt noch ein
stilistischer. Ein Satz „nicht nur, ... sondern auch" ist reine Prosa und entspricht nicht dem Hymnenstil. Vermutlich gehört schon die allgemeine
Umschreibung „... und über jeden Namen, der genannt wird" zur Glossierung. Als nachträgliche Glosse ist die Einfügung allerdings gut verständlich, wenn man sie als Korrektur an einem Denken versteht, das nichts mehr

---

[31] So auch Deichgräber, Gotteshymnus, S. 162.

von einer eschatologischen Zukunft weiß. Der Verfasser meldet also mit seiner Glosse den eschatologischen Vorbehalt an. Er kann noch nicht ungebrochen sagen, daß die Mächte besiegt sind. Jetzt weiß es nur die Kirche, daß Christus das Haupt ist.

Damit kommen wir zu der zweiten Glossierung. Der Hymnus hat sein Ziel klar mit dem Satz erreicht, daß Christus das Haupt über das All ist. Überraschend – aber auch wieder charakteristisch für Eph. – folgt der Dativ τῇ ἐκκλησίᾳ.[32] Für die Kirche ist er schon das Haupt der Mächte. Daran schließen sich noch zwei Sätze reiner Prosa an, die das Wesen der ἐκκλησία näher bestimmen: sie ist sein Leib, sie ist die Fülle dessen, der das All in jeder Weise erfüllt.[33]

Wir erkennen dasselbe Anliegen wie schon bei dem ersten Hymnus. Das Ziel der Geschichte ist die Versöhnung des Alls. Es ist jetzt noch den Mächten verborgen, aber durch die Kirche, die ihn als ihr Haupt anerkennt, erfahren

---

[32] Deichgräber, Gotteshymnus, S.164, läßt die Möglichkeit offen, ob τῇ ἐκκλησίᾳ schon Zusatz des Verfassers ist oder nicht. Vers 23 scheidet aber auch er aus stilistischen Gründen aus.
Wagenführer, Bedeutung Christi, hebt hier sehr stark den Unterschied zwischen Kol. und Eph. hervor: „Die Stellung Christi ist nun nicht eine universal kosmische wie im Kol., sondern eine universal kirchliche. Christus erfüllt alles in allen Gliedern der Ekklesia – damit ist die kosmische Formel τὰ πάντα ἐν πᾶσιν ins Ekklesiologische transponiert. Sollte aber, was weniger wahrscheinlich ist, doch der Sinn von Kol. beizubehalten sein, so daß man das All in jeder Beziehung übersetzen müßte, dann wäre im Eph. noch ein Rest von kosmischem Denken geblieben, das dem Gesamtzusammenhang nach – darüber kann kein Zweifel sein – eine untergeordnete Rolle spielt."

[33] Zu 1,23 τὸ πλήρωμα τοῦ τὰ πάντα πληρουμένου vgl. A. Feuillet, L'Eglise plérôme du Christ d'après Ephès 1,23, Nouvelle Revue Théologique 78, 1956, S.449–472; 593–610. Er vertritt die Auffassung, daß πληρουμένου nach Kol.2,9 passivisch zu verstehen sei und daß der Satz reziprok zu verstehen sei: «... à la formule ἐν αὐτῷ κατοικεῖ πᾶν τὸ πλήρωμα (ou bien à ἐν αὐτῷ εὐδόκησεν πᾶν τὸ πλήρωμα κατοικῆσαι) répond τοῦ τὰ πάντα ἐν πᾶσιν πληρουμένου, et à καί ἐστε ἐν αὐτῷ πεπληρωμένοι répond ἐκκλησία, ἥτις ἐστὶν τὸ πλήρωμα» (S.458). Der Ursprung dieser Konzeption sei die Gestalt der Weisheit, wie sie uns in den späteren alttestamentlichen Schriften begegnet.
Nach meiner Auffassung ist auch diese Stelle auf dem Hintergrund der Allgott-Vorstellung zu verstehen. πλήρωμα ist ein Synonym für σῶμα und hat denselben Sinn, die Harmonie des ganzen Kosmos zum Ausdruck zu bringen. Das All ist die Fülle, d.h. die Vollkommenheit des Gottes, der selbst das All ist und doch alles erfüllt. Auf dem Hintergrund der Allgott-Vorstellung erklärt sich auch das Medium πληρουμένου. Indem er das All mit seiner Kraft erfüllt, erfüllt er sich selbst, da er selbst das All ist. Eph. wendet auch diesen Begriff ekklesiologisch an: die Kirche ist das erfüllte All. Der kosmische Sinn und seine ekklesiologische Verwandlung kommt auch sehr schön in der Anwendung der Allformel in Eph.3,18 zum Ausdruck.
In der Gnosis ist der Begriff πλήρωμα allein der oberen himmlischen Welt, der wahren Heimat der Gnostiker, vorbehalten. Vor allem bei den Valentinianern und ihnen nahestehenden Gruppen ist πλήρωμα ein Zentralbegriff. Als Gegenbegriff dazu wird für diese Welt „Armut" oder „Mangel" gebildet. Meines Erachtens hat Eph. auch hier nicht die kosmisch-gnostische Umwertung des Begriffs πλήρωμα mitgemacht. πλήρωμα ist für ihn wirklich noch der Ausdruck der ungebrochen heilen Welt. Ich glaube nicht, daß er die Kirche als πλήρωμα gegen die irdische Welt als den Mangel (ὑστέρημα) ausspielt. Er transponiert nur den Begriff in seinem ursprünglichen (d.h. ungnostischen) Sinn auf die Kirche, ohne gleichzeitig diese Welt als die Welt des Mangels antithetisch gegenüberzustellen.

es auch die Mächte (3,9f.). Prinzipiell sind sie überwunden, darum kann Eph. einen solchen Hymnus auch aufnehmen, aber ihre vollkommene Überwindung ist erst das Ziel der Geschichte (1,10).[34]

Wesentlich für die Rekonstruktion eines Hymnus in diesen Versen ist die Erkenntnis, daß sich hier zwei verschiedene Denkweisen begegnen. Eph. denkt eschatologisch, wenn sich auch sein eschatologisches Denken von dem des Paulus deutlich unterscheidet. Man könnte es als ein heilsgeschichtliches Denken bezeichnen. Das ist der Grund für seine Korrektur an einem Hymnus, der die Christologie nur in zeitlos räumlicher Kategorie darstellt.

Auf Grund dieser Überlegungen schält sich aus Eph. 1,20–23 ein kleiner Hymnus heraus, von dem noch die drei letzten Zeilenpaare erkennbar sind.[35] Sie sind jeweils einander zugeordnet und bilden einen Parallelismus membrorum. Die erste der zitierten Zeilen ist nicht mehr sicher zu rekonstruieren, da Eph. sie innerhalb seiner Argumentation verwendet hat.

(1) ... ἐγείρας ... ἐκ νεκρῶν
    καὶ καθίσας ἐν δεξιᾷ αὐτοῦ ἐν τοῖς ἐπουρανίοις[36]

(2) ὑπεράνω πάσης ἀρχῆς καὶ ἐξουσίας
    καὶ δυνάμεως καὶ κυριότητος[37]

(3) καὶ πάντα ὑπέταξεν ὑπὸ τοὺς πόδας αὐτοῦ
    καὶ αὐτὸν ἔδωκεν κεφαλὴν ὑπὲρ πάντα.

---

[34] Vgl. auch Schnackenburg, Gestalt und Wesen der Kirche, S.118: „Und die Grenze zwischen Kirche und Kosmos ist keine feste und starre, sondern eine dynamische. Die Kirche soll sich immer mehr ausweiten und vom Kosmos Besitz ergreifen, ihn so in die Segensherrschaft Christi einbeziehend, in die Ordnung Gottes heimholend, auf daß das All unter Christus als dem Haupt wieder zusammengenommen und in die Schöpfungsordnung wiederherstellende und überbietende eschatologische Heilsordnung aufgenommen werde."

[35] Deichgräber, Gotteshymnus, S.164, hat natürlich recht, daß das hier vom Verfasser zitierte Credo nicht mit der Auferstehung begonnen hat, sondern daß Aussagen über den Tod und die Inkarnation vorangegangen sind. Jedenfalls findet sich keine Credo-Formel, die mit der Auferweckungsaussage beginnt.

[36] Bei der Vorliebe des Eph. für diese Wendung und weil sie zu einer Überlänge der Zeile führt, dürfte es sich um eine Glosse handeln.

[37] Diese Doppelzeile wird von Sanders, Hymnic elements, S.221, gestrichen: "The author wants to be sure that he does not omit any names of powers from his list." In 1.Petr.3,18–22 ist aber ein Hymnus verarbeitet, der mit unserem Fragment sehr nahe verwandt ist und ebenfalls eine solche Aufzählung der Mächte bringt. Die Aufzählung ist selbst ein Stück Liturgie, wie noch unsere heutige Abendmahlsliturgie beweist. Wegen der Verwandtschaft mit 1.Petr. ist Mitton der Auffassung, daß literarische Abhängigkeit des 1.Petr. vom Eph. vorliege (Ephesians, S.176–197; derselbe, The Relationship between 1 Peter and Ephesians, JThSt NS 1, S.67–73). Das ist aber nicht sicher, es könnten auch die gleichen Traditionen vorliegen. Auch die anderen Stellen, die Mitton für literarische Abhängigkeit des 1.Petr. von Eph. anführt (Eph.3,2–6 = 1.Petr.1,10 bis 12; Eph.2,18–22 = 1.Petr.2,2–6; und die Haustafel) sind nicht beweiskräftig; vgl. auch Percy, Probleme, S.433ff., der eine solche literarische Abhängigkeit bestreitet. Schon A.Campbell King, Ephesians in the Light of Form Criticism, ExT 63, 1951/52, S.273–276, hat gesehen, daß die Beachtung von Gemeindetradition liturgischer und katechetischer Art die Frage nach den literarischen Abhängigkeiten völlig neu stellt.

3. Eph. 2,4–7

Schille will in dem ganzen Text 2,4–10 einen Hymnus erkennen, doch die Argumente dafür sind nicht durchschlagend. Schille gesteht selbst zu, daß der Nachweis schwierig ist.[38] Andrerseits ist das Zerbrechen der Satzkonstruktion[39] nur verständlich, wenn man den Zwang eines Zitats annimmt. Auch das δέ in Vers 4 erklärt sich am besten als eine Zitationspartikel.

Die Wiederaufnahme unter gleichzeitiger Uminterpretation der Wendung χάριτί ἐστε σεσῳσμένοι mit γάρ in Vers 8 legt nahe, daß mit Vers 8 das Zitat zu Ende ist. Die äußeren Kriterien sprechen also dafür, daß in den Versen 4–7 zitiert wird. Hinzu kommt der sachliche Grund, daß wir in diesen Versen auf eine Taufanschauung treffen, die sich auch an anderen Stellen finden läßt[40] und anscheinend schon eine längere Tradition hinter sich hat.

Dennoch handelt es sich m. E. nicht um einen Hymnus. Eine wirklich klare Gliederung in Zeilen ist nicht zu erkennen.[41] So möchte ich vermuten, daß es sich um ein Prosagebet aus der Taufliturgie handelt, das die Täuflinge nach dem Taufakt gesprochen haben. Wieweit ist das Gebet vermutlich von dem Verfasser glossiert worden? Klar dürfte zunächst sein, daß die Parenthese χάριτί ἐστε σεσῳσμένοι eingefügt ist. Freilich dürfte es sich auch hier um einen Taufruf handeln, der zu derselben Liturgie gehört haben könnte.

Das größte Problem stellt die Wendung ἐν τοῖς αἰῶσιν τοῖς ἐπερχομένοις dar, für die es nirgends eine echte Analogie gibt. Leider ist nicht einmal der Sinn klar. Seit Reitzenstein[42] wird die These vertreten, daß hier Äonenmächte gemeint sind, „die staunend den wunderbaren Bau der Ekklesia oder auch den neuen Anthropos, den mitten unter ihnen aufgerichteten himmlischen Christus zu sehen bekommen".[43] Man könnte auf Ign. Eph. 19 verweisen, wo die Gestirnmächte sich um den neuen Stern sammeln. Dann würde die Wendung besagen: „Im Raum zwischen der Erde und dem Gottesthron werden den kosmischen Mächten die Gläubigen vorgeführt, die Christus bei seiner Auffahrt nach oben mitgenommen hat."[44] Störend an dieser Deutung ist zunächst das ἐν. Die Vorstellung, daß die Versetzung der Gläubigen unter die Äonenmächte geschieht, ist sehr schwierig. Ich habe dafür

---

[38] Schille, Frühchristliche Hymnen, S. 53.
[39] Die Verse 1–3 sind ein Anakoluth, der nie aufgelöst wird.
[40] Vgl. Röm. 6,3ff.; Kol. 2,13.
[41] Die Anordnung bei Sanders, Hymnic elements, S. 219, zeigt deutlich, daß sich ungefähr gleiche Zeilen mit rhythmischer Struktur nicht erkennen lassen.
[42] R. Reitzenstein, Das Iranische Erlösungsmysterium, S. 236.
[43] Schlier, Christus und die Kirche, S. 53, anders allerdings im Kommentar, wo er diese Deutung mit der temporalen auf ganz eigenartige Weise verbindet (S. 111 f.). Auch Schille, Frühchristliche Hymnen, S. 57 f., hält die lokale Deutung für die einzig mögliche, während Dibelius, HBNT 12, in der 2. Auflage die temporale und in der 3. Auflage die lokale vertritt.
[44] H. Conzelmann, NTD 8, S. 66.

auch keinen einzigen wirklich treffenden Beleg finden können. Entweder
werden die Gläubigen in den Himmel versetzt, oder sie passieren die Mächte,
aber eine Versetzung unter sie gibt es nicht. Weiterhin wird in keiner Weise
angedeutet, was dies für die Äonenmächte bedeutet. Erschrecken sie, oder
begrüßen sie das Ereignis freudig?

Dann liegt also doch die temporale Bedeutung näher. Der Reichtum seiner
Gnade zeigt sich in den kommenden Äonen.[45] In der Zukunft wird sich der
ganze Reichtum enthüllen. Grammatisch ist das die nächstliegende Deutung.
Gegen sie ist auch immer nur vom Kontext her argumentiert worden. Der
Widerspruch zu den Aoristen in den Versen 6 f. ist mit Händen zu greifen.
Weil zwischen den Vergangenheitsaussagen und der zukünftigen ἔνδειξις
des Reichtums der Gnade ein offener Widerspruch besteht, ist man ja auf
die m. E. gänzlich unvorstellbare Deutung gekommen, daß es sich um die
gegenwärtigen kosmischen Mächte handeln müsse.[46]

Aus dem Dilemma gibt es m. E. nur einen sinnvollen Ausweg: ἐν τοῖς
αἰῶσιν τοῖς ἐπερχομένοις ist Glosse des Eph., der erneut seinen eschatologischen Vorbehalt anmeldet, wie wir das schon in 1,21 beobachtet haben.
Allerdings muß diese Eschatologie nicht unbedingt die der Apokalyptik
sein. Die kommenden Äonen könnten auch die oberen Himmelsräume sein,
in denen die Gläubigen nach ihrem Tode Wohnung nehmen werden. Es
wären dann Äonen, die zwar seit der Entstehung der Welt existieren, aber
vom Standpunkt der Christen aus zukünftige sind. Hätte der Verfasser im
Sinne der Apokalyptik gedacht, hätte er wahrscheinlich nicht den Plural
gewählt. Mehr wird sich über diese kurze Wendung und ihre Schwierigkeiten
nicht sagen lassen.

Sonstige Eingriffe in den Text brauchen nicht angenommen zu werden.
Trotz der Vorliebe des Verfassers für die Wendung ἐν τοῖς ἐπουρανίοις kann
sie hier ursprünglich sein, denn der Verfasser hat sie höchstwahrscheinlich
selbst erst aus dem liturgischen Gebrauch in seine eigene Sprache übernommen. Nur eine Kleinigkeit könnte sich aus dem Zitatcharakter des
Stückes noch erklären: das in der Luft hängende καί am Anfang von Vers 5.
Könnte man es sich so erklären, daß der Verfasser irrtümlicherweise – was
bei gedächtnismäßiger Zitation sehr leicht geschieht – einen Satzteil aus-
gelassen hat? Vielleicht etwa so: Gott (Vers 4) (hat uns aus diesem Äon
errettet) und...[47]

---

[45] Sasse, Artikel αἰών ThWB I, S. 206 versteht die Wendung als Nachwirkung der
pluralischen Ewigkeitsformeln.

[46] Vgl. Schille, Frühchristliche Hymnen, S. 58: „Eph. 2,7 ergibt keinen Sinn, faßt
man die Äonen temporal. Der Text würde dann sagen: Das V. 4–6 Gesagte ist geschehen,
damit künftig etwas veröffentlicht werde. Die Veröffentlichung geschieht doch durch
die Rettungstat, also in der Taufe selbst."

[47] Eine andere mögliche Erklärung für das freischwebende καί gibt Holtzmann, Kritik, S. 66. Er ist der Auffassung, daß Eph. durch das Ausschreiben von Kol. 2,13 aus der
Konstruktion gefallen ist.

Die hinter dem Taufgebet stehende Anschauung

Es geht im wesentlichen um die Bedeutung der σύν-Verben. Dem Problem des σὺν Χριστῷ im paulinischen Briefcorpus ist schon lange Aufmerksamkeit geschenkt worden. Als weithin anerkanntes Ergebnis darf man voraussetzen, daß man relativ deutlich zwischen verschiedenen Gruppen der σὺν-Χριστῷ-Aussagen unterscheiden kann. Umstritten ist nur, welche Beziehungen zwischen ihnen bestehen.

1. eschatologische: Sie werden repräsentiert durch solche Stellen wie 1. Thess. 4,14.17; 5,10, wo Paulus als die zukünftige Hoffnung beschreibt, daß wir mit dem Herrn immerdar sein werden (vgl. auch Phil. 1,23). Auch für Röm. 6,8 b „wir glauben, daß wir mit ihm leben werden" und Röm. 8,17 „sofern wir mit ihm leiden, werden wir auch mit verherrlicht werden" ist der eschatologische Bezug klar.

2. Die sakramentalen Aussagen finden sich vor allem in Röm. 6,4–6; Kol. 2,12 f.; Eph. 2,5 f., wo ausdrücklich vom Sterben des Christen in der Vergangenheit im Rückblick auf die Taufe gesprochen wird.

3. Die meisten Stellen bei Paulus lassen sich aber weder der einen noch der anderen Gruppe ohne weiteres zuteilen. Es sind die Stellen, wo das Leben der Christen als ein solches „mit Christus" beschrieben wird. Der charakteristischste Ausdruck dafür ist „mit (Christus) leiden" (Röm. 8,17) und Phil. 3,10 συμμορφιζόμενος τῷ θανάτῳ αὐτοῦ.

Sicher scheint mir zu sein, daß von ihrem Ursprung her die eschatologischen und die sakramentalen Aussagen nichts miteinander zu tun haben, sondern nur sekundär von Paulus miteinander verbunden sind, da er die sakramental begründete Existenz eschatologisch beschreibt.[48]

Trotz der Einwände von Günter Wagner, vor allem auch auf Grund der neuesten Ausgrabungen unter der Kirche von Santa Prisca in Rom,[49] darf man davon ausgehen, daß die sakramentalen σύν-Aussagen ihre nächste Parallele in den Mysterienreligionen haben.[50]

---

[48] Trotz E. Lohmeyer, Σὺν Χριστῷ, Festgabe für Adolf Deissmann zum 60. Geburtstag, Tübingen 1927, S. 218–257, und E. Schweizer, Die „Mystik" des Sterbens und Auferstehens mit Christus bei Paulus, EvTh 26, 1966, S. 239–257, die die sakramentalen Aussagen von den eschatologischen ableiten. Eine Auseinandersetzung im einzelnen würde hier zu weit führen. Ich hoffe, daß die folgende Darstellung in sich selbst so klar ist, daß sich die Unabhängigkeit ergibt.

[49] M. J. Vermaseren und C. C. van Essen, The Excavations in the Mithraeum of the Church of Santa Prisca in Rome, Leiden 1965. Vgl. H. D. Betz, The Mithras Inscriptions of Santa Prisca and the New Testament, NovTest 10, 1968, S. 62–80.

[50] Eine gänzlich andere Herkunft vermutet Percy, Probleme, S. 108 f. Dieser Gedanke hat „offenbar seine Wurzel in der Vorstellung von Christus als dem Stellvertreter der Menschen, als dem zweiten Adam, der alle diejenigen, deren Stellvertreter er ist, auf entsprechende Weise in sich einschließt, wie der Stammvater der Menschen nach israelitisch-jüdischer Auffassung alle seine Nachkommen in sich einschloß zu jener Stunde, wo er den Tod über diese herabzog". Vgl. derselbe, Leib Christi, S. 38–43; zur Kritik der Stammvater-Vorstellung in diesem Zusammenhang s. o. S. 54–56. Percys Ab-

G. Wagner hat in seinem Buch, Das religionsgeschichtliche Problem von Römer 6,1–11, den umfassenden Versuch unternommen, jede Beziehung von Röm. 6,1–11 zu den Mysterienreligionen zu bestreiten. Er tut das auf dem Wege, daß er für die Mysterienreligionen nahezu alles das bestreitet, worüber man ungefähr einig war, daß darin das Gemeinsame der verschiedenen Mysterienreligionen bestand. Wagner behauptet: Es gibt keine sterbenden und auferstehenden Götter, deren Schicksal im Mysterienakt nacherlebt wird, so daß der Myste selbst zum Gott wird. Was nach Wagner übrigbleibt, ist eine Weihung an die Gottheit, unter deren Schutz sich der Myste durch den Kultakt stellt. Höchstens Wiedergeburtsgedanken läßt Wagner noch gelten, aber auch die erst für spätere Zeit. Wagner lehnt sich dabei an die Darstellung der Mysterienreligionen an, die M. P. Nilsson, Geschichte der Griechischen Religion, Band II, gegeben hat.

Der Darstellung Wagners stehen schwergewichtige Gründe entgegen:

1. Zunächst ist es methodisch nicht glücklich, die einzelnen Kulte so voneinander zu isolieren, wie es Wagner tut. Denn nur so ist es möglich, daß er überall ein „Haar in der Suppe" findet.

2. Wenn die Mysterienreligionen nur das gewesen wären, was nach Wagner noch übrigbleibt, hätten sie sich nicht über kleine lokale Kulte hinaus erheben können. Daß sie einstmals tatsächlich nichts anderes waren, ist eine ganz andere Frage. Wenn sie das aber geblieben wären, hätten sie nie einen solchen Siegeszug durch die ganze antike Welt halten können.

3. Die Auswertung der Quellen durch Wagner ist offensichtlich tendenziös. Jeder weiß, daß die Quellenlage bei der außerordentlich scharfen Arkandisziplin sehr schlecht ist und daß gerade das Entscheidende nicht mitgeteilt wurde. Auch daß die Nachrichten zum großen Teil aus späterer Zeit stammen, hat hierin seine Ursache. Erst als die Macht der Kulte am Schwinden war, wurden ihre Geheimnisse mehr und mehr ausgeplaudert. Eigentlich wäre es notwendig, noch einmal alle Belege durchzugehen. Wir wollen uns aber auf einige beschränken, wo m. E. die Interpretation Wagners offensichtlich falsch ist.

a. Die Auslegung der Isisweihe bei Apuleius, Met. XI, 23 f., S. 113 ff. Wagner gibt zu, daß hier eine Fahrt ins Totenreich und eine Auffahrt zu den superi dii geschildert wird. Der Sinn der Handlung sei aber nicht die Vergottung, sondern: „Gnädig erlaubt sie dem Lucius eine kosmische Wanderung, die jedem Unberufenen gefährlich wäre. Durch den Schutz der Göttin aber ist der Myste gefeit gegen unterirdische, irdische und himmlische Gewalten" (S. 119). Nun wird Lucius am anderen Morgen mit der Olympiaca Stola bekleidet und dem Strahlenkranz auf dem Haupt dem Volk vorgestellt. Aber da nur dasteht, daß das Volk heranwogt, ihn zu schauen, und nicht, daß es ihn anbetete, sieht Wagner keinen Grund, anzunehmen, daß eine Vergottung stattgefunden habe. „Will man dennoch in der Ausschmückung des Lucius eine Gestalt des Sonnengottes sehen, so ist doch zu bedenken, daß diese Darstellung kein Mysterienakt ist. Sie wäre keine Vergöttlichung, sondern nur ein Beispiel dafür, daß ein Mensch mitunter die Rolle eines Gottes spielt..." (S. 122). Also: das Geschehen, das Apuleius als ein Ganzes darstellt, wird auseinandergerissen. Für jeden Teil wird eine andere mögliche Deutung angeboten, so daß aus einer Häufung von Möglichkeiten (was soll aber die Theatervorstellung des Lucius vor dem Volk?) Wahrscheinlichkeit gemacht wird, die am Schluß als gesicherte Wahrheit ausgegeben wird.

b. Die berühmte Stelle aus Firm. Mat. Err. prof. Rel. 22,1 „Seid getrost, Mysten, da der Gott gerettet ist, wird auch uns die Errettung aus allen Nöten widerfahren" schiebt Wagner dem Osiriskult zu, bei dem eine solche Aussage kein Problem wäre, weil er ein Totenkult ist. Bleibt man aber dabei, daß Firmicus Maternus ihn zu Recht als Attisspruch überliefert (die Gründe dagegen sind nicht durchschlagend, S. 102 f.), dann ist die Vergottung auf Grund des Nachvollzugs des Schicksals des Gottes im Taurobolium als Zentrum des Aktes für die Attismysterien bewiesen.

---

lehnung eines Einflusses der Mysterienfrömmigkeit (Probleme, S. 117) resultiert zum Teil aus der These der älteren religionsgeschichtlichen Forschung, die an eine unmittelbare Übernahme dachte. Der Prozeß ist wesentlich komplizierter, wie das Folgende andeutet, aber das ändert nichts an der prinzipiellen Richtigkeit der These.

c. Ganz problematisch erscheint mir, wie Wagner die Auferstehung des Attis weg-
diskutiert (S. 224ff.). Zunächst einmal geht Wagner von den ältesten Mythenformen
aus, wo Attis entweder stirbt oder tot bleibt oder gar nicht richtig stirbt. Mit diesem
Kunstgriff arbeitet Wagner öfters: Er vergleicht die älteste Mythenform mit dem Kult
und zieht daraus Schlüsse (nur so hat er die vorige Stelle Attis absprechen und Osiris
zuweisen können). Wagner stellt nicht genügend in Rechnung, daß sich die Kulte
gegenseitig durchdringen und gar nicht mehr die älteste uns bekannte Form des Mythus
im Kultakt zur Darstellung bringen. Nun gibt es aber beim Attisfest auch die Hilaria
(das Freudenfest). Weil die Belege für dieses Fest spät sind und es öfters als Fest der
Göttermutter genannt ist, schließt Wagner, daß Attis überhaupt nur ein sterbender
Gott war, aber nicht auferstanden ist. Ich kann mir einfach nicht vorstellen, daß es je
einen so traurigen Kult gegeben hat, der nur den Tod des Gottes beklagen konnte.

4. Es scheint mir mißlich, den Kirchenvätern zuzutrauen, daß sie von sich aus die
Mysterienweihe so darstellt haben, daß sie in den Grundzügen der Taufe ähnelt. Was
für ein Motiv sollten sie dafür haben, wo man doch eher das Gegenteil erwartet? Tertul-
lian de bapt 5 spricht im Zusammenhang der Mysterien von Wiedergeburt durch den
Weiheakt. Warum soll das keine sachlich richtige Wiedergabe sein?

5. Schließlich hat sich Wagner so in Abhängigkeit der bisher bekannten Belege be-
geben, daß bei jedem neu auftauchenden Text seine ganze Konstruktion zusammen-
brechen kann. Das ist m. E. schon geschehen. Die erst nach dem Erscheinen der Arbeit
Wagners veröffentlichten Reprints aus dem Mithräum von Santa Prisca in Rom bezeugen, daß auch Mithras ein sterbender und auferstehender Gott war.

Zusammenfassend kann man sagen, und daß keine Notwendigkeit besteht, die Sicht der
Mysterienreligionen grundsätzlich zu korrigieren. In Einzelheiten wird man wohl
noch vorsichtiger sein müssen. Von einzelnen Kulten wird man lieber nicht ausgehen,
aber gewisse gemeinsame Grundanschauungen darf man voraussetzen (zu den Einzelheiten vgl. K. W. Tröger, Mysterienglaube und Gnosis). Es gibt wohl keine Theologie
der Mysterienreligionen, die sich in Dogmen darstellen ließe, aber eine gemeinsame
Frömmigkeit, die Ausdruck eines gemeinsamen religiösen Sehnens ist. – Die neueste
Untersuchung zu Röm. 6, Niklaus Gäumann, Taufe und Ethik, Studien zu Römer 6,
nimmt ebenfalls an, daß hinter Röm. 6 Mysterienvorstellungen zu vermuten sind (vgl.
besonders S. 37–46, wo sich auch einige kritische Einwände gegen Wagner finden).
Tannehill, Dying and Rising with Christ, geht leider auf die religionsgeschichtlichen
Fragen gar nicht ein.

Angemerkt sei, daß die harte Kritik an Wagners Hauptthese nicht bedeutet, daß das
Buch wertlos wäre. Überall, wo er nicht unter dem Zwang seiner Hauptthese steht,
finden sich ausgezeichnete Partien, die für die Kenntnis der einzelnen Kulte von großer
Bedeutung sind.

Einer der charakteristischsten gemeinsamen Gedanken der Mysterienreligionen ist die Mimesis-Vorstellung.[51]

Wir versuchen, eine knappe Skizze der Mimesis-Vorstellung zu geben.
Vorausgeschickt sei, daß wegen der Quellenlage es nur eine hypothetische
Skizze sein kann. Die Einzelheiten sind viel unsicherer, als es in einer solchen
Skizze erscheint.

Die kultische Mimesis[52] hat wahrscheinlich im Dionysoskult ihren Ursprung. Bei Dionysos handelt es sich um eine Vegetationsgottheit, deren

---

[51] Vgl. dazu wie auch für das Folgende H. D. Betz, Nachfolge und Nachahmung Jesu
Christi im Neuen Testament, BzhistTh 37, Tübingen 1967, S. 48 ff.

[52] Es gibt auch eine philosophische Mimesis, die seit Plato die ganze griechische
Philosophie begleitet; vgl. dazu H. Kosmala, Nachfolge und Nachahmung Gottes,
I. Im Griechischen Denken, Annual of the Swedish Theological Institute, Band II, Lei-
den 1963, S. 38–85.

Sterben und Auferstehen in einer kultischen Feier bei Gesang und wilden
Tänzen dargestellt wurde. Die Einzelheiten sind nach wie vor recht dunkel,
die Nachrichten widersprüchlich, und außerdem scheint es verschiedene
Typen gegeben zu haben.[53]

Jedoch ist soviel sicher, daß eine Maske, die mit Dionysos identifiziert
wurde, eine große Bedeutung spielte. Ob diese Maske von einem Menschen
getragen wurde oder an einem Pfahl aufgehängt wurde, wird unterschiedlich
überliefert. Später, und zwar unter dem Vater Alexanders des Großen,
Philipp II., scheint der König selbst während des Festes in der Maske des
Gottes aufgetreten zu sein.[54] Für die Dauer des Festes fand zwischen dem
König und der Gottheit eine Identifikation statt. Er war der Mime der Gottheit.

Bei Alexander dem Großen bekommt die Vorstellung einen weiteren Inhalt. Unter Einfluß ägyptischer Gedanken und auf Grund seines ganz außer-
gewöhnlichen Lebens wird er seit Sommer 324 als Gott verehrt. Er ist also
der Mime des Gottes nicht nur während des Festaktes, sondern sein ganzes
Leben ist eine einzige Mimesis des Gottes. So wird sein Zug nach Indien als
mimische Darstellung des Zuges des Dionysos verstanden.[55] Der Kaiserkult
in Rom dürfte die letzte Blüte dieser Identifikation von Herrscher und Gott
sein.

Das Zeitalter des Hellenismus ist zugleich aber auch das Zeitalter der
„Demokratisierung" der Religion. Gleiche Tendenzen finden sich in mehreren Kulten. Das heißt für unseren Zusammenhang: Die Identifikation mit
der Gottheit ist nicht nur dem König möglich, sondern jedem, der das Ritual,
die Einweihung in die Mysterien des Gottes, an sich erfahren hat. Wir befinden uns nun in dem Bereich der Mysterienreligionen, die um die Zeitenwende ihre größte Blüte erlangten. Die einzelnen Kulte schießen wie Pilze
aus dem Boden. Es scheint sich nahezu bei allen um ehemalige Vegetations-
gottheiten zu handeln,[56] die auf Grund neuer Impulse eine Wiederbelebung
und umfassende Verbreitung erleben. Schon dieser Ursprung läßt vermuten,
daß entsprechend dem Wechsel in der Natur das Sterben und Auferstehen
der Gottheit (ihre Wiedergeburt) im Zentrum des Kultes stand. So darf man
als einen gemeinsamen Gedanken aller dieser Kulte vermuten, daß der Myste
an sich die mythische Darstellung des Sterbens und Auferstehens der Kultgottheit erfährt, sich anschließend der Kultgemeinde zeigt und von ihr
als Gott verehrt wird.

Die genauen Einzelbelege stammen allerdings erst aus späterer Zeit. Doch
bei der strengen Arkandisziplin kann man auch Belege erst zu dem Zeit-

---

[53] Der thrakische und der lydisch/phrygische Typ.
[54] So F.Taeger, Charisma I, Stuttgart 1957, S.177; vgl. auch Betz, Nachfolge, S.54.
[55] Vgl. Betz, Nachfolge, S.55, dort auch Einzelbelege.
[56] Vgl. Tröger, Mysterienglaube, S.70ff.

punkt erwarten, wo die Macht der Mysterienkulte schon gebrochen war. Zwei Belege mögen zeigen, wie man sich das ungefähr vorstellen kann.

1. Aus dem Attis-Kult wissen wir,[57] daß der Myste unter ein Geflecht gelegt wurde. Über diesem wurde ein Stier geschlachtet. Der Myste ließ sich völlig von dem Blut überströmen, so den Tod des Gottes erlebend und schließlich mit ihm identisch werdend, denn Prudentius berichtet uns, daß die Gläubigen dem so Besudelten anschließend Verehrung erwiesen. Der Gedanke der Mimesis im Attis-Kult wird auch durch den Spruch bezeugt, der über den Mimen (hier wohl der Priester) zu der Menge gesprochen wurde: „Seid getrost, Mysten, da der Gott gerettet ist, wird auch euch Errettung aus allen Nöten widerfahren!"[58] Der Sinn der Kulthandlung im Attis-Kult scheint also die Vergottung des Mysten gewesen zu sein. Sie bedeutet, daß der Geweihte zwar noch den physischen Tod sterben kann, aber absolut gewiß sein darf, daß er auferstehen und ewiges Leben erlangen wird.

2. Die Isisweihe, wie sie Apuleius Met. XI,23f. beschreibt, führt den Mysten bis an die Schwelle der Proserpina und dann zu den oberen Göttern. Er geht also schon einmal den Todesgang, aber unter dem Schutz der Göttin, so daß er bei seinem wirklichen Tod selbst den Weg weiß. Das bedeutet aber, daß er unsterblich ist. Darum zeigt er sich am nächsten Morgen der versammelten Kultgemeinde mit den Insignien des Sonnengottes.

Man konnte sich auch in mehrere Mysterien einweihen lassen, um noch sicherer zu gehen.[59]

Man darf daher annehmen, daß es die große religiöse Sehnsucht vieler Menschen der hellenistischen Zeit war, Mime der Gottheit zu werden, also selbst zu Gott zu werden und so Unsterblichkeit zu erlangen.

Es ist daher sehr gut verständlich, daß die Heidenchristen von solchen Voraussetzungen aus auch an die christliche Taufe solche Erwartungen stellten. Sie erhofften von der Taufe, Mime Christi zu werden, also sein Sterben und seine Auferstehung an sich zu erleben und so auch die Gewißheit zu haben, wie Christus unsterbliches Leben zu erlangen.[60]

---

[57] Die Quelle, der wir diesen Bericht verdanken, ist zwar wesentlich später (Ende 4.Jahrhundert, Prudentius peristephanon X 1011–48), aber der Ritus dürfte sehr alt sein.

[58] Firmicus Maternus, De errore profanarum religionum 22,1.

[59] Sehr anschaulich ist das bei Apuleius, Metamorphosen XI,28 geschildert, wo Lucius nahegelegt wird, sich nun auch noch in die Mysterien des Osiris einweihen zu lassen.

[60] Diese religionsgeschichtlichen Beziehungen sind natürlich keineswegs allgemein anerkannt. Verzichtet man auf sie als Erklärung, dann muß man im Deskriptiven stehenbleiben und kann nicht mehr nach dem eigentlichen theologischen Anlaß für die Vorstellung fragen, sie also auch nicht „entmythologisieren". Das zeigt z.B. deutlich R. Schnackenburg, „Er hat uns mit auferweckt". Zur Tauflehre des Epheserbriefes, LitJahrb 2, 1952, S.174, der die Tauflehre des Eph. so zusammenfaßt: „Der reiche Gewinn der paulinischen Konzeption läßt sich etwa so zusammenfassen. 1. Der Täufling erlangt eine enge Verbindung mit Christus und beschreibt in dieser Christusgemeinschaft einen Weg, der ihn mit Christus in das himmlische Reich gelangen läßt. 2. Die Taufe

Die Formel „mit Christus gestorben, begraben, auferstanden und mit in die Himmel versetzt sein" ist m. E. eine sachlich adäquate Ausdrucksweise für das mimische Geschehen.[61]

Diese Deutung der christlichen Taufe in Analogie zu den Mysterienreligionen liegt Paulus schon vor.

Allerdings ist die Übernahme der Mimesis-Vorstellung durch die christliche Gemeinde nur unter erheblicher Korrektur möglich. Einmal ist Christus keine mythische Gottheit, sondern er war Mensch, dessen schmählicher Verbrechertod am Kreuz bekannt ist. Zum andern hat die christliche Gemeinde nie die Möglichkeit offengelassen, sich in mehrere Kulte einweihen zu lassen. Der alsbald ausbrechende Konflikt mit dem Kaiserkult zeigt das deutlich. Vor allem konnte die in der Mimesis-Vorstellung angelegte Identifizierung des Gläubigen mit Christus nie vollkommen rezipiert werden, so daß diese Deutung der Taufe nur eine unter anderen sein konnte. Schließlich ist die Taufe nicht nur die Übereignung des Heils an einen einzelnen, der dann seine Straße weiterzieht, sondern sie stellt ihn in die Gemeinschaft. Das bedeutet aber zugleich, daß die Taufe die Verpflichtung zu einem christlichen Wandel ist. Wir werden uns also sehr hüten, die Taufe überhaupt von den Mysterienreligionen abzuleiten, sondern nur ein Motiv, neben dem noch ganz andere stehen.

Paulus sieht die Gefahren der Mimesis-Vorstellung noch deutlicher und korrigiert sie noch weiter. Positiv nimmt er sie in Röm. 6 deshalb auf, weil ihm der Gedanke des Sterbens insofern wichtig ist, als er daran die Unmöglichkeit zu sündigen als Sterben gegenüber der Sünde darstellen kann. Auffallend ist, daß Paulus sich hütet zu sagen „wir sind schon mit ihm auferstanden". In der Zeitform der Vergangenheit redet er nur in bezug auf das Sterben, Gekreuzigtwerden und Begrabenwerden, während die Auferstehung des Christen der Zukunft vorbehalten bleibt.[62] Paulus betont gleichzeitig

---

nimmt ihn nicht aus dieser Welt, aber verheißt ihm mit Christus den Sieg und Triumph über alle kosmischen Unheilsmächte (vgl. 6,10ff.). 3. Der Blick des Christen wird von der Taufe auf die endgültige Heilsvollendung hingelenkt, die trotz der sieghaften Schau des Glaubens noch aussteht. 4. Die Verwirklichung des in der Taufe aufleuchtenden Triumphes hängt von der ethischen Bewährung des Christen ab: die Werke, die Gott zum Vollbringen vor ihm hinstellt, muß er auch wirklich mit den ihm verliehenen Kräften in die Tat umsetzen."

[61] Vgl. noch einmal die berühmte Stelle aus Apuleius, Metamorphosen XI, 23,8: „Accessi confinium mortis et calcato Proserpinae limine per omnia elementa vectus."

[62] Vgl. Röm. 5,9f.17; 1.Kor.15; 2.Kor.4,14; 13,4; Phil.3,10. Daß es Paulus ganz ernst um diesen Vorbehalt ist, heben auch hervor G.Bornkamm, Taufe und neues Leben, S.38ff.; Ernst Fuchs, Freiheit des Glaubens, S.30; E.Käsemann, Leib, S.143, der hier einen wesentlichen Unterschied zu den Deuteropaulinen sieht; R.Bultmann, Theologie, S.526f. Andere bemühen sich, die Futura abzuschwächen, vor allem um Eph. und Kol. für gut paulinisch ausgeben zu können. W.T.Hahn, Das Mitsterben und Mitauferstehen mit Christus bei Paulus, will den Unterschied zwischen Röm.6 und Kol./Eph. aus der verschiedenen Briefsituation erklären. In Kol. bekämpfe Paulus eine Irrlehre, die allen Nachdruck auf den Imperativ des Gesetzes lege. „Gegenüber dem nomistisch mißverstandenen Imperativ muß eindeutig der evangelische Indikativ

die Wirklichkeit des neuen Lebens und seine Verborgenheit. Er unterscheidet sich darin von den Schwärmern, die sich des Besitzes des Heils rühmen und die Angefochtenheit des Menschen nicht mehr wahrhaben wollen.

Die eigentümlichste Ausprägung des Mimesis-Gedankens bei Paulus ist, daß er die Leiden der Christen und vor allem der Apostel (d. h. seine eigenen) als mimische Darstellung des Gekreuzigten versteht. 1. Kor. 4,9–13 schildert er die Apostel als Schauspiel für die Welt, Engel und Menschen. Er kann die Korinther in Vers 16 sogar dazu auffordern, seine Mimen zu werden. Während die Apostel in den Tod gegeben werden, wird das Leben Jesu an ihnen offenbar (2. Kor. 4,11). Eine mimische Darstellung der Auferstehung gibt es nicht; wer aber jetzt mit Christus leidet, wird auch mit verherrlicht werden (Röm. 8,17). Die Philipper, die sich von Irrlehrern haben fangen lassen, bittet Paulus, „werdet meine Mit-Mimen" (Phil. 2,17). Was Mimesis Christi ist, sollen sie an ihm erkennen (vgl. auch 1. Thess. 1,6; 2,14). Paulus ist gleichsam der Priester, der sie in die Mimesis Christi einführt. Das ist sein Apostelamt, und so kann er sich sogar als Vater der Gemeinde bezeichnen (1. Kor. 4,15). Das Leben der Christen als eine Mimesis des Gekreuzigten zu verstehen, ist ein typisch Paulinischer Gedanke. Man muß allerdings sehen, daß Paulus den darin angelegten Identitätsgedanken vermeidet. Er ist wirklich nur der Mime, nicht Christus selbst. Christus bleibt der Herr, er der Knecht. Man könnte sagen, Paulus interpretiert die Mimesis-Vorstellung existential, denn das in der Taufe begründete Leben des Christen soll eine mimische Darstellung des Gekreuzigten sein. Hierin liegt die Torheit des Kreuzes, daß es nicht eine Heilstatsache der Vergangenheit, sondern bleibende Gegenwart für die Christen ist. Typisch für die Mimesis-Vorstellung ist, daß nur an die Ereignisse des Lebens Jesu gedacht wird, die im Credo erwähnt sind. Wo Christus bei Paulus als Vorbild erscheint, dessen Haltung

---

festgestellt werden" (S. 41). Im Römerbrief dagegen wende sich Paulus gegen libertinistische Gegner, denen gegenüber der eschatologische Vorbehalt angemeldet werden müsse. „Die Widersprüche entpuppen sich bei der Beachtung der Frontstellung als zwei Seiten einer Einheit, von denen Paulus durch seine Gegner veranlaßt, je die eine besonders hervorhebt, die von seinen Gegnern bestritten wird" (S. 42). Für die Erklärung der Aussagen vom Mitsterben und Mitauferstehen nimmt Hahn die Kategorie der Gleichzeitigkeit von Kierkegaard auf, so daß seine Arbeit zwar hochinteressant ist, aber für die Exegese nichts unmittelbar einbringt, weil mit Begriffen gearbeitet wird, die gegenüber dem Neuen Testament anachronistisch sind.

E. Percy, Leib Christi, S. 31; Probleme, S. 110, möchte die Futura in Röm. 6 nur als logische Futura ansehen. Sie seien vom zeitlichen Standpunkt des Todes mit Christus in der Taufe ausgesagt und hätten somit nur logische Kraft. Aber das geht deshalb nicht, weil Paulus ja an Christen schreibt, die getauft sind. In dieser Form wären die Aussagen nur unmittelbar während des Taufaktes möglich, während der Täufling noch unter Wasser ist. Vor allem aber hält Paulus überall das Futur so streng bei, daß man es nur als eine sehr bewußte Absicht verstehen kann. Daraus folgt dann allerdings, daß die Deuteropaulinen Kol./Eph. Paulus an einem sehr wesentlichen Punkt nicht mehr verstehen. Dennoch geben sie den eschatologischen Vorbehalt des Paulus nicht völlig preis, wie wir anläßlich Eph. 1,21 und 2,7 schon hervorgehoben haben.

nachgeahmt werden soll, wird nie an den Menschen Jesus gedacht. Was Demut heißt, kann der Christ daran erkennen, daß Christus auf seine göttliche Würde verzichtete und gleich wie ein anderer Mensch wurde (Phil. 2,5 ff.; 2. Kor. 8,9).

Das legt den Verdacht nahe, daß der ganze Vorstellungsbereich kultischen Ursprungs ist. Historische Anschauung von Jesu Verhalten steht nicht dahinter, wenn Paulus von Mimesis Christi spricht. Das bedeutet schließlich, daß die existentialen σὺν-Χριστῷ-Aussagen vermutlich aus den sakramentalen zu erklären sind, nicht aber von den eschatologischen.

Die von Paulus korrigierte und existentiell interpretierte Mimesis-Vorstellung kommt in den Deuteropaulinen Kol./Eph. deutlicher zutage, weil nun auch die Auferstehung und die Versetzung in die Himmel in das sakramentale Geschehen eingeschlossen sind. Freilich läßt auch Eph. erkennen, daß er diese Tradition nicht ungebrochen zu übernehmen vermag. Die existentielle Deutung der Mimesis ist allerdings bei ihm nicht mehr zu finden.

Ist unsere Deutung von 2,7 richtig, dann würde auch Eph. den eschatologischen Vorbehalt anmelden. Doch hat der eschatologische Vorbehalt anders als bei Paulus nicht die Funktion, die Gegenwart als die Zeit des Gekreuzigten zu interpretieren, sondern nur eine noch größere Herrlichkeit in Aussicht zu stellen. Gemeinsam mit Paulus[63] wird die Sichtbarkeit des neuen Lebens in den Wandel verlegt. Die ganze Stelle 2,8–10 klingt überhaupt gut paulinisch[64] wie eine Zusammenfassung seiner Rechtfertigungslehre.[65] Auffällig ist nur die eigenartige Verselbständigung der Werke. Schon der Plural ist ohne Analogie in den echten Paulinen, erst recht der Gedanke der Präexistenz der Werke. Die Christen sind eine neue Schöpfung, um die von Gott her bereiteten Werke zu tun.[66] Was eben noch paulinisch klang, entpuppt sich nun als eine moralisierende Verengung. Gewiß hat Paulus vom Werk als der Frucht des Glaubens gesprochen, aber nie als Zweck der neuen Schöpfung. Die Liebe ist Frucht der Rechtfertigung, aber nicht ihr Zweck. Die Rechtfertigung ist hier nicht mehr als ein eschatologisches Ereignis verstanden, sondern als Schöpfung eines neuen Menschengeschlechts, das gute Werke tun soll. An keiner Stelle wird so deutlich wie hier, daß pau-

---

[63] Paulus wird allerdings kaum der Schöpfer dieser Verbindung gewesen sein; vgl. N. Gäumann, Taufe und Ethik, S. 65 f.

[64] Deshalb sehen manche Exegeten gerade in dieser Stelle den stärksten Beweis für die Paulinische Verfasserschaft des Eph. So Gaugler, Der Epheserbrief, S. 99.

[65] Vgl. Röm. 2,17.23; 1. Kor. 1,29 ff.; 3,21; 4,7; Phil. 3,3; Röm. 4,2; Gal. 6,4; Röm. 3,27.

[66] Auch Percy, Probleme, S. 275 f., muß zugeben, daß der hier vorliegende Gedanke ohne paulinische Analogie ist. Die nächste sachliche Parallele findet sich 4. Esra 8,52, wo allerdings die Übersetzung umstritten ist: „für euch ... sind die guten Werke geschaffen" (perfecta est bonitas). Gegen diese Übersetzung vgl. Percy, Probleme, S. 276, Anm. 29. Schlier, Kommentar, S. 117, lehnt eine Beziehung zu diesem Gedanken ab.

linische Formulierung nicht heißen muß, daß noch paulinisch gedacht wird. Dieselbe moralisierende Verengung der Rechtfertigungslehre findet sich auch in den Pastoralbriefen (vgl. etwa 2. Tim. 2,21) und im 1. Clemensbrief (32,4).

Eph. scheint aber noch an einer anderen Konsequenz der Wirkung der Taufe zu liegen. Vers 11 (διό) knüpft an die vorherigen Aussagen an und wertet das σύν ekklesiologisch aus. Uns allen, Juden- und Heidenchristen, ist das in der Taufe widerfahren, darum erinnert euch... Die letzte Intention des Eph. ist also nicht eine sakramentale, sondern eine ekklesiologische. Das bestärkt noch einmal die Vermutung, daß Eph. in 2,4–7 zitiert, weil sich seine ekklesiologischen Konsequenzen nur auf einem Umweg aus dieser Taufanschauung ziehen lassen.

4. Eph. 2,14–18

Auch für diesen Text ergibt sich mit großer Wahrscheinlichkeit, daß ein Hymnus verarbeitet wurde.[67] Äußere Kriterien dafür sind das rezitative γάρ in Vers 14 und das im Zusammenhang unkorrekte ἡμῶν (Vers 14),[68] das für einen Hymnus charakteristisch ist.

Der Text bietet außerdem sachlich einige so merkwürdige Probleme, die sich nur einigermaßen bewältigen lassen, wenn man die Bearbeitung eines vorgegebenen Textes annimmt.

1. Die Aussagen des Textes bewegen sich ständig zwischen zwei Ebenen, einer kosmischen, wo von der Vernichtung der Feindschaft der himmlischen Mächte gesprochen wird, und einer geschichtlichen, wo es um die Versöhnung zwischen Heiden- und Judenchristen in der einen Kirche geht.

2. Terminologisch zeigt sich das daran, daß einmal neutrisch von τὰ ἀμφότερα (Vers 14), das andere Mal maskulinisch von οἱ δύο (Vers 16) bzw. οἱ ἀμφότεροι (Vers 18) gesprochen wird.

3. Die merkwürdige Stellung von καὶ ἐλθὼν εὐηγγελίσατο. Der nächstliegende Sinn ist doch, daß es sich um die Charakterisierung seiner irdischen Botschaft handelt. Jesus ist auf Erden gekommen, um Frieden zu verkündigen. Da aber in den Versen vorher schon vom Kreuzestod gesprochen wird, hegte man Zweifel an dieser Deutung. Entweder dachte man an die Wiederkunft Christi im Geist zu Pfingsten in der Predigt der Apostel[69] oder an eine nachträgliche Zusammenfassung der Verse 14–18 „und so kam er, um zu

---

[67] Trotz des Protestes von Deichgräber, Gotteshymnus, S. 165–167, gegen Schille, Frühchristliche Hymnen, S. 24ff. Das Recht der Einwände Deichgräbers besteht darin, daß Schille Partien zu dem Hymnus rechnet, die wahrscheinlich Glossen des Eph. sind. Auch Sanders, Hymnic elements, nimmt an, daß in 2,14–18 ein vom Verfasser glossierter Hymnus vorliegt, rechnet aber nur bis Vers 16 damit.

[68] Gerade nach den Versen 11–13 wäre ein sehr betontes ὑμῶν zu erwarten.

[69] Vertreter dieser Auffassung siehe bei Schlier, Kommentar, S. 137.

verkündigen".[70] Schlier, der das Unbefriedigende dieser Auslegungen deutlich empfindet, schlägt eine andere Deutung vor: „Man kann nämlich Vers 17 auch dahin verstehen, daß in ihm von der Auffahrt des gekreuzigten Erlösers die Rede ist, die zugleich seine Offenbarung darstellt."[71] Schlier vermißt nämlich in dem Text die Rückkehr des Erlösers, wie sie in 4,8–10 beschrieben wird. Er denkt dabei an 1.Petr.3,19 τοῖς ἐν φυλακῇ πνεύμασιν πορευθεὶς ἐκήρυξεν und an andere Stellen, wo von der Offenbarung des Auferstandenen vor den Mächten gesprochen wird.[72]

Jedoch vermag auch diese Auslegung nicht zu überzeugen, denn die Adressaten der Verkündigung sind nicht die Mächte oder die gefangenen Seelen, sondern die Menschen auf der Erde.

Darum scheint mir die beste Lösung zu sein, die vorherige Erwähnung des Kreuzestodes als Glosse des Eph. zu verstehen und die sprachlich nächstliegende Deutung auf die Verkündigung des Irdischen beizubehalten. Rechnet man also die Erwähnung des Kreuzestodes und außerdem die Anwendung auf das Verhältnis von Heiden- und Judenchristen zur Glossierung des Eph., dann stellen sich als möglicherweise ursprüngliche Teile des Hymnus folgende Zeilen dar:

(1) Αὐτός ἐστιν ἡ εἰρήνη ἡμῶν
    ὁ ποιήσας τὰ ἀμφότερα ἕν

(2) καὶ τὸ μεσότοιχον (τοῦ φραγμοῦ)[73] λύσας
    τὴν ἔχθραν καταργήσας

(3) καὶ ἐλθὼν εὐηγγελίσατο εἰρήνην
    τοῖς μακρὰν καὶ εἰρήνην τοῖς ἐγγύς.

Ist unsere Analyse richtig, dann wird man diesen Text als ein Fragment aus einem gnostischen Erlöserlied bezeichnen müssen. Es wird vorausgesetzt, daß zwischen oben und unten eine Zwischenwand besteht, daß die untere Welt Feindschaft ist, die vernichtet werden muß, und daß die Funktion des Erlösers darin besteht, die Einheit zu bringen und den Menschen Frieden zu verkündigen. Für jeden dieser Gedanken gibt es zahlreiche Belege.[74]

---

[70] Ch.Masson, L'Epître de saint Paul aux Ephésiens, zur Stelle.

[71] Schlier, Kommentar, S.137.

[72] Die anderen Stellen können m.E. überhaupt nicht herangezogen werden, weil da nicht Christus verkündigt, sondern er den Mächten in seiner herrscherlichen Stellung offenbart wird (Ign. Eph. 19,1ff.; Od. Sal. 41,11ff.; Asc. Jes. 11 u.a.).

[73] Ist dieser Genetivus epexegeticus im Sinne des Zaunes des Gesetzes zwischen Heiden und Juden zu verstehen?

[74] Schlier, Christus und die Kirche, S.18–26, bringt Belege. Sie stammen aber zum großen Teil aus mandäischen Quellen, sind auch nicht immer sehr glücklich geordnet und mit der These vom Urmensch-Erlöser gekoppelt. Es scheint darum sinnvoll, eine kleine Auswahl aus früheren gnostischen Quellen zu bringen.

a) Die Zwischenwand

Die absolute Trennung zwischen der oberen Lichtwelt und der unteren Finsterniswelt ist der Ausgangspunkt des gnostischen Denkens. Zwischen dem wahren Himmel, der Heimat des Gnostikers, und der Erde mit ihren unteren himmlischen Herrschern ist eine scharfe Trennung gezogen. Sehr unterschiedlich wird nur berichtet, wie es zu dieser Trennung gekommen ist. Nach dem Anfang der Titellosen Schrift (NHC II,5 pl.146,11–23) ist der Vorhang eine Art Fehlgeburt der Sophia. Nach den Valentinianern ist die Grenzmauer ein Werk des Pleromas, um das Mangelhafte (d.h. das von der Sophia Abgesonderte) aus der Lichtwelt auszuschließen (Iren. I,2,4). Die Mauer kann aber auch vom Demiurgen gezogen sein, entweder um seine Herrschaft vor einem Eingriff von oben zu schützen oder um die Pneumatiker an ihrem Aufstieg zu hindern. Bei dieser letzten Form ist zu bedenken, daß jeder der Archonten seinen eigenen Himmel hat, den er absichert. Der Wahn des Demiurgen, außer ihm gäbe es keinen anderen Gott, hat seinen Grund darin, daß er die Grenze seines Firmaments für die absolute Grenze hält (Hipp. El. VII,23,3).

Eine Rückkehr des Gnostikers in seine wahre Heimat ist nur möglich, wenn er weiß, wie er an den Wächtern, die die einzelnen Himmel bewachen, vorbeikommt.[75] Aber dieses Wissen gewinnt der Gnostiker nicht aus sich selbst, sondern es muß ihm von außen mitgeteilt werden, d.h., daß der „Erlöser" selbst erst von oben die Trennwände durchbrochen hat,[76] um die Gnosis zu verkünden.

Man darf also mit guten Gründen behaupten, daß das Lösen der kosmischen Zwischenwand als Anfang des Erlösungsgeschehens ein typisch gnostischer Gedanke ist.

b) Die Wiederherstellung der Einheit

Auch hier handelt es sich um einen typisch gnostischen Gedanken. Der Anfang des Falls des Menschen ist seine Trennung, wofür die Zweigeschlechtlichkeit der deutlichste Ausdruck ist. „Als Eva (noch) in Adam war, gab es keinen Tod. Als sie sich von ihm trennte, entstand der Tod. Wenn sie (aber)

---

[75] Die ganze 1. Jakobusapokalypse, NHC V,3, ist eine Offenbarung Jesu an Jakobus, wie er den Aufstieg durch die Himmel der Archonten in den Ort der Ruhe bewerkstelligen kann. Dabei werden ihm auch „Passworte" mitgeteilt, die er zu den Archonten sprechen soll (p.33,21ff.). Dieselben Worte gebrauchen die Markosier (Iren. I,21,5); vgl. auch das Diagramm der Ophiten bei Origenes c. Cels. VI,31. Auch EvThom NHC II,2 50 ist eine solche Passformel überliefert.
[76] Silv NHC VII,4 p.104,7f. „und ihre (scil. der Hölle) Torbögen durchbrach er gänzlich." Zu dem Durchbrechen der Zwischenwände gehört häufig auch das Verwandlungsmotiv. Der Sotēr nimmt beim Abstieg jeweils die Gestalt und das Aussehen der Sphäre an, die er durchschreitet; vgl. z.B. Iren. I,30,12: „Er steigt ab durch die sieben Himmel, wurde ihren Söhnen ähnlich und entleerte sie allmählich ihrer Kraft, denn die gesamte Lichtbenetzung floß ihm zu."

wiederum in ihn eingeht und er sie bei sich aufnimmt, wird es keinen Tod
mehr geben" (EvPhil NHC II,3 71). Auf die Frage der Jünger, wann sie in
das Königreich eingehen werden, antwortet Jesus: „Wenn ihr die zwei zu
einem macht..." (EvThom NHC II,2 22; vgl. auch 106 und 114). Eine besonders schöne Parallele zu unserem Text ist EvPhil NHC II,3 78: „Hätte
sich die Frau nicht vom Mann getrennt, würde sie nicht zusammen mit dem
Mann sterben. Die Trennung von ihm ist der Anfang des Todes. Deshalb
ist Christus gekommen, damit er die von Anfang an bestehende Trennung
beseitigte und sie beide wieder vereinige und denen, die in der Trennung gestorben sind, Leben gebe und sie vereinige." So sagt auch die Sophia in der
Schrift Nebront (NHC VI,2) wieder in der typischen Form der complexio
oppositorum von sich „Ich bin die Vereinigung und die Auflösung". Clemens
Alexandrinus teilt uns aus einer Schrift des Gnostikers Epiphanes, Über die
Gerechtigkeit, wesentliche Gedanken mit.[77] Der Grundgedanke dieser
Schrift ist, daß Gerechtigkeit Gleichheit ist und darum die Aufhebung aller
Unterschiede das Anliegen sein muß. Die Unterschiede sind das Werk des
Demiurgen.

c) Die Vernichtung der Feindschaft

Die Bezeichnung der unteren Archontenwelt als Feindschaft ist so geläufig, daß dafür keine besonderen Belege gegeben werden müssen. Die Vernichtung der feindlichen Mächte wird meist so gedacht, daß durch die Rück-
kehr der Gnostiker in das Pleroma dem Demiurgen und seiner Welt das
Pneuma entzogen wird, dem sie letztlich doch ihre Existenz verdanken
(Iren. I,30,14; I,7,1). Vor allem der Schluß der Titellosen Schrift (UW NHC
II,5 pl. 173,32 ff.) zeigt, was der Verlust des Lichtes für die Archontenwelt
bedeutet. Sie fangen an, gegeneinander zu wüten, und zuletzt vernichtet der
Archigenetor sich selbst. Derselbe Gedanke findet sich auch in der Schrift
„Die Erkenntnis des Verstandes" (Noēma NHC VI,4).

Weil also durch die Rückkehr des ersten Lichtteils aus dieser Welt der
Anfang vom Ende für die feindliche Archontenwelt schon gekommen ist,
kann auf sie schon zurückgeblickt werden: du hast die Feindschaft vernichtet.

d) Das Zitat Jes. 57,19

Hierzu gibt es eine sehr schöne Parallele, von der allerdings nicht ganz
sicher ist, ob sie von Eph. unabhängig ist. Ich vermute aber, daß diese Stelle
zur sogenannten Grundschicht der Naassenerpredigt gehört, die mit alttestamentlichen Zitaten arbeitet. Hipp. El. V,8,22: „Der Name Papas gehört
allen Himmlischen, Irdischen und Überirdischen, welche rufen: Beende, beende das Chaos der Welt und schaffe Frieden den Fernen, d. h. den Hylikern

---

[77] Clem. Alex., Stromata III,6,1—9,3.

und Choikern, und Friede den Nahen, d.h. den pneumatischen und einsichtsfähigen vollkommenen Menschen." Ist die Stelle aber doch von Eph. 2,17 beeinflußt, so könnte man sagen, daß der in Eph. 2,17 vorhandene kosmisch-gnostische Sinn von der Naassenerpredigt gut herausgehört wurde.

Bei der Annahme, daß Eph. hier Fragmente eines gnostischen Erlöserliedes verwendet und glossiert hat,[78] lösen sich die sachlichen Schwierigkeiten des Textes. Die kosmische Ebene ist die des ursprünglichen Hymnus, die ekklesiologisch geschichtliche die des Eph. Im einzelnen bleibt die Rekonstruktion natürlich sehr unsicher. Die Vernichtung des Gesetzes[79] könnte ohne weiteres auch in dem ursprünglichen Hymnus gestanden haben.[80] An dem Wortlaut der Rekonstruktion liegt auch nicht viel. Wichtig ist nur die Erkenntnis, daß zur Lösung der sachlichen Probleme die Annahme der Bearbeitung eines Fragments aus einem gnostischen Erlöserlied eine fruchtbare Arbeitshypothese ist.

Die Übernahme und Interpretation eines solchen Erlöserliedes ist äußerst lehrreich, zeigt sie doch, daß in der Gemeinde des Eph. schon gnostische Gedanken Gestalt gewonnen haben. Eph. scheint ihnen nicht völlig ablehnend gegenüberzustehen, denn sonst würde er einen solchen Hymnus nicht aufnehmen. Das wird sich noch einmal in Teil VII bestätigen.

Andrerseits zeigt die Uminterpretation, daß Eph. sich auch nicht völlig

---

[78] Percy, Zu den Problemen des Kolosser- und Epheserbriefes, ZNW 43, 1950/51, S. 188, Anm. 36, hat gegen die Ableitung dieses Stückes aus der Gnosis heftig protestiert. Das relative Recht seiner Einwände gegen Schlier besteht darin, daß Schlier vom Urmenschmythus ausgehend teilweise die einzelnen Bestandteile des Textes so unglücklich kombiniert, daß Percy ihm vorwerfen kann, daß er dafür keine Belege finden könne. „Übrigens habe ich niemals in gnostischen Texten die Vorstellung gefunden, daß die Wiedervereinigung zwischen den Seelen und der göttlichen Welt dadurch zustande komme, daß der Erlöser die beide Welten trennende Mauer zerstört habe: auch die dämonischen Mächte wohnen ja in der unteren Welt! Die Wiedervereinigung der Seelen mit ihrer göttlichen Heimat kommt nach typisch gnostischer Auffassung vielmehr durch die Offenbarung des Erlösers zustande. Endlich findet sich der Gedanke, daß der Erlöser die Seelen in sich vereinigt und in das Pleroma emporführt m. W. nur bei den Valentinianern..." Bei unserer Interpretation von der Gnosis her entgehen wir diesen Schwierigkeiten. Ich hoffe auch, daß die Belege zu jedem Punkt so klar sind, daß das Verständnis des Fragments sich von ihnen her klar erschließt.

[79] Einige denken konkret bei der „Mauer" an die im Tempel zu Jerusalem, die den Vorhof der Heiden vom Innern des Tempels trennte. So Sahlin, Die Beschneidung Christi, S. 13, 17; C. P. M. Jones, The Calling of the Gentiles, Studies in Ephesians, S. 83. Aber sicher ist diese Deutung nicht, Eph. denkt doch wohl eher an die Thora als Ganze. Goodspeed, Meaning, S. 37; Key, S. VII, der ebenfalls an die Tempelmauer denkt, will aus dieser Stelle die Abfassungszeit des Eph. nach 70 erschließen, denn Eph. könne doch so erst sprechen, nachdem der Tempel zerstört ist.

[80] Daß das jüdische Gesetz auf den bösen Archonten zurückgeht, ist ein geläufiger gnostischer Gedanke; vgl. Iren. I, 24, 5; Epiphanes bei Clem. Alex., Stromata III, 6, 1 bis 8, 3 scheidet scharf zwischen Gott und dem Gesetzgeber. Marcion hat diesen Gedanken besonders schroff vertreten: „Jesus kam, um die Propheten und das Gesetz und alle Werke des Gottes aufzulösen, der die Welt geschaffen hatte, und den er (scil. Marcion) auch Kosmokrator nannte" (Iren. I, 27, 2).

mit diesen Gedanken zu identifizieren vermag. Wieder zeigt sich der nun schon öfters beobachtete Zug, eine kosmische Christologie zwar aufzunehmen, sie aber ekklesiologisch zu interpretieren. Die kosmische Christologie ist nur der Ausgangspunkt, wesentlich ist ihm aber der Gedanke, daß die Versöhnung des Kosmos jetzt schon in der Einheit der Kirche Gestalt gewonnen hat.

Noch in einem weiteren Punkt unterscheidet sich Eph. deutlich von der gnostischen Christologie. Unaufgebbar ist ihm die Heilsbedeutung des Todes Christi. Gerade an diesem Punkt hat die Gnosis immer die größten Schwierigkeiten gehabt, weil innerhalb ihres Systems der Tod Christi keine positive Funktion gewinnen konnte. Der Tod Christi hat nur die Funktion der Rückkehr in das Pleroma, seine pneumatische Substanz kann gar nicht leiden oder sterben. Darum ist sein Leiden nur scheinbar. So sagt es schon Simon Magus (Iren. I,23,3).

Einige Texte mögen es besonders veranschaulichen:

Iren. I,24,4 (Basilides): „Daher litt er auch nicht, sondern ein gewisser Simon von Cyrene, der gezwungen war, für ihn das Kreuz zu tragen. Und diesen kreuzigte man unwissentlich und irrtümlich, nachdem er von ihm (d. h. von Christus) verwandelt worden war, so daß es schien, er selbst sei Jesus. Jesus selbst aber nahm die Gestalt Simons an und stand dabei, um sie zu verlachen."[81]

2LogSeth NHC VII,2 p.55,30–56,19: „Mein Tod nämlich, von dem sie dachten, daß er ihnen gelungen wäre, besteht nur in ihrem Irrtum und ihrer Blindheit, während sie ihren Menschen an ihren Tod hefteten. Denn ihre Ennoiai sahen mich nicht. Denn sie sind taub und sie sind blind. Indem sie das aber tun, richten sie sich (selbst). Mich fürwahr bestraften sie ⟨nicht⟩. Ein anderer, nämlich ihr Vater, war jener, der die Galle und den Essig trank. Ich war es nicht, auf den sie mit dem Rohr schlugen. Ein anderer war es, der das Kreuz auf seinem Rücken trug, d. h. Simon. Ein anderer war es, dem sie die Dornenkrone aufs Haupt setzten. Ich aber triumphierte in der Höhe über den ganzen Reichtum der Archonten und den Samen ihres Irrtums und ihres eitlen Denkens; und ich lachte über ihre Unwissenheit."

Jesu Tod hat bestenfalls den Sinn, das Pneumatische und das Hylische voneinander zu scheiden (Hipp. El. VII,27,10).[82] Typisch ist die Vorstellung, daß Christus sich vor dem Kreuzestod von Jesus trennt (Iren.I,30,13).

---

[81] Vgl. auch Kerinth, Iren. I,26,1 (= Hipp. El. VII,33). Interessant und aufschlußreich ist eine Stelle, wo zwar korrekt das Credo zitiert wird, aber dann nachträglich wieder aufgehoben wird: „Unser Erleuchter Jesus [kam] herab und wurde aufgehängt. Und er trug eine Dornenkrone und zog ein Purpurgewand an. Und er wurde ans Holz ge[hängt] und in [einem G]rabe bestattet. Und er erstand auf von den [To]ten. Meine Brüder, Jesus ist diesem Leiden fremd!" (EpPetr NHC VIII,2 p.139,15–22).

[82] Vgl. auch die Kainiten Iren. I,31,1: Judas vollzog das Mysterium des Verrats. Der Sinn dieses Mysteriums ist, die Scheidung zwischen Pneuma und Sarx herbeizuführen.

Sehr schön ist dieser Gedanke in der Baruchgnosis ausgedrückt: Naas ergrimmte gegen Jesus, weil er ihn nicht verführen konnte, und ließ Jesus kreuzigen. „Er aber ließ Edems Leib am Holz zurück und stieg auf zu dem Guten. Er sprach aber zu Edem: ‚Weib, da hast du deinen Sohn, d. h. den psychischen und irdischen Menschen', das Pneuma aber gab er in die Hände des Vaters..." (Hipp. El. V,26,31).

Erst bei den Valentinianern läßt sich beobachten, daß sie wenigstens teilweise dem Tod Jesu eine echte Heilsbedeutung zuschrieben. Für die Pneumatiker braucht Jesus nicht zu sterben, weil sie notwendigerweise errettet werden, aber für die mittlere Klasse, die Psychiker, kann sein Tod zur wahren Errettung werden. Auch im EV (NHC I,2) findet sich eine Synthese gnostischer Gedanken mit der kirchlichen Kreuzestheologie,[83] was aber nicht als typisch gelten kann.[84]

Auf Grund dieses Befundes wird man sagen können, daß die Erwähnung des Kreuzestodes kaum zu dem ursprünglichen Lied gehört haben wird, sondern auf Eph. zurückgeht, der unter dem Einfluß der paulinischen Theologie die Kreuzestheologie zu Wort kommen läßt.

Dennoch hat das Kreuz im Eph. eine wesentlich andere Bedeutung als bei Paulus. Es hat die Funktion eines Korrektivs, aber es ist nicht mehr das Zentrum seiner Christologie. Die gemeinsame Basis des Eph. mit der in diesem Erlöserlied vertretenen Christologie besteht darin, daß die kosmische Erlösung auch der Ausgangspunkt seines Denkens ist. Der Unterschied besteht aber darin, daß Eph. sie ekklesiologisch interpretiert und dem Kreuzestod innerhalb des kosmischen Geschehens soteriologische Relevanz zuerkennt.

5. Eph. 4,5f.

In Eph. 4,1–16 geht es Eph. um die Zuordnung der Ämter der Kirche, die alle zur Auferbauung des Leibes dienen sollen. Für 4,5f. kann vermutet wer-

---

[83] EV NHC I,2 p. 19,34—20,27, jedoch hat man auch hier den Eindruck, daß Disparates miteinander verbunden ist; vgl. H.-M. Schenke, Die Herkunft des sogenannten Evangelium Veritatis, S. 36, Anm. 1 a.

[84] Ganz rätselhaft ist allerdings die Melchisedekschrift aus NHC IX. Sie ist aber so verstümmelt, daß man aus den kleinen Fragmenten den Gesamtsinn nicht mehr rekonstruieren kann. Eines der Fragmente scheint völlig überraschend für eine gnostische Schrift pointiert antidoketische Aussagen zu machen: „(Es) werden (Leute) auftreten in seinem (Jesu)Namen und über ihn sagen:

er ist unge[bo]ren,	wo er doch ge[bo]ren ist;
er ißt [nicht],	wo er doch iß[t];
[er] trinkt nicht,	wo er doch trinkt;
er [i]st unbeschnitten,	wo er doch beschnitten ist;
er ist unfleischlich,	wo er doch ins Fleisch gekommen ist;
er hat sich nicht dem Leiden unterworfen,	wo er sich doch dem Leiden unterworfen hat;

den, daß Eph. hier eine Variante der *Eἵς*-Formel aufgreift.[85] Schlier[86] spricht von einem psychologischen Zwang, doch scheint mir näher zu liegen, daß der Zwang geprägter Formulierung waltet.

Die Vorgeschichte dieser Formel ist ungefähr geklärt.[87] Von Haus aus dürfte es sich um eine stoische Formel handeln. Ein noch älterer Beleg ist das Orphische Fragment 168. Für die Stoa hat Dibelius den schönen Beleg aus Mark Aurel VII,9,2 gebracht: „Denn die Welt ist eins aus allem und Gott einer durch alle und ein Wesen und Gesetz, ein gemeinsamer Logos aller einsichtsfähigen Lebewesen und eine Wahrheit...“[88]

Die pantheistischen Einheitsformeln, die ihrerseits ebenfalls mit der von uns ausführlich behandelten Allgott-Vorstellung in Verbindung stehen, hat das Judentum aufgegriffen und auf die Heilsgüter angewandt. Vor allem die Gleichung „ein Gott = ein Tempel“ scheint eine beliebte Anwendung des Gedankens gewesen zu sein. So heißt es bei Philo spec leg I,67: „Der Gesetzgeber hat angeordnet..., daß es nur einen Tempel geben dürfe, da es auch nur einen Gott gibt.“ Derselbe Gedanke findet sich auch bei Josephus c.Ap.II,23: „Weil immer gleiches zu gleichem paßt, soll der eine Gott auch nur einen Tempel haben, der das gemeinsame Eigentum aller ist, wie sie alle denselben Gott verehren.“[89]

Die kultische Anwendung der Einheitsformel ist also schon jüdisches Erbe. Verwandte Einheitsformeln finden sich im Neuen Testament in Röm.9,5; 11,36; 1.Kor.8,6; 10,17; 1.Tim.2,5. In ähnlicher Weise auf die Kirche bezogen findet sich eine solche Einheitsformel in Herm. Sim. IX,18,4 (= 95,4). Nach der Entfernung der Sünder wird die Kirche ein Leib der Gereinigten sein, „ein Leib, ein Gedanke, ein Sinn, ein Glaube, eine Liebe“.[90]

Man wird also damit rechnen dürfen, daß Eph., durch das Stichwort „ein Leib“ veranlaßt, eine ihm aus der Liturgie seiner Gemeinde vertraute *Eἵς*-Formel mitzitiert hat. Freilich liegt ihm nicht in erster Linie an dem darin ausgesprochenen Credo, sondern an der praktischen Anwendung, der sich aus ihr mit unbedingter Notwendigkeit ergebenden Koordination aller Gaben und Ämter in der einen Kirche.[91]

---

er ist nicht auferstanden von [den] Toten   wo er doch auferstanden ist v[on] [den] Toten“ (Melch NHC IX,1 p.5,1–11).

[85] Vgl. dazu E.Peterson, *ΕΙΣ ΘΕΟΣ*, Epigraphische, formgeschichtliche und religionsgeschichtliche Untersuchungen, 1926, S.214f., 254ff.

[86] Schlier, Kommentar, S.185.

[87] Siehe M.Dibelius, Die Christianisierung einer hellenistischen Formel, in: Botschaft und Geschichte II, S.14–29, wo sich auch alle folgenden Belege finden.

[88] Vgl. für die Hermetik CH XI,11: „Du bekennst, daß die Welt immer eine ist, daß es eine Sonne, einen Mond und eine Göttlichkeit gibt, und willst (behaupten), daß Gott das Glied einer Reihe sei?“

[89] Zitiert nach der Übersetzung von H.Clementz, Flavius Josephus, Kleinere Schriften, Köln 1960, S.178; vgl. auch Antiquitates IV,8,5: „In keiner Stadt soll ein Altar oder ein Tempel sein, denn Gott ist einzig und einzig das Geschlecht der Hebräer.“

[90] Eine wohl nur unbewußte Aufnahme der Formel findet sich auch Ign. Magn. 7,2.

[91] Eph. den Vorwurf zu machen, er habe die Pan-Formel mißverstanden (so Wagen-

6. Eph. 4,8

Ob Eph. 4,8 ein direktes Zitat aus dem Alten Testament (Ps. 68,19/ LXX 67,19) oder aus einer Testimoniensammlung ist, die schon ihrerseits das alttestamentliche Zitat uminterpretierte, ist nicht sicher zu entscheiden. Wegen der starken Veränderungen gegenüber der Psalmstelle ist zunächst die Vermutung nicht abwegig, daß Eph. gar nicht die Psalmstelle direkt im Sinn hat, sondern eine schon geprägte Tradition aufgreift. Ps. 68 ist ein Triumphlied von Jahwes Einzug als Herrscher,[92] der Gefangene macht und von den Unterworfenen Gaben annimmt.

Die Veränderungen in der ersten Zeile gegenüber dem Septuagintatext sind noch nicht einmal so schwerwiegend, weil auch die Septuaginta-Überlieferung hier nicht einheitlich ist.[93] Die Umkehrung des Sinns in der zweiten Zeile ist etwas problematischer. Sie findet sich aber auch in einer rabbinischen Tradition (Targum zu Ps. 68,19): „Du bist zum Himmel emporgestiegen, das ist Mose, der Prophet. Du hast Gefangenschaft gefangengeführt, du hast die Worte der Tora gelernt, du hast sie den Menschenkindern als Gaben (Geschenke) gegeben...“[94]. Die Möglichkeit, auf Grund solcher Traditionen die Stelle doch als direktes Psalmzitat zu verstehen, ist also gegeben. Doch scheint mir näher zu liegen, daß sich die Stelle schon verselbständigt hat und ein in der Gemeinde verwendetes Testimonium war.

Wichtiger ist, wie Eph. die Stelle verwendet. Er versteht das Wort als Beschreibung des Abstiegs und Aufstiegs des Erlösers, der als Gabe den Menschen die Geistesgaben schenkt, wie sie in den Ämtern der Apostel, Propheten, Evangelisten, Hirten und Lehrer lebendig sind. Welche Bedeutung das für die Amtsauffassung des Eph. hat, haben wir schon gesehen. Hier sei nur wieder auf die Struktur des Denkens des Eph. hingewiesen, kosmisch christologische Aussagen[95] ekklesiologisch zu interpretieren.

---

führer, Bedeutung Christi, S. 49f., 73), ist ungerechtfertigt, denn es handelt sich um praktische Anwendung, nicht um Mißverständnis.

[92] Ps. 68 läßt sich allerdings formgeschichtlich schwer unter eine Kategorie bringen, doch dürfen wir dieses Problem auf sich beruhen lassen; vgl. H.-J. Kraus, Psalmen I, S. 468 ff.

[93] Vgl. dazu den textkritischen Apparat in der Ausgabe von Rahlfs, Band II, S. 69.

[94] Billerbeck III, S. 596. Interessant ist, daß die rabbinische Tradition die Stelle „durchgängig auf Mose gedeutet“ hat. Das könnte eine frühzeitige christologische Interpretation erleichtert haben.

[95] Der Abstieg εἰς τὰ κατώτερα μέρη τῆς γῆς bezieht sich, wie der Zusammenhang zeigt und wie Schlier, Kommentar, S. 192f., und mit ihm die meisten neueren Exegeten, vgl. ebd. S. 192, Anm. 2, auf die Inkarnation, nicht auf einen descensus ad inferos (so die meisten früheren Exegeten, vgl. Schlier, Kommentar, S. 192, Anm. 4; heute wird diese Auffassung noch von einigen angelsächsischen Forschern vertreten; z.B. Goodspeed, Meaning, S. 54f.; Key, S. VI; Mitton, Epistle to the Ephesians, S. 22, 239f.).

7. Eph. 5,2

Eph. 5,1 f. bildet den Abschluß des zweiten Teils der Paränese[96] (4,25–5,2)
und stellt ihre theologische Begründung dar. Sie geschieht hier durch den
Mimesis-Gedanken. Eph. 5,1 ist die einzige Stelle im Neuen Testament, wo
von einer Mimesis Gottes gesprochen wird. Diese dem jüdischen Denken
völlig fremde Mimesisterminologie findet sich nur an drei Stellen in der Sep-
tuaginta (Sap. Sal. 4,2; 15,9; 4. Makk. 9,23), und da nicht einmal in Beziehung auf Gott. Die Mimesis-Terminologie mag durch die Popularphilosophie
in das hellenistische Judentum eingedrungen sein. Die Vorstellung von einer
Mimesis Gottes aber war für das Judentum unvollziehbar. Es gibt keine Ge-
schicke Jahwes, die der Gläubige an sich erfahren könnte, um vergottet zu
werden. Wo die Mimesis-Terminologie doch eindringt, so hat sie nur noch
einen so allgemeinen Sinn, daß ihr Ursprung gar nicht mehr deutlich ist.
Sap. Sal. 4,2 ist es die Tugend, die man nachahmt; 15,9 ist μιμεῖσθαι sogar
sensu malo gemeint: der Töpfer, der Götterbilder herstellt, ahmt den Erz-
gießer nach. 4. Makk. 9,23 fordert der älteste der Eleazorsöhne seine Brüder
auf, ihn nachzuahmen. Von einer Nachahmung Gottes ist also nicht einmal
im hellenistischen Judentum die Rede. Erst in späterer Zeit finden sich dafür ganz vereinzelt ein paar Belege. So wird von Abba Schaul in Schab 113 b
zitiert: „Wir wollen ihm gleichen; wie er barmherzig und gnädig ist, so sei
auch du barmherzig und gnädig." Nur in einer so abgeblaßten Form war es
für das Judentum möglich, einmal von der Nachahmung Gottes zu reden.
Aller Wahrscheinlichkeit nach sagt auch Eph. 5,1 nicht mehr: Die Mimesis
Gottes besteht darin, wie er zu vergeben (4,32).[97]

Eph. erläutert die Mimesis Gottes an der Liebe Christi, wodurch der
Mimesis-Gedanke noch einmal christologisch gebrochen wird. Die Liebe
Christi zeigt sich in seiner Hingabe für uns als Opfer.[98]

Wahrscheinlich nimmt Eph. auch hier geprägte Formulierung auf, da
der ethische Vergleichspunkt durch den Opfergedanken überschritten wird
und die Sühnopfer-Christologie gar nicht in die sonstigen christologischen
Aussagen des Eph. gehört. Es dürfte sich um ein Relikt aus der frühesten
liturgischen Tradition der judenchristlichen Gemeinde handeln.

8. Eph. 5,14

An dieser Stelle ist es glücklicherweise unnötig, den Nachweis zu führen,
daß ein Zitat vorliegt. Unklar ist allerdings, woher das Zitat stammt. Sicher

---

[96] So mit Schlier, Kommentar, S. 223, der ebenfalls die Zäsur nach 5,2 setzt.
[97] Die wenigen Belege für eine Mimesis Gottes bei den Apostolischen Vätern haben
ebenfalls nur eine so abgeblaßte Bedeutung; Ign. Eph. 1,2; Trall. 1,2. Diogn. 10,4–6
bemüht sich in diesem Sinn um eine Definition dessen, was Mimesis Gottes ist.
[98] Terminologisch zwischen ϑυσία und προσφορά hier zu unterscheiden, ist natürlich

dürfte sein, daß es kein sogenanntes alttestamentliches Mischzitat aus verschiedenen Stellen ist.[99] Aus den uns bekannten Apokryphen und Pseudepigraphen des Alten Testaments stammt es ebenfalls nicht. So bleiben nur
zwei Möglichkeiten. Entweder es stammt aus einer uns unbekannten jüdischen bzw. christlichen Apokalypse[100], oder es ist ein Weckruf aus der Taufliturgie.

Die Entscheidung darüber ist nur möglich, wenn man weiß, ob die ersten
beiden Zeilen ursprünglich eigentlich oder von vornherein metaphorisch
gemeint waren. Sicherheit läßt sich hier nicht erreichen, aber die Wahrscheinlichkeit, daß es sich um metaphorische Rede handelt, ist ziemlich
groß. Wenn es eigentliche Rede war, müßte man an das Endgericht denken.[101]
Nun kann man sich sehr gut vorstellen, daß in einer Apokalypse zu lesen
war, daß vor dem Gericht ein Engel auftritt, der die Toten aus dem Schlaf
weckt, um sie zur Begegnung mit dem Messias zu rufen. Dagegen spricht
nur eins, daß es nicht vorstellbar ist, daß ein solcher Ruf singularisch formuliert gewesen sein könnte. Die individualistische Fassung weist auf metaphorische Redeweise. Die dritte Zeile dagegen ist ein Bildwort.

Die einzig denkbare Situation für diese metaphorischen Imperative ist die
Taufe. Die Verwandtschaft mit dem Taufgebet in 2,4–7, wo ebenfalls die
Taufe als eine Erweckung aus dem Tode verstanden wird, liegt auf der
Hand. Die wirkliche Schwierigkeit des Verständnisses liegt in der Auf-
lösung der Metaphern.

Die eine Möglichkeit ist die ethische: „Wach auf aus deinem Sündenschlaf,
kehre um und sündige nicht mehr!"[102] Daß Eph. den Spruch ethisch in dieser

---

nicht möglich. Es handelt sich nur um liturgische Synonyma. Schwierig ist, wohin $\tau\tilde{\omega}$
$\vartheta\varepsilon\tilde{\omega}$ zu beziehen ist. Nach der Satzstellung erwartet man auf $\pi\varrho o\sigma\varphi o\varrho\acute{a}$ und $\vartheta v\sigma\acute{\imath}a$.
Schlier, Kommentar, S. 232, hält die Beziehung auf $\varepsilon\grave{\imath}\varsigma$ $\acute{o}\sigma\mu\grave{\eta}\nu$ $\varepsilon\grave{\upsilon}\omega\delta\acute{\imath}a\varsigma$ für wahrscheinlicher.

[99] Einen ausführlichen Nachweis dafür bringt B. Noack, Das Zitat in Ephes 5,14,
Studia Theologica Vol V Fasc I, Lund 1952, S. 52ff.

[100] Das letztere wäre dann noch näherliegend.

[101] So erklärt B. Noack, a. a. O., S. 62, die Stelle: „Der Hymnus handelt von der Auferstehung der Toten bei der Parusie, ist also ein eschatologischer Hymnus, dessen Worte
genaugenommen noch nie erklangen, sondern erst am Jüngsten Tage erklingen werden."

[102] So die Paraphrase von K. G. Kuhn, Der Epheserbrief im Lichte der Qumrantexte, NTS 7, 1960/61, S. 343. Für die Redeweise vom Sündenschlaf und dem Totsein
in Sünden verweist Kuhn auf Ps. Sal. 16,1–4. Die eigentliche Parallele, die das wahre
Verständnis von Eph. 5,14 erschließe, sei 1 QH III,19ff.: „Hier haben wir wirklich eine
Parallele zu dem Gedanken des $\grave{a}\nu\acute{a}\sigma\tau a$ $\grave{\varepsilon}\varkappa$ $\nu\varepsilon\varkappa\varrho\tilde{\omega}\nu$ Eph. 5,14: Einst tot in Sünden, jetzt –
in der Gemeinde – aus dem Totenreich herausgeführt" (S. 344). Für die dritte Zeile ver-
weist Kuhn auf das hebräische Verbum hophia. „Im Alten Testament bezeichnet es an
vier Stellen das strahlende Aufgehen oder Auftreten Jahwes zur Hilfe für sein Volk
(Deut. 33,2; Ps. 50,2; 80,2; 94,1). So wird es auch in CD 20,25f. gebraucht zur Bezeichnung des eschatologischen Auftretens Gottes in himmlischer Herrlichkeit zur Rettung
Israels und zur Ausrottung der Sünder: b^ehophia k^ebōd ēl, wenn die Herrlichkeit Gottes
aufstrahlen wird. Dieses strahlende Aufgehen Gottes wird nun in 1 QM ausgesagt als das
Heilsgeschehen, das dem Dichter mit seinem Stehen in dieser eschatologischen Heilsgemeinde geschenkt ist: 1 QH 4,5f. ‚Ich preise dich, Herr, daß du mein Angesicht er-

Richtung auslegt, ist deutlich. Ist das aber der ursprüngliche Sinn? Warum steht es dann nicht da? Man kann ja bei einem Zitat nicht einfach vom Kontext ausgehen.[103] Dann erscheint es mir auch schwierig, daß der Weckruf, aus dem Sündenschlaf zu erwachen, erst unmittelbar vor dem Taufakt gesprochen sein sollte.

Eine weitere Möglichkeit wäre, den Text als gnostischen Weckruf zu verstehen. Wach auf aus dem Schlaf der Trunkenheit der Welt, erinnere dich an dein wahres Wesen! Dann hätte der Bearbeiter der Naassenerpredigt die Stelle sachlich richtig zitiert, wenn er sie als Weckruf an den unter die Menschen bewußtlos verstreuten Adamas versteht (Hipp. El. V,7,33). Der Weckruf hätte dann die Bedeutung der Erinnerung an das wahre Wesen des Menschen, wie es am klarsten im Perlenlied der Thomasakten formuliert ist: „(Erwach) und steh auf von deinem Schlaf und vernimm die Worte unseres Briefes. Erinnere dich, daß du ein Königssohn bist. Sieh die Knechtschaft, wem du dienst. Gedenke der Perle, derentwegen du nach Ägypten gegangen bist…"[104] Dagegen spricht, daß die Offenbarung des Erlösers vorangehen müßte, während sie hier erst folgt als Verheißung. Nicht die Rückerinnerung an das ursprüngliche wahre Selbst ist der Inhalt der Verheißung, sondern die Offenbarung selbst ist ihr Inhalt.

Darum scheint mir die dritte Möglichkeit am nächsten zu liegen, daß hier – wie schon öfters vermutet – eine Analogie zu den Mysterienreligionen vorliegt.[105] Der Weckruf in den Mysterienreligionen muß deutlich von dem gnostischen Weckruf unterschieden werden.[106] Das setzt voraus, daß der Taufakt ein Sterben des Täuflings darstellt.[107] Man kann vermuten, daß

---

leuchtet hast zu deinem Bund… und mir, wie die Morgenröte sicher, strahlend aufgegangen bist zum Lichte.' Ähnlich 1 QH 4,23 ‚Und du bist mir strahlend aufgegangen in deiner Kraft zum Lichte.' Das Heil, daß Gott ihm strahlend aufgegangen ist, daß er erleuchtet ist, hat der Dichter also in der Heilsgemeinde. Hier haben wir eine genaue Parallele zu der Aussage unseres Taufliedes; nur ist in ihm, wie oft im Neuen Testament gegenüber den alttestamentlichen und spätjüdischen Aussagen, Christus an Stelle Gottes die Heilsperson: Dem Christen ist (mit der Taufe) Christus strahlend aufgegangen."

[103] Das erhebt auch B.Noack, a.a.O., S.58, zum Grundsatz.

[104] Zum Weckruf in der Gnosis vgl. H.Jonas, Gnosis und spätantiker Geist I, S.126 bis 133, dort auch weitere Belege.

[105] J.Leipoldt, Von der altchristlichen Taufe, WZ Leipzig 1953/54, S.72, nimmt ebenfalls die folgende Stelle zum Ausgangspunkt. G.Wagner, Das religionsgeschichtliche Problem von Röm. 6,1–11, S.82f., opponiert natürlich gegen diese Ableitung.

[106] Dennoch bestehen natürlich enge Beziehungen zwischen dem Erleuchtetwerden in der Gnosis und der Epoptie in den Mysterienkulten. Es ist aber methodisch geboten, zunächst einmal Gnosis und Mysterienreligionen deutlich voneinander zu scheiden. Hierin liegt eine Schwäche der früheren religionsgeschichtlichen Arbeiten. Auch bei Schlier, Kommentar, S.241, sind die Belege aus den verschiedensten Bereichen miteinander vermischt. Wenn sich auch später die Gnosis der Mysterienterminologie bediente (wofür der Wiedergeburtstraktat CH XIII das beste Zeugnis ist), so sind sie doch ursprünglich zwei ganz verschiedene Erscheinungen. Als wichtigstes Unterscheidungsmerkmal darf gelten, daß in den Mysterienkulten der Mensch zu etwas wird, was er vorher nicht war, während die Gnosis Rückführung zu seinem ursprünglichen Wesen ist.

[107] Vgl. dazu oben S. 123ff.

nach dem Fasten der Priester zu dem Mysten tritt, ihn aus dem Schlaf weckt und ihn dann zu dem eigentlichen Höhepunkt des Aktes führt. Er ruft den Mysten und verheißt ihm die baldige Erscheinung des Kultgottes.

Wieder muß hervorgehoben werden, daß das Folgende eine reine Hypothese ist. Die Quellen sind so spärlich, daß Hypothesen unumgänglich sind. Ich wage darum auch nur zu sagen, so könnte man sich die Situation vorstellen.

Der erste Teil des Mysterienaktes symbolisiert das Sterben des Mysten, das durch mehrtägiges Fasten eingeleitet wird.[108] Zum Verlauf der Kultfeier darf man vielleicht Sallust, De Deis 4, heranziehen. Es handelt sich hier um eine Beschreibung der phrygischen Mysterien, doch in der Struktur der Handlung darf man es wohl verallgemeinern: „Deshalb feiern wir ein Fest; zuerst nämlich sind wir voller Trauer, da auch wir selbst aus dem Himmel gefallen sind und mit der Nymphe zusammen waren. Danach Baumschnitte (= wird die Pinie gefällt) und Fasten, als seien wir gleichsam von dem oberen Ausgang der Geburt abgeschnitten. Danach wird Milch gereicht, wie man sie Neugeborenen gibt. Danach folgt unter fröhlichen Gesängen, mit Kränzen geschmückt, gleichsam die Rückkehr zu den Göttern."[109] Nun vermute ich, daß zwischen dem Akt, der den Tod des Mysten darstellt, und der eigentlichen Wiedergeburt ein Weckruf gebraucht wurde. Mit dem Weckruf an die Mysten wird die Trauer, das Fasten, beendet und die Erscheinung des Kultgottes angekündigt. Oder: Lucius wird aus dem Reich der Proserpina herausgerufen, um die Auffahrt durch alle Elemente zu den oberen Göttern anzutreten (Apuleius, Met. XI,23,8).

Daß es solche Weckrufe gegeben hat, scheinen mir zwei Texte zu belegen. Aristophanes, Ranae 340ff., ist schon öfters in diesem Zusammenhang genannt worden: „Wach auf! Denn mit leuchtenden Fackeln in Händen kommt Jakchos. O Jakchos, du Morgenstern der nächtlichen Feier!" Der andere Text stammt leider nicht einmal aus einem Text, der unmittelbar aus den Mysterien stammt. Er findet sich in einer alchemistischen Schrift. Wegen der eigentümlichen Wendungen wage ich zu vermuten, daß er aus einem Mysterienkult und nicht aus einem Totenkult übernommen wurde: „Wach auf aus dem Hades und steh aus dem Grab auf und erhebe dich aus der Finsternis, denn du hast Geistigkeit und Göttlichkeit angezogen ($\dot{\epsilon}\nu\delta\dot{\epsilon}\delta\upsilon\sigma\alpha\iota\ \gamma\grave{\alpha}\varrho\ \pi\nu\epsilon\upsilon\mu\acute{\alpha}\tau\omega\sigma\iota\nu\ \varkappa\alpha\grave{\iota}\ \vartheta\epsilon\acute{\iota}\omega\sigma\iota\nu$),[110] da die Stimme der Auferstehung und das Heilmittel zum Leben zu dir gekommen sind."[111]

---

[108] Diese mehrtägigen Fasten sind m. W. aus allen Kulten bekannt.

[109] Der Text ist zitiert nach R. Reitzenstein, Hellenistische Mysterienreligionen, S. 329f.

[110] Wegen dieser Wendung vermute ich, daß die Worte aus einem Mysterienkult stammen. Im einzelnen ist der Gesamtzusammenhang dieses Textstückes viel komplizierter.

[111] Übersetzt nach dem Text bei R. Reitzenstein, Hellenistische Mysterienreligionen, S. 314.

Der Sinn der Handlung ist also die Wiedergeburt zum neuen Leben.[112] Die Geburt selbst könnte mit solchen oder ähnlichen Weckrufen eingeleitet worden sein. Das bedeutet, daß Eph. 5,14 aus der christlichen Taufliturgie stammen könnte und daß dieser Weckruf in Analogie zu Weckrufen in den Mysterienkulten gebildet wurde. Auf jeden Fall scheint mir, daß bei dieser hypothetischen Annahme die Struktur des Satzes Eph. 5,14 am besten verständlich wird.[113]

Wir wenden uns nun dem Kontext zu. Schon länger ist aufgefallen, daß die Verbindung des Zitats zu den vorhergehenden Versen nicht sonderlich gut ist. Dibelius will darum gedanklich in Vers 8 anknüpfen.[114] Das Problem des Kontextes ist eigentlich aber ein Problem von Vers 14a. Vers 14a paßt weder recht zu Vers 13 noch zu Vers 14. Dieses Problem wird meist von den Kommentatoren übersprungen.

Die Verse 12f. sagen in freier Paraphrase: Was die Heiden im verborgenen tun, ist schändlich, auch nur zu erwähnen, aber wenn es ans Licht kommt, wird sich bei jedem das wahre Wesen zeigen (wörtlich: alles, wenn es geprüft wird, wird vom Licht offenbart). Nach dem Kontext kann die Paränese auch gar nichts anderes sagen wollen: Wandelt nicht in der Finsternis, euer Wandel sei so, daß ihn jeder sehen kann. Treibt nicht Schändlichkeiten im verborgenen, sondern handelt offen, damit es vom Licht beschienen werden kann.

Dieser klare Sinn wird aber durch Vers 14a verdunkelt, denn hier steht,

---

[112] Auch den Wiedergeburtsgedanken läßt Wagner erst für spätere Zeit gelten. Hier sei auf eine Textzeile aus dem Mithraeum unter Santa Prisca hingewiesen, die klar auch für den Mithraskult den Wiedergeburtsgedanken bezeugt: „pi(e) r(e)b(u)s renatum dulcibus atque creatum". Die ersten beiden Worte sind nur unsicher zu ergänzen, aber die vier letzten sind wichtiger. Stimmt die Ergänzung, dann muß die Zeile übersetzt werden: „ihn (oder neutrisch), der fromm wiedergeboren und geschaffen wurde durch süße Dinge." Zitiert nach Betz, Mithras Inscriptions, S. 71.

[113] Eine hinreichende Erklärung eines schwierigen Textes ist m. E. dann erreicht, wenn die Formel als ganze verstehbar wird, keine Zwischengedanken in den Text eingetragen werden müssen und Zeit und Ort eine Beeinflussung von dieser Seite her möglich machen. Die vorgetragene Deutung erfüllt diese Bedingungen weitgehend. Die These einer Ableitung von Qumran (s. o. Anm. 102) dagegen erfüllt keine dieser Bedingungen: weder finden sich auch nur annähernd ähnliche Formeln, vielmehr müssen die sachlichen Parallelen aus mehreren Texten erst kombiniert werden, noch ist die Wahrscheinlichkeit groß, daß Gedanken aus Qumran in Kleinasien so lebendig waren. Schließlich muß Kuhn den Satz noch mit einem Interpretament versehen (Erwache aus dem Sündenschlaf), das nicht fehlen dürfte, wenn der Spruch das von vornherein meinte.

Die gleichen Argumente, die gegen eine Ableitung aus Qumran vorgebracht werden können, gelten natürlich auch gegen eine Ableitung aus dem Alten Testament, wie die von R. Schnackenburg, „Er hat uns mitauferweckt". Zur Tauflehre des Epheserbriefes, Lit. Jahrb. 2, 1952, S. 159–183, versucht wird. Schnackenburg kann nur Belege für die einzelnen Metaphern für die Scheol (Schlaf, Finsternis) bringen (S. 162). Auch Schnackenburg setzt voraus, daß der Text „sittlich" gemeint sei, und argumentiert mit dieser Auslegung, die sich erst aus dem Kontext ergibt, gegen jede Ableitung aus der Gnosis und aus den Mysterienreligionen (S. 163f.).

[114] Dibelius, HBNT 12, S. 90.

daß alles Beschienene selbst Licht ist. Haupt ist darum so konsequent und sagt, daß die Sünde selbst in die Sphäre des Lichtes tritt. „Die Sünde gehört an sich in das Bereich des Lichts. Die erkannte Sünde ist durch ihre Erkenntnis ein Moment des Gottesreiches... Wo eine Tat vom Standpunkt des Gottesreiches beurteilt wird, da ist sie als so beurteilt selbst ein Moment des Lichtreiches. Sündenerkenntnis ist etwas Göttliches."[115] Sehen wir von der idealistischen Redeweise ab, so muß man zugeben, daß das tatsächlich dasteht: das Beschienene (die Schändlichkeit), ans Licht gezogen, wird selber Licht. Ich habe das Gefühl, das kann weder Eph. wirklich sagen wollen noch paßt es in den Kontext.

Schlier versucht dem zu entgehen, indem er $\varphi\alpha\nu\varepsilon\varrho\tilde{o}\tilde{v}$ im Sinne von „zum Scheinen kommen" versteht. Dadurch wird der Text noch komplizierter, wie man an Schliers Auslegung erkennen kann: „Sachlich ist jedenfalls gemeint, daß jenes Aufdecken, zu dem die Christen gemahnt werden und worin sich ihr Licht-Sein erst erfüllt, zu einer ‚Offenbarung' der Heiden in einem radikalen Sinn wird. Nicht nur, daß ihre ‚Werke' der Finsternis und sie selbst durch das $\grave{\varepsilon}\lambda\acute{\varepsilon}\chi\varepsilon\iota\nu$ der Christen ans Licht kommen, sie werden selbst ins Licht übergeführt, und zwar so, daß sie selbst Licht sind. Sie werden in dem Maße ‚offenbar', daß sie, von der Kraft des Lichtes durchdrungen, von ihm gewandelt werden und so, im Innersten gelichtet, lichtendes Licht sind."[116] Mir scheint, daß eine so gewundene Erklärung der sicherste Hinweis ist, daß mit dem Text etwas nicht in Ordnung sein kann.

Mit einem ganz geringen Eingriff in den Text könnte man allen diesen Schwierigkeiten entgehen. Man brauchte nur anzunehmen, daß der Schreiber des Textes beim Diktat aus Versehen den Artikel $\tau\acute{o}$ in Vers 14 zu früh geschrieben hat. Ich möchte vorschlagen zu lesen: $\pi\tilde{a}\nu\ \gamma\grave{a}\varrho\ \varphi\alpha\nu\varepsilon\varrho o\acute{\nu}\mu\varepsilon\nu o\nu$ $\tau\grave{o}\ \varphi\tilde{\omega}\varsigma\ \grave{\varepsilon}\sigma\tau\iota\nu$.

Dann wäre zu übersetzen: „denn das Licht ist alloffenbarend", d.h., das Licht dringt in alle Winkel und bringt überall das wahre Wesen ans Licht.

Ich gestehe allerdings, daß diese Konjektur einen Haken hat. Man muß annehmen, daß das Partizip ein Partizip Medii ist und mit einem Akkusativ als Objekt, faktisch also als ein Aktiv, konstruiert werden kann.

Vom Kontext aus wäre diese Übersetzung ideal. Die Übergänge wären an jeder Stelle klar. Das Licht, das alles Verborgene ans Licht bringt, ist Christus selbst,[117] denn er ist alloffenbarend. Dieser Identifikation würde das folgende Zitat trefflich dienen.

---

[115] Haupt, MeyerK, S.201, zustimmend zitiert von Gaugler, Der Epheserbrief, S.202f., der zusätzlich noch aus einer ungedruckten Vorlesung Karl Barths über den Epheserbrief folgende Sätze zitiert: „Die Finsternis wartet darauf, Licht zu werden. Sie beruht ja nur auf einem Mangel (4,18). Die Botschaft von Christus enthält die Leuchtkraft (V.14), die diesem Mangel abhilft. Darum muß sie tapfer ausgerufen werden."

[116] Schlier, Kommentar, S.239f.

[117] Schon Schlier, Kommentar, S.239, vermutet es für 5,13. Man kann fragen, „ob

Auch wenn das unsicher bleiben muß, so ist doch klar, daß Eph. das Zitat paränetisch meint. Auch in 2,8–10 war dieselbe Ausdeutung der vorgegebenen Taufanschauung zu beobachten. Das Heraustreten aus dem Dunkel ans Licht geschieht im Wandel. Es ist durchaus möglich, daß Eph. dies bewußt gegen die Mysterienpraxis sagt. Die verborgenen Schändlichkeiten, die Eph. anprangert, können orgiastische Exzesse sein, wie sie in einigen Mysterienkulten üblich waren.[118] Der Weckruf fordert also nicht wie in den Mysterienkulten zu einer fröhlichen und ausgelassenen Feier auf, sondern zum Wandel im Licht: „Die Frucht des Lichtes ist Gütigkeit, Gerechtigkeit und Wahrheit" (5,9).

9. Zusammenfassung

Die Einzelanalyse der vom Eph. aufgenommenen Traditionen hat gezeigt, durch wie viele geistige Strömungen die geistige Atmosphäre bestimmt ist, in der der Verfasser des Eph. lebt. Paulinisches Erbe ist noch lebendig, aber auch schon typisch gnostische Gedanken haben Eingang gefunden. Vor allem haben die Sehnsucht und das religiöse Gefühl, deren Ausdruck die Mysterienreligionen sind, die Taufanschauung der Gemeinde bestimmt. Noch ist das alles nicht miteinander verschmolzen, sondern die Keime künftiger, aber doch wohl schon gegenwärtiger Gegensätze sind gelegt. Unter diesem Blickwinkel bekommt das Anliegen des Eph. noch einen neuen Aspekt. Die Position des Eph. ist eine Position jenseits der Gegensätze.

Als das Zentrum seiner eigenen Christologie hat sich uns immer wieder die Vorstellung von Christus als dem Allgott bestätigt, die er konsequent ekklesiologisch interpretiert. Die Kirche ist die Vorwegnahme der Versöhnung des Kosmos, die von der Liebe Christi durchwaltet ist und deren einheitliches Band der eine Heilige Geist ist. Das ist die theologische Basis für das Zusammenleben von Juden- und Heidenchristen, von Gnostikern, christlichen Mysten und Apokalyptikern.

Aber dieser ideellen Einheit muß auch eine reale zur Seite treten. Da aber Eph. diese Einheit nicht durch eine kirchliche Amtsverfassung sichern will, sondern die Dienste in der Kirche charismatisch begründet, bleibt nur noch ein Weg offen: einen gemeinsamen christlichen Lebensstil zu formulieren, durch den sich die Gemeinde deutlich von ihrer Umwelt abhebt. Von hier aus erklärt sich vielleicht am besten, warum die Paränesen im Eph. einen so unverhältnismäßig großen Raum einnehmen. Ist diese Vermutung richtig,

---

nicht für Paulus unwillkürlich das $\varphi\tilde{\omega}\varsigma$ jetzt schon Christus ist, der ja im Zitat V. 14 b als solches erscheint". Mit der hier vorgeschlagenen Konjektur wäre die Absicht ganz klar, Eph. meinte dann an beiden Stellen mit $\varphi\tilde{\omega}\varsigma$ Christus.

[118] Gerade für die kleinasiatischen Kulte (Kybele-Attis) sind orgiastische Feiern bezeugt.

dann ist auch in den langen paränetischen Partien das Thema nicht ganz aus den Augen gelassen. Pointiert gesagt, ist die Paränese die konkrete Anwendung der grundsätzlichen Darlegung der Einheit der Kirche von 4,1–16. Darum wollen wir uns nun noch dem paränetischen Gut zuwenden.

C. Die paränetischen Traditionen im Epheserbrief

Daß die Paränese des Eph. in ihren Einzelmahnungen so wenig in unmittelbarem Zusammenhang mit seinem Thema zu stehen scheint, liegt zum großen Teil daran, daß die Kirche noch nicht eine eigene Alltagsethik entwickelt hat. Eph. steht hier in der Tradition bestimmter paränetischer Formen, die nur sehr geringen Spielraum lassen, denn ein großer Teil von ihnen ist dualistisch bestimmt. Nur die Haustafel zeigt eine wesentlich andere Struktur, da sie die zwischenmenschlichen Beziehungen in der Gemeinde ordnet. Es ist kein Zufall, daß gerade die Haustafel dem Verfasser die Möglichkeit gibt, auf sein Thema zurückzukommen. Positive Möglichkeiten für eine wesentlich differenzierte Ethik bietet auch das Stück 4,25–5,2, das mit dem Mimesismotiv schließt und die Bereitschaft zur Güte und Vergebung zum Hauptinhalt hat (4,32). Dieses Stück gehört keiner festen Form an, so daß wir es außerhalb unserer Betrachtung lassen können, weil die Mahnungen für sich selbst sprechen. Wir wollen hier die Formen behandeln, die auf den Verfasser einen bestimmten Zwang ausüben, so und nicht anders zu reden. Wir werden uns auch hier auf Skizzen beschränken müssen, wobei wir vielfach nur wiederholen können, was längst schon erkannt ist.[119]

Wir beschränken uns in unserer Untersuchung auf die 5 Formen, die im Eph. deutlich zu erkennen sind:

1. die Absage an die vorchristliche Vergangenheit (4,17–19);
2. der deskriptive Lasterkatalog mit Fluchformel (5,3–6);
3. die Forderung, den alten Menschen abzulegen und den neuen Menschen anzuziehen (4,22–24);
4. die Haustafel (5,22–6,9);
5. die geistliche Waffenrüstung (6,11–17).

---

[119] Über die paränetischen Formen ist in den letzten Jahren viel gearbeitet worden. Nur die wichtigsten Arbeiten seien genannt: A. Seeberg, Der Katechismus der Urchristenheit, München 1966; M. Dibelius, Zur Formgeschichte des Neuen Testaments (außerhalb der Evangelien), ThR NF 3, 1931, S. 207–242; A. Vögtle, Die Tugend- und Lasterkataloge im Neuen Testament, NTA 16, Heft 4/5, Münster 1936; S. Wibbing, Die Tugend- und Lasterkataloge im Neuen Testament, BZNW 25, Berlin 1959 (dort ist auch auf S. 1–13 ein forschungsgeschichtlicher Rückblick zu finden, wo noch weitere Literatur verzeichnet ist); E. Kamlah, Die Form der katalogischen Paränese, WUNT 7, Tübingen 1964. Die Arbeit von W. Schrage, Die konkreten Einzelgebote in der paulinischen Paränese, Gütersloh 1961, hat dagegen eine völlig andere Fragestellung und berücksichtigt formgeschichtliche Fragen nicht.

Die Feststellung geprägter paränetischer Formen ist wesentlich einfacher als die von liturgischem Gut, weil sie sich von der Fülle des Vergleichsmaterials von selbst ergeben. Sehr viel schwieriger ist das Problem, woher die einzelnen Formen stammen. Das Problem ist für jede einzeln zu lösen.[120]

1. Die Absage an die vorchristliche Vergangenheit

Ausgangspunkt ist Eph. 4,17–19, wo die Leser aufgefordert werden, nicht mehr zu wandeln „wie die Heiden in der Nichtigkeit ihres Verstandes ..., die sich ... der Ausschweifung zum Tun jeder Unreinigkeit in Habgier hingegeben haben." Die Zeichnung der vorchristlichen Vergangenheit mit solchen Farben ist traditionell. Die berühmteste Stelle ist Röm. 1,18–32, aber auch sonst findet sich diese Form mehrfach in urchristlicher Literatur. Man vgl. im Neuen Testament 1. Thess. 4,3–7; 1. Petr. 2,11 f.; 4,3–6; Tit. 3,3; bei den Apostolischen Vätern Did. 3,1–6; Barn. 20.

Nach allgemeiner Auffassung hat diese Form ihren Ursprung in der jüdischen Missionspropaganda, die aus der Unkenntnis Gottes das lasterhafte Leben der Heiden ableitete. Der bekannteste Beleg dafür ist Sap. Sal. 14,22–27: „Danach genügte es ihnen nicht, in bezug auf die Erkenntnis Gottes zu irren, sondern verkündigen sogar solche Schlechtigkeiten als Frieden, während sie im großen Krieg der Unwissenheit leben. Indem sie teils kindermörderische Geheimkulte oder verborgene Mysterien oder rasende Feste verschiedener Kulte betreiben, bewahren sie weder (ihr) Leben noch (ihre) Ehen rein. Sondern einer mordet meuchlings den anderen oder fügt ihm Schmerz durch Ehebruch zu. In jeder Beziehung aber beherrschen (sie) ohne Ausnahme Blutdurst und Mord, Diebstahl und List, Verderben, Treulosigkeit, Aufruhr, Meineid, Aufruhr gegen die Guten, Undankbarkeit, schmutzige Gesinnung, widernatürlicher Geschlechtsverkehr, Zerrüttung der Ehen, Hurerei und Ausschweifung. Denn die Verehrung der namenlosen Götzen ist Anfang, Ursache und Ziel jedes Übels."[121] Die Sapientia steht mit dieser Darstellung nicht allein. Eine sehr anschauliche Schilderung der Heiden im Unterschied zu den Therapeuten gibt Philo contempl 40–47.

---

[120] Einen wesentlichen Fortschritt in dieser Richtung stellt m. E. die Arbeit Kamlahs über die katalogische Paränese dar. Während Wibbing noch sehr mit formalen und statistischen Methoden arbeitet und den religionsgeschichtlichen Raum so verengt, daß letztlich doch nur Qumran übrigbleibt, zeichnet sich die Arbeit Kamlahs durch die große Weite und Fülle des Materials aus, das iranische und babylonische Quellen einschließt und die vielfältigen Brechungen des iranischen Dualismus in den verschiedensten Erscheinungen des hellenistischen Zeitalters aufzeigt. Qumran zeigt sich dann als eine sehr interessante Spielart, aber die dualistischen Paränesen im Neuen Testament zeigen sich auch deutlich als Zweige an demselben Stamm, ohne doch direkt miteinander in Verbindung zu stehen. Die folgende Skizze nimmt einige Anregungen Kamlahs auf, dem auch Hinweise auf bestimmte Belege zu verdanken sind.

[121] Das Thema zieht sich über die ganzen Kapitel 11–15 hin.

Aristeas ep 152 heißt es: „Denn die meisten übrigen beflecken sich im (ge-
schlechtlichen) Verkehr, indem sie schweres Unrecht verüben, und ganze
Länder und Städte rühmen sich (noch dessen). Denn nicht nur mit Männern
gehen sie um, sondern beflecken auch Mütter und Töchter. Wir aber halten
uns von diesen fern." Noch ein Beleg mag zeigen, wie in jüdischer Polemik
Götzendienst und lasterhaftes Leben eine Einheit darstellen, OrSib III,
584—600: „Denn ihnen allein verlieh der große Gott verständigen Rat, Glauben und besten Sinn in der Brust, die sich nicht durch leere Täuschungen
(verführen ließen), goldene, erzene, silberne oder elfenbeinerne Menschen-
werke oder Bilder von hölzernen, steinernen und toten Götzen, tönerne mit
Rötel bemalte Malereien verehren, wie es die Sterblichen in ihrem eitlen
Sinn tun. Sondern sie erheben reine Arme zum Himmel, reinigen früh-
morgens, vom Lager aufgestanden, immer den Leib (?) mit Wasser und ehren
den ewig herrschenden (?) Unsterblichen und danach vor allen (anderen)
Menschen besonders die Eltern. Sie trachten nach einem reinen Lager und
verkehren nicht unkeusch mit jungen Knaben wie die Phönizier, Ägypter,
Latiner, das weite Hellas und die vielen anderen Völker der Perser, Galater,
und ganz Asiens, die das heilige Gebot des unsterblichen Gottes über-
treten."[122] Diese Belege aus ganz verschiedenen Quellen mögen genügen,
um anschaulich zu machen, daß die grelle Zeichnung des heidnischen Wandels ein fester Topos des Judentums ist. Die Heiden sind in Unkenntnis des
wahren Gottes, und diese „Nichtigkeit ihres Sinns" hat die Preisgabe an alle
Laster zur Folge.

Auffällig an diesem Topos ist die dualistische Grundstruktur. Von der
Wirklichkeit her legt sich doch schlimmstenfalls nahe, von vielen der Heiden
zu sprechen. Aber sowohl Sap. Sal. wie Or Sib lassen keine Ausnahme gelten,
im Aristeasbrief ist es nur leicht gemildert („die meisten übrigen"), nur
Philo hat es wesentlich abgeschwächt. Die schroffe Gegenüberstellung von
den in Unwissenheit in ihren Lastern dahinvegetierenden Heiden und dem
Heilsvolk, das in der Erkenntnis des wahren Gottes in reiner Unschuld lebt,
kann nicht historisch, sondern nur religionsgeschichtlich erklärt werden.
Wir haben hier wahrscheinlich eine der Spielarten des Dualismus vor uns,
dessen Wurzeln letztlich bis in die iranische Kosmologie zurückreichen.[123]

Unsicher ist, ob dieser Topos sich schon innerhalb des Judentums zu einer
festen paränetischen Form entwickelt hat und eine Art Proselytenparänese
geworden war. Einen Beleg dafür habe ich nicht finden können, so daß die

---

[122] Die Übersetzung ist etwas frei und nicht an allen Stellen ganz sicher. Zugrunde
liegt der Text von Geffcken, teilweise unter Benutzung der Randlesarten. – Interessant
ist die Aufzählung, die Vollständigkeit anzustreben scheint. Eine ähnliche Stelle findet
sich auch Or. Sib. 762—766.

[123] Die Vielfalt der Erscheinungen des Dualismus muß unbedingt berücksichtigt
werden. Leider wird viel zu oft Dualismus und Gnosis einfach identifiziert, so daß dann
sogar die Gemeinde von Qumran zu einer gnostischen Gruppe wird. Typisch gnostisch
ist nur eine bestimmte Form des Dualismus, noch mehr aber, wie er überwunden wird.

Möglichkeit besteht, daß erst die urchristliche Missionspredigt dem Topos seine paränetische Form gegeben hat.

Die Absage an den heidnischen Wandel erfolgt natürlich in der Taufe, so daß diese Form zur Taufparänese gehört. Das bedeutet natürlich nicht, daß sie nur zur Taufe gesprochen wird, sondern, da die Taufe ständig erinnert wird, wird auch die Absage an das einstige Leben erinnert.

Dadurch, daß die Taufe zur Grenzscheide des Wandels wird, tritt eine wichtige Verschiebung ein. Der Dualismus ist nicht mehr ethnisch, sondern zeitlich orientiert. Das hat zur Folge, daß auch die Judenchristen unter das gleiche Verdikt fallen. In Eph. 2,1–3 ist dieser interessante Übergang gut zu beobachten. Spätere Zeugnisse der Form reden nur noch von einst und jetzt und lassen die Wendung „wie die Heiden" weg.[124] Theologisch ist die Gleichsetzung von Heiden und Juden vor Christus schon durch Paulus begründet (vgl. Röm. 1,18–3,20; Gal. 4,3–7 „ebenso waren auch wir...").[125]

Die letzte Gestalt dieser Form kann man vielleicht in der Abrenuntiation sehen, die schon sehr früh für die Taufliturgie bezeugt ist. Nach der Kirchenordnung Hippolyts wird der Täufling vor der Salbung, die der Wassertaufe vorangeht, aufgefordert abzuschwören: „Ich sage mich los von dir, Satan, jedem Dienst für dich und allen deinen Werken" (46,10).[126] Da die (heidnische) Vergangenheit auf Grund der schon aus dem jüdischen Topos übernommenen Grundstruktur als ganz und gar vom Bösen beherrscht erscheint, kann man die Abrenuntiation in einem unmittelbaren Zusammenhang mit ihm sehen.

Eph. beginnt mit dieser Form seine Paränese. Er dürfte darin einfach dem Brauch der Gemeinde folgen. Konkrete Schlüsse über das tatsächliche Leben der angesprochenen Heidenchristen lassen sich daraus nicht ziehen.

2. Der deskriptive Lasterkatalog mit Fluchformel

Eng mit der vorigen Form verwandt und doch deutlich von ihr zu unterscheiden ist der deskriptive Lasterkatalog mit Fluchformel. Seine Form kann man schematisch so darstellen: Kein (oder: jeder) – katalogische Aufzählung von Tätergruppen[127] (Mörder, Diebe, Hurer usw.) – Fluchformel (wird das Reich Gottes nicht erben; ihr Teil wird im brennenden Feuer- und Schwefelpfuhl sein, Apk. 21,8 o. ä.).

Die nächsten Parallelen finden sich in den Paulusbriefen: 1. Kor. 6,9;

---

[124] Tit. 3,3 und die Belege bei den Apostolischen Vätern. Auch im 1. Petr. ist die Unterscheidung schon stark verwischt.

[125] Vgl. Kamlah, Katalogische Paränese, S. 177–180.

[126] Übersetzt nach W. Till und J. Leipoldt, Der koptische Text der Kirchenordnung Hippolyts, TU 58, Berlin 1954, S. 18.

[127] Oder als Werke des Fleisches eine Aufzählung von Sünden, denen die Früchte des Geistes gegenübergestellt werden (Gal. 5,19.22).

Gal. 5,2.[128] Außerdem findet sich die Form ganz klar in Apk. 21,7 f.; 22,14 f. An seine Seite kann ein Tugendkatalog treten, der mit einer Verheißungsformel schließt, manchmal eingeleitet mit einem Heilsruf μακάριοι οἱ (Apk. 22,14). Vielleicht sind die Seligpreisungen Matth. 5,3–12 eine Variante dieser Form.[129]

Der Ursprung dieser Form ist der Topos vom Endgericht, die Scheidung von Gerechten und Ungerechten. Matth. 25,31–46 ist die Szene ausgemalt, wie die Scheidung stattfindet. Eine Parallele dazu findet sich im slaw. Henoch. Henoch wird in den dritten Himmel geführt, wo sich das Paradies befindet. Er fragt seine Begleiter, für wen dieser Ort bestimmt sei. Sie antworten ihm: „Dieser Ort ist für die Gerechten bereitet, die in ihrem Leben Ungemach erleiden und gekränkt werden und die ihre Augen von Ungerechtigkeit abwenden und gerechtes Gericht üben; sie geben Brot den Hungernden und bekleiden die Nackten, bedecken sie mit Gewändern und richten die Gefallenen auf und helfen den Gekränkten; sie wandeln vor Gottes Angesicht und dienen ihm allein. Für solche ist der Ort bereitet zum ewigen Erbbesitz" (9). Danach wird er an den Ort des Schreckens geführt, dessen Bestimmung ihm seine Begleiter erklären: „Dieser Ort ist für die Unehrlichen bereitet, die auf Erden Gottloses tun. Sie treiben Zauberei und Beschwörung und rühmen sich ihrer Werke. Sie stehlen heimlich Menschenseelen, lösen ein bindendes Joch, werden reich durch die Gewalttat von fremdem Gut. Sie, die sättigen könnten, ziehen sie vollends aus. Sie erkannten nicht ihren Schöpfer, sondern beteten eitle Götter an. Für alle diese ist dieser Ort bereitet zum ewigen Erbbesitz" (10,4–6).[130]

Auch hier liegt eine dualistische Grundstruktur vor. Einen Mittelweg gibt es nicht. Während aber in der vorigen Form das Gericht sich schon innerzeitlich vollzieht, erfolgt es hier im Endgericht. Der Dualismus ist ins Jenseits verlagert.

Für diese Form ist wieder anzunehmen, daß sie schon in der jüdischen Gemeinde ihre feste Gestalt gewonnen hat und die christliche Gemeinde sie ziemlich unverändert übernommen hat.[131] Als eine Neophytenparänese kann man sie nicht bezeichnen, wenn sie auch öfters im Zusammenhang der Erinnerung an die Taufe auftritt. Sie ist eher als Gerichtsparänese zu bezeichnen.

Das zeigt sich vor allem daran, daß in unmittelbarem Zusammenhang mit dieser Form eine bestimmte eschatologische Terminologie zu finden ist, die

---

[128] Literarische Abhängigkeit, wie Mitton, Epistle to the Ephesians, S. 146 f., annimmt, braucht nicht vorzuliegen.
[129] So vermutet Kamlah, Katalogische Paränese, S. 24–26.
[130] Zitiert nach der Übersetzung von P. Riessler, Altjüdisches Schrifttum außerhalb der Bibel, S. 455.
[131] Für diese Form gibt es in der rabbinischen Literatur viele Beispiele. Erinnert sei nur an die Fluchformel in der 12. Bitte des Schemone Esre.

für die älteste Eschatologie typisch ist. Dazu zählen z. B. *κληρονομεῖν, βασιλεία τοῦ θεοῦ*,[132] *ἡμέρα (κρίσεως), ὀργὴ θεοῦ.*

Für unsere Untersuchung ist die Herausarbeitung dieser paränetischen Form insofern wichtig, als die Aussagen in Eph. 5,3 ff. für die Darstellung der Eschatologie des Eph. nicht herangezogen werden können und darum nicht der Versuch unternommen werden muß, die sehr verschiedenen eschatologischen Aussagen des Eph. systematisch miteinander auszugleichen.[133] Die alte urchristliche Eschatologie haftet nur an dieser Formel und hat sonst im Eph. keine Bedeutung.

Eph. zeigt aber schon, wie die Formen miteinander verschmelzen. Von 5,6 an ist die Form nicht mehr klar zu erkennen und geht dann in die Absage an den heidnischen Wandel über.[134]

3. Die Forderung, den alten Menschen abzulegen und den neuen Menschen anzuziehen

Zu den eigentümlichsten und am schwersten zu erklärenden Formen der Paränese gehört die Forderung, den alten Menschen abzulegen und den neuen Menschen anzuziehen. Literarisch dürfte die Stelle Eph. 4,22–24 von

---

[132] Hier erweitert Eph., was für eine stärkere Christianisierung der Formel spricht, indem er schreibt *ἐν τῇ βασιλείᾳ τοῦ Χριστοῦ καὶ θεοῦ.*

[133] Einen solchen Versuch hat nun F. J. Steinmetz, Protologische Heils-Zuversicht, Frankfurt 1969, unternommen. Er erkennt an, daß in Eph. 5,5 f. traditionelles Material aufgenommen ist (S. 34). Er kommt zu dem ersten Ergebnis: „Der gesamten Soteriologie des Eph. fehlt das traditionelle paulinische ‚Futur‘. Sie arbeitet auffällig mit räumlichen Vorstellungen, die in ‚schematischer‘ Form den Bereich des Heils und Unheils gegenüberstellen, ohne auf konkrete geschichtliche Verhältnisse einzugehen" (S. 49). Steinmetz fragt dann „nach einem Äquivalent, das an ihre (scil. der traditionellen Zukunfterwartung) Stelle gesetzt wurde, um die eschatologische Spannung einigermaßen gleichwertig zum Ausdruck zu bringen" (S. 113). Er sieht die Äquivalente in den Kategorien des Wachstums und der Erfüllung. „Sie nehmen weitgehend die Stelle ein, die in den älteren Paulusbriefen die Termini des Wartens und Hoffens der Gläubigen bzw. des Kommens und zukünftigen Handelns Christi innehaben" (S. 129). Wie die Untersuchung des Hoffnungsbegriffes (S. 132 ff.) ihm bestätigt, liegt keine sachliche Verschiebung gegenüber Paulus vor, sondern es ergibt sich, „daß bei aller Verschiedenheit der Denkstrukturen und Terminologien zwischen diesen Briefen (scil. Kol./Eph.) und den älteren Paulusbriefen kaum eine sachliche Aussage-Differenz von eschatologischer Bedeutung vorliegt" (S. 139). Die Ergebnisse der Arbeit scheinen mir weniger problematisch als die Methode. Steinmetz vergleicht die Aussagen nur auf einer dogmatischen Ebene, auf der er auch den Ausgleich sucht, denn Ausgleich der Aussagen ist ihm „aus ökumenischer Einstellung heraus" (S. 141) ein zentrales Anliegen. Der Preis, der dafür gezahlt werden muß, ist, daß gerade das spezifisch Eigene an Schärfe verliert. Daß jede Aussage ihren historischen Ort hat, jede Situation neue Antworten braucht und die Probleme zur Zeit des Paulus und nach Paulus erheblich anders geworden sind, kommt in der ganzen Arbeit zu kurz. Völlig übergangen ist die religionsgeschichtliche Frage, die zur Klärung des Wandels der Eschatologie einen entscheidenden Beitrag leistet.

[134] Vers 9 gehört, formgeschichtlich gesehen, eigentlich wieder zu der Form des deskriptiven Katalogs, und zwar zu seinem positiven Gegenstück.

Kol. 3,6–8 abhängig sein, so daß die Kolosserstelle zur Klärung der Herkunft und des geistigen Hintergrundes der Vorstellung mit herangezogen werden muß.

In diesen Zusammenhang gehören vor allem zwei Paulusstellen: Röm. 13,12–14 „Werke der Finsternis ablegen und Waffen des Lichts anlegen" (Vers 12) und „Ziehet den Herrn Jesus Christus an" (Vers 14). Gal. 3,27: „Die ihr auf Christus getauft seid, ziehet Christus an." Durch diese beiden Paulusstellen wird das Problem noch größer. Ist „Christus anziehen" und „den neuen Menschen anziehen" dasselbe, oder gehen sie auf verschiedene Vorstellungen zurück? Oder ist das eine vom andern her als Entwicklung zu verstehen?

Die Forderung zum Ablegen begegnet im Neuen Testament noch zweimal, verbunden mit einem Lasterkatalog: Hebr. 12,1: „Darum wollen wir … alle Beschwerung und Sünde ablegen"; 1. Petr. 2,1: „Legt nun ab alle List, Heuchelei, Neid und alle Lästerung." Aber diese beiden Stellen können uns wenig helfen, da hier der Ursprung schon so verdunkelt ist, daß es nun zur reinen Form erstarrt ist.

Die Schwierigkeit, den Hintergrund dieser paränetischen Form zu klären, liegt nicht darin, daß es keine Belege gibt, sondern daß es zu viele sind. Käsemann[135] hat eine Fülle von Belegen gesammelt, aber daraus eine so komplexe Vorstellung entwickelt, die m. E. unvorstellbar ist. Die Vorstellung, daß der Logos sich mit den Weltelementen bekleidet,[136] wird mit der gnostischen Vorstellung verbunden, daß das wahre Selbst das Himmelsgewand ist, das man einst auszog und nun wieder anlegt. Dazwischen findet sich noch die „olympiaca stola" aus der Isisweihe. So kommt Käsemann zu dem Ergebnis, daß der Christus, den der Gläubige anzieht, die Kirche ist. Voraussetzung dafür ist die Konstruktion vom „erlösten Erlöser". „Die Eikon ist zugleich das himmlische Selbst wie der erlöste ‚innere Mensch' wie endlich Urmensch und Erlöser."[137]

Bei der Taufe zieht man also den Menschen an, den nach 2,15 Christus aus Heiden und Juden geschaffen hat. Wie man sich das vorstellen soll, ist nach Meinung Schliers „nicht schwer": „Paulus meint offenbar folgendes: 1. Im Kreuzesleib Christi, der Juden und Heiden in sich mit Gott und untereinander versöhnte, ist der neue Mensch aus Juden und Heiden geschaffen worden, und zwar so, daß nun für jeden einzelnen Juden und Heiden, und also für jeden einzelnen Menschen überhaupt, der neue Mensch offensteht und er in ihm der neue Mensch werden kann. 2. In der Taufe hat der einzelne Jude oder Heide in diesem neuen Menschen, in Christus, Aufnahme gefunden, ist der einzelne Jude oder Heide in diesen neuen Menschen eingegangen und so für sich der neue Mensch geworden. 3. In seiner Existenz aber soll

---

[135] Käsemann, Leib, S. 87–94.
[136] Philo fug 110–112.
[137] Käsemann, Leib, S. 148.

er werden, was er ist."[138] Unter feiner Umgehung des Gedankens, daß man sich diesen Christus anziehen soll, ist es möglich, einen solchen Gedanken zu konstruieren. Wenn man das nicht tut, heißt das: Man soll den Leib des Gekreuzigten anziehen, welcher die Gemeinschaft von Heiden und Juden in der einen Kirche ist. Für mein Empfinden ist die Erklärung Schliers die Verschleierung eines absurden Gedankens.[139]

Zunächst einmal muß bemerkt werden, daß es methodisch nicht glücklich ist, alle Stellen, wo im Eph. von einem neuen Menschen die Rede ist, miteinander zu verbinden. Die paränetische Form, der wir in 4,22–24 begegnen, hat ihre eigene Tradition und muß in sich geklärt werden. Dann muß gefragt werden, ob 2,15 und 4,13 überhaupt mythologisch zu verstehen sind oder ob es sich um Bildworte handelt. 2,15 ist es immerhin möglich, daß dahinter die Vorstellung vom σῶμα Χριστοῦ steht, doch wahrscheinlicher ist, daß nur bildhaft gesagt ist, daß Heiden und Juden eine Einheit in der Kirche bilden. Bei 4,13 dagegen erscheint mir sicher, daß kein mythologischer Sprachgebrauch vorliegt. Alle Christen sollen zu vollkommenen Menschen werden und keine νήπιοι sein, die „von jedem Wind der Lehre umhergetrieben werden".

Sodann scheint es mir sinnvoll zu sein, sich erst einmal einen Überblick über die Metapher „Kleid" in den verschiedenen Bereichen der Umwelt des Neuen Testaments zu verschaffen, sie deutlicher voneinander zu unterscheiden, um dann nach möglichen Beziehungen zu fragen.

a) Kleid im Zusammenhang mit der Allgott-Vorstellung

An einigen Stellen findet sich die Vorstellung, daß die Elemente der Welt das Gewand der schöpferischen Gottheit bilden. Sie finden sich vor allem bei Philo in seiner allegorischen Auslegung des hohenpriesterlichen Gewandes, die er an mehreren Stellen gibt. „Ihr (scil. der Kleidung) Ganzes war Abbild (ἀπεικόνισμα) und Nachahmung (μίμημα) des Kosmos, ihre einzelnen Teile jeweils der einzelnen Teile der Welt."[140] Danach folgt eine einzelne Beschreibung. Für den Hohenpriester ist noch eine andere Kleidung vorgeschrieben, von der es wiederum heißt, daß sie ἀπεικόνισμα und μίμημα des Kosmos sein solle.[141] „Denn wir behaupten, daß der Hohepriester kein Mensch sei, sondern der göttliche Logos sei, der nicht nur an keiner freiwilligen, sondern auch an keiner unfreiwilligen Sünde teilhat."

---

[138] Schlier, Kommentar, S. 218.

[139] Ebenso Jervell, Imago Dei, S. 246: „... man kann sich ganz einfach nicht vorstellen, wie der einzelne die Versammlung von Juden und Heiden anziehen soll."

[140] Mos II, 117. Die weitausholende Allegorie umfaßt die §§ 109–135; vgl. auch die ganz ähnliche Stelle spec I,84–97.

[141] Der Gedanke ist noch einmal Quaest Ex II, 107–124 ausgeführt, vgl. auch fug 110–112. Einzelheiten dazu siehe bei H. Hegermann, Schöpfungsmittler, S. 47–67.

Der Gedanke, daß die Welt das Gewand des Logos ist (bzw. des Hohenpriesters, der seinerseits Abbild des Logos ist), läßt sich auch außerhalb
Philos im hellenistischen Judentum belegen. Sap. Sal. 18,14ff. wird von dem
Eingreifen des Logos der Kampf gegen die Ägypter entschieden. In Vers 24
heißt es von ihm: „...auf seinem bis zu den Füßen wallenden Gewand war die
ganze Welt."

Ganz eng mit den Philonischen Texten verwandt ist Jos. Ant. III,7,7:
„Ebenso bedeutet das Gewand des Hohenpriesters, weil es von Leinen ist,
die Erde, der Hyacinth aber den Himmel. Die Granatäpfel bedeuten den
Blitz, der Schall der Glocken den Donner..."

Offensichtlich handelt es sich hier um eine Variante der Allgott-Vorstellung, die im Ursprung überhaupt nichts mit der Gnosis zu tun hat, sondern genau das gegenteilige Weltbild voraussetzt. Wir haben gezeigt, daß
die Allgott-Vorstellung erst relativ spät von der Gnosis adaptiert wurde. Eine
Kombination zwischen ihr und der Gnosis ist für die neutestamentliche Zeit
sehr unwahrscheinlich. Die Kleidsymbolik in der Gnosis hat auch nie die
Aussage, die Käsemann und Schlier durch die Kombination aller religionsgeschichtlichen Bereiche gewonnen haben.

b) Die Metapher „Kleid" in gnostischen Texten

Ein kurzer Überblick ergibt, daß die Metapher „Kleid" in gnostischen
Texten in drei verschiedenen Zusammenhängen begegnet.[142]

(1) Kleid als Metapher für Fleisch

An vielen Stellen wird „Kleid" als Metapher für Fleisch gebraucht. Die
Sehnsucht des Gnostikers richtet sich danach, nackt, entblößt zu sein. Dafür einige Beispiele: EvThom NHC II,2 37: „Seine Jünger sprachen: ‚An
welchem Tage wirst du dich uns offenbaren und wann werden wir dich

---

[142] Unberücksichtigt lassen wir die Texte, die vom Lichtkleid des Erlösers sprechen,
das am ausführlichsten in der Paraphrase des Sem (NHC VII,1) beschrieben ist. Das Lichtkleid ist das Insignium seiner Majestät, durch das die Finsterniswelt in Schrecken versetzt
wird. Vgl. z.B. „Damit aber getadelt würde die Finsternis der Physis, zog ich mein
Gewand, d.h. das Gewand des Lichtes der Majestät, an" (p.8,31–35). Andrerseits hat
auch die Finsternis ein ihr gemäßes Gewand (p.14,32–34), das der Erlöser zur Täu-
schung auch einmal anzieht (p.19,26f.). Der ganze Kampf zwischen der Licht- und der
Finsterniswelt spielt sich in der Schrift so ab, daß die beiden Mächte verschiedene Gewänder anziehen. Im Verlauf des Geschehens zieht der Erlöser nach und nach das ganze
Licht an, das in die „Vergessenheit" gefallen war; vgl. z.B. „Damit sich aber offenbart
meine Majestät und der Logos, legte ich in ähnlicher Weise mein anderes Gewand in der
Wolke des Schweigens ab. Ich ging hinein in die Mesotēs. Ich legte das Licht an, das in
ihr war, das vergessen war, das sich getrennt hatte vom Geist des Wunders" (p.17,
16–24). Die außerordentlich komplizierten Vorstellungen der Schrift lassen sich hier
nicht darstellen. Auf jeden Fall gehört dieser Vorstellungskomplex nicht in unseren
Zusammenhang, wo es um das Kleid geht, das die Gläubigen anziehen.

sehen?' Jesus sprach: ,Wenn ihr eure Scham ablegt[143] und eure Kleider nehmt und zu euren Füßen legt, wie die kleinen Kinder (es tun), und auf sie tretet, dann werdet ihr den Sohn des Lebendigen sehen und keine Furcht mehr haben." EvPhil NHC II,3 63: ,,Wenn wir nackt sind in bezug auf das Fleisch, werden wir Ruhe haben." CH VII,2: ,,Aber zuerst mußt du das Kleid zerreißen, das du trägst, das Gewand der Unwissenheit, die Stütze des Übels, die Fessel des Verderbens, die dunkle Umhüllung, den lebendigen Tod, die bewußte Leiche, das Grab, das du ständig mit dir herumträgst." In 2JacApc NHC V,4 singt Jakobus auf Christus einen Hymnus, in dem es heißt: ,,Ich habe ihn gesehen, daß er nackt war und kein Gewand anhatte" (p.58,20–23). Das heißt, Jakobus hat Jesus in seinem wahren Wesen als unfleischliches Wesen gesehen.

(2) Kleid als Metapher für die Gnosis

In einer Reihe von Texten wird die Metapher genau umgekehrt gebraucht: Nacktheit bedeutet Erkenntnisunfähigkeit.

Beispiele: Als Adam und Eva im Paradies der Archonten weilten, kam der Unterweiser und rät ihnen, von dem Baum zu essen. ,,Nachdem sie gegessen hatten, erleuchtete sie die Gnosis. Und nachdem sie erkannten, daß sie nackt waren in bezug auf die Gnosis, bedeckten sie ihre Scham."[144]

In Od. Sal. 11,10f. sind zwei verschiedene Bedeutungen der Metapher verbunden: ,,Und ich habe die Torheit zurückgelassen, abgeworfen auf der Erde, und habe sie ausgezogen und von mir geworfen. Und der Herr erneuerte mich durch sein Gewand und machte mich bereit durch sein Licht."[145]

---

[143] Nach einem Vorschlag der Herausgeber könnte man besser übersetzen: ,,Wenn ihr euch ohne Scham auszieht..."

[144] WU NHC II,5 pl.167,12–14. Im Original steht es allerdings umgekehrt, was aber keinen Sinn ergibt: ,,Nachdem sie ihre Scham bedeckt hatten, erkannten sie, daß sie nackt waren in bezug auf die Gnosis." Derselbe Gedanke im gleichen Zusammenhang findet sich auch AJ NHC II,1 p.22,6ff.; 23,32. In mandäischen Texten findet sich das Gewand des Glanzes, mit dem der Täufling bekleidet wird. ,,Er (scil. Johannes) zog ihm sein Kleid im Jordan aus, er zog ihm sein Kleid von Fleisch und Blut aus, er bekleidete ihn mit einem Gewande des Glanzes und bedeckte ihn mit einem guten, reinen Turban des Lichts" (RG 193, 26–28). Weitere Belege dazu bei Rudolph, Mandäer II, S.181ff. Rudolph (S.184) meint, daß es keinen Ritus bei den Mandäern gegeben habe, daß der Täufling mit einem Gewand umhüllt wurde. Es sei rein symbolisch. ,,Die Taufe ist offenbar als solche Bekleidung mit Glanz, d.h. Ausstattung mit dem eschatologischen Seinszustand." Rudolph läßt sich dabei anscheinend von dem gegenwärtigen mandäischen Ritus leiten, der keine Investitur kennt. Ob dies auch für die Frühzeit gilt, ist nicht sicher. Andrer Auffassung ist H.-M. Schenke in seiner Besprechung, DLZ 84, 1963, Sp.20–23.

[145] Die beiden entgegengesetzten Metaphern sind häufig miteinander verbunden; vgl. z.B.: 2 LogSeth NHC VII,1 p.58,32–59,9 eine gnostische Paraphrase der Erscheinung von Toten nach dem Tode Jesu (Matth.27, 52f.), ,,Und sie erstanden auf (und) wandelten öffentlich umher, nachdem sie abgelegt hatten eifernde Unwissenheit und Unkenntnis bei den toten Gräbern und angezogen hatten den neuen Menschen und er-

EvPhil NHC II,3 27: „Niemand wird nackt zum König gehen können",
d.h., ohne Gnosis gibt es keinen Weg ins Pleroma.

EvPhil NHC II,3 101 wird die Taufe gedeutet: „Das lebende Wasser ist
ein Leib. Es ist nötig, daß wir den lebendigen Menschen anziehen. Deshalb
pflegt man, wenn man zum Wasser hinabsteigt, sich auszuziehen, um jenen
anzuziehen."

Ebenso wird in EvPhil NHC II,3 23 das Herrenmahl in einer merkwürdi-
gen Spiritualisierung von Joh. 6,54 gedeutet: „Wer nicht mein Fleisch essen
und mein Blut trinken wird, hat kein Leben in sich. Sein Fleisch ist der
Logos und sein Blut ist der Heilige Geist. Wer diese empfangen hat, hat
Nahrung, Trank und Kleidung."[146]

(3) Kleid als Metapher für die Vereinigung mit dem himmlischen Selbst

Der berühmteste Text in diesem Zusammenhang ist die Stelle aus dem
Perlenlied der Thomasakten. Die Eltern schicken dem Prinzen das Strah-
lenkleid entgegen,[147] und dann heißt es: „(Doch) plötzlich, als ich es mir
gegenüber sah, wurde das Strahlen(kleid) (ähnlich) meinem Spiegelbild mir
gleich; ich sah es (ganz) in mir, und in ihm sah ich (mich) auch (mir ganz)
gegenüber, so daß wir zwei waren in Geschiedenheit und wieder eins in einer
Gestalt."

In diesem Zusammenhang könnte man unter Umständen vermuten, daß
die Wiedervereinigung mit dem Selbst zugleich die Vereinigung mit der All-
gottheit ist.[148] Doch habe ich dafür keinen Beleg finden können. An einer
Stelle ist diese Konstruktion sogar direkt ausgeschlossen. ExcexTheod. 63:
„So finden nun die Pneumatiker die Ruhe ἐν κυριακῇ, in der Achtheit, die
κυριακή genannt wird, bei der Mutter und tragen ihre Seelen, die Gewänder
bis zur Vollendung der Welt." Das ist wohl so zu verstehen, daß hier mit
anderen Worten das Mysterium des Brautgemachs beschrieben wird. Dahinter steht ein Stück des valentinianischen Mythus. Jeder Gnostiker hat im
Himmel seinen Engel, d.h. den, der ihn aus der Sophia zeugte. Nach dem
Tode vereinigte sich die aufsteigende Seele mit ihrem Bräutigam (= Engel).
Bei der Vollendung der Welt gehen sie dann aus der Achtheit in das Pleroma

---

kannt hatten jenen seligen und vollkommenen (Sohn) des ewigen unerreichbaren
Vaters..." EpJac NHC I,1 p.14,35f. Jesus sagt vor seiner Himmelfahrt: „Und jetzt
werde ich mich ausziehen, um mich anzuziehen."

[146] Zu den Problemen dieses Spruches vgl. H.-M. Schenke, Auferstehungsglaube und
Gnosis, ZNW 59, 1968, S.123–126.

[147] Die Schwierigkeit der Erklärung des Perlenliedes besteht darin, daß seiner Allegorie ein altes Märchen zugrunde liegt, so daß man nie genau weiß, welche Einzelzüge
allegorisch gedeutet werden müssen und welche zu dem alten Märchenstoff gehören. Die
Eltern z.B. sind sicher direkt aus der Märchenerzählung übernommen, ohne daß man
sie nun auch noch deuten müßte.

[148] Erst in einigen mandäischen Texten erscheint diese Verbindung (JohB 58).

ein. Das Gewand ist also an dieser Stelle Umschreibung des Zwischenzustandes.[149]

Nach dem Quellenbefund ergibt sich, daß zwischen der Allgott-Vorstellung als Gewand und der gnostischen Verwendung der Metapher keine erkennbare Beziehung besteht.

c) *Die Kleidsymbolik in den Mysterienkulten*

Das Anlegen des neuen Menschen geschieht in der Taufe. So viel dürfte sicher sein, daß die Redeweise ihren Ursprung in dem Ritus des Anlegens des Taufkleides hat. Nun wissen wir leider nicht sicher, wann das Anlegen des Taufkleides erfolgte. Wurde es schon vor dem Taufakt angelegt, oder erfolgte die Taufe nackt, und die Bekleidung mit dem Taufgewand erfolgte später. Nach der oben genannten Stelle aus dem Philippus-Evangelium (EvPhil NHC II,3 101) könnte man vermuten, daß die Taufe nackt vollzogen wurde und anschließend eine Investitur erfolgte. Wie weit verbreitet diese Sitte war, ist aber unklar. Auch nach dem syrischen Taufritus könnte man es vermuten, denn dort gibt es nach dem eigentlichen Taufakt vor der Besiegelung bzw. Firmung den Ritus des Anlegens von weißen Gewändern, der das Anziehen des neuen von Christus erlösten Menschen darstellt und dem vor der Taufe das Ablegen der alten Gewänder korrespondiert.[150]

Auch aus den Mysterienkulten wird uns mehrfach berichtet, daß nach dem Kultakt eine Investitur erfolgte. Leider sind auch hier die Nachrichten zu knapp und auch zu widersprüchlich, um sicher entscheiden zu können, was die Gewänder bedeuten.[151] Man darf vermuten, daß sie – zumindest bei einigen Kulten – die Wiedergeburt symbolisierten. Von daher versteht sich am leichtesten die Nachricht, daß den Verstorbenen das Gewand angelegt wurde, das sie bei der Weihe getragen haben.[152] An zwei Stellen kann man sogar begründet vermuten, daß die Investitur Ausdruck der Vergottung des Mysten war. Der Myste trägt das Gewand, das alle Insignien der Gottheit an sich hat. So dürfte die Olympiaca Stola in Apuleius Met. XI,24,3 zu verstehen sein. Aus den Mithrasmysterien wissen wir, daß der zum Grade eines „Löwen" aufrückende Myste ein Gewand anlegte, das mit den Darstellungen der Tierkreiszeichen bestickt war. Man darf also vermuten: Der Myste im Gewand der Gottheit ist selbst der Gott.[153] Es erscheint mir darum durchaus möglich, daß man vom Anziehen der Gottheit gesprochen hat.

---

[149] Sekundär kann in neutestamentlicher Sprache auch einmal von „Christus anziehen" gesprochen werden; so z.B. Silv NHC VII,4 p.109,6–8 „Die Seele, die mit Christus bekleidet ist, ist heilig." Nach dem Duktus der Schrift ist damit aber nicht eine Vereinigung mit Christus gemeint, sondern nur die Aneignung der Gnosis. Es ist also reine Metapher und kein Mythus.

[150] Vgl. dazu auch Rudolph, Mandäer II, S.185.

[151] Vgl. Th.Hopfner, Die Griechisch-Orientalischen Mysterien, Sonderdruck aus der Zeitschrift Theosophie, XII.Jahrgang 1924, Leipzig, S.15–17.

[152] Plutarch de Is. § 3.

[153] Vgl. K.-W.Tröger, S.27f., Anm. 5.

d) Die weißen Gewänder in der Apokalyptik

Auch hierfür gibt es eine große Anzahl von Belegen. Das weiße Gewand erhalten die auserwählten Gerechten im Himmel. „Und dies soll euer Kleid sein, ein Kleid des Lebens bei dem Herrn der Geister: eure Kleider werden nicht veralten und eure Herrlichkeit wird nicht vergehen vor dem Herrn der Geister."[154] Das weiße Kleid ist also Symbol der himmlischen unvergänglichen Leiblichkeit. Das zeigt noch deutlicher eine Stelle im slawischen Henoch: „Und der Herr sprach zu Michael: Nimm Henoch und kleide ihn in die Gewänder der Glorie!" (22,8.) Derselbe Sprachgebrauch findet sich auch in der christlichen Apokalyptik (Apk. 3,4f.18; 4,4; 6,11; 7,9.13; 19,14; Herm. Sim. VIII,3 = 68,3; Asc. Jes. 9,17ff.; Apk. Petr. 13).

In diesem Zusammenhang darf auch auf die Verklärungsgeschichte hingewiesen werden. Jesus wurde vor den Jüngern verwandelt, „und seine Kleider wurden so sehr weiß glänzend, wie kein Walker auf Erde so weiß machen kann". Jesus hat also schon für einen Augenblick die himmlische Existenz angenommen. Ebenso tragen Engel immer weiße Gewänder (Mark. 16,5 u. ö.).

Das weiße Gewand ist die Kleidung der Gerechten. Darum können die guten Werke selbst als das „hochzeitliche Gewand" verstanden sein. Wer dieses Gewand nicht hat, kann am himmlischen Freudenmahl nicht teilnehmen (Matth. 22,11–14).

Damit können wir unseren kurzen Überblick abschließen. Er dürfte gezeigt haben, daß man ziemlich deutlich zwischen den einzelnen Vorstellungsbereichen unterscheiden kann. Natürlich soll damit nicht geleugnet werden, daß untereinander auch Beziehungen und Beeinflussungen stattgefunden haben,[155] doch es ist m. E. wenig sinnvoll, von vornherein alle Vorstellungen miteinander zu verbinden, wie das bei Käsemann und Schlier geschieht.

Meines Erachtens sind zwei der besprochenen Vorstellungskreise mit ziemlicher Sicherheit gänzlich auszuscheiden: die Allgott-Vorstellung und die Gnosis.

Es gibt kein einziges Zeugnis, daß der Christ durch die Taufe zum Allgott würde. Die Gnosis wiederum scheidet aus, weil sie kaum von einem neuen Menschen reden würde, die Verleihung der Gnosis nicht in einem Kultakt geschieht und die Wiedervereinigung mit dem Selbst erst nach dem Tode geschieht. Von keiner Verwendung der Metapher „Kleid, Gewand" in der Gnosis führt ein Weg zu den neutestamentlichen Aussagen.

Es gibt nur zwei sinnvolle Möglichkeiten. Einen guten Weg zur Lösung

---

[154] Äth. Hen. 62,16.

[155] In späterer Zeit läßt sich auch die Aufnahme der Allgott-Vorstellung als Gewand für die Gnosis belegen, doch soweit ich sehe, nur bei den Mandäern. Johannesbuch 58 spricht der Schatz des Lebens: „Das Gewand des Gewaltigen bin ich, und ein jeder, der mich anzieht, freut sich und ist wohlgemut; wer mich anzieht, erhält Wohlgeruch und wird herrlicher als alle Welt."

der Frage ist Jervell gegangen. Er geht von der Apokalyptik aus. Der
Mensch wird neu geschaffen. Nach christlicher Überzeugung vollzieht sich
die neue Schöpfung schon in der Taufe. Zur weiteren Interpretation zieht
er das Eikon-Motiv heran, das für ihn der Ausgangspunkt ist. Der neue
Mensch, den man anzieht, ist nicht Christus selbst, sondern nur κατ᾽ εἴκονα
(Kol. 3,10). „Der neue Mensch ist κατ᾽ εἴκονα, ein Abbild des himmlischen
Christus, und in dem Abbild ist er im Urbild persönlich anwesend, wonach
der neue Mensch auch Χριστός genannt werden kann."[156] Er versteht also
Gal. 3,27; Röm. 13,14 als eine Abbreviatur.

Diese Deutung hat viel für sich. Gänzlich befriedigend ist sie aber auch
nicht. Für Kol. 3,10 und Eph. 4,24 sind sachlich keine Einwände möglich.
Unbehaglicher ist nur, daß Röm. 13,24 und Gal. 3,27 als eine Abbreviatur
verstanden werden müssen, Paulus sich also dort unkorrekt ausgedrückt
hat. Paulus hat außerdem diese Rede schon aus der Tradition übernommen.
Die Abbreviatur ist aber nicht nur unkorrekt, sondern sogar mißverständ-
lich.

Darum muß die andere Möglichkeit genauso erwogen werden, daß auch
hier Einfluß der Mysterienterminologie vorliegt. Wir hatten oben gesehen,
daß es ein möglicher, wenn auch nicht ganz sicher bezeugter Gedanke ist,
daß man bei der Investitur die Kultgottheit selbst anzieht. „Christus anziehen" könnte also eine Analogiebildung sein. Oft aber wird das Mysterium
auch nur die Wiedergeburt des einzelnen Menschen in Analogie zu der Kultgottheit gewesen sein, so daß auch die Form, die Kol. 3,10 und Eph. 4,24
bieten, von dorther verständlich sein kann. Sie kann aber auch als sekundäre
Entschärfung verstanden werden, um den Gedanken der Vergottung des
Christen in der Taufe auszuschließen. Dabei kann das von Jervell heraus-
gearbeitete Eikon-Motiv die Möglichkeit dazu gegeben haben. Mehr läßt
sich im Augenblick bei der jetzigen Quellenlage nicht sagen.

Wir wenden uns nun der paränetischen Anwendung des Topos zu. Da
es um die radikale Verwandlung des Menschen geht, um seine eschatologische
Existenz, ist der Aufruf, sie nun zu ergreifen, verständlich. Es handelt sich
hier um das typische Verhältnis von Indikativ und Imperativ, daß indi-
kativische Aussagen sofort in den Imperativ gewendet werden.[157]

Eigentümlich ist nur, daß das Ablegen des alten Menschen im Ablegen
von einzelnen Lastern dargestellt wird, die katalogisch aufgezählt werden,
und parallel dazu der neue Mensch durch das Anziehen von Tugenden. So ist
es in Kol. 3,8–12, während Eph. 4,22–24 keine Aufzählung bringt. Aber auch
in 1. Petr. 2,1 findet sich eine katalogische Aufzählung.

Kamlah vermutet dahinter letztlich mythologische Vorstellungen. Er

---

[156] Jervell, Imago Dei, S. 248.
[157] Auf dieses vielverhandelte Problem können wir in unserem Rahmen nicht eingehen.

denkt an die Vorstellung, daß beim Aufstieg der Seele in jeder Planetensphäre ein Laster abgelegt wird, bis sie endlich, in der Ogdoas angekommen,
von allen Lastern befreit ist. In gnostischem Gewand findet sich diese Vorstellung im Poimandres (CH I, 24–26). Ihr korrespondiert, daß die Seele
beim Abstieg aus der oberen Himmelswelt jeweils von der Planetensphäre
ein Übel mitbekommt. Die Vorstellung ist vorgnostisch und findet sich
auch in der Astrologie.[158] Dazu kombiniert Kamlah noch, daß an die Stelle
der Laster jeweils Tugenden treten. Dafür verweist er auf CH XIII,7, wo
die Quälgeister ausgetrieben werden und der Mensch mit den Gotteskräften
erfüllt wird.[159]

Das scheint mir zu viel spekuliert zu sein. Belegen läßt sich nur das Anziehen der Laster und ihr Wiederablegen beim Aufstieg. Die Ersetzung der
Laster durch Tugenden scheint mir ein fast gänzlich unmöglicher Gedanke
zu sein. Nachdem der Mensch alle Laster abgelegt hat, wird er mit den Gotteskräften erfüllt. Schon das Zahlenverhältnis (12 Quälgeister – 10 Tugenden) zeigt, daß an eine Entsprechung gar nicht gedacht ist.[160]

Man soll nicht überall Mythologie eintragen, wenn dazu keine Notwendigkeit besteht und die Quellen sie nicht einmal klar bezeugen.[161] Wahrscheinlich ergibt sich die katalogische Form aus der Sache selbst. Stellt
man alten und neuen Menschen gegenüber, so bietet sich ganz natürlich an,
dies an einer Gegenüberstellung von Lastern und Tugenden zu demonstrieren.

Auch diese paränetische Form weist eine dualistische Grundstruktur aus.
Ihr „Sitz im Leben" ist die Taufe.

4. Die Haustafel

Hier können wir uns wesentlich kürzer fassen. Daß Eph. hier eine geprägte Form übernimmt, wird nirgend mehr bestritten. Die direkte literarische Abhängigkeit dieser Haustafel von der des Kolosserbriefs (Kol.
3,18–4,1) kommt noch hinzu.

Die Frage der Herkunft ist hier nicht ganz so problematisch, wenn auch
die Einzelheiten unklar sind.

Bei der Bestimmung der einzelnen Kriterien der Form darf man nicht zu
eng sein.[162] Als die entscheidenden Charakteristika der Form dürfen gelten:

---

[158] R. Reitzenstein, Poimandres, S. 53, hat auf eine Stelle bei dem Vergil-Scholiasten
Servius, In Aeneid VI, 714 verwiesen; vgl. auch Kamlah, Katalogische Paränese,
S. 121.
[159] Kamlah, Katalogische Paränese, S. 115 ff.
[160] Zum Verständnis der Stelle vgl. Tröger, Mysterienglaube und Gnosis, S. 116.
[161] Unter diesem Hang zur spekulativen Kombination leidet die sonst gute Arbeit
Kamlahs an vielen Stellen.
[162] Das ist der methodische Fehler der Dissertation von David Schroeder, Die Haus-

1. Es werden nicht einzelne Menschen, sondern ein ganzer Stand angeredet, und zwar in der Relation zu seinem über- bzw. untergeordneten Stand. Die direkte Anrede ist allerdings bisher nur in christlichen Haustafeln gefunden worden, während die hellenistisch-jüdischen indirekt formuliert sind (z.B. ein Sklave soll sein).

2. Es handelt sich um die 6 Stände, die das antike Hauswesen bilden, wobei jeweils zwei einander zugeordnet sind: Herren – Sklaven; Eltern – Kinder; Männer – Frauen.

3. Von den drei untergeordneten wird im Prinzip jeweils nur das eine gefordert: Gehorsam. Von den drei übergeordneten Milde, Freundlichkeit und von den Männern gegenüber ihren Frauen Liebe.

4. Meist wird der untergeordnete Stand zuerst angeredet.

Vollständigkeit der Glieder ist nicht notwendig. Einfluß der Form liegt auch dann vor, wenn nur ein einziger Stand in dieser charakteristischen Weise, nämlich in seiner Relation zu seinem über- bzw. untergeordneten Stand, angeredet wird. Bei dieser weiten Bestimmung der Form sind die Belege innerhalb des Neuen Testaments und der Apostolischen Väter ziemlich zahlreich.

Die Texte finden sich alle erst in Schriften, die der zweiten und dritten christlichen Generation angehören. Neben Eph.5,22–6,9 und Kol.3,18 sind im Neuen Testament zu nennen: 1.Petr.2,18–3,9; Tit.2,1–10 und schon stärker erweicht 1.Tim.2,8ff.; 6,1f. Bei den Apostolischen Vätern: Did. 4,9–11; 1.Clem.1,3; 21,6–9; Pol.4,2–6,3.

Allgemein wird die Entstehung bzw. die Übernahme der Form der Tendenz zugeschrieben, daß das Christentum sich in der Welt einrichtet. „Ihre Existenz in urchristlichen Schriften bezeugt das Bedürfnis des jungen Christentums, sich im Alltagsleben einzurichten.“[163] Das ist sicherlich richtig. Die Tendenz der Entwicklung der Form zeigt jedoch noch ein weiteres Motiv: das Leben in der Gemeinde zu ordnen. Denn ausgehend von dem Schema wird das Verhältnis zum Bischof einbezogen oder andere Regeln eingeflochten über das, was in der Gemeinde schicklich ist. Die Haustafel ist der erste Versuch der christlichen Gemeinde, sich selbst als ein geschlossenes Hauswesen zu verstehen und die Beziehungen untereinander zu ordnen. Das bedeutet z.B. auch, welche Gültigkeit die weltlichen Ordnungen in der Gemeinde haben. Der Blick nach draußen, wie sich die Kirche als Ganze zur Umwelt verhalten solle, ist nirgends zu spüren.

Aus der Stoa stammt die Haustafel unmittelbar nicht. Die stoische Ethik

---

tafeln des Neuen Testaments, Diss. theol. Hamburg, 1959, der eine so minutiöse Gliederung der Form annimmt, daß er schließlich sogar fast den Wortlaut rekonstruiert (vgl. S.197). Davon hängen alle seine Thesen über die Herkunft ab, denn nur so kann er die Entstehung in der christlichen Gemeinde behaupten und die Übernahme aus der hellenistischen Synagoge bestreiten.
[163] Dibelius, HBNT 12, S. 48.

wendet sich nicht an Stände, sondern an den einzelnen.[164] Sie beschreibt den wahrhaft Weisen in seiner Beziehung zur Umwelt. Inhaltlich finden sich allerdings Parallelen, aber der Rahmen ist anders. Der stoische Schüler fragt, wie es sich für ihn geziemt zu handeln gegenüber den Göttern, den Eltern, der Familie usw.[165] Er erhält zur Antwort, daß er prüfen solle, welchen Standes er ist, und daraus resultiert ein bestimmtes Verhalten. Es scheint dabei auch eine gewisse Reihenfolge in der Pflichtenlehre gegeben zu haben: Götter, Vaterland, Eltern, Bruder, Frau, Kinder, Verwandte.[166] Da es sich in der Stoa um eine deskriptive ethische Form handelt, ist der Übergang in andere Stilformen, vor allem zur Lobrede und zur Ehreninschrift, leicht möglich.[167]

Trotz gewisser Parallelität im Inhalt der Aussagen wird man sich die Form einer Haustafel als die direkte Anrede an verschiedene Stände innerhalb einer geschlossenen Gemeinschaft als etwas Neues vorstellen müssen. Die Frage ist nur, ob diese Form erst in der christlichen Gemeinde oder schon in der hellenistischen Synagoge entstanden ist. Wenn bisher auch noch kein Text gefunden worden ist, wo in hellenistisch-jüdischen Texten die Stände direkt angeredet werden, so zeigt Philo decal 165–167 einen guten Übergang. Die Gestalt, in der die stoische Pflichtenlehre bei Philo auftritt, kann als Zwischenglied zur Haustafel gelten, so daß mit der Formung der Haustafel schon im hellenistisch-jüdischen Bereich gerechnet werden kann. Bei Philo ist die stoische Pflichtenlehre als Auslegung des 5. Gebotes verwendet. Sie erscheint nun nicht mehr als Beschreibung des Verhaltens des wahrhaft Weisen, sondern erhält einen für alle verbindlichen Gebotscharakter. ,,Das fünfte Gebot, das von der Ehrfurcht gegenüber den Eltern handelt, legt den Grund für viele und notwendige Gebote, die gegeben sind für Alte und Junge, für Herrschende und Untergebene, für Wohltäter und Empfänger von Wohltaten, für Sklaven und Herren. Die Eltern gehören nämlich zu dem höheren Stand der eben genannten, zu dem die Älteren, die Herrschenden, die Wohltäter und Herren zählen, die Kinder aber zu dem niedrigeren, zu dem die Jüngeren, Untergebenen, Empfänger von Wohltaten, Sklaven zählen. Viele und einzelne Bestimmungen sind darin enthalten: für die Jungen, das Alter zu ehren, für die Älteren, für die Jugend zu sorgen, und für die Untergebenen, den Herrschenden zu gehorchen. Den Herrschenden aber, zum Nutzen der Untergebenen zu regieren; für die, die Wohltaten empfangen, sie zu vergelten; für die, die Geschenke gegeben haben, daß sie sie nicht zurückfordern, als wären sie geliehen; für die Diener, daß sie ihren Dienst

---

[164] Vgl. Schroeder, Haustafeln, S. 38.

[165] Epiktet II 17,31; weitere Belege bei Dibelius HBNT 12, S.48; ausführliche Behandlung bei Schroeder, Hasutafeln, S.32ff.

[166] Abweichungen in der Reihenfolge sind allerdings häufig; vgl. die tabellarische Übersicht bei Schroeder, Haustafeln, Anhang II, S.193f.

[167] Belege bei Dibelius, HBNT 12, S.49.

in Liebe zu ihrem Herrn verrichten; für die Herren aber, daß sie Milde und Freundlichkeit walten lassen sollen, wodurch die Ungleichheit ausgeglichen wird."

Die anderen jüdisch-hellenistischen Belege sind weit weniger klar. In dem Mahngedicht des Pseudophokylides finden sich wohl eine ganze Reihe von Mahnungen, vor allem im Schlußteil, die sich mit der stoischen Pflichtenlehre berühren (gütig gegen die Kinder sein 207; das Alter ehren 220f.; den Dienern den nötigen Lebensunterhalt geben 223), aber sie sind einmal mit ganz anderen Geboten vermischt, zum anderen werden diese ganzen Gebote in der Form der Weisheitslehre gebracht. „Wer sie befolgt, verbringt ein herrliches Leben bis ins höchste Alter" (230). Als Vorläufer für die urchristliche Haustafel kommt das nicht in Betracht. Die Mahnungen bei Pseudophokylides zeigen nur die weite Verbreitung stoischer Gedanken, die in verschiedenem Gewand auftreten können.

Auch bei Josephus, c. Ap. II ist in der Darstellung der Gesetze des jüdischen Volkes der Einfluß der stoischen Pflichtenlehre zu spüren. Die Verehrung Gottes (19—23), die Ehe (24), die Kindererziehung (25), dann ein typisch jüdisches Stück: die Ehrfurcht gegenüber den Verstorbenen (26), die Verehrung der Eltern (27), das Verhalten zu den Freunden (27), das Verhalten gegenüber Fremden (28) werden thematisch in der gleichen Reihenfolge wie in der Stoa abgehandelt. Hierin kann man schon eher wieder ein Vorbild für die christliche Haustafel finden, weil es sich um die verbindliche Ordnung für das ganze jüdische Volk handelt, nicht um Weisungen für das besondere Leben eines einzelnen Menschen.

Die Wahrscheinlichkeit ist also groß, daß die Form der Haustafel als eine Umprägung der stoischen Pflichtenlehre schon in der jüdischen Synagoge entstanden ist.[168] Dafür spricht auch ein inneres Kriterium. Die älteste Haustafel im Kolosserbrief zeigt in der Motivation nur geringen christlichen Einfluß. Nur das ἐν κυρίῳ (Kol. 3,20) könnte typisch christlich sein. Aber auch jüdisch wäre es möglich zu sagen, „wie es sich vor dem Herrn (= Gott) geziemt". Stoisch ist der Begriff εὐάρεστον, neu dagegen, daß die Schicklichkeit ihr Maß nicht von der Vernunft, sondern von Gott her erhält oder, christlich gesprochen, von Christus empfängt.

Die Haustafel des Kol. hat Eph. übernommen und vor allem in ihrem ersten Teil erheblich erweitert. Die Erweiterung ist zunächst eine Verchristlichung des Motivs der Liebe zwischen Mann und Frau. Aber dieses Motiv weitet sich selbständig aus, wobei Eph. mit ganz neuen Begriffen arbeitet, so daß man schließlich nicht mehr weiß, ob Eph. eigentlich die Ermahnung motivieren will oder ob die Mahnung nur der Anlaß zu einem neuen Gedankenkreis über die Kirche ist. Da Eph. hier, wie im einzelnen noch nach-

---

[168] Gegen Schroeder, Haustafeln, der christliche Entstehung annimmt und die Motive sogar bis in die Verkündigung Jesu zurückverlegt (S. 82 u. ö.).

zuweisen sein wird, einen typisch gnostischen Gedankenkomplex aufgreift, werden wir uns mit diesen Aussagen erst in Teil VII beschäftigen.

Für das Bild der Gemeinde, in der und für die Eph. schreibt, ist interessant, daß sich neben den dualistischen paränetischen Formen auch eine solche findet, die die innerweltlichen Strukturen in die Kirche positiv aufnimmt. Sie zeigt, wie unterschiedliche Tendenzen gleichzeitig in der zweiten christlichen Generation nebeneinander wirkten.

5. Die geistliche Waffenrüstung

Wieder begegnet uns mit der geistlichen Waffenrüstung eine dualistisch orientierte paränetische Form. Der unversöhnliche Gegensatz liegt nun nicht mehr im irdischen Bereich, sondern überirdische Mächte bilden die finstere Gewalt. Um ihnen zu begegnen, reichen menschliche Mittel nicht aus, sondern nur göttliche Waffen können den Sieg bringen.

Die erste Frage ist nun, ob wir hier überhaupt eine geprägte Form vor uns haben oder ob Eph. unter Verwendung alttestamentlicher und anderer Motive diese Paränese selbst geschaffen hat. Es fehlt nämlich an dem umfangreichen Vergleichsmaterial, das bei allen anderen bisher besprochenen paränetischen Formen den Schluß notwendig machte, überliefertes Gut anzunehmen. Aus zwei Gründen legt sich allerdings auch hier nahe, eine geprägte Form anzunehmen:

1. Der Text hat eine wesentlich andere Eschatologie, als sie im Eph. sonst begegnet. Für den Eph. sind die Aussagen typisch, daß für die Kirche die Mächte schon überwunden sind, während hier der Entscheidungskampf noch aussteht.

2. In dem Text selbst kreuzen sich zwei verschiedene Anschauungen: die Vorstellung vom apokalyptischen Endkampf und der gegenwärtige Kampf gegen die kosmischen Mächte. Man hat den Eindruck, daß eine apokalyptische Vorstellung vergegenwärtigt worden ist, aber erst nachträglich und in ein schon geformtes Schema.[169]

Dadurch erklären sich auch einige Schwierigkeiten. Wann ist der böse Tag? Die Exegeten sind sich hier uneins und erwägen mehrere Möglichkeiten: das ganze Leben des Christen als einen solchen Tag zu verstehen,[170] einen Tag der Versuchung,[171] den Todestag, an dem die Seele den gefährlichen

---

[169] Auch die Begrifflichkeit der bösen Mächte entspricht zwei verschiedenen Ebenen. διάβολος ist typisch für die Apokalyptik, κοσμοκράτορες τοῦ σκότους τούτου dagegen für einen kosmischen Dualismus, wie er in der Gnosis üblich ist, aber auch ganz allgemein in der hellenistischen Zeit anzutreffen ist.

[170] Siehe Schlier, Kommentar, S. 292, Anm. 2.

[171] Haupt, MeyerK, S. 235: „Nicht an jedem Tage ist der Kampf des Christen gleich schwer; es gibt besonders versuchungsvolle und schwierige Tage, an welchen die volle Konzentration des Kampfes und der Gebrauch der vollen Rüstung nötig ist."

Aufstieg in den Himmel unternimmt,[172] oder die Zeit des eschatologischen Endkampfes.[173] Schlier bringt für die letzte Möglichkeit eine solche Fülle von Belegen aus der Apokalyptik,[174] daß man nicht bestreiten kann, daß das der ursprüngliche Sinn gewesen sein wird. Dennoch ist man nicht recht befriedigt, weil der Kontext gar nicht nahelegt, daß der eschatologische Tag „schon in Sichtweite"[175] ist. Schon Haupt[176] hat gesehen, daß für einen apokalyptischen Endkampf die Bereitschaft für das Friedensevangelium eine merkwürdige Waffe ist.

Nimmt man diese Beobachtungen zusammen, so legt sich eine traditionsgeschichtliche Lösung am nächsten. Ausgangspunkt ist wahrscheinlich ein sehr altes Taufverständnis, nach dem die Taufe die Ausrüstung für den apokalyptischen Endkampf war. Bei der Aufnahme der Form in die hellenistischen Gemeinden dürfte es an mehreren Stellen zu einer Variation gekommen sein. Einmal wird der für die hellenistische Welt entscheidende Dualismus eingetragen, und das bedingt gleichzeitig auch eine Veränderung des Zeitverständnisses, d. h., die ἡμέρα πονηρά verliert ihre streng apokalyptische Bedeutung. Schließlich ist auch die Deutung der einzelnen Waffen nicht mehr am apokalyptischen Endkampf orientiert, sondern an der gewöhnlichen Situation des Christen. Der jüdisch-apokalyptische Gedanke mit seinem temporalen Dualismus ist umgebogen in den kosmisch-dualistischen, wo der Kampf mit den Mächten der Finsternis ein dauernder ist.

Die nächste Frage, die wir uns stellen wollen, ist, wie diese Vorstellung von der Waffenrüstung Gottes und ihre Übertragung auf den einzelnen Christen entstanden ist.

a) Die Waffenrüstung Gottes

Deutlich ist zunächst, daß Eph. 6,14–17 die nachexilische Vorstellung von der Waffenrüstung Gottes aufnimmt, zum Teil liegt sogar wörtliches Zitat vor (Jes. 59,17). Sap. Sal. 5,17–19 liegt derselbe Gedanke vor, daß Eigenschaften Gottes (Eifer, Gerechtigkeit, Heiligkeit) als seine Waffen bezeichnet werden.

Der Gedanke von Waffen Gottes überhaupt ist wesentlich älter und reicht bis in die älteste Mythologie fast aller Völker zurück. Vor allem Blitz und Donner sind öfters als Waffen Gottes genannt. Der Gott als Krieger, der seinem Volk im Kampf beisteht, ist ein geläufiger Gedanke, der sich auch im Alten Testament findet (z. B. Ps. 35,1–3).

Die eigentümliche Abwandlung, daß gerade positive Eigenschaften Gottes als Waffen erscheinen, ist wohl am besten aus iranischem Einfluß zu er-

---

[172] Bousset, Die Himmelfahrt der Seele, ARW IV, 1901, S. 144.
[173] Zum Beispiel Schlier, Kommentar, S. 292; Gaugler, Der Epheserbrief, S. 224; Dibelius, HBNT 12, S. 98.
[174] Schlier, Kommentar, S. 293.
[175] Ebd., S. 294.
[176] Haupt, MeyerK, S. 235.

klären.[177] Nach Plutarch[178] stehen sich Horomazes, der Gott des Lichtes, und Areimanios, der Gott der Finsternis, gegenüber. Horomazes schuf sich sechs Götter (εὔνοια, ἀλήθεια, εὐνομία, σοφία, πλοῦτος, τὰ ἐπὶ τοῖς καλοῖς ἡδέα), bildet also mit ihnen eine Siebenheit. Areimanios schafft eine gleiche Anzahl von Widersachern. Darauf vergrößert Horomazes die Zahl seiner Götter um 24 und setzt sie in ein Ei, während Areimanios die gleiche Anzahl schafft. Seine Mächte durchbohren das Ei. Seitdem ist das Schlechte mit dem Guten vermischt. In vielen Variationen[179] findet sich dieser iranische Dualismus bis hin zum Manichäismus. Das für ihn Typische ist: in dem Kampf der guten Mächte gegen die Mächte der Finsternis stehen ihnen keine anderen Waffen zur Verfügung als Waffen des Lichts, d.h. die Tugenden. In der Form, wie die iranische Kosmogonie Mani vorliegt,[180] gibt sich der Urmensch gewappnet mit seinen fünf Söhnen den fünf Söhnen der Finsternis zur Speise, „so wie ein Mensch, der einen Feind hat, ein tödliches Gift in den Kuchen mischt und es ihm reicht".[181] Immer sind es nur gute Dinge, die das Licht ins Feld führen kann, denn Gewalt ist der Lichtwelt unmöglich. So ist es auch bei dem dritten Gesandten, der mit den zwölf Lichtjungfrauen herniedersteigt. „Der Gesandte rief die zwölf Jungfrauen hervor in ihren Gewändern, ihren Kränzen und in ihren Attributen: Die erste war die Herrschaft, die zweite die Weisheit, die dritte der Sieg, die vierte die Überzeugungskraft, die fünfte die Ehrwürdigkeit, die sechste die Wahrheit, die siebente der Glaube, die achte die Langmut, die neunte die Rechtlichkeit, die zehnte die Güte, die elfte die Gerechtigkeit, die zwölfte das Licht."[182]

Man kann mit ziemlicher Sicherheit voraussetzen, daß bestimmte Grundgedanken der iranischen Religion in der Zeit des Hellenismus weit verbreitet waren. Dazu zählen der Dualismus, der – wie wir gesehen haben – in den verschiedensten Formen auftreten kann, und daß die Gottheit im Kampf gegen das Böse nur mit den ihr eigenen Waffen kämpfen kann. Der Niederschlag des letzteren Gedankens im Judentum ist in Jes. 59,17 und Sap. Sal. 5,17–19 zu finden.[183]

b) Der Christ als Träger der Waffenrüstung Gottes

(1) Die Gläubigen als Teilnehmer am eschatologischen Endkampf

Während in der Apokalyptik meist das Volk Gottes nur passiv am eschatologischen Kampf teilnimmt, greifen nach den Qumrantexten die Gläubi-

---

[177] Vgl. Kamlah, Katalogische Paränese, S.53ff.
[178] De Iside et Osiride 47.
[179] Vgl. dazu Kamlah, Katalogische Paränese, S.53–103.
[180] Man darf mit einiger Sicherheit annehmen, daß gerade in den kosmogonischen Partien Mani nicht eigene Gedanken darbietet, sondern nur interpretiert.
[181] Theodor Bar Konai, Liber Scholiorum XI. Verwendet ist die Übersetzung von K. Schubert in R. Haardt, Gnosis, S.213ff.; Zitat ebd., S.214.
[182] Ebd., S.216. Nach dem Psalm 223 des koptischen Psalmbuches (Haardt, Gnosis, S.224–227) ist es nur eine Jungfrau, die mit 5 Kräften ausgerüstet ist.
[183] Die hier vorliegende Variation zeichnet sich vor allem dadurch aus, daß diese

gen selbst aktiv in den Kampf ein.[184] Teils wird eine frühere apokalyptische
Tradition sogar in dieser Richtung korrigiert. So werden in 1 QM 1,1–6 die
gleichen Feldzüge, die nach Dan. 11,40–45 der feindliche König durchführt,
von den Söhnen des Lichts unternommen.[185] Die ganze Gemeinde ist kriege-
risch geordnet.[186] Wenn der Tag kommt, „dann wird herbeieilen das Schwert
Gottes in der Zeit des Gerichts, und alle Söhne seiner Wahrheit werden sich
aufrichten, um (zu vernichten die Söhne) des Frevels, und alle Söhne der
Schuld werden nicht mehr sein" (1 QH VI,29 f.). Der Kampf richtet sich
ebenfalls nicht gegen Fleisch und Blut, sondern gegen Belial und seine Engel.
„Du hast Belial gemacht zum Verderben, zum Engel der Feindschaft. Und
in der Finsternis seiner Herrschaft und in seinem Ratschluß (sucht er)
Frevel und Verschuldung zu verursachen. Und alle Geister seines Loses sind
Engel des Verderbens, in den Gesetzen der Finsternis wandeln sie, und danach
steht ihr Verlangen insgesamt" (1 QM XIII,11 f.). Die Söhne des Lichtes vertreten die Sache Gottes, sie sind seine Streitmacht. Sie schreiben beim Aus-
zug in den Kampf auf ihre Paniere „Wahrheit Gottes, Festzeit Gottes, Be-
stürzung Gottes, Erschlagene Gottes" und bei der Rückkehr „Erhebung
Gottes, Größe Gottes, Lobpreis Gottes, Ehre Gottes" (1 QM IV,6–8).[187]
Auch auf den Waffen Gottes sollen Aufschriften angebracht werden, z. B.
„flammendes Schwert, das die gefallenen Frevler frißt" (1 QM VI,2–3). Man
könnte das eine Rüstung Gottes nennen. Freilich ist der Gedanke umgekehrt,
die Gläubigen weihen irdische Waffen zu Waffen Gottes, während Eph.
6,10–17 die Waffen Gottes geistliche Gaben sind, was sich auch daran zeigt,
daß bisweilen Bild und Sache nicht mehr recht zusammenpassen.[188]

In der Frage der Beziehung zwischen den Kriegsaussagen in den Qumrantexten und Eph. 6,10–17 wird man positiv nicht mehr sagen dürfen,
als daß es hier wie dort um die Teilnahme der Gläubigen am eschatologischen
Kampf gegen die Mächte der Finsternis geht. Trotz einer Wendung, die in
den Qumrantexten eine Parallele aufweist,[189] sind die Unterschiede so gra-

---

Waffenrüstung von Gott erst beim eschatologischen Endkampf angelegt wird, nicht
schon bei der Kosmogonie.

[184] Die Beziehungen von Eph. 6,10–17 zu Qumran sind besonders hervorgehoben wor-
den von K. G. Kuhn, Artikel πανοπλία, ThWB V, S. 297–300; G. Molin, Die Söhne des
Lichts, S. 178 f. Weitere Literatur s. bei H. Braun, Qumran und das Neue Testament I,
S. 222–224. Über die Traditionen und die Aussagen der Kriegsrolle vgl. P. von der
Osten-Sacken, Gott und Belial, StUNT 6.

[185] Nähere Einzelheiten siehe Osten-Sacken, a. a. O., S. 30–34.

[186] 1 QM ist eine Sammlung von Kriegsordnungen, die aus verschiedenen Über-
lieferungsstadien der Gemeinde stammen. Das beweist, daß die Vorstellung vom eschatologischen Krieg im Zentrum der Anschauungen der Gemeinde stand.

[187] Gleich anschließend (1 QM IV, 9–14) findet sich eine Dublette, wo andere Aufschriften genannt werden.

[188] Zu den feurigen Pfeilen des Bösen kann man 1 QH II,26 vergleichen (so Kuhn,
ThWB V, S. 299; dagegen Burrows, Die Schriftrollen vom Toten Meer, S. 278: „… aber
hier zeigt der Zusammenhang, daß der Dichter nicht flammende Speere, sondern Lan-
zen, die in der Sonne glitzern, meinte.").

[189] Vgl. für das Folgende auch Braun, Qumran und das Neue Testament I, S. 223.

vierend, daß man von einer direkten Beziehung zwischen Eph. 6,10–17 und den Anschauungen der Gemeinde von Qumran nicht wird sprechen können.[190]

1. Die Gemeinde von Qumran denkt an einen wirklichen eschatologischen Krieg, der mit wirklichen Waffen geführt wird, während Eph. 6,10–17 nur von einem geistigen Kampf spricht, in dem die Waffen Wahrheit, Gerechtigkeit, Bereitschaft für das Evangelium des Friedens, Glaube, Heil und Geist sind.

2. Die Frommen der Gemeinde von Qumran führen den Kampf mit Mitteln der Gewalt; die Losung heißt Rache, Vergeltung und Zorn. Eph. 6,10–17 werden nur Waffen des Lichts eingesetzt.

Außerdem kann man darauf hinweisen, daß die Gemeinde von Qumran keineswegs die einzige Gruppe im Judentum war, die von einer Teilnahme am eschatologischen Kampf sprach. Das gilt sogar noch pointierter von den Zeloten, deren Kampf gegen die Römer zumindest von einigen ihrer führenden Köpfe als eschatologischer Kampf um die Reinheit Israels angesehen wurde.[191] Der letzte Verzweiflungskampf der Verteidiger Jerusalems scheint von ihnen selbst als die eschatologische ϑλῖψις verstanden worden zu sein, nach der die Herrschaft Gottes unmittelbar folgen würde. Die Römer waren dabei als das Heer Belials verstanden.[192] Einige der zelotischen Heerführer verstanden sich auch als Messias-Prätendenten.[193] Auch die Pharisäer standen diesen Anschauungen nicht so fremd gegenüber, wie es sich dem Betrachter auf Grund der späteren Quellen darstellt.[194] Typisch für die Pharisäer ist allerdings dieser Gedanke nicht, die vielmehr glauben, daß das Kommen der Heilszeit durch Buße und Gehorsam beschleunigt werden könne.[195] Das klingt beinahe wie eine Antithese auf einer gemeinsamen Grundanschauung.

Vielleicht ist auch der Stürmerspruch Matth. 11,12/Luk. 16,16 als Zeugnis für die Lebendigkeit der Vorstellung von der Teilnahme der Gläubigen am eschatologischen Krieg zu werten. Wahrscheinlich sind Anschauungen dieser Art seit der Makkabäerzeit in vielen Gruppen des Judentums lebendig gewesen; Qumran ist auch hier nur ein wenn auch besonders markanter Zeuge neben anderen.

Freilich besagt die Nähe zu diesem jüdischen Topos nur etwas für eine ältere Traditionsstufe von Eph. 6,10–17, wo deutlicher an den eschatolo-

---

[190] „Gemeint ist wahrscheinlich wie 1. Thess. 5,8 die ἐλπὶς σωτηρίας, also das Heil als Hoffnungsgut" (Schlier, Kommentar, S. 297).

[191] Vgl. M. Hengel, Die Zeloten, bes. S. 127 ff., 287 ff., 308 ff.

[192] Diese Identifizierung ist in Or. Sib. II, 167–176 vorgenommen.

[193] Vgl. Hengel, Zeloten, S. 296 ff. (Menahem und Simon bar Giora).

[194] Mehrfach findet sich in der späteren Überlieferung die ausdrückliche Ablehnung, durch Empörung gegen das Joch der Weltreiche die Heilszeit herbeizuzwingen (vgl. Hengel, Zeloten, S. 129). Das beweist, daß es ein akutes Problem war.

[195] Näheres siehe bei Hengel, Zeloten, S. 130–132.

gischen Endkampf gedacht wurde. Dadurch, daß der Kampf sich gegen die jetzigen dämonischen Herrscher richtet und die Waffen die Gaben sind, die den Christen überhaupt auszeichnen, ist der eschatologische Sinn zwar nicht verschwunden, aber doch in einen anderen Zeitbezug gestellt. Es ist die Situation, in der sich der Christ hic et nunc befindet. Darum sind die Aussagen in den Blick zu fassen, wo das Christsein überhaupt als Kampf verstanden wird.

(2) Das Christsein als Kampf

Hier kann man zunächst an Gal. 5,16 ff. erinnern. Fleisch und Geist liegen miteinander im Kampf. Allerdings werden dann die Laster und die Tugenden nicht als Waffen, sondern als Werke des Fleisches und Früchte des Geistes gegenübergestellt. Dennoch ist die Stelle hilfreich zum Verständnis, weil der Übergang zu dem Gedanken, daß die Früchte des Geistes auch Waffen gegen das Fleisch sind, leicht möglich ist. Es ist die gleiche dualistische ethische Grundstruktur, die wir auch bei der paränetischen Form, die vom Ablegen des alten Menschen und vom Anlegen des neuen Menschen sprach, beobachtet haben. Röm. 13,12 zeigt sehr gut, wie diese beiden Reihen ineinander übergehen können. Abgelegt werden die Werke der Finsternis und angelegt die Waffen des Lichts. Prinzipiell können in allen drei paränetischen Formen die gleichen Begriffe auftauchen: als Früchte des Geistes, als Wesensmerkmale des neuen Menschen und als Waffenrüstung. Auf der anderen Seite steht die satanische Macht. Im Eph. ist sie direkt als überirdische Macht bezeichnet, aber die σάρξ ist ebenfalls eine Macht[196], und der alte Mensch steht auch unter der überirdischen Gewalt, so daß man ihn fast als ihre Schöpfung bezeichnen könnte.[197]

Eine andere Variante liegt in Röm. 6,13 vor, wo die Christen aufgefordert werden, ihre Glieder als Waffen der Gerechtigkeit für Gott in Dienst zu stellen. Jedoch liegt hier der Gedanke wesentlich anders, da die Glieder nicht Tugenden sind, sondern die konkrete leibliche Existenz des Menschen meinen. Die Gemeinsamkeit mit unserer Stelle besteht nur darin, daß es auch hier um eine Kampfsituation geht, in der Gott eine überirdische Macht entgegensteht, denn die Sünde ist in Röm. 6 nicht die einzelne Tat des Menschen, sondern eine überirdische Macht.[198]

In 2. Kor. 10,3–6 gebraucht Paulus ebenfalls die Terminologie des Kampfes. Er kämpft nicht mit fleischlichen Waffen, sondern mit Waffen, die von Gott ihre Kraft haben. Aber hier liegt wohl ein reines Bild vor. Der Gegner ist

---

[196] Vgl. Bultmann, Theologie des Neuen Testaments, § 23,3, S. 243 ff.
[197] Vgl. Eph. 2,21; 4,22.
[198] Zur Personifikation der Sünde als Macht vgl. Bultmann, Theologie des Neuen Testaments, S. 243 ff.

auch nicht eine überirdische Macht, sondern Paulus setzt diese Waffen
gegen den Ungehorsam der Korinther ein.

Die paulinischen Texte zeigen, daß die Situation des Christen in der Welt
als eschatologischer Kampf verstanden werden konnte und daß der Gegner
eine überirdische Macht ist. Eine weitere Gemeinsamkeit mit Eph. 6,10–17
besteht darin, daß in dem Kampf die Christen keine anderen Mittel haben
als geistige. Keine Gewalt wird angewendet, sondern Glaube, Liebe und Güte
sind die Waffen, mit denen die Kinder des Lichts streiten.

Ob man die Geschichte der paränetischen Form von der Waffenrüstung
Gottes noch weiter zurückverfolgen kann, ist zweifelhaft. Es könnte sein,
daß die Form als Ganze aus dem Iran stammt. Wir hatten gesehen, daß es
im Iran ein typischer Gedanke ist, daß Horomazes, der Gott des Lichts, in
seinem Kampf gegen das Böse nur die ihm eigenen lichten Waffen einsetzen
kann. So könnte auch die Übertragung der Waffenrüstung Gottes auf den
Gläubigen in dieser Anschauung wurzeln. Es gibt dafür sogar einen Text-
beleg, in dem von einer solchen geistigen Waffenrüstung gesprochen wird.
Leider ist der Text sehr spät (600 n. Chr.), so daß er keine stringente Beweiskraft haben kann. Er fügt sich aber so gut in das Bild ein, daß die Vermutung naheliegt, daß das Schema eine sehr lange Tradition hat, die bis in
hellenistische Zeit zurückreichen könnte.

Es geht in dem Text um das Mittel, um Ahriman zu bekämpfen und um
Ohrmizd und das Paradies zu gewinnen:

„Wenn sie den Geist der Weisheit zum Lendenschutz machen
und an den Körper den Geist der Genügsamkeit gleich Rüstung
und Panzer und Bedeckung anziehen
und den Geist der Wahrheit zu einem Schilde machen
und den Geist der Dankbarkeit zu einer Keule
und den Geist des vollkommenen Denkens zu einem Bogen
und den Geist der Freigebigkeit zu einem Pfeil
und den Geist des Maßhaltens zu einer Lanze machen
und den Geist der Bestrebung zu einem Handschutz
und den Geist der Vorherbestimmung zur Zuflucht machen...“[199]

Ob eine solche Paränese im Mithraskult verwendet wurde, kann man nur
vermuten, aber nicht belegen.

Das alles muß Vermutung bleiben. Mit ziemlicher Sicherheit wird man
nur sagen können, daß der „Sitz im Leben" dieser paränetischen Form in der
christlichen Gemeinde die Taufe gewesen sein wird.

---

[199] Menok i Chrat 43,5–13. Übersetzung von Geo Widengren, zitiert bei Kamlah,
Katalogische Paränese, S. 95. Eine andere Übersetzung des Textes findet sich bei Oepke,
Artikel πανοπλία ThWB V, S. 297.

6. Zusammenfassung

Die form- und traditionsgeschichtliche Analyse des paränetischen Stoffes des Eph. hat gezeigt, daß Eph. in starkem Maße von geprägten paränetischen Formen abhängig ist. Sie haben, außer der Haustafel, alle eine dualistische Grundstruktur. Das bedeutet, daß für sehr konkrete Einzelmahnung wenig Spielraum ist. Das Interpretationsproblem des Eph. besteht ja vor allem auch darin, daß er sehr stark in der liturgischen und paränetischen Tradition der Gemeinde steht. Darum sind genauere Schlüsse kaum möglich. Man kann nur Vermutungen aussprechen. Das starke Hervortreten von Formen der Neophytenparänese könnte darauf deuten, daß die von Eph. angesprochenen heidenchristlichen Gemeinden relativ junge Gründungen sind, für die eine erste grundsätzliche Orientierung notwendig ist. Diese Ethik könnte die gemeinsame Basis sein, auf der Eph. das Miteinander von Heiden- und Judenchristen in der einen Kirche gründen will.

Das würde sehr gut in die Situation passen, in der nach unserer Analyse der Eph. geschrieben ist. Die heidenchristlichen Gemeinden erleben ein sehr rasches Wachstum, lösen sich von der paulinischen Gemeindeverfassung, suchen einen neuen Weg und verstehen sich als die wahren Träger der Kirche, während sie den judenchristlichen Mitbruder an den Rand drängen. Eph. versucht diese Kluft zu überbrücken, indem er die gemeinsame Grundlage des christlichen Lebens besonders klar herausstellt. Er weiß hinter sich die Tradition, die schon klar formuliert hat, wie sich christliches Leben von heidnischem unterscheidet. So mag es für ihn sinnvoll gewesen sein, gerade auch hier an den gemeinsamen Grundbestand zu appellieren. Bei der starken Traditionsgebundenheit läßt sich aus dem paränetischen Stoff die Situation nicht klar erkennen.

VII. GNOSTISCHE EINFLÜSSE IM EPHESERBRIEF

A. Allgemeine methodische Probleme

Die Feststellung gnostischer Einflüsse im Eph. stellt zunächst vor schwierige methodische Probleme.

1. Es muß ein bestimmtes Bild von der Gnosis vorausgesetzt werden. Die Untersuchung bekommt ein völlig anderes Gesicht, wenn man die Sicht der Gnosis von Reitzenstein, Jonas oder Schmithals teilt. Die Tagung in Messina, deren Vorträge gut handlich vorliegen,[1] hat trotz eines Vorschlags für eine terminologische Übereinkunft[2] keinen Konsens herstellen können. Gerade für unsere Fragestellung ist die Definition dessen, was „Gnostizismus" heißen soll, nicht sehr hilfreich. Sie ist aber immerhin so weit gefaßt, daß sie noch genügend Spielraum läßt. Für die Bestimmung dessen, was Gnostizismus sei, solle man „methodisch von einer bestimmten Gruppe von Systemen des zweiten Jahrhunderts nach Christus ausgehen, die ‚Gnostizismus' nennen zu sollen man sich allgemein einig ist".[3] Betont man hier das Wort „ausgehen", so ist das zweifellos richtig, aber was sich von solchem Ausgangspunkt als historisch unbedingt dazugehörig erweist, ist dann eine ganz andere Frage. Und hier liegt das eigentliche Problem, das der terminologische Vorschlag nur zudeckt.

Man müßte nun entweder das ganze Problem aufrollen, was hier nicht unsere Aufgabe sein kann, oder eine Sicht der Gnosis den folgenden Ausführungen zugrunde legen. Die gemeinsame Arbeit in unserem Arbeitskreis für koptisch-gnostische Schriften unter Leitung von Hans-Martin Schenke, in dem auch immer wieder über die Grundsatzfragen diskutiert wurde, hat uns seine Sicht der Gnosis als die brauchbarste Arbeitsthese erwiesen. Sie liegt darum auch den folgenden Erwägungen zugrunde: „Die Gnosis ist eine religiöse Erlösungsbewegung der Spätantike, in der die Möglichkeit einer negativen Welt- und Daseinsdeutung in besonderer und unverwechselbarer Weise ergriffen ist und sich zu einer konsequent weltverneinenden Weltanschauung verfestigt hat, die sich ihrerseits wieder in Wortprägungen, Bil-

---

[1] Le Origini dello Gnosticismo. Colloquio di Messina 13–18 Aprile 1966, Leiden 1967. Studies in the History of Religions XII.

[2] Deutscher Text ebd., S. XXIX–XXXII.

[3] Ebd., S. XXIX.

dersprache und Kunstmythen charakteristischen Ausdruck verleiht."[4] „Gnostisch sind Aussagen, Vorstellungen, Systemstücke, die aus der bezeichneten Daseinshaltung und Weltanschauung erwachsen bzw. ihren spezifischen Sinn erhalten."[5] Im einzelnen ist die Entscheidung natürlich immer sehr schwierig, da die Gnosis wenig ganz originäre Vorstellungen und Anschauungen hervorgebracht hat, sondern ältere nur in eigentümlicher Weise interpretiert hat.[6] Dennoch kann man einige Mythen, auch wenn sie „Kunstmythen" aus früheren vorgnostischen Anschauungen sind, für typisch gnostisch halten.[7]

Wir suchen also nach Aussagen im Eph., die spezifisch gnostische Systemstücke voraussetzen.

2. Noch problematischer ist die Herausarbeitung der möglichst ältesten Gestalt der gnostischen mythischen Elemente. Im Idealfall wäre die Gestalt der vorchristlichen Gnosis der Untersuchung zugrunde zu legen. Da aber alle Quellen literarisch später sind, ist hier der Boden noch unsicherer.

W. Schmithals hat in den letzten Jahren mehrere Arbeiten veröffentlicht, in denen er seine Ansicht von der vorchristlichen Gnosis dargelegt hat. Am ausführlichsten hat er seine Sicht in der 2. Auflage seines Buches „Die Gnosis in Korinth" (1965) begründet. Bei der folgenden kurzen Auseinandersetzung beziehen sich die in Klammern stehenden Seitenzahlen ausschließlich auf dieses Buch. Die Hauptthese von Schmithals ist, daß die vorchristliche Gnosis erlöserlose Gnosis gewesen sei und daß die kollektive Deutung des Christus vorchristlich sei. Das Beweisverfahren, mit dem er seine These begründet, ist aber m. E. nicht schlüssig.

(a) Nach seiner Überzeugung spiegelt die Megale Apophasis das älteste Stadium des Simonianismus wider. Diese Behauptung, die gegen die allgemeine wissenschaftliche Überzeugung steht, hat für das Beweisverfahren außerordentlich große Bedeutung. Begründet wird diese These damit: „Es gibt in jener frühchristlichen Zeit, zumal in der Gnosis, nicht wenige Beispiele dafür, daß aus dem Verkündiger der Verkündigte wird. Daß der Verkündigte zum bloßen Verkündiger degradiert, der himmlische Gesandte zum gewöhnlichen Gnostiker umformiert wird, ist dagegen ohne Beispiel" (S. 38). Diese Behauptung scheint mir nun offensichtlich falsch. Die ganze Traditionsbildung zeigt, daß beide Tendenzen nebeneinanderlaufen. In der synoptischen Tradition wird immer wieder aus dem verkündigten Christus der Verkündiger. Dies ist doch der theologische Grund für Gemeindebildungen von „Jesusworten". Dasselbe gilt auch für gnostische Evangelien. Man denke nur an das Thomas-Evangelium, wo Jesus fast gar nichts über sich selbst sagt. Ob das eine „Degradierung" darstellt, ist doch sehr zweifelhaft. Für die Tendenz, daß Jesus zum „gewöhnlichen Gnostiker umgeformt wird", nur ein Beispiel: Von den Karpokratianern wird berichtet, ihre Überheblichkeit gehe so weit, „daß die einen behaupten, Jesus selbst gleich zu sein, die anderen, noch stärker zu sein" (Iren. I,25,2; Hipp. El. VII, 32). Die andere Begründung für das höhere Alter der Megale Apophasis gegenüber den Berichten von Irenäus und Hippolyt ist ebenfalls nicht überzeugend: „Der Simon des irenäischen Systems ist eine hochmythologische Gestalt. Der Anspruch, der höchste Gott in Person zu sein, der auf die Erde hinabstieg, um die Ennoia, die erste Emanation seiner selbst, zu suchen und nach oben zu führen, ist als Anspruch eines vernünftigen historischen Wesens nicht denkbar" (S. 38 f.). Aber kann

---

[4] H.-M. Schenke, Die Gnosis. In: Umwelt des Urchristentums I, Berlin 1965, S. 374.
[5] Schenke, ebd., S. 375.
[6] Vgl. dazu H. Jonas über die gnostische Allegorie, Gnosis und spätantiker Geist, S. 216 ff.
[7] Die Hauptelemente des gnostischen Mythus hat Schenke, a. a. O., S. 380–382 zusammengestellt.

man solche Gestalten wie Simon Magus mit der Elle „eines vernünftigen historischen Wesens" messen? Ein Blick in die Ketzergeschichte zeigt, daß manche Gestalten vom Schlage eines Simon Magus noch viel wunderlichere Dinge von sich selbst behaupteten und sogar eine gläubige Anhängerschar gewannen. Richtig ist zweifellos, daß in den Einzelzügen der Bericht des Irenäus Züge enthält, die sicherlich sekundär sind, aber im Ansatz spiegelt sein Bericht das ältere Stadium des Simonianismus wider. Die Megale Apophasis ist innerhalb des Simonianismus ein Spätprodukt. (Außerdem ist der Bericht Hippolyts, El. VI, 9–18, Wiedergabe einer Predigt über die Megale Apophasis, was Schmithals S. 32 selbst zugibt. Aus den drei Zitaten ein ganzes System zu postulieren, das gegen alle sonstigen Nachrichten steht, ist schon ein sehr kühnes Unterfangen.)

(b) Noch schlechter steht es m. E. um den Beweis, daß die vorchristlichen Gnostiker sich selbst den Titel Christus beigelegt hätten. Die „Zeugnisse für die kollektive Bedeutung des Christus" (S. 49 ff.) sagen entweder nicht oder geben eine sehr späte Anschauung wieder. Auf Iren. I,30,14 kommen wir noch zurück. Ecl. proph. 23 ist nicht sicher auf eine alte gnostische Quelle zurückzuführen. Der Gedanke, daß Christus und die Kirche identisch sind, weil er in ihr wirkt (S. 50), kann auch von einem katholischen Christen gesagt werden. Auch wenn man diese Identifikation zwischen Christus (bzw. nur eines Teils von ihm) und der Kirche für die Gnosis belegen kann (Exc. exTheod. 26), so besagt das überhaupt nichts darüber, ob es je eine kollektive vorchristliche Bedeutung des Christustitels in der Gnosis gegeben hat. Diese kollektive Bedeutung des Christustitels ist m. E. ein Spätprodukt der gnostischen Systeme. Darum ist es nicht nötig, auf die Belegstellen einzugehen, die Schmithals aus späteren Schriften (Acta Thom.; Acta Joh. u. a.) bringt, weil sie schon von ihrer Abfassungszeit aus genau das Gegenteil von dem beweisen, was Schmithals will.

Der Beweis, daß es eine vorchristliche erlöserlose Gnosis gegeben habe, ist m. E. nicht gelungen, noch weniger, daß die kollektive Bedeutung des Christustitels die ursprüngliche gewesen sei. – Das hat natürlich große Bedeutung für die ganze Rekonstruktion der Gegner des Paulus in Korinth und anderswo, worauf aber hier nicht näher eingegangen werden kann.

3. Es gibt nun allerdings gnostische Systeme, die keinen christlichen Einfluß aufweisen (z. B. Poimandres und die anderen gnostischen hermetischen Traktate, von denen sich einige auch unter den Nag-Hammadi-Schriften befinden[8]) oder deren christliche Bearbeitung leicht erkennbar ist (z. B. Naassenerpredigt), aber es führt zu Trugschlüssen, wenn man eine solche fertige Gestalt als Eph. bekannt voraussetzt.[9]

4. Ausgangspunkt können nur solche Texte sein, in denen Eph. Gedanken verwendet, die sich weder aus sich noch aus der christlichen Tradition erklären lassen, sondern sich dem Verständnis nur erschließen, wenn man ein Teilstück des gnostischen Mythus voraussetzt. Nur wirkliche Schwierigkeiten des zu exegesierenden Textes können Ausgangspunkt sein, aber nicht

---

[8] Mit Sicherheit die drei letzten Schriften von Codex VI (OgdEnn HNC VI,6; OR NHC VI,7; Ascl NHC VI,8), wobei für die beiden letzten zumindest teilweise auch Parallelversionen im Corpus Hermeticum vorhanden sind. Wahrscheinlich gehörten auch Fragmente aus Codex X dazu, der aber so schlecht erhalten ist, daß man nur Vermutungen äußern kann.

[9] So hat z. B. Petr Pokorný, Der Epheserbrief und die Gnosis, Berlin 1965, die Naassenerpredigt in ihrer Grundschicht als die dem Eph. bekannte Form der kleinasiatischen Gnosis vorausgesetzt. Er vergleicht dann die einzelnen Aussagen des Eph. mit den gnostischen Anschauungen der Grundschicht und sieht Eph. überall in Auseinandersetzung mit dieser Gnosis, denn oft findet sich dann „das Gegenteil dessen, was wir in den dem Epheserbrief sonst nahestehenden gnostischen Abschnitten lesen"

ein vorher postuliertes Bild kleinasiatischer Gnosis. Erst wenn ein solches Teilstück sich als eine unabweisbare Voraussetzung darstellt, wird man sich der Frage zuwenden können, wie die vermutlich älteste Gestalt ausgesehen hat. Dabei werden wir uns noch eine weitere Beschränkung auferlegen. Wir fragen bei der Rekonstruktion nicht nach der ältesten Gestalt der Gnosis überhaupt, sondern nur dieses einen Teilstücks. Dabei sind dann die Texte heranzuziehen, in denen dieses Teilstück vorkommt, und zwar unter der Frage, ob sich eine vorchristliche Gestalt dieses Elements wahrscheinlich machen läßt.

Die Aufgabe, die wir uns stellen, ist also wesentlich bescheidener. Wir postulieren kein System, wollen auch kein solches aus dem Eph. gewinnen, sondern nur Teilstücke interessieren uns. Für eine solche Untersuchung ist Eph. 5,22–33 ideal geeignet.

B. Die Kirche als Braut Christi in Eph. 5,22–33

Innerhalb des Teiles der Haustafel, der von dem Verhältnis zwischen Mann und Frau handelt, finden sich einige Aussagen über das Verhältnis zwischen Christus und der Kirche, die höchst merkwürdig sind. Nun braucht zunächst nicht aufzufallen, daß das Verhältnis zwischen Mann und Frau durch das Verhältnis von Christus und der Kirche vertieft wird. Es bleibt jedoch nicht bei solchen in sich verständlichen Vergleichen,[10] sondern über das Verhältnis Christi zur Kirche werden Aussagen gemacht, die jenseits aller irdischen Analogie liegen:

1. Er ist der σωτήρ des Leibes, er gibt sich für die Kirche hin.

2. Das Ziel seiner Hingabe ist die Reinigung der Kirche, damit sie heilig und fehllos wird; d. h. doch aber, daß die Kirche schon vor seiner Hingabe existierte,[11] und zwar in solcher Weise, daß sie einer Reinigung bedarf.[12]

3. Das Merkwürdigste aber ist der Vers 32. Die Schriftstelle Gen. 2,24

(S. 80). Von da aus ergibt sich dann die These: „Der Epheserbrief ist in der Auseinandersetzung mit der judaistisch gefärbten Gnosis geschrieben" (S. 21). Das Verfahren Pokornýs wäre dann überzeugend, wenn man sicher bewiesen wäre, daß Eph. diese Gestalt der Gnosis wirklich kennt. Pokorný versucht dies über den Gedanken vom Leib Christi, bei dem er damit rechnet, daß er unter Einfluß der gnostischen Urmensch-Vorstellung entstanden ist (S. 34–49). Da diese These uns nach unseren obigen Untersuchungen fragwürdig ist, entfällt der Beweis für eine gewisse Gemeinsamkeit zwischen Eph. und der von der Naassenerpredigt vertr ̣etenen Gnosis. Zum anderen müßte man, wenn der Brief wirklich in Auseinandersetzung mit der Gnosis geschrieben wäre, etwas mehr von Polemik in dem Brief erkennen. 4,14 ist so allgemein gehalten, daß man daraus nichts schließen kann.

[10] Zum Beispiel kann der Gedanke vom „Haupt" in Vers 23 rein bildlich sein, ebenso der Gehorsam. Schwieriger ist, ob in Vers 29 auch eine Analogie gemeint ist. Wahrscheinlich aber ist ἐκτρέφει καὶ θάλπει nur auf das irdische Verhältnis des Mannes zur Frau bezogen und der καθώς-Satz bezieht sich auf den allgemeinen Gedanken: die Männer sollen ihre Frauen wie ihre eigenen Leiber lieben, wie auch Christus die Kirche.

enthalte ein großes Geheimnis, das Eph. auf Christus und die Kirche deutet. Was aber bezieht sich in dieser Schriftstelle auf Christus und die Kirche? Dibelius meint, daß sich das Zitat als Ganzes nicht auf Christus und die Kirche übertragen lasse, sondern nur der Schlußgedanke, der die Vorstellung von einem Hieros Gamos enthalte.[13] Man kann zumindest fragen, ob nicht doch der ganze Vers allegorisch gemeint ist; doch das kann vorerst offenbleiben.

Fassen wir zunächst zusammen, was hier über die Kirche gesagt ist: Die Kirche ist erlösungsbedürftig. Christus ist ihr Sotēr, der sich für sie hingibt, um sie zu reinigen. Er liebt sie wie seinen eigenen Leib und wird mit ihr ein Fleisch. Dies ist ein großes Mysterium. Und in der gleichen Weise sollen auch die Männer ihre Frauen wie sich selbst lieben. Die irdische Ehe ist also ein Abbild der himmlischen zwischen Christus, dem Sotēr, und der Ekklesia.

Nun hat Heinrich Schlier für die Erklärung dieses Abschnittes schon ganz erhebliche Vorarbeiten geleistet.[14] Was uns zu tun bleibt, ist, durch eine erneute Überprüfung der Textbelege die wesentlichen von den unwesentlichen zu trennen und dadurch das Ergebnis zu präzisieren, wozu die Heranziehung weiterer Belege aus den Nag-Hammadi-Schriften wertvolle Hilfe leisten wird.

Zunächst sei noch einmal festgestellt, an welchen Punkten Schlier unaufgebbar Richtiges gesagt hat.

Weder das Alte Testament noch das rabbinische Judentum bieten eine Brücke zu den Aussagen im Eph. Zwar wird im Alten Testament gelegentlich Israel als die Braut Jahwes bzw. als sein Eheweib und Jahwe als Bräutigam bzw. Ehemann bezeichnet,[15] aber hier handelt es sich um reine

---

[11] Percy bestreitet den Präexistenzgedanken für die Kirche, indem er mit einer anderen Stelle dagegen argumentiert „... ein solcher Gedanke scheint vielmehr dadurch ausgeschlossen zu sein, daß nach 2,15 die christliche Gemeinde, in der Heiden mit Juden eins sind, erst im Tode Christi geschaffen wurde" (Probleme, S. 328). Aber mit einem solchen Systemzwang kann man nicht argumentieren, wenn man erkannt hat, wie viele oft sehr unterschiedliche Anschauungen im Eph. verarbeitet wurden. Percy, der immer wieder bestreitet, daß Eph. etwas mit der Gnosis zu tun habe, überspringt gerade die Frage nach dem religionsgeschichtlichen Hintergrund von Eph. 5,22ff. In seinem riesigen Werk widmet er dem Text nur eine reichliche Seite.

[12] N.A.Dahl, Das Volk Gottes, Oslo 1941, S. 258ff., interpretiert so, daß die präexistente Kirche Israel war, das erst gereinigt werden mußte, um dann die christliche Gemeinde zu werden. Schnackenburg hält zu Recht diese Auslegung für „sicher verfehlt" und meint: „Die genannte Inkonvenienz erklärt sich einfach daraus, daß der Apostel die Kirche als entwickelte Erscheinung vor sich sieht und rückblickend die Bedeutung des Sühnetodes Christi für sie würdigt" (Lit. Jahrb 2, 1952, S. 178). Derselbe später noch eindeutiger, Gestalt und Wesen der Kirche nach dem Epheserbrief, S. 108: „Jene Ausdrucksweise, daß Christus sich für seine Kirche dahingegeben hat, verrät, daß die Kirche dem Verfasser eine ideale Größe geworden ist, die stets in ihrer Bezogenheit auf Christus, in ihrer unlöslichen Verbundenheit mit ihm gesehen wird, vielleicht schon als eine präexistente Größe kraft der vorzeitigen Erwählung und Bestimmung Gottes."

[13] M.Dibelius, HBNT 12, S. 95.

[14] Schlier, Kommentar, S. 264 ff.

Bildworte, die die unbedingte Zugehörigkeit von Jahwe und Israel zum
Ausdruck bringen. Israel soll nicht anderen Göttern hinterherlaufen, denn
es ist Jahwe verlobt. Diese Zusage hat auch Israel von Jahwe. Jer. 2,2 heißt
es: „So spricht Jahwe: Ich gedenke deiner Chesed in deiner Jugend, wie du
mich liebtest wie eine Braut, als ihr mir folgtet in der Wüste, im Land ohne
Samen." Und Hos. 2,21f. erklärt Jahwe: „Ich will mich dir verloben in
Ewigkeit." An eine wirkliche Vereinigung ist nicht gedacht. Höchstens kann
die Bezeichnung der Gemeinde als Braut von daher mit veranlaßt sein.

Auch die spätere jüdische Anschauung, nach der die irdische Zeit als die
Brautzeit, das Eschaton aber als Hochzeit Israels geschildert wird, ist reines
Bild; an eine Vereinigung ist nicht gedacht. Wie die Juden sich dieses Bild
dachten, zeigt gut ExR 15 (79b): „Dieser Monat sei euch Ex. 12,2 gleich
einem König, der sich einem Weib verlobte und ihr wenige Gaben verschrieb; als er kam, sie zu nehmen, verschrieb er ihr als Gatte viele Gaben.
Ebenso war diese Welt die Verlobung(szeit), s.: ‚Ich werde dich mir verloben auf immer' Hos. 2,21, und er übergab ihnen nur den Mond, s.: ‚Dieser
Monat gehöre euch' Ex. 12,2. Aber in den Tagen des Messias wird die Hochzeit sein, s.: ‚Denn dein Eheherr ist dein Schöpfer' Jes. 54,5; in jener Stunde
übergibt er ihnen alles, s.: ‚Die Verständigen werden glänzen wie der Glanz
des Firmaments, und viele werden zur Gerechtigkeit geführt wie die Sterne
immer und ewig' Dan. 12,2."[16] Der wesentliche Gedanke ist, daß Israel dann
alles bekommen wird. Wie die Braut zunächst nur Verlobungsgeschenke erhält und erst als Eheweib vollkommen Anteil am Besitz des Mannes bekommt, so verhält es sich auch mit Israel, das jetzt schon wertvolle Gaben
erhalten hat, dann aber vollen Anteil bekommen wird. Es ist also in der
Struktur ein Gleichnis.

Ebensowenig läßt sich die Stelle in Eph. 5 aus den anderen neutestamentlichen Texten begreiflich machen, wo von Bräutigam oder Hochzeit gesprochen wird. Die drei synoptischen Stellen, an denen das Bild begegnet,
sind reine Bildworte (Mark. 2,18ff. Parr.; Matth. 22,1ff.; 25,1ff.), auch wenn
man die letzte Stufe der Traditionsgeschichte dieser Texte zum Ausgangspunkt nimmt,[17] ist an keiner einzigen Stelle die Kirche als die Braut Christi
bezeichnet.[18] Die Jünger bzw. die Gemeinde sind die Gäste, aber nicht die
Braut selbst.[19]

---

[15] Hos. 1–3; Jes. 49,18; 50,1ff.; 54,1; 61,10; 62,4f.; Jer. 2,2f.; Ez. 16,1ff.; 32,1ff.
[16] Zitiert nach Billerbeck I, S. 517, dort auch noch weitere Belege.
[17] In allen drei Fällen handelt es sich um Gleichnisse bzw. Parabeln, die nachträglich allegorisiert wurden. Für Mark. 2,18ff. und Matth. 22,1ff. ist das weithin anerkannt;
zu Matth. 22,1ff. vgl. E. Linnemann, Gleichnisse Jesu, S. 94ff. Bei Matth. 25,1ff. vermute ich ebenfalls, daß ursprünglich eine Parabel zugrunde liegt, die nur die Verse 1–10
umfaßte. Freilich wäre auch diese Parabel wegen ihrer Tendenz Gemeindebildung.
[18] Vielleicht ist die Variante in Matth. 25,1 (D Θ al latt sy fügen καὶ τῆς νύμφης
hinzu) von dieser Tendenz bestimmt, die Kirche als Braut mit einzuführen, doch das
ist nicht ganz sicher.
[19] Noch weniger hat das Bildwort von Joh. 3,29 eine Beziehung zu unserem Text.

Nur bei 2. Kor. 11,2f. könnte man eine nähere Beziehung zu Eph. 5 vermuten. Die Gemeinde ist die Braut, die Paulus als Brautführer rein vor Christus bringen will. Aber eine nähere Beziehung ergibt sich nur unter der Voraussetzung, die Schlier macht, die m. E. aber nicht sicher ist. Paulus sagt 2. Kor. 11,3: „Ich fürchte nur, daß, wie die Schlange Eva täuschte, auch eure Sinne verdorben werden..." Schlier meint: „Er wird also schon bei der Gemeinde als Braut Christi an Eva als Weib Adams gedacht haben."[20] Aber Paulus kann dieses Beispiel ad hoc gebildet haben, ohne daß die haggadische Überlieferung, die dann auch in gnostischen Texten zu finden ist, dahinterstehen muß. Aber auch wenn man diese Beziehung annimmt, sind die Unterschiede größer als die Gemeinsamkeiten, wie Schlier mit Recht hervorhebt: „Entscheidend aber ist ..., daß im Epheserbrief das Verhältnis von Christus und Kirche als Bräutigam und Braut bzw. als Ehemann und Eheweib innerhalb eines Gesamtgeschehens von Hingabe, Reinigung, Hinzuführung, Einigung und Fürsorge Christi auftaucht, innerhalb des Geschehens einer ‚Rettung', zweitens, daß beide Teile dieses Geschehens Grund und Vorbild der irdischen Ehe von Mann und Frau sind und in dieser nachvollzogen werden."[21]

Bis zu diesem Punkt befinden wir uns mit Schliers Darstellung in völliger Übereinstimmung. Von dieser Stelle an aber muß das Bild, das Schlier zeichnet, modifiziert werden.

Das betrifft zuerst, daß der Oberbegriff „Hieros Gamos", unter den Schlier seinen Exkurs stellt, viel zu weit ist. Zwar mag es richtig sein, daß letztlich zwischen allen Formen, die Schlier erwähnt, ein Zusammenhang bestehen mag. Dennoch sind so verschiedene Typen zu erkennen, daß man sie sehr deutlich voneinander unterscheiden kann und die im ersten nachchristlichen Jahrhundert auch verschiedenen Bereichen angehören.

1. Die Ehe zwischen Göttern, deren Vereinigung Fruchtbarkeit und Segen bringt, die darum in Vegetationskulten feierlich gefeiert wurde. Möglich ist, daß in einigen Mysterienkulten diese Vereinigung nachvollzogen wurde.

2. Die Vereinigung eines Gottes mit einem sterblichen Weibe. In der alten griechischen Mythologie wurzelnd, ist diese Vorstellung zu einem Topos der $\vartheta\varepsilon\tilde{\iota}o\varsigma$-$\dot{\alpha}\nu\dot{\eta}\varrho$-Vorstellung geworden. Als Göttersöhne dieser Art gelten z. B. Alexander der Große[22] und Platon.[23] In anderer Weise findet sich derselbe Gedanke in Epidaurus: Frauen, die an Unfruchtbarkeit leiden, wenden sich an den Tempel. Wenn sie dann ein Kind gebären, so wird es für ein Kind des Gottes gehalten.

„Es betrifft die Beziehung des Freundes des Bräutigams zum Bräutigam, also Johannes des Täufers zu Jesus. Weder ist von dem himmlischen Bräutigam die Rede noch von seiner und seiner Braut Hochzeit" (Schlier, Kommentar, S. 265).

[20] Schlier, Kommentar, S. 265f.
[21] Ebd., S. 266.
[22] Plutarch, Alexander 2,2ff.
[23] Diog. Laert. III,2.

Die Vereinigung eines Gottes mit einer Sterblichen findet sich auch in Ägypten, allerdings nur mit der Königin. Die Vorstellung ist, daß sich der Gott Amon Ré mit der Königin in der Gestalt ihres Mannes im Beischlaf vereinigt, so daß das Kind ein Sohn Gottes ist. Dieses Theologumenon ist wichtig für die Göttlichkeit des ägyptischen Herrscherhauses. Die Vorstellung wird später in eigentümlicher Weise vergeistigt, indem die Zeugung des Königs in den Inthronisationsakt verlegt wird.[24]

Auch in das hellenistische Judentum ist dieser Gedanke eingedrungen. Philo greift ihn auf, als wenn es sich um eine bekannte Tradition handelt. So werden alle drei Patriarchenfrauen und Zippora, die Frau des Mose, durch Gott schwanger.[25] Philo freilich ist das nur Anlaß zu der Allegorie, daß das Göttliche sich nur mit der Tugend verbindet. Von dieser geistigen, körperlosen Ehe spricht Philo noch mehrfach.[26] Zwar ist richtig, daß diese Vereinigung für die Seele Katharsis bedeutet,[27] aber mit Eph. 5 hat das nichts zu tun, denn Philo verlagert den Gedanken der Vereinigung der Gottheit mit sterblichen Frauen in das Innere des Menschen, wo sich dasselbe vollziehen soll. Weder in der urtümlichen Vorstellung noch in ihrer Allegorisierung besteht zu Eph. 5 ein Zusammenhang.

Ein wenig anders liegen die Dinge in der Sapientia Salomonis. Die Sophia ist Beisitzerin auf dem Thron Gottes (9,4), der Allherrscher liebt sie (8,3f.). Und ebendiese Weisheit liebt der Fromme und sucht sie als seine Braut heimzuführen. Der Umgang mit ihr bedeutet Unsterblichkeit (8,2.17). Die Sophia ist also ein göttliches Wesen, eingeweiht in Gottes Wissen und an der Auswahl seiner Werke beteiligt (8,4). Der Fromme besingt sie als Abglanz des ewigen Lichtes, als fleckenlosen Spiegel der Macht Gottes und als Abbild seiner Güte (7,26). Sie ist die Gestalt, in der Gott dem Menschen begegnet, und darum gibt der Fromme alles hin, um sie allein zu besitzen.

Doch unmittelbar führt von Sap. Sal. zu Eph. kein Weg. Es gibt schon Unterschiede im Detail. Zwar heißt es, daß Gott sie liebt, aber die Vereinigung mit ihr ist kein Heilsgeschehen.

Die Sophia der Sap. Sal. trägt – neben manchen anderen Zügen – auch die Züge der Muttergöttin, wie sie uns bei Isis, Selene oder Ischthar begegnen. Sie ist aber nicht eine selbständige Person, sondern eine Emanation des göttlichen Wesens. Gott liebt sie nicht als Ehefrau, sondern als Kind; eine Vereinigung zwischen ihnen ist auch nicht in sublimster Weise angedeutet. Alles bleibt im Bildhaften, die Bilder aber sind zum Teil entlehnt aus den Kulten der Muttergöttin, mit denen Sap. Sal. in Ägypten, vor allem

---

[24] In dieser adoptianischen Form hat diese Vorstellung stark auf die neutestamentliche Christologie eingewirkt. Auf dem Umweg über Ps. 2,7 und 2. Sam. 7,14 wird die Einsetzung Jesu zum Sohne Gottes als Inthronisation dargestellt, entweder bei der Auferstehung (Röm. 1,3f.) oder bei der Taufe (Mark. 1,11 Parr).

[25] cher 45–47.

[26] Abr 99ff.; somn I 200ff.; II 185ff.

[27] Zum Beispiel cher 50.

wohl in der Gestalt des Isiskultes in Berührung gekommen sein mag. Der schlechthin entscheidende Unterschied aber, der eine direkte Verbindung von Sap. Sal. zu Eph. 5 unmöglich macht, ist aber der, daß die Ekklesia selbst als erlösungsbedürftig erscheint und der Reinigung durch den Sotēr bedarf, die Sophia von Sap. Sal. aber fleckenloser Spiegel der göttlichen Macht ist (Sap. Sal. 7,22). Erst wenn die Sophia nicht mehr Gottes Throngenossin ist, wenn ihr Spiegel getrübt ist, kann sie in Analogie zu Eph. 5 verstanden werden. Also erst nach einer Metamorphose, die nicht eine direkte Entwicklung darstellt, könnte die Sophia von Sap. Sal. zum Vorbild der Ekklesia von Eph. 5 werden.

Genau diese Metamorphose ist tatsächlich eingetreten. Sie ist keine Entwicklung, sondern ein totaler Bruch, indem nun das Gegenteil von dem gesagt wird, was Sap. Sal. von der Sophia sagte. Die totale Umwertung der Sophia ist die typische gnostische Umkehr aller früheren religiösen Werte. Der Mythus vom Fall und der Errettung der Sophia ist das Kernstück der meisten abendländischen gnostischen Systeme.

Weil sich nun im folgenden zeigen läßt, daß bis in die letzten Einzelheiten die Aussagen über Christus und die Kirche in Eph. 5 ihre Analogie in der Errettung der Sophia durch den Sotēr haben, überspringen wir die von Schlier beigebrachten Texte aus den Apostolischen Vätern, die entweder gar nichts zum Verständnis austragen oder in dieser Beziehung nur Sekundärquellen sind, und wenden uns sofort dem gnostischen Sophia-Mythus zu.

C. Der gnostische Mythus vom Fall und der Erlösung der Sophia

Der gnostische Sophia-Mythus hat keine ganz einheitliche Gestalt. Für die Frühzeit lassen sich m. E. zwei Haupttypen relativ gut auseinanderhalten, auch wenn sie sich in späteren Texten miteinander verbinden.

1. Die Sophia fällt, befreit sich aber selbst und ist die Gegenspielerin des Demiurgen und also auch „Erlöserin" (Sophia salvator).

2. Die Sophia fällt, muß aber selbst erlöst werden. In diesem Fall hat sie keine soteriologische Funktion. Diese wird vielmehr von dem übernommen, der auch sie erlöst hat (Sophia salvanda).

Noch ein Ergebnis sei vorweggenommen. Wo die beiden Typen sich überlagern, verdrängt Typ 2 den Typ 1. Die Nähte sind oft noch gut erkennbar. Den umgekehrten Vorgang habe ich nirgends beobachten können. Es scheint fast so, als wenn Typ 1 der ältere wäre, aber es handelt sich allem Anschein nach um zwei schon im Ansatz verschiedene Vorstellungen, die nebeneinander existieren. Daß der Typ 2 regelmäßig Typ 1 verdrängt, ist wahrscheinlich auf den christlichen Einfluß zurückzuführen, denn die Gestalt Christi kann nur dort eingefügt werden, wo die Sophia selbst erst erlöst werden muß, also Sophia salvanda ist.

1. Der Sophia-Mythus vom Typ der Sophia-Salvator

In Iren. I,30 ist dieser Typ deutlich ausgeprägt, wenn er auch hier sekundär vom Typ der Sophia salvanda überlagert wird. Der Anfang des dort berichteten Systems ist etwas kompliziert, weil die Entstehung der Sophia so dargestellt wird, daß sie als ein ungewolltes „Nebenprodukt" der himmlischen Emanationen und Vereinigungen erscheint. Das entspricht der Tendenz aller späteren gnostischen Emanationssysteme, den Fall der Lichtwelt möglichst weit von der obersten Gottheit abzurücken. Vor der Sophia existieren schon vier himmlische Wesen, die zunächst für das System gar keine Bedeutung haben. Am Anfang steht, wie in allen gnostischen Systemen, der ungezeugte Vater, der hier „erster Mensch" genannt wird. Er emaniert aus sich die Ennoia (= zweiter Mensch, Menschensohn). Beide vereinigen sich und erzeugen den Heiligen Geist (= erstes Weib). Danach vereinigen sich beide ersten Wesen mit dem ersten Weib und erzeugen Christus. Bei der Vereinigung fließt aber so viel Lichttau über, daß es das Weib nicht fassen kann. Aus diesem Überfluß bildet sich die Sophia Prunikos.

Der Fall der Sophia wird nun mit einem eindeutigen Anklang an Gen. 1,2 geschildert. Sie steigt hinunter in die Tiefe und erregt – nun negativ gewertet – vermessen (petulanter) die bisher bewegungslosen Wasser, die sich sofort an sie heften. Die Sophia selbst also ist die Ruach Jahwe. Daß diese nach dem Anfang eigentlich das erste Weib ist, ist vergessen. Bis 30,11 a ist die Sophia das einzig handelnde Lichtwesen, alle übrigen spielen keine Rolle. Sie ist auch die einzige und auch immer wieder erfolgreiche Gegenspielerin des Demiurgen. Zwar wäre sie beinahe bei ihrem Abstieg von der Materie ganz und gar verschlungen worden, aber kraft der ihr innewohnenden Lichtbenetzung kann sie sich frei machen, doch muß sie einen Körper zurücklassen. Dieser Körper ist der Demiurg, der sich nun anschickt, seine Welt zu schaffen. Doch die Sophia kämpft darum, die von ihr in der Finsternis zurückgelassenen Lichtteile wiederzugewinnen. Sie veranlaßt Jaldabaoth, den Menschen zu schaffen. Aber das Gebilde, das die Archonten schaffen, kann nur umherkriechen. Durch Veranlassung der Sophia bringen sie dieses Wesen zu Jaldabaoth, der ihm seinen Lichthauch einbläst, wodurch er selbst dessen verlustig wird. Die Sophia hat den ersten Kampf gegen Jaldabaoth gewonnen, doch Jaldabaoth kämpft ebenso entschlossen. Immer wieder will er dem Menschen die Gnosis, d. h. den Lichthauch, rauben, aber die Sophia weiß immer wieder Mittel, seine Pläne zu vereiteln. Er will die Propheten für sich reden lassen,[28] aber sie läßt ebenfalls durch seine eigenen

---

[28] Nebenbei sei bemerkt, daß auch 30,10 b einem sekundären Stadium anzugehören scheint. Ziemlich abrupt wird hier stark antijüdisch geredet. Die letzte Aktion zwischen Jaldabaoth und der Sophia war die Sintflut, die Jaldabaoth über die Menschen brachte und aus der die Sophia Noah errettete, wodurch die weitere Existenz des Lichtmenschen

Propheten viel über den unbekannten Vater sagen. Die Sophia erscheint also durchweg wie in Sap. Sal., wenn auch schon in ihrer gnostischen Metamorphose, als der hilfreiche Beistand der Frommen.

Und nun tritt der plötzliche Bruch ein. Die Sophia läßt die Propheten nicht nur vom ungezeugten Vater reden, sondern auch Christus verkündigen. Das allermerkwürdigste aber ist, daß die Reue über ihren Fehltritt sie erst jetzt (30,12) packt. Sie bittet ihre Mutter, ihr Christus zu Hilfe zu senden. Diese Bitte wird ihr gewährt. Er steigt zu ihr herab;[29] sie feiern miteinander das Mysterium des Brautgemachs, und sie findet ihre Ruhe. Damit ist ihre Rolle in dem System zu Ende,[30] und Christus bzw. Jesus übernimmt das Erlösungswerk.

Man erkennt also relativ deutlich, daß zwei verschiedene Konzeptionen des Sophia-Mythus übereinanderliegen, die sich schwer miteinander ausgleichen lassen. Man kann auch überlegen, ob nicht schon der Anfang des Systems zwei verschiedene Varianten des Falls der Sophia enthält. Die Vermutung, daß das erste Weib und die Sophia nur eine Verdopplung darstellen, liegt auf Grund späterer Systeme ohnehin nahe. Ist das nicht schon eine mythische Darstellung des Falls, daß das erste Weib die Fülle des Lichttaus nicht fassen kann? Sieht das nicht so aus, als wenn dieser Überfluß des Lichttaus in die Tiefe fällt und unmittelbar daraus Jaldabaoth entsteht? Der Fall der Sophia wäre dann nichts anderes als der Mangel, die grenzenlose Größe des Urvaters nicht fassen zu können. Doch an dieser Einzelheit liegt nicht viel. Die Überlagerung durch zwei verschiedene Konzeptionen des Sophia-Mythus ist ohnehin deutlich.

Wir verfolgen nun weitere Systeme, die den Sophia-Mythus des ersten Typs vertreten.

Zusammenfassen kann man wegen der großen Ähnlichkeit, die sich bis in wörtliche Wendungen hinein erstreckt, die beiden Schriften „Wesen der Archonten" (NHC II,4) und die Titellose Schrift (UW NHC II,5). Die Titellose Schrift unterscheidet sich in den parallellaufenden Partien nur durch eine größere Komplexität, die durch Varianten desselben Grundgedankens

---

gewährleistet wurde. Dann fährt der Text fort: „Aus ihnen erwählte sich Jaldabaoth selbst einen gewissen Abraham, und er schloß mit ihm einen Bund, ihm die Erde als Erbe zu geben, wenn seine Nachkommenschaft ihm diene. Später führte er durch Mose die Nachkommenschaft Abrahams aus Ägypten und gab ihnen das Gesetz und machte sie zu Juden." Auf diese Aktion Jaldabaoths erfolgt aber keine Gegenaktion der Sophia (etwa ihrerseits ein Geschlecht von Menschen zu erwählen), sondern auch in 30,11 bleibt der Kampf zwischen Sophia und Jaldabaoth innerhalb des Judentums. Man wird also 10 b einer späteren Traditionsschicht zuweisen, die ein Reflex der schroff antijüdischen Wendung der Gnosis ist. Die übrigen Teile der Schrift zeigen, daß der Antijudaismus nicht Ausgangspunkt ist.

[29] Mit der eigentümlichen Überlagerung zweier Schichten könnte auch in Zusammenhang stehen, daß Christus herabsteigt zu seiner Schwester und zu der Lichtbenetzung, weil zwei Erlösungsakte miteinander verbunden worden sind.

[30] Sie wird nur noch einmal en passant in 30,13 erwähnt.

entsteht, und vor allem dadurch, daß die Entstehung der einzelnen Phänomene wie Neid,[31] Tod,[32] Sprache[33] usw. miterzählt wird. Der Fall der Sophia (Pistis Sophia) wird in gleicher Weise erzählt. Sie wollte ein Werk aus sich hervorbringen ohne die Zustimmung ihres Paargenossen.[34] Sie bringt aber nur eine Fehlgeburt zustande. Das Bild, das aus ihr herausfließt, wirkt wie ein Vorhang, und dadurch entsteht der Schatten, und dieser Schatten wird zur Materie.[35] In beiden Schriften tritt die Sophia aber zugleich als Erlöserin bzw. als Gegenspielerin Jaldabaoths auf. Allerdings gibt es auch hier eine merkwürdige Verdoppelung. Ohne daß in einer der beiden Schriften ihre Entstehung erzählt wäre, tritt an die Stelle der Pistis Sophia ihre Tochter Zoē, aber eine wirkliche Unterscheidung ist selten möglich.[36] Wir behandeln sie darum in unserem Zusammenhang als das eine Sophia-Wesen. Sie allein vertritt die Lichtwelt, und kein anderes Wesen tritt als Erlöser an ihre Seite. Sie sorgt dafür, daß der Lichtfunke im Menschen nicht verlorengeht, und dieser Lichtfunke im Menschen ist der Grund seiner Erlösung. Es ist die Erkenntnis des ungezeugten Vaters, die den Menschen erlöst. Die Sophia sorgt dafür, daß diese Erkenntnis trotz aller List und Tücke Jaldabaoths nicht verlorengeht. Sie erinnert die Gläubigen an den Ausgangspunkt ihrer Existenz, und dieses Wissen ist zugleich die Erlösung: „Denn es ist notwendig, daß jeder an den Ort zurückkehrt, von dem er gekommen ist. Denn jeder einzelne offenbart an seinem Handeln und an seiner Gnosis seine Natur" (UW NHC II,5 pl. 175,14–17).

In beiden Schriften gibt es aber auch noch einen Teil, wo von einem anderen Erlöser gesprochen wird. In WA ist es in dem nachträglichen Gespräch, das nach der eigentlichen Abhandlung folgt. Die endgültige Befreiung wird kommen, wenn der wahrhaftige Mensch sich in einem Gebilde offenbaren wird (WA NHC II,4 pl. 144,33 f.). Genauso ist es in UW. Hier liegt der Neueinsatz bei pl. 171,15. Vorher hatte die Sophia die Archonten aus ihren Himmeln vertrieben und sie auf die sündige Erde geworfen, damit sie wie die bösen Dämonen würden (pl. 169,30–35). Leider kommt nun eine kleine Textlücke von einer knappen halben Zeile (pl. 169,35). Anschließend wird von dem Phönix als dem Zeugen bis zum Ende der Erde gesprochen. Wenn

---

[31] So unterbricht die Entstehung des Neids (UW NHC II,5 pl. 147,2–13) etwas unglücklich den Zusammenhang. Beiläufig ist die Entstehung von Neid und Tod auch in WA NHC II,4 pl. 144,6 ff. erwähnt.

[32] UW NHC II,5 pl. 154,22 ff.

[33] UW NHC II,5 pl. 148,10 ff.

[34] In UW wird allerdings nicht ausdrücklich erwähnt wie in WA NHC II,4 p. 142,7, daß der Paargenosse nicht zugestimmt hat. Wer nach diesem System überhaupt der Paargenosse sein soll, ist nicht erkenntlich.

[35] WA NHC II,4 pl. 142,12; UW NHC II,5 pl. 146,29–31.

[36] So weist nach UW NHC II,5 pl. 151,15 ff. die Pistis Sophia die Selbstüberhebung Jaldabaoths zurück; WA NHC II,4 pl. 142,23 ff. ist es eine Himmelsstimme und WA NHC II,4 pl. 143,5 ff. ist es ihre Tochter Zoē, die an dieser Stelle zum erstenmal innerhalb der Schrift erwähnt wird.

man ergänzen darf „sie erschuf sich ein Wesen", wäre auch hier die Sophia die einzige Gegenspielerin Jaldabaoths. Aber dieses Sonderstück ist überhaupt sehr schwer einzuordnen. Jedenfalls sind die Mächte, die vorher schon zu Dämonen degradiert waren, wieder in „Amt und Würden", und ihr Irrtum bleibt „bis zur Ankunft des wahren Menschen" (pl. 171,23f.). Mit ihm offenbaren sich auch die Seligen, denn „als er die Archonten des Verderbens vernichten wollte durch ihr Gebilde, sandte er eure Ebenbilder in die Welt des Verderbens, d. h. die unschuldigen Geister, die kleinen Seligen, die der Gnosis nicht fremd" sind (pl. 172,7–12). Und da die Archonten nichts gegen sie zu erreichen vermögen, vernichten sie sich selbst bis zur völligen Zerstörung. In beiden Schriften kann man wieder die gleiche Beobachtung machen, daß von dem Moment an, wo der „wahre Mensch" als Erlöser auftritt, die Sophia, die bisher alle Aktionen der Lichtwelt getragen hatte, aus dem Text ganz und gar verschwindet.

Umgekehrt ist der Erlöser des Schlußteils in die übrige Schrift nicht integriert. Zwar wird von Jesus Christus und der Kirche einmal gesprochen, aber nur im Zusammenhang der Beschreibung des Wohnortes Sabaoths, den die Pistis Sophia wegen seiner Auflehnung gegen Jaldabaoth über alle erhöht hatte. Er schafft sich auch eine Engelkirche „und einen anderen Jesus Christus, der dem Sotēr gleicht, der sich oberhalb der Achtheit befindet" (pl. 153,25–27). Aber auch das ist ein eingesprengtes Stück, das nach keiner Seite Verbindung aufweist.

Allerdings ist vor dem Schlußteil auch von einem Lichtmenschen die Rede, doch dieser hat eine gänzlich andere Bedeutung. Er hat starke Ähnlichkeit mit dem Anthropos aus dem Poimandres, der von der Pronoia umschlungen wird. Es handelt sich hier um ein Stück aus dem anderen Typus der abendländischen Gnosis, wo vom Fall eines männlichen Wesens aus die Kosmogonie entwickelt wird, wobei schon einzelne manichäische Züge in das Bild eingeflossen sind.[37] Mit dem wahren Menschen im Schlußteil der Schrift, der sehr deutlich die Züge Jesu Christi trägt, dürfte er ursprünglich nichts zu tun haben.

In WA finden sich solche Vorgriffe gar nicht, so daß sich im ganzen die These bestätigt, daß auch diese beiden Schriften eine vorchristliche Gnosis als älteste Schicht aufweisen, in der die Sophia zwar fällt, aber selbst ihren Fehler korrigiert, die Gegenspielerin Jaldabaoths von Anfang bis Ende bleibt und immer wieder dafür sorgt, daß die Gnosis des wahren Gottes[38] nie untergeht. Alle anderen Aussagen stellen ein späteres Stadium dar.

---

[37] Näheres dazu vgl. Schenke, Gott „Mensch", S. 49–51.
[38] Wie in Iren. I,30 trägt auch hier der oberste Gott den Namen „Mensch".

2. Der Sophia-Mythus vom Typ der Sophia salvanda

Am klarsten liegen hier die Verhältnisse bei Simon Magus. Ein weibliches Wesen, das bei Simon allerdings Ennoia heißt,[39] kommt zu Fall. Sie ist neben dem Vater das einzige Wesen und schafft nach seinem Willen Engel und Mächte. Doch diese halten sie fest aus Neid, weil sie nicht als Nachkommen eines anderen Wesens gelten wollen, fügen ihr jede Schmach zu und schließen sie endlich in einen menschlichen Körper ein (Iren. I,23,2). Ihr Fall ist so tief, daß sie immer tiefer sinkt und zuletzt sogar im Bordell landet.[40] Nur durch das Kommen Simons wird sie frei. Er ist nicht nur ihr Erlöser, sondern auch aller, die an ihn glauben. Nach der Meinung der Kirchenväter ist er der erste Gnostiker gewesen.

Wir lassen alle Einzelheiten beiseite. Wichtig ist allein, daß es schon sehr früh eine Gestalt des Sophia-Mythus gab, bei der vor der Erlösung der Sophia es auch keine für die Menschen gibt. Die Erlösung der Sophia ist der Anfang des Heilsgeschehens.

Bisher schien es so, als sei Simon der einzige Zeuge dieses Typs vor den Valentinianern, wo er seine tiefste Durchgestaltung erfährt. Nun hat sich aber unter den Nag-Hammadi-Schriften eine gefunden, die diesen Typ rein verkörpert. Die Schrift „Die Exegese über die Seele" (ExAn NHC II,6 p.127,18–137,27) bietet den Mythus vom Fall und der Errettung eines weiblichen Wesens in einer so einfachen und klaren Gestalt, daß man ihn fast als Modell benutzen kann.

Der eigentliche Mythus wird in drei Schüben erzählt, die jeweils von exegetischen Beweisen des Teilstücks voneinander abgetrennt sind. Die Nahtstellen sind deutlich durch die Aneinanderreihung der Zitate gekennzeichnet. Eine unmittelbare Aneinanderknüpfung der mythischen Erzählstücke ist aber nicht so leicht möglich, wie mir zuerst schien. Die Erzähltechnik ist so, daß das folgende Erzählstück jeweils noch einmal den letzten Gedanken des vorherigen in neuen Worten wiederholt. Den Schluß bildet eine Paränese, die sich aus dem Vorhergehenden ableitet und damit das redaktionelle Anliegen, das auch in der ganzen Schrift deutlich ist, kundtut.

Eine weitere wichtige Beobachtung ist, daß die Schriftbelege aus dem Alten und Neuen Testament stammen, aber die neutestamentlichen Belege hinken nach und sind mit den alttestamentlichen nicht verwoben. Wir teilen die Schrift nach sachlichen Gesichtspunkten in 7 Kapitel ein.

---

[39] Das dürfte wohl nur eine Namensvariation sein.

[40] Mit guten Gründen ist in der letzten Zeit bestritten worden, daß die Helena eine historische Gestalt sei. Wahrscheinlich sind hier auf die Sophia Züge der Göttin Ischthar übertragen worden. Näheres dazu siehe E.Haenchen, Gab es eine vorchristliche Gnosis, Gott und Mensch, S.290f. Ebenfalls einer späteren Stufe des Simonianismus dürfte die Identifikation Simons mit Jesus (Iren. I,23,1) angehören, sie findet sich bei Justin (Apol. I,26,1–3) noch nicht.

1. Kapitel, p. 127,19–129,5, der Mythus vom Fall der Seele: Die Seele war vor dem Fall eine mannweibliche Jungfrau, die, wie aus p. 132,8; 132,21 ff. hervorgeht, in Syzygie mit ihrem Paargenossen (= Bruder, Gatte, Bräutigam) lebte. Sie aber verließ das Vaterhaus, und sofort stürzten sich die Archonten auf sie und vergewaltigten sie und brachten sie in ein Hurenhaus (p. 128,10 ff.), wo sie ihnen dienen mußte. Schließlich aber verlassen sie sie und lassen sie als „arme, einsame Witwe" (p. 128,17 f.) zurück. Aus dem Verkehr aber mit den „Ehebrechern" hat sie „Stumme, Blinde und Geisteskranke" (p. 128,23 ff.) geboren. In dieser letzten Verzweiflung erkennt sie ihre Lage und fleht den Vater um Hilfe an, der von ihrer Klage bewegt wird.

2. Kapitel, p. 129,5–131,13, exegetische Beweise. Teil A: alttestamentliche (p. 129,5–130,28); Teil B: neutestamentliche (p. 130,28–131,13). Die ganzen Belege unterbrechen deutlich den Zusammenhang, denn sie bringen nur Verurteilungen über die Hurerei, die Israel getrieben hat und wofür es seine Strafe erhalten hat. Es folgen in Teil A Jer. 3,1–2; Hos. 2,4 ff.; Ez. 16,22–26. Teil B beginnt mit einem allgemeinen – wahrscheinlich das Aposteldekret Acta 15,29 im Auge habenden-Zitat, daß die Apostel des Heilands die Hurerei mit den Worten verboten haben: „Hütet euch vor ihr, reinigt euch von ihr!" (p. 130,30); weiter folgen 1. Kor. 5,9 und Eph. 6,12.

3. Kapitel, p. 131,13–132,35, das Erbarmen des Vaters mit der gefallenen Seele: Der Vater erbarmt sich über die Seele und wendet ihre Sinne („ihren Mutterschoß") auf das Innere. Daraufhin läßt sie sich taufen und reinigt sich sofort von ihren äußeren Befleckungen (p. 131,29 f.). Nun will sie sofort gute Kinder gebären, aber das ist ihr unmöglich, weil eine Frau aus sich allein nicht gebären kann. Da aber schickt ihr der Vater vom Himmel ihren wahren Mann, das ist ihr Bruder, der Erstgeborene (p. 132,7 ff.), als Bräutigam. Ausführlich wird beschrieben (p. 132,9–35), wie sich die Seele auf sein Kommen im Brautgemach vorbereitet voller Furcht und Freude. Sie hat zwar ihr Vaterhaus und das Aussehen ihres wahren Gatten vergessen, aber der Vater läßt es sie im Traum sehen, so daß sie ihn dann erkennt. Nun kommt er, und es wird die geistliche Hochzeit vollzogen.

4. Kapitel, p. 133,1–31, alttestamentliche Belege über das Begehren Gottes nach der Seele und über die geistliche Hochzeit: Es werden zitiert Gen. 2,24; 3,16; Ps. 44,11 f. (LXX) und Gen. 12,1.

5. Kapitel, p. 133,31–134,15, die Wiedergeburt der Seele: Die Seele empfängt von dem Bräutigam, der der lebenspendende Geist ist (p. 134,1 f.), gute Kinder, die sie großzieht. Und dies ist die Wiedergeburt der Seele; sie hat das Göttliche empfangen, sie kann sich selbst bewegen, um zum Vater zu gehen. „Das ist die wahre Auferstehung von den Toten; das ist die Erlösung aus der Gefangenschaft; das ist der Aufstieg, um zum Himmel zu gehen; das ist der Weg, um zum Vater zu gehen." Damit ist der Mythus zu Ende; der Höhepunkt ist erreicht, hinter dem nun nichts mehr folgen müßte.

6.Kapitel, p.134,15–135,24, exegetische Beweise. Teil A (p.134,15–34) ein alttestamentlicher Beleg (Ps.103,1–5). Teil B (p.134,34–135,24) neutestamentliche Belege (Joh.6,44; Matth.5,4.6; Luk.9,23).

7.Kapitel, p.135,25–137,26, eine ausführliche Paränese, die aus dem vorher erzählten Mythus folgt und aus ihm ableitet, wie nötig ungeheuchelte Buße ist, aber welche Verheißung auch einem reuigen Herzen versprochen wird. Die Schriftstelle Jes.1,18 leitet diesen Teil ein, ihr folgen Jer.30,15 und 30,19f. Schließlich wird auch noch Odysseus' Flucht aus den Armen der Kalypso und seine Heimkehr sowie das Schicksal der Helena[41] (p.136,27 ff.) als Zeichen der gnädigen Hilfe Gottes gedeutet. Darum schließt die Schrift mit der herzlichen Aufforderung zur Buße: „Wenn wir wahrhaft Buße tun, wird Gott uns erhören, der langmütig und von großer Güte ist. Ihm sei die Herrlichkeit in alle Ewigkeit – Amen" (p.137,22–26).

Das eigentliche Problem ist, ob der in der Schrift erzählte Mythus eine ursprünglich sehr alte Gestalt des gnostischen Mythus aufgreift oder ob er eine späte Abstraktion des entfalteten Mythus ist. Sicherlich wird es für die Entscheidung keine stringenten Beweise geben. Es gibt auch Stellen, wo der Verdacht naheliegt, daß eine ausführlichere Fassung unterdrückt sein könnte. Doch dieser Schluß ist nicht notwendig. Man kann mit guten Gründen die Auffassung vertreten, daß in den Kapiteln 1, 3 und 5 eines der ältesten uns erreichbaren gnostischen Systeme zugrunde liegt. Die Gründe dafür sind:

1. Die frappierende Ähnlichkeit mit dem simonianischen System (Iren. I,23). Über das unserer Schrift zugrunde liegende System hinaus geht bei Simon nur, daß sich Simon mit dem herabgestiegenen Sohn identifiziert, daß die Seele bei ihm Ennoia heißt und mit einer gewissen Helena identifiziert wird.[42] Der Fall der Ennoia (= Seele = Sophia) wird genauso ohne jedes weitere mythologische Beiwerk, vor allem was die untere Welt betrifft, erzählt. Die Metaphern für das Schicksal der Ennoia/Helena und für die Seele in unserer Schrift sind nahezu gleich. Interessant ist, daß ebenfalls in beiden Systemen eine Taufe[43] und das Mysterium des geistlichen Brautgemachs eine Rolle spielt. Es gibt in beiden Systemen nur drei Personen: den Vater, den Sohn und die gefallene Seele (= Ennoia). Die Archonten werden nur mit den Begriffen „Ehebrecher, Frevler, Gottlose" bezeichnet, sind also noch Metaphern und nicht mythische Wesen.

---

[41] Der Name Helena ist leider nicht erhalten; er müßte auf der zerstörten Zeile p.136,35 gestanden haben, denn die folgenden Belege können sich nur auf sie beziehen.
[42] Wenn unsere Rekonstruktion p.136,35ff. richtig ist, dann könnte man mit ziemlicher Sicherheit sagen, daß die Helena, die von Aphrodite getäuscht wurde und um die zwei Heere kämpften, eine alte Metapher für die Seele in dieser Welt in der Gnosis ist. Die Wahrscheinlichkeit, daß die Metapher „Helena" für das Schicksal der gefallenen Seele schon vorsimonianisch ist, scheint doch recht groß.
[43] Daß Simon etwas mit einer Taufe zu tun hat, darf man wohl aus Acta 8,9ff. schließen. Warum sollte sonst Simon gerade die Dynamis der Taufe kaufen wollen?

2. Die ganze Schrift zeigt keinerlei antijüdische Tendenz. Der Gott des Alten Testaments wird als der gute Vater angesehen. Die Schrift hat nirgends die typisch gnostische Allegorie mitgemacht. Nach allen bisher bekannten Zeugnissen spricht das für ein hohes Alter.

3. Obwohl neutestamentliche Texte zitiert sind, sind christliche Gedanken an keiner Stelle in die mythologischen Partien integriert worden, d. h., daß der eigentliche Mythus ohne christlichen Einfluß ausgebildet ist.

Die Grundschicht unserer Schrift zeigt also in reiner Form den Typ vom Fall eines weiblichen Wesens, wo der Fall so tief ist, daß es selbst erst erlöst werden muß. Sehr interessant und aufschlußreich ist, daß Gen. 2,24 auch für ExAn der Kronbeleg für das Mysterium des Brautgemachs ist (p.133,1 ff.) und also sogar in diesem Einzelzug mit Eph. 5,31 übereinstimmt. Ebenso ist die Taufe wie in Eph. 5 auch für ExAn von entscheidender Bedeutung (vgl. p.131,27–31; 132,2; 135,24).

Mit Simon und der Schrift „Die Exegese über die Seele" haben wir nun zwei sich einander ergänzende Quellen, die beweisen, daß der Typ der Sophia salvanda ebenso alt sein kann wie der Typ der Sophia salvator. Es lassen sich darüber hinaus noch weitere Spuren für diese Systemanlage in vorchristlicher Gnosis finden.

Wenn sich nämlich die These erhärten läßt, daß auch im Apokryphon Johannes das Christliche nur ein nachträglicher Firnis ist,[44] würden wir dem Typ noch einmal in vorchristlichem Gewand begegnen.

Wie in UW und WA besteht der Fall der Sophia darin, daß sie ohne Zustimmung ihres Paargenossen einen Gedanken hervorbrachte. Dieser Gedanke vermochte nicht unwirksam zu bleiben (AJ BG 36; NHC II,1 p.9,25 ff.). „Als sie aber ihren Gestalt gewordenen Willen sah, siehe, da hatte er die Gestalt eines Drachen und das Gesicht eines Löwen" (NHC II,1 p.10,7–9). Jaldabaoth selbst ist das Gestalt gewordene Wesen, das sie nun entsetzt von sich stößt. Jaldabaoth aber schafft sich seine Welt, und bei ihrem Anblick spricht er vermessen die Worte: „Ich bin ein eifernder Gott, außer mir ist keiner." Da erschrickt die Sophia, und sie erkennt ihren Fehler daran, „daß der Glanz ihres Lichtes abnahm". Hier bedeutet also die Schöpfung Jaldabaoths eine immer weitere Minderung ihres Lichtes. Jaldabaoth ist ihr gegenüber Sieger, und in diesem Zug besteht Übereinstimmung mit dem simonianischen System und ExAn. Aus sich selbst heraus ist die Sophia machtlos. Nun tut sie Buße und weint sehr. Die oberen himmlischen Wesen hören ihr Reuegebet und legen Fürbitte für sie ein. „Nachdem das unsichtbare Pneuma (die Erhörung ihrer Bitten) gewährt hatte, goß es über sie ein Pneuma aus, das aus der Vollkommenheit stammte. Ihr Paargenosse stieg zu ihr herab, um ihre Mängel zu heilen" (BG 47,1 ff.).

---

[44] Ein erster Versuch dazu liegt vor: Sasagu Arai, Zur Christologie des Apokryphon Johannes, NTS 15, 1968/69, S.302–318.

Auch hier bestätigte sich, was wir am Anfang über den Grundunterschied der beiden Typen gesagt haben. Die Sophia selbst tritt als Gegenspielerin Jaldabaoths nicht auf und hat auch keine soteriologische Funktion. Die Stimme, die Jaldabaoth davon unterrichtet, daß der Gott „Mensch" und der Menschensohn vor ihm existiert, ist nicht wie in UW und WA die Stimme der Sophia, sondern die Mitteilung ergeht an sie, und Jaldabaoth hört die Worte nur mit. So tief ist also die Sophia gefallen, daß ihr selbst erst noch mitgeteilt werden muß, daß es einen Urvater gibt. Und so bleibt es. Sie kann nur immer wieder den Vater der Äonen anflehen, ihrer Kraft, die sie „in sinnlicher Lust" Jaldabaoth verliehen hatte, Hilfe zu senden. Sie selbst kann es nicht. Er gewährt ihr diese Bitte. Er sendet das gute Pneuma, die Epinoia des Lichts. „Diese aber steht der ganzen Schöpfung bei, leidet mit ihm (scil. Adam), führt ihn in sein Pleroma, unterrichtet ihn über sein Herabkommen als Samen, teilt ihm den Weg des Aufstiegs, (d.h.) den Weg, auf dem er herabgekommen war, mit. Und die Epinoia des Lichts ist in Adam verborgen, damit die Archonten sie nicht erkennen" (NHC II,1 p.20,19–26).

Zwar ist die Epinoia des Lichts gelegentlich sogar als Tochter der Sophia bezeichnet („sie beseitigt den Fehler ihrer Mutter" NHC II,1 p.20,27f.), aber andrerseits ist sie auch der Paargenosse der Mutter. Deutlich ist auf jeden Fall, daß nach der ganzen Anlage des Systems die gefallene Sophia selbst erst erlöst wurde und daß sie selbst keine soteriologische Funktion hat. Diese übernimmt ein anderes Wesen, das von dem höchsten Gott gesandt wurde, indem es zuerst die Mängel der Sophia heilt und dann auch als Vermittler der Gnosis, d.h. als Erlöser für den Menschen, auftritt.[45]

Leider ist eine Stelle, die im Zusammenhang von Eph.5 außerordentlich wichtig ist, nicht ganz klar, zum Teil ist der Text verderbt, zum Teil sind die grammatischen Beziehungen nicht durchsichtig. Es geht um die Stelle AJ NHC II,1 p.22,28ff. (BG 59). Die Epinoia des Lichts hatte sich in Adam verborgen, aber Jaldabaoth läßt Adam in Tiefschlaf fallen, um die Epinoia des Lichts aus seinem Leibe zu ziehen.[46] Aber das gelingt ihm nur zum Teil. Er schafft ein Wesen, das der Epinoia gleicht. Da aber tritt die Epinoia erneut auf den Plan, nimmt von Adam den Schleier der Finsternis, und er erkennt in der Gestalt die Epinoia selbst und spricht wie Gen. 2,23f.: „Das ist jetzt Bein von meinem Bein, und Fleisch von meinem Fleisch. Deswegen wird der Mensch seinen Vater und seine Mutter verlassen und seinem Weibe anhangen, und sie werden zu einem einzigen Fleisch werden" (AJ NHC II,1

---

[45] Nebenbei sei bemerkt, daß wir bei unserer Analyse immer wieder darauf stoßen, daß die Gestalt eines Erlösers für die Gnosis konstitutiv ist. Man darf nur nicht den Begriff „Gestalt" zu eng fassen. Wichtig ist nur, daß der Mensch von sich aus nie zur Erkenntnis seines wahren Wesens kommt, sondern von einem Wesen der Lichtwelt sie vermittelt bekommen muß. Ob dieses „Wesen" eine Himmelsstimme, die Sophia, die Epinoia oder eine konkretere Gestalt ist, bleibt sich gleich.

[46] Das ist wieder eine typisch gnostische Allegorie der Erschaffung Evas aus der Rippe Adams, die den ursprünglichen Sinn ins Gegenteil verkehrt.

p. 23,10–14; BG 60). NHC II,1 fährt fort: „... denn sie werden ihm seinen Paargenossen senden." Aber das ergibt keinen Sinn. BG muß selbst nach NHC III,1 p. 30,11 f. ergänzt werden. Dort heißt es: „... denn sie sandten den Paargenossen der Mutter, um ihre (Pl.) Mängel zu heilen." Auch das ist nicht sehr klar. Deutlich ist aber wenigstens, daß die Verbindung zwischen Adam und Eva an dieser Stelle nicht negativ verstanden ist, sondern als geistige Verbindung zwischen Mensch und Gnosis gemeint ist. Der Syzygos der Mutter ist auch der Syzygos Adams, darum ist die Verbindung zwischen Adam und Eva ein Abbild der Syzygie zwischen der Sophia und dem jungfräulichen Pneuma.

Doch das ist leider nicht ganz klar. Ein sehr wesentliches Ergebnis der Untersuchung der Gestalt des Sophia-Mythus im Apokryphon Johannes scheint mir aber darin zu liegen, daß auch AJ bestätigt, daß es den Sophia-Mythus in der Gestalt der Sophia salvanda schon in der vorchristlichen gnostischen Systembildung gegeben hat, denn der Erlöser der Sophia ist nicht, wie man in christlicher Gnosis erwarten könnte, Christus, sondern die Epinoia des Lichts. Christus tritt überhaupt in den uns interessierenden Partien nicht auf. Er ist in AJ in den Sophia-Mythus nicht in der Weise wie bei den Valentinianern integriert worden. Das ist wohl nur so zu erklären, daß dieser Typ des Sophia-Mythus ebenfalls ohne christlichen Einfluß entstanden ist.

Für unseren Beweisgang, daß Eph. 5 nur hinreichend erklärt werden kann, wenn man hier eine christliche Deutung des Sophia-Mythus in der Gestalt der Sophia salvanda annimmt, hat der Nachweis, daß es diesen Typ schon vor der eigentlich christlichen Gnosis gegeben hat, hohe Bedeutung. Wir können uns auf diese Weise gegen den Vorwurf schützen, daß wir einfach spätere Quellen der Erklärung zugrunde legen. Wir hoffen, den Nachweis erbracht zu haben, daß dieser Typ des Sophia-Mythus ebenfalls so viel älter als die schriftlichen Quellen ist, daß man es nicht als unwahrscheinlich ablehnen kann, daß er sich schon zu neutestamentlicher Zeit ausgebildet hatte.[47]

3. Das Mysterium des geistlichen Brautgemachs

Wir müssen nun noch auf eine weitere Eigentümlichkeit aufmerksam machen, die sich nur bei dem Sophia-Mythus in der Gestalt der Sophia salvanda findet. Der Erlösung der himmlischen Sophia entspricht immer ein irdisches Abbild. Der Erlösungsvorgang, die Vereinigung des Sotērs mit der

---

[47] In der ursprünglichen Fassung folgte noch eine ausführliche Darstellung vom Sophia-Mythus in den verschiedenen valentinianischen Systemen (S. 227–234), auf die zugunsten der neuentdeckten Schrift „Die Exegese über die Seele" verzichtet werden konnte, weil sich die Gestalt dieses Typs des Sophia-Mythus an ihr deutlicher zeigen ließ als an den durch verschiedene Tendenzen überlagerten valentinianischen Systemen.

Sophia, wird von den Glaubenden als ein Mysterium nachvollzogen. Überall, wo wir diesem Typ begegnen – von Simon Magus, ExAn über das Apokryphon Johannes bis zu den valentinianischen Systemen –, gibt es ein irdisches Abbild der himmlischen Erlösung.[48] Wenn man von gnostischen Mysterien sprechen will,[49] dann ist es an dieser Stelle berechtigt. Die Berichte der Kirchenväter darüber sind wenig wohlwollend. Nach ihrer Auffassung ist das Mysterium des Brautgemachs eine unzüchtige sexuelle Vereinigung. Doch man muß stark damit rechnen, daß das weitgehend nur Ketzerpolemik ist. Die Simonianer sollen schändlichen Liebeszauber getrieben haben (Iren. 23,4). Gegenüber den Valentinianern ist Irenäus etwas vorsichtiger, indem er nur von einem Teil behauptet: „Einige aber dienen unersättlich den Lüsten des Fleisches und behaupten, das Fleischliche solle dem Fleischlichen und das Pneumatische dem Pneumatischen gegeben werden. Und einige verführen heimlich die von ihnen in dieser Lehre unterwiesenen Frauen, wie oft von einigen von ihnen, die getäuscht wurden, nach ihrer Rückkehr zur Kirche Gottes neben dem übrigen Irrtum auch dies bekannt wurde... Andere wiederum, die anfangs vorgaben, nur wie Geschwister miteinander zu verkehren, wurden nach einiger Zeit überführt, als die Schwester vom Bruder schwanger war" (Iren. I,6,3). In sehr massiver Weise wird es auch Markos vorgeworfen (Iren. I,13,3). Jedoch an der Stelle, wo Irenäus die Kultpraxis der Markosier wiedergibt, klingt es wesentlich anders, denn es wird ausdrücklich gesagt, daß es sich um eine pneumatische Hochzeit handelt (Iren. I,21,3).

Näher sind wir durch das Philippus-Evangelium (NHC II,3) über das Mysterium des Brautgemachs unterrichtet. Die Angaben lassen darauf schließen, daß das Mysterium nur aus einem Kuß bestand. „(Wer getränkt würde) aus dem Mund (dem Ort,) aus dem der Logos kommt, der würde sich durch den Mund ernähren und vollkommen sein. (Denn) die Vollkommenen werden durch einen Kuß schwanger und gebären. Deshalb küssen wir uns auch, wobei wir die Schwangerschaft durch die Gnade, die in uns ist, empfangen" (EvPhil NHC II,3 31). Diese geistliche Hochzeit wird ausdrücklich von der irdischen unterschieden. „Sie ist nicht fleischlich, sondern rein. Sie entspringt nicht der Begierde, sondern dem Willen. Sie gehört nicht der Finsternis oder der Nacht an, sondern dem Tag und dem Licht" (EvPhil 122). Das Mysterium ist einmal Abbild der Vereinigung des Sotēr mit der Sophia, zum anderen Abbild der Vereinigung der Seele mit ihrem himmlischen Engel.[50] Christus selbst ist das Vorbild in seinem Umgang mit Maria

---

[48] Die Gegenprobe in allen Schriften und Systemen, die den ersten Typ (Sophia salvator) repräsentieren, ergibt, daß es keinen einzigen Hinweis gibt, daß sie ein solches Mysterium kennen.

[49] Pokorný, Epheserbrief und Gnosis, S.82ff., geht m.E. in dieser Richtung viel zu weit.

[50] Man kann es auch anders sagen: es ist die Vereinigung des Menschen mit sich

Magdalena, denn sie ist seine Schwester, seine Mutter und seine Paar-genossin (EvPhil 32).[51]

Das Mysterium des Brautgemachs stellt die Wiedervereinigung des Ge-trennten dar. Die Existenz zweier Geschlechter ist das deutlichste Zeichen für die Trennung und innere Gespaltenheit der Welt. Sie ist darum auch die Stelle, wo der Demiurg immer wieder erfolgreich verhindert, daß der Mensch zu seiner wahren Erkenntnis kommt. „Hätte sich die Frau nicht vom Mann getrennt, würde sie nicht sterben mit dem Mann. Die Trennung von ihm wurde zum Anfang des Todes. Deshalb kam Christus, damit er die von An-fang an bestehende Trennung wieder beseitigt und beide vereinigt und de-nen, die in der Trennung gestorben sind, Leben gibt und sie vereinigt" (EvPhil 78). Gleich das folgende Logion sagt, daß die Vereinigung im Braut-gemach geschieht (EvPhil 79). Die Hoffnung richtet sich also auf die Auf-hebung der Geschlechter, wie es auch der Schluß des Thomas-Evangeliums sagt: „Jesus sprach: Siehe, ich werde sie ziehen (d. h. die Frau, hier speziell Maria Magdalena), um sie männlich zu machen, damit sie zu einem lebendi-gen Geist, der euch Männern gleicht, wird. Denn jede Frau, die sich zum Manne macht, wird in das Himmelreich eingehen" (EvThom NHC II,2 114).

Aus dem allen ergibt sich, daß das Mysterium des Brautgemachs gerade auch asketisch verstanden werden konnte. Da das Urbild eine rein geistige Vereinigung ist, kann auch das Abbild nur geistig sein. Der Mensch verbindet sich mit dem Menschen, das Pferd mit dem Pferd, der Esel mit dem Esel, der Geist aber mit dem Geist (EvPhil NHC II,3 113).

Wesentlich kommt es uns nur auf die Struktur an. Der Typ des Sophia-Mythus von der Sophia salvanda, der als Anfang der Erlösung die Erlösung der Sophia selbst erzählt, ist von vornherein darauf angelegt, daß ihrer himm-lischen Erlösung ein irdisches Abbild, das die Erlösung für den einzelnen dar-stellt, entspricht. Wie es dargestellt wird, ist für unseren Zusammenhang gleichgültig. Vom grob Sinnlich-Libertinistischen über symbolische An-deutung mit asketischer Forderung bis zum rein Geistigen[52] finden sich in den Quellen alle Variationen.

---

selbst, denn ursprünglich ist er ein eingeschlechtliches Wesen wie alle Äonen des Plero-mas. Sein männlicher Teil (ὁ ἄγγελος) weilt in der Achtheit, sein weiblicher (ἡ ψυχή) auf Erden.

[51] Vgl. auch EvPhil NHC II,3 55 b. Die Neueinteilung des Spruches siehe bei Schenke, Umwelt des Urchristentums II, S. 381.

[52] Iren. I,21,4: „Andere sagen ... man dürfe nicht das Mysterium der unaussprech-lichen und unsichtbaren Kraft durch sichtbare und vergängliche Schöpfungen voll-ziehen... Die vollkommene Erlösung sei die Erkenntnis der unaussprechlichen Größe."

D. Der Mythus vom Fall und der Errettung der Sophia als Hintergrund von Eph. 5,22–33

Kehren wir nach diesem weiten Umweg zu Eph. 5 zurück, so kann nun die eigenartige Verbindung zwischen Aussagen über Christus und die Kirche und Mann und Frau in der Ehe durchschaut werden. Es liegt bis in jede Einzelheit dieselbe Struktur wie bei dem Sophia-Mythus vom Typ der Sophia salvanda vor.

Die einzige Abweichung, die festzustellen ist, betrifft die Verbindung dieser Gedankenstruktur mit dem $\sigma\tilde{\omega}\mu\alpha$-$\varkappa\varepsilon\varphi\alpha\lambda\dot{\eta}$-Gedankenkreis, der nach unserer Analyse aus der Allgott-Vorstellung und nicht aus der Gnosis stammt. Diese Verbindung läßt sich sonst nirgends in gnostischen Quellen belegen und dürfte deshalb auf Eph. zurückgehen. Das zeigt noch einmal, wie wichtig ihm die Allgott-Vorstellung ist.

Die übrigen Aussagen lassen sich genau gegenüberstellen:

Christus ist der Sotēr der Kirche	Der Bote des Pleromas kommt zur Sophia als Sotēr
Christus liebt die Kirche	Der Sotēr liebt die Sophia und vereinigt sich mit ihr
Christus gibt sich für sie hin	Der Sotēr verläßt um ihretwillen das Pleroma
Christus reinigt und heiligt die Kirche	Der Sotēr reinigt die Sophia von ihren $\pi\acute{\alpha}\vartheta\eta$
durch das Wasserbad	vgl. ExAn NHC II,6 p. 131,27–31[53] Nach AJ NHC II,1 p. 14,5f. wird die Sophia durch das Ausgießen des jungfräulichen Heiligen Geistes gereinigt
durch das Wort	Der Sotēr belehrt die Sophia über alle Dinge im Pleroma vom Vater bis zu ihr und befreit sie so von ihrer Unkenntnis
damit er sie herrlich hinstelle	Heimführung der Sophia ins Pleroma

Nun darf man schließlich noch fragen, ob Vers 31 nicht doch ganz und gar allegorisch verstanden werden kann. Der Sotēr verläßt Vater und Mutter im Pleroma, denn er ist in den meisten Systemen auch eine Emanation aus einer

---

[53] ExAn NHC II,6 p. 131,27–31: „Wenn nun der Mutterschoß der Seele nach dem Willen des Vaters sich nach innen wendet, läßt sie sich taufen, und sofort reinigt sie sich von der äußeren Befleckung, die man ihr aufgedrückt hatte."

Syzygie. Er verbindet sich mit seinem Weibe, d. h. mit der Sophia als seiner Paargenossin.

Zum Schluß muß nun auch auf die Gesamtstruktur hingewiesen werden, die genau diesem Typ des Sophia-Mythus entspricht. Der Erlösung der Sophia durch den Sotēr korrespondiert ein irdisches Abbild. Dieses Abbild ist in Eph. 5 die Ehe, die so selbst zum Mysterium wird. Diese Anwendung des Sophia-Mythus ist allerdings nicht gnostisch. Im großen ganzen ist die Gnosis ehefeindlich, weil die Fortpflanzung nur dem Demiurgen und der Verlängerung seiner Herrschaft dient. Mir ist nur eine wirklich positive Stellungnahme zur Ehe und Fortpflanzung bekannt. Exc. exTheod. 67: „Als der Sotēr zu Salome sagte, bis wann es den Tod gäbe, nämlich solange die Frauen gebären, sagte er dies nicht, um die irdische Geburt zu schmähen (οὐ τὴν γένεσιν κακίζων ἔλεγεν), denn sie ist notwendig für die Errettung der Gläubigen. Denn es muß diese Geburt geben, bis der vorher bestimmte Same hingetragen wurde." Doch eine so vereinzelte Stimme, die nur auf Grund eines typisch valentinianischen Gedankens verständlich ist, kann den Gesamteindruck nicht verschieben: Die frühe Gnosis ist ehefeindlich, und Eph. 5 läßt sich als eine Korrektur des gnostischen Mysteriums verstehen.[54] Ob man das ausdrücklich als Polemik bezeichnen kann, ist allerdings unsicher, denn immerhin übernimmt Eph. den ganzen dogmatischen Überbau.

Im Prinzip hat Heinrich Schlier recht, wenn er in Eph. 5,21–33 das katholische Verständnis der Ehe begründet sieht. „Das Vorbild Christi ist nicht nur ein Beispiel, das im Abbild der irdischen Ehe befolgt wird, sondern dieses Abbild, die irdische Ehe und ihr Vollzug, wird durch dieses Vorbild auch in seinem Wesen konstituiert. Das Abbild, die irdische Ehe, empfängt und übernimmt und stellt dar das Vorbild, das Verhältnis Christi zur Kirche. In der irdischen Ehe wird das Verhältnis Christi zur Kirche wesentlich verwahrt."[55] Eine Auseinandersetzung mit Schlier an dieser Stelle kann also nicht als rein exegetischer Streit geführt werden, sondern er wird sich an der Frage entscheiden müssen, ob man den Sophia-Mythus, durch den diese Aussage überhaupt erst möglich ist, als sachgemäßen Ausdruck der christlichen Existenz zu verstehen bereit ist. Und da der Mythus vom Fall und der Errettung einer der zentralen gnostischen Mythen ist, geht es schließlich darum, ob man den christlichen Glauben mit der dualistischen Weltverneinung der Gnosis verbinden will.

Haben wir so an einer zentralen Stelle aufweisen können, daß der Epheserbrief gnostische Gedanken positiv aufnimmt, wird man diesen Einfluß auch an anderen Stellen zugestehen, wo man im Prinzip auch anders urteilen

---

[54] In der außerordentlich positiven Einstellung zur Ehe' unterscheidet sich Eph. auch auffallend stark von Paulus (vgl. etwa 1.Kor.7). Das gibt auch Percy, Probleme, S.354, zu, der hier ein wirkliches Bedenken gegen die Echtheit des Briefes sieht. Ebenso Mitton, Ephesians, S.22f.

[55] Schlier, Kommentar, S.263, Anm.1.

kann. Das gilt vor allem von den Äußerungen über die kosmischen Mächte.
Freilich ist die Lokalisierung der Mächte des Bösen in einem unteren Himmel nicht nur in der Gnosis zu finden, ist aber in ihr besonders stark ausgeprägt. Wenn Eph. 2,2 von dem ἄρχων τῆς ἐξουσίας τοῦ ἀέρος gesprochen
wird, kann man gut an den Demiurgen denken. Der Platz Christi ist oberhalb dieser kosmischen Mächte (1,21). Sie sind die Herrscher dieser Finsternis, gegen die unser Kampf gilt (6,12).[56]

Mit dem allem ist nicht gesagt, daß Eph. selbst Gnostiker ist. Wir haben
bei der Einzelanalyse der einzelnen Stellen immer wieder darauf aufmerksam gemacht, daß Eph. die typisch gnostischen Gedanken uminterpretiert.
An der Bearbeitung des Erlöserliedes von 2,14–18 war das sehr gut zu erkennen. Auch in Eph. 5,22–33 haben wir hervorgehoben, daß die Ehe als
Abbild der Erlösung der Sophia (= Kirche) eine ganz ungnostische Deutung
ist.[57] Vielleicht bezieht sich 4,14, wo Eph. vor falscher Lehre warnt, auf
gnostische Spekulationen, aber ausdrücklich sagt er es nicht. Sein theo-
logisches Denken ist nicht polemisch, sondern versöhnend. Er gibt der
Gnosis einen Raum in der Kirche, indem er ihre zentralen Anschauungen
umdeutend aufnimmt. Das Zentrum seines theologischen Denkens ist aber
nicht der Dualismus der Gnosis, sondern die einheitliche Weltschau einer in
sich versöhnten und harmonischen Welt, die in der Kirche sich schon er-
eignet, aber im Kosmos sich vollenden wird.

Zum Schluß wollen wir uns noch einem möglichen Einwand stellen.[58] Man
könnte vielleicht sagen, der Nachweis, daß der Sophia-Mythus vom Typ der
Sophia salvanda älter als seine literarischen Zeugnisse sei, wäre gelungen,
aber man könnte noch bezweifeln, ob er in Kleinasien schon in so früher Zeit
bekannt war. Von den mit Sicherheit nach Kleinasien zu lokalisierenden
Gnostikern und gnostischen Systemen ist uns der Sophia-Mythus nicht ausdrücklich bezeugt. Gerade die Naassenerpredigt zeigt doch einen wesentlich anderen Typ von Gnosis.

Leider wissen wir über Kerinth[59] und die Nikolaiten so wenig, daß wir
nicht sagen können, wie ihre Kosmologie aussah. Irenäus berichtet uns nur,

---

[56] Diese Stelle ist von Gnostikern immer wieder zitiert worden. So wird die Schrift
„Wesen der Archonten" (WA NHC II,4 pl. 134,21–25) eingeleitet; vgl. auch ExAn
NHC II,6 p. 131,8–13.
[57] Vielleicht gehört auch 3,10 in diesen Zusammenhang. Eigentümlich ist, daß durch
die Kirche den Mächten das Mysterium offenbart wird. Man erwartet eigentlich, daß
Christus der Offenbarer ist. Das ist schon Wagenführer, Bedeutung Christi, S. 101, stark
aufgefallen. Die sich den Mächten offenbarende Sophia ist ein geläufiger gnostischer
Gedanke und könnte hinter Eph. 3,10 stehen.
[58] Er wird z. B. von Percy, Probleme, S. 327 f., erhoben, der jede Beziehung zum
Sophia-Mythus ablehnt.
[59] In den Codices steht, daß er in Ägypten erzogen worden sei. Mit der interpretatio
latina und den anderen Nachrichten wird man aber Asien als seinen Wirkungsort annehmen können.

daß Kerinth lehrte, „daß die Welt nicht von dem ersten Gott geschaffen wurde, sondern von einer von ihm abgetrennten Kraft" (Iren. I,26,1). Hippolyt schreibt das ab, weiß also auch nicht mehr. Irenäus überliefert uns dasselbe noch an anderer Stelle und erzählt die hübsche Legende, daß der Apostel Johannes die Badeanstalt nicht betreten wollte, weil der Feind der Wahrheit, Kerinth, sich drinnen aufhalte.[60] Über die Nikolaiten wissen wir noch weniger, und die wenigen Nachrichten sind auch noch widersprüchlich, weil die Tradition die Nikolaiten mit dem Diakon Nikolaus aus Acta 6,5 zusammenbrachte.[61]

Eine Spur meine ich dennoch zu finden. In Apk. 19 und 21 werden Christus als Bräutigam und die Kirche als Braut, die gleichzeitig das himmlische

---

[60] Iren. III,3f., der als Gewährsmann Polykarp angibt; wieder zitiert bei Euseb, hist III,28,6. Epiphanius, Pan. 28, weiß allerdings mehr, doch sind seine Angaben mit größter Vorsicht zu genießen. Epiphanius liebt es ja überhaupt, spätere Häresien mit den Angaben des Neuen Testaments zu verbinden. Er identifiziert Kerinth mit den Gegnern des Paulus in Galatien. Er weiß sogar, daß er einer von denen war, „die dem heiligen Petrus Widerstand leisteten, als er zu dem heiligen Kornelius ging" (28,2,4). Seinetwegen habe Jakobus nach Antiochien geschrieben: „Wir haben erfahren, daß einige von uns zu euch gekommen sind und euch verwirrt haben mit Worten, die wir nicht aufgetragen haben" (28,2,3). Der Verdacht liegt darum nahe, daß der Judaismus, den Epiphanius Kerinth zuschreibt, nur aus dem Galaterbrief und der Apostelgeschichte herausgesponnen ist. Das betrifft natürlich nur die konkreten Formen seines Judaismus. Niemand wird bestreiten wollen, daß seine Gnosis stark jüdische Züge hat. Aber die Angaben des Epiphanius sind in sich widersprüchlich: „Dieser sagt, das Gesetz und die Propheten seien von Engeln gegeben worden, derjenige, der das Gesetz gegeben hat, ist einer von den Engeln, die die Welt geschaffen haben" (28,1,3). Diese Engel sind eindeutig negativ als demiurgische Mächte verstanden. Erst Jesus – aus dem Samen Josephs und der Maria geboren (!) – verkündigt den unbekannten Vater, nachdem Christus auf ihn herabgekommen ist, d.h. der Heilige Geist in der Gestalt einer Taufe am Jordan (28,1,5). Andrerseits fordert Kerinth Gehorsam gegenüber dem Gesetz, worüber sich Epiphanius selbst wundert (28,2,1f.). Wenn er dennoch die Beschneidung gefordert hat, müßte man annehmen, daß dies nur apotropäische Bedeutung gehabt haben kann, wie es H.-M. Schenke, Der Widerstreit gnostischer und kirchlicher Christologie im Spiegel des Kolosserbriefes, ZThK 61, 1964, S. 391–403, in bezug auf die Irrlehrer in Kolossae vermutet. An einem Punkt scheint mir die Verwirrung, die Epiphanius anrichtet, erklärbar. Er berichtet, daß Kerinth behaupte, daß Christus gelitten habe und gekreuzigt worden sei, aber noch nicht auferweckt worden sei, sondern daß das erst bei der allgemeinen Totenauferweckung geschehe (28,6,1). Epiphanius hat anscheinend die Unterscheidung zwischen Christus und Jesus, die Kerinth macht (28,1, 5–7), nicht verstanden. Natürlich ist Christus von Jesus vor der Kreuzigung gewichen und aufgefahren in das Pleroma. Das benützte Gefäß Jesus freilich muß auf die Auferstehung wie alle anderen warten.

[61] Iren. I,26,3 (= Hipp. El. VII,36,3). Clemens Alexandrinus (Strom. III,25,5—26,2 = Euseb, hist III,29) weiß noch die Geschichte zu berichten, daß Nikolaus auf seine hübsche Frau eifersüchtig gewesen sei und den Aposteln angeboten habe, daß derjenige, der sie heiraten wolle, sie haben könne. Doch sind die Apostel auf den noblen Vorschlag nicht eingegangen. Clemens berichtet weiter, daß Nikolaus selbst nie eine andere Frau gehabt habe und daß nur seine Anhänger Unzucht getrieben hätten. Auch über die Nikolaiten weiß Epiphanius mehr als seine Vorgänger (Pan. 25). Er bringt sie in unmittelbaren Zusammenhang mit der Barbelo-Gnosis, die AJ und Iren. I,29 vertritt. Wenn Epiphanius recht hätte, wäre das für unsere These ideal, denn diese Schriften vertreten genau den Typ von der Sophia salvanda. Wenn diese Schriften wirklich auf die Nikolaiten zurückgehen würden, wäre der unmittelbare Brückenschlag

Jerusalem ist, dargestellt. Auch diese Stellen werden nur verständlich, wenn man eine Einwirkung des Sophia-Mythus annimmt.

Die Hochzeit des Lammes vollzieht sich am Ende. Sein Weib schmückt sich, und ihr wird ein glänzendes Gewand umgelegt. Das Gewand aber sind die $\delta\iota\varkappa\alpha\iota\acute{\omega}\mu\alpha\tau\alpha$ der Heiligen (19,7f.).[62] Dann werden die seliggepriesen, die zur Hochzeit geladen sind. Auch hier geht der Text über das hinaus, was aus apokalyptischer Tradition verständlich gemacht werden könnte. Die Hochzeit ist nicht nur ein Bild der messianischen Zeit, sondern die Frau, mit der der Sotēr die Hochzeit hält, wird ausdrücklich genannt. Noch merkwürdiger ist die Gleichsetzung des himmlischen Jerusalems mit der Braut Christi, die sich für ihren Mann schmückt. Sie ist die $\sigma\varkappa\eta\nu\acute{\eta}$, wo die Frommen sich versammeln (21,2f.). Der Seher bittet einen der sieben Engel, ihm die Braut, die Frau des Lammes, zu zeigen (21,9). „Und er zeigte mir die heilige Stadt Jerusalem, die vom Himmel Gottes herabsteigt mit der $\delta\acute{o}\xi\alpha$ Gottes" (21,10f.). Dazu vergleiche man nun Hipp. El. VI,34,3f.: „... die Sophia, die die Mutter aller Lebenden ist, und die gemeinsame Frucht des Pleromas brachten 70 $\lambda\acute{o}\gamma o\iota$ hervor, welche himmlische Engel sind, die im oberen, dem himmlischen Jerusalem wohnen. Dieses Jerusalem ist die äußere Sophia, und ihr Bräutigam ist die gemeinsame Frucht des Pleromas." Es liegt hier die gleiche Struktur vor: Sophia = Braut = himmlisches Jerusalem, in dem die Heiligen Wohnung finden. Wir stoßen also in der Apokalypse auf denselben Typ des Sophia-Mythus wie in Eph. 5.

Nun sei ein letztes Glied in diese Kette eingefügt: Euseb bringt hist. III, 28,2 doch noch eine kleine Nachricht über Kerinth, die in diesem Zusammenhang wertvoll ist: „Er sagt nämlich, daß nach der Auferstehung das Reich Christi auf Erden sein werde und daß die Leiber in Jerusalem leben werden. Und im Widerspruch mit den Schriften Gottes und in verführerischer Absicht erklärt er, daß ein Zeitraum von tausend Jahren in freudiger Hochzeitsfeier verfließen werde." Das entspricht wieder (wenn man die Wendung „auf der Erde" als ein Mißverständnis Eusebs ansieht) dem Mysterium des Brautgemachs. In Exc. exTheod. 63f. wird ebenfalls gesagt, daß der Aufenthalt in der Ogdoas bei der Mutter ein Zwischenzustand ist, bis nach der endgültigen Vollendung der Welt die Pneumatiker in das Innere des Pleromas zusammen mit dem Bräutigam und der Braut eingehen.

---

in das erste Jahrhundert geschlagen. Doch ich traue mir nicht, mit Epiphanius zu argumentieren. Es sieht doch so aus, als wenn er einfach diese Ketzereien mit einer schon biblischen genealogisch verbinden will, um sie schon durch die apostolische Autorität zu verdammen.

[62] Tradition und Interpretation müssen natürlich auch hier geschieden werden. Daß das Gewand aus den $\delta\iota\varkappa\alpha\iota\acute{\omega}\mu\alpha\tau\alpha$ der Heiligen besteht, scheint mir Interpretation zu sein. Ich vermute, daß das Gewand in dem dahinterliegenden Sophia-Mythus die Gestaltung der Sophia durch den Sotēr ist, also ein bildhafter Ausdruck für den Gedanken, er gibt ihr eine der Gnosis gemäße Gestalt. Dann wäre letztlich auch hier der Fall der Sophia vorausgesetzt, was natürlich in dem Text Apk. 19 nicht mehr zu erkennen ist.

Das würde nun bedeuten, daß die Apokalypse und Kerinth unabhängige
Zeugen für den gleichen Typ des Sophia-Mythus sind. Damit haben wir die
Spur bis ins erste Jahrhundert und bis in den geographischen Raum zurück-
verfolgt, wo Eph. geschrieben wurde. Darum kann die Hypothese, daß Eph.
5,22–33 eine Interpretation eines bestimmten Typs des Sophia-Mythus ist,
als begründet angesehen werden.

Einwirkungen des Sophia-Mythus auf die frühchristliche Ekklesiologie
sind auch in späterer Zeit noch verschiedentlich festzustellen. Vor allem ist
2. Clem. 14 zu nennen. Die pneumatische Kirche ist präexistent, „vor Sonne
und Mond geschaffen". Christus und die Kirche werden mit Adam und Eva
gleichgesetzt und schließlich mit πνεῦμα und σάρξ, deren Vereinigung in der
Erscheinung Christi vollzogen ist, so daß eine dreifache Gleichung vorliegt:

> Christus und Kirche
> = Adam und Eva
> = pneumatischer Christus und Fleisch Christi.

Die erste Gleichung ist uns schon öfters begegnet,[63] für die zweite kann
man auf den Gedanken verweisen, daß Christus bzw. der Sotēr einen Leib der
Achamoth anzieht, den er vor seinem Aufstieg wieder ablegt. Ich verweise auf
Hipp. El. V,26,31f., wo es heißt: „Er aber ließ Edems Leib am Holz zurück.
Er sprach aber zu Edem: ‚Weib, da hast du deinen Sohn, d.h. den psychischen und irdischen Menschen.'" Weiterhin ExcexTheod. 1: „Vater, sagte
er, ich übergebe mein Pneuma in deine Hände. Er behauptet nämlich, der
Sotēr habe sich mit einem pneumatischen Samen bekleidet, den die Sophia
als Fleischhülle (σαρκίον) für den Logos emanierte." Dieser Gedanke scheint
mir auch hinter 2. Clem. 14 zu stehen. Es handelt sich um die soteriologische
Syzygie zwischen dem Sotēr und der Sophia, der auch ein irdischer Nach-
vollzug entspricht. In 2. Clem. 14 ist die Konsequenz aber genau das Gegenteil
von Eph. 5, nämlich asketische Enthaltsamkeit. Anläßlich der Untersuchung
der Sprüche über das Brautgemach im Philippus-Evangelium hatten wir
schon darauf hingewiesen, daß diese Auslegung der Syzygie für weite Kreise
der Gnosis typisch ist. Im Prinzip steht 2. Clem. 14 der Gnosis dieses Typs
näher als Eph. 5, zumindest was die Konsequenz betrifft.

Auch Ign. Eph. 17,1 kann man in diesen Zusammenhang bringen: „Deshalb nahm der Herr Salbe auf sein Haupt, damit er der Kirche Unverwes-
lichkeit zuwehe." Die Begegnung des Sotēr mit der Sophia könnte im Hintergrund stehen. Nach ihrem Fehltritt salbt er sie mit der Unvergänglichkeit
und beseitigt so ihren Mangel.

In bezug auf den Hirten des Hermas hege ich allerdings starke Zweifel,

---

[63] Die Interpretation der Paradiesesgeschichte auf das Verhältnis von Christus und
Kirche wird auch von Papias überliefert. (Nach der Ausgabe von Funk-Bihlmeyer,
Apostolische Väter, Fragment VII, S. 137f.) Jedoch ist nichts Näheres darüber mit-
geteilt.

ihn in den Zusammenhang, wie es Schlier tut,[64] einzuordnen. Wenn Hermas vom Sohn, dem Heiligen Geist und der Kirche Präexistenzaussagen macht, so ist daraus nicht auf eine himmlische Syzygie zu schließen. Daß eine Syzygie zwischen Christus und den Engeln bestehe, kann man aus dem Satz, „daß keiner der Engel ohne Christus zu Gott eingehen kann" (sim IX,12,8 = 89,8), nicht schließen. Am ehesten könnte man noch an eine Syzygie denken bei dem Minnespiel des Hermas mit den Jungfrauen (sim IX,10,6–11,8 = 87,6 bis 88,11), wo sich sehr deutliche erotische Anspielungen finden, die dann plötzlich abgebrochen werden. Aber mit der gnostischen Syzygie-Vorstellung hat das nichts zu tun, denn da geht es um die Vereinigung der Seele mit dem Bräutigam oder des Sotēr mit der Sophia, hier aber wird ein Liebesspiel eines Mannes mit zwölf Mädchen angedeutet. Es liegt m. E. viel näher, an ein Märchen mit erotischen Motiven zu denken. Dieses wird von Hermas allegorisch gedeutet, indem die Jungfrauen zu Tugenden werden, mit denen der Fromme fröhlichen Umgang pflegen soll. Solche allegorischen Deutungen von Frauen als Tugenden sind sehr alt. Man denke an die Prodikosfabel. Auch Philo hat den Gedanken mehrfach aufgegriffen.[65] Die Patriarchenfrauen sind die Tugenden, mit denen Gott verkehrt[66] und mit denen der Fromme ebenfalls Umgang haben soll. Gnostische Mythologie und Syzygie-Vorstellungen sind etwas wesentlich anderes.

Wenn also auch die Quellen nicht übermäßig reichlich fließen, so läßt sich doch mit einem hohen Grad an Wahrscheinlichkeit nachweisen, daß Eph. dieser Typ des Sophia-Mythus schon bekannt sein konnte, von dem allein aus die ganze Gedankenstruktur von Eph. 5,22–33 durchsichtig wird.

---

[64] Schlier, Kommentar, S. 269–271.
[65] Zum Beispiel sobr 21–25; sacr Ab 20ff.
[66] cher 45ff.

VIII. ZUSAMMENFASSENDE THESEN

1. Der Epheserbrief ist in der Übergangsperiode von der apostolischen zur nachapostolischen Zeit geschrieben. Diese Periode wird in den heidenchristlichen Gemeinden Kleinasiens durch folgende Tendenzen wesentlich bestimmt:

a) Durch das Fehlen jeder gesamtkirchlichen Institution wird die Lokalgemeinde zum Träger der weiteren Entwicklung.

b) An die Stelle der charismatischen Ämter treten immer stärker die institutionellen Ämter der Ortsgemeinde. Die durch Paulus und die Apostel bestimmte Missionsverfassung wird durch die episkopale Gemeindeordnung verdrängt.

c) Die von Paulus eschatologisch begründete partnerschaftliche Solidarität von Heiden und Juden in der einen Kirche wird von den Heidenchristen aufgekündigt. Es gilt immer mehr die Losung: es ist unmöglich, Christus zu bekennen und jüdisch zu leben. Die Folge davon ist, daß die Judenchristen sich entweder auch in ihrer Lebensweise völlig den Heidenchristen assimilieren müssen oder als häretische Minderheit aus der Gemeinde ausgeschlossen werden.

d) Die Vielfalt der geistigen Traditionen innerhalb der Gemeinden führt zu unüberbrückbaren Gegensätzen. Eine Scheidung in „Rechtgläubige" und „Häretiker" wird immer unausweichlicher. Doch da es noch keine Norm für „Rechtgläubigkeit" gibt, entscheiden hierüber jeweils die Mehrheiten in den einzelnen Gemeinden.

2. Der Verfasser des Epheserbriefes ist ein Paulusschüler, der die Gefahren dieser Entwicklung deutlich sieht. Da er selbst keinerlei Organisation hinter sich hat, die seinen Worten Autorität verleihen könnte, schreibt er seinen Brief als Brief des Apostels Paulus, weil Paulus die einzige noch von allen anerkannte Autorität darstellt.

3. Der Verfasser des Epheserbriefes hat erkannt, daß das Hauptproblem die Einheit der Kirche ist. Das haben auch andere erkannt. Eph. unterscheidet sich aber von allen anderen uns überlieferten Schriften dadurch, daß er einen wesentlich anderen Weg einschlägt.

4. Eph. versucht, die Struktur der paulinischen Missionsverfassung aufrechtzuerhalten, während alle übrigen uns überlieferten Schriften dieser Zeit versuchen, die episkopale Gemeindeordnung überall durchzusetzen.

5. Sichtbarster Ausdruck dieses Bestrebens ist, daß Eph. allein die Apostel und Propheten als Fundament der Kirche anerkennt, während er die Ämter, die die episkopale Gemeindeordnung repräsentieren (Bischöfe, Presbyter, Diakone), völlig übergeht.

6. Eph. ist weiterhin der letzte Versuch, ein einträgliches Zusammenleben von Heiden- und Judenchristen in der einen Kirche zu ermöglichen. Eph. ist der Überzeugung, daß die immer stärker werdende Entfremdung zwischen ihnen wesentlich zu Lasten der Heidenchristen geht.

7. Eph. ist der Versuch, die immer mehr auseinanderstrebenden Tendenzen theologisch auszugleichen. Er nimmt darum alle Traditionen der Gemeinde auf. Die Analyse der einzelnen Traditionen zeigte, wie verschieden sie in ihrer Herkunft und ihrer Aussage sind. Eph. aber ist bereit, auf alle zu hören.

8. Die Absicht des Eph. ist nicht polemisch, sondern versöhnend. Eph. versucht, eine Position jenseits aller Gegensätze einzunehmen. Dadurch verliert dieses Schreiben die klaren Konturen. Der Brief scheint im Niemandsland geschrieben zu sein. Seine Absicht tritt nicht klar hervor. Erst wenn man erkannt hat, zu welcher schwierigen Stunde Eph. geschrieben wurde, enthüllt sich die „Absichtslosigkeit" als Tendenz. Eph. befindet sich in der schwachen Position dessen, der nach allen Seiten hin ausgleichen will. Die Kompliziertheit des Stils des Briefes, seine gewisse Langatmigkeit ist der Ausdruck einer Persönlichkeit, die überall nach einer Kompromißlösung sucht und jede Aussage nach allen Seiten hin so absichern möchte, daß jeder sich mit dem Inhalt zu identifizieren vermag. Das bedeutet zugleich auch, daß jede allzu deutliche Konkretion vermieden wird.

9. Eph. sieht anscheinend in der Ethik eine Basis für das gemeinsame Leben der Gemeinde jenseits aller theologischen Gegensätze. So ist zu erklären, daß die Paränese einen so breiten Raum einnimmt und warum Eph. vor allem die paränetischen Formen aufgreift, die das Christsein grundsätzlich begründen. Auch das bewirkt wieder einen Verlust an Konkretion.

10. Das Zentrum des eigenen theologischen Denkens des Eph. ist der Glaube an Christus als den Allgott, dessen Leib Kirche und Welt sind. Während es dem Kosmos erst durch die Kirche bekannt wird, daß Christus alle Gegensätze versöhnt und überall Frieden schafft, lebt die Kirche davon, daß in ihr Christus schon alle Gegensätze aufgehoben hat. Dieser Glaube ist der Ursprungsort der Versöhnungstheologie, die Eph. entfaltet und die seine ganze Haltung bestimmt.

11. Der Versuch des Eph. ist gescheitert. Die Entwicklung ist genau in die Richtung weitergegangen, die er vermeiden wollte. Der Grund dieses Scheiterns liegt auch darin, daß er seiner Versöhnungschristologie keine Basis im geschichtlichen Leben zu geben vermochte.

12. Das Scheitern seines Versuches bedeutet aber nicht, daß seine Theologie der Versöhnung widerlegt wäre. Die theologische Bewältigung dieses

Briefes könnte sinnvoll so geschehen, daß der Versuch unternommen wird, seiner Versöhnungschristologie eine echte geschichtliche Basis zu geben. Versöhnung und Solidarität sind nicht von einer Position jenseits aller Widersprüche möglich, sondern nur durch die Erkenntnis des Grundes für die Widersprüche und durch entschlossene Parteinahme. Oder, um es von der paulinischen Kreuzestheologie her zu sagen, die Eph. nicht mehr durchgehalten hat: Versöhnung hat ihren Grund im Bekenntnis zu dem Gekreuzigten, und das bedeutet bedingungslose Parteinahme für den hilfsbedürftigen Menschenbruder.

LITERATURVERZEICHNIS

I. Quellen und Übersetzungen

A. Allgemeine

Umwelt des Urchristentums I–III, hrsg. von J. Leipoldt und W. Grundmann, Berlin 1965–1967

Barret, C. K.: Die Umwelt des Neuen Testaments. Ausgewählte Quellen, hrsg. von C. Colpe, WUNT 4, Tübingen 1959

B. Jüdische

Riessler, P., Altjüdisches Schrifttum außerhalb der Bibel, Nachdruck Darmstadt 1966

Die Apokryphen und Pseudepigraphen des Alten Testaments I–II, übersetzt und hrsg. von E. Kautzsch, Tübingen 1900

Die Texte aus Qumran. Hebräisch und deutsch, hrsg. von E. Lohse, München 1964

Die Oracula Sibyllina, bearbeitet von J. Geffcken. Nachdruck Leipzig 1967

Philonis Alexandrini Opera quae supersunt, ed. L. Cohn, P. Wendland, S. Reiter (Index von J. Leisegang), I–VII,2. Nachdruck Berlin 1962/63

Philo von Alexandrien. Die Werke in deutscher Übersetzung, hrsg. von L. Cohn, I. Heinemann, M. Adler und W. Theiler, I–VII Berlin 1962–64[2]

Für die in diesen Ausgaben nicht enthaltenen Quaestiones wurden die Supplementbände der englischen Ausgabe verwendet: I Questions and Answers on Genesis; II Questions and Answers on Exodus. Translated from the ancient Armenian version of the original Greek by R. Marcus, London 1953

Josephus, Flavius, De Bello Judaico – Der Jüdische Krieg, hrsg. von O. Michel und O. Bauernfeind, I, II,1, II,2, München 1959–1969

Josephus, Flavius, Jüdische Altertümer I–II, übersetzt von H. Clementz, Nachdruck Darmstadt 1967

Josephus, Flavius, Kleinere Schriften, übersetzt von H. Clementz, Nachdruck Köln 1960

C. Christliche

Funk–Bihlmeyer–Schneemelcher, Die Apostolischen Väter, Tübingen 1956[2]

Fischer, J. A., Die Apostolischen Väter. Griechisch und Deutsch. München 1956

Die Apostolischen Väter I. Der Hirt des Hermas, hrsg. von M. Whittacker, GCS 48, Berlin 1967

Die ältesten Apologeten, hrsg. von E. J. Goodspeed, Göttingen 1914

Lipsius–Bonnet, Acta Apostolorum Apocrypha I, II,1, II,2, Nachdruck Darmstadt 1959

Hennecke–Schneemelcher, Neutestamentliche Apokryphen in deutscher Übersetzung. Berlin, Band I 1961, Band II 1966

Clemens Alexandrinus, hrsg. von O. Stählin
   I Protrepticus und Paedagogus, GCS 12, Leipzig 1936
   II Stromata I–VI, GCS 52, Berlin 1960[3]

III Stromata VII–VIII, Excerpta ex Theodoto, Eclogae Propheticae, Quis Dives salvetur, Fragmente, GCS 17, Berlin 1970²
IV Register, GCS 39, Leipzig 1936
Iuli Firmici Materni, De Errore Profanarum Religionum, hrsg. von K. Ziegler. Das Wort der Antike, Band III, München 1953
Epiphanius, Bd. I Ancoratus und Panarion 1–33, GCS 25, Leipzig 1915; II Panarion 34 bis 64, GCS 31, Leipzig 1922, hrsg. von Karl Holl
Eusebius von Caesarea, Kirchengeschichte, hrsg. von E. Schwartz, Kleine Ausgabe, Berlin–Leipzig 1952⁵
Hippolytus, Werke III, Refutatio omnium Haeresium, GCS 26, Leipzig 1916, hrsg. von P. Wendland
Der Koptische Text der Kirchenordnung Hippolyts, hrsg. von W. Till und J. Leipoldt, TU 58, Berlin 1954
Sancti Irenaei Episcopi Lugdunensis Libros quinque adversus Haereses I–II, Cantabrigiae 1857, Nachdruck New Jersey 1965
Origenes, Werke II, Buch V–VIII gegen Celsus, Die Schrift vom Gebet, hrsg. von P. Koetschau, Leipzig 1899
Die Pseudoklementinen, I Homilien, hrsg. von B. Rehm, GCS 42, Berlin 1969²
II Die Recognitionen in Rufins Übersetzung, hrsg. von B. Rehm, GCS 51, Berlin 1965
Quinti Septimi Florentis Tertulliani Opera III ex recensione Aemilii Kroymann (CSL) Wien–Leipzig 1906

D. Gnostische

Haardt, R., Die Gnosis. Wesen und Zeugnisse, Salzburg 1967
Die Gnosis. Erster Band: Zeugnisse der Kirchenväter, hrsg. von C. Andresen. Die Bibliothek der Alten Welt. Zürich–Stuttgart 1969
Leipoldt, J. – Schenke, H.-M., Koptisch-gnostische Schriften aus den Papyrus-Codices von Nag-Hammadi, ThF 20, Hamburg 1960
Till, W., Die gnostischen Schriften des Koptischen Papyrus Berolinensis 8502 (BG), TU 60, Berlin 1955
Schmidt, C., Koptisch-gnostische Schriften I. Die Pistis Sophia, Die beiden Bücher des Jeû – Unbekanntes altgnostisches Werk, 2. Aufl. bearbeitet von W. Till, GCS 45, Berlin 1962⁴
Epistula Jacobi Apocrypha, hrsg. von M. Malinine, H. C. Puech, G. Quispel, W. Till. Unter Mitarbeit von R. McL. Wilson und J. Zandee, Zürich 1968
Evangelium Veritatis, hrsg. von M. Malinine, H. C. Puech, G. Quispel, Zürich 1956 (Supplement 1961)
De Resurrectione – Epistula ad Rheginum, hrsg. von M. Malinine, H. C. Puech, G. Quispel, W. Till, Zürich–Stuttgart 1963
Till, W., Das Evangelium nach Philippus. Patristische Texte und Studien, Band 2, Berlin 1963
Evangelium nach Thomas, hrsg. von A. Guillaumont, H.-Ch. Puech, G. Quispel, W. Till, Y 'Abd al Masīh, Leiden 1959
Leipoldt, J., Das Evangelium nach Thomas, TU 101, Berlin 1967
Bullard, R. A., The Hypostasis of the Archons, Patristische Texte und Studien X, Berlin 1970
Böhlig, A.–Labib, P., Die Koptisch-Gnostische Schrift ohne Titel aus Codex II von Nag-Hammadi im Koptischen Museum zu Alt-Kairo. Deutsche Akademie der Wissenschaften zu Berlin. Institut für Orientforschung. Veröffentlichung Nr. 58, Berlin 1962
Krause, M.–Labib, P., Die drei Versionen des Apokryphon des Johannes im Koptischen Museum zu Alt-Kairo. Abhandlungen des Deutschen Archäologischen Instituts Kairo. Koptische Reihe I, Wiesbaden 1962
Böhlig, A.–Labib, P., Koptisch-Gnostische Apokalypsen aus Codex V von Nag-Hammadi im Koptischen Museum zu Alt-Kairo. Wissenschaftliche Zeitschrift der Martin-Luther-Universität Halle–Wittenberg, Sonderband 1963
Corpus Hermeticum. Hermès Trismégiste. Texte établi par A. D. Nock et traduit par A.-J. Festugière, I–IV, Paris 1945–1954

Lidbzarski, M., Ginza. Der Schatz oder Das große Buch der Mandäer, Göttingen–Leipzig 1925
Lidzbarski, M., Das Johannesbuch der Mandäer, Nachdruck Berlin 1966

E. Sonstige

Dittenberger, W., Sylloge Inscriptionum Graecarum III, Leipzig 1920
Kern, O., Orphicorum Fragmenta, Berlin 1922
Gressmann, H., Altorientalische Texte zum Alten Testament, Berlin–Leipzig 1926²
Ambrosii Theodosii Macrobii Saturnalia, ed. J.Willis, Bibliotheca Teubneriana, Lipsiae 1963
Apuleius, Metamorphosen oder Der goldene Esel. Lateinisch und Deutsch von R.Helm. Schriften und Quellen der Alten Welt I, Berlin 1961⁵
L.Aenaei Seneca Opera quae supersunt III, ed. O.Hense, Bibliotheca Teubneriana, Leipzig 1914
Vermaseren, M.J. und van Essen, C.C., The Excavations in the Mithraeum of the Church of Santa Prisca in Rome, Leiden 1965

II. Sekundärliteratur

Adam, A., Die Entstehung des Bischofsamts. Wort und Dienst. Jahrbuch der Theologischen Schule Bethel. NF 5, 1957, S.104–113
Ahern, B., The Indwelling Spirit, Pledge of our Inheretance Eph 1,14 CBQ 9, 1947, S.179–189
Allan, J.A., The Epistle to the Ephesians. Torch Bible Commentary, London 1959
Allan, J.A., The „In Christ" Formula in Ephesians, NTS 5, 1958/59, S.54–62
Antijudaismus im Neuen Testament. Exegetische und systematische Beiträge. Abhandlungen zum christlich-jüdischen Dialog, München 1967
Arai, S., Zur Christologie des Apokryphon des Johannes, NTS 15, 1968/69, S.302–318
Asting, R., Die Heiligkeit im Urchristentum, FRLANT NF 29 (46), Göttingen 1930
Barth, M., Israel und die Kirche im Brief des Paulus an die Epheser, ThExh 75, München 1959
Bartsch, H.-W., Die Anfänge urchristlicher Rechtsbildungen, ThF 34, Hamburg 1965
Bauer, W., Das Johannesevangelium, HBNT 6, Tübingen 1933³
Bauer, W., Rechtgläubigkeit und Ketzerei im ältesten Christentum. 2.Auflage mit einem Nachtrag von G.Strecker, BzhistTh 10, Tübingen 1964
Baur, F.C., Paulus. Der Apostel Jesu Christi I–II. 2.Aufl. hrsg. von E.Zeller, Leipzig 1867
Betz, H.D., Nachfolge und Nachahmung Jesu Christi im Neuen Testament, BzhistTh 37, Tübingen 1967
Betz, H.D., The Mithras Inscriptions of Santa Prisca and the New Testament, NovTest 10, 1968, S.62–80
Beyer, H.W., Artikel ἐπίσκοπος κτλ, ThWB II, S.595–619
Beyschlag, K., Clemens Romanus und der Frühkatholizismus, BzhistTh 35, Tübingen 1966
Bornkamm, G., Taufe und neues Leben, in: Das Ende des Gesetzes. Paulusstudien. Gesammelte Aufsätze I, S.34–50, München 1958
Bornkamm, G., Das Bekenntnis im Hebräerbrief, in: Studien zu Antike und Urchristentum. Gesammelte Aufsätze II, S.188–203
Bornkamm, G., Die Vorgeschichte des sogenannten Zweiten Korintherbriefes. SHA Phil. hist. Kl. 1961, 2, Heidelberg 1961
Bornkamm, G., Herrenmahl und Kirche bei Paulus, in: Studien zu Antike und Urchristentum. Gesammelte Aufsätze II, S.138–177, München 1963²
Bornkamm, G., Der Philipperbrief als paulinische Briefsammlung, in: Neotestamentica et Patristica. Freundesgabe für O.Cullmann. NovTest Suppl. 6, Leiden 1962, S.192ff.

Bornkamm, G., Artikel πρεσβύς, ThWB VI, S.651–683

Bousset, W., Die Himmelfahrt der Seele, ARW IV, 1901

Bousset, W.-Gressman, H., Die Religion des Judentums im späthellenistischen Zeitalter, HBNT 21, Tübingen 1966⁴

Braun, H., Qumran und das Neue Testament I–II, Tübingen 1966

Braun, H., Spätjüdisch-häretischer und frühchristlicher Radikalismus. Jesus von Nazareth und die essenische Qumransekte. BzhistTh 24, I–II, Tübingen 1957

Bultmann, R., Theologie des Neuen Testaments, Tübingen 1958³

Bultmann, R., Das Evangelium des Johannes, MeyerK, Göttingen 1959¹⁶

Cadbury, H.J., The Dilemma of Ephesians, NTS 5, 1958/59, S.91–102

Burrows, M., Die Schriftrollen vom Toten Meer, München 1960³

Cambier, J., La Bénédiction d' Eph 1,3–14, ZNW 54, 1963, S.58–104

von Campenhausen, H., Kirchliches Amt und geistliche Vollmacht in den ersten drei Jahrhunderten, BzhistTh 14, Tübingen 1963²

von Campenhausen, H., Polykarp von Smyrna und die Pastoralbriefe, in: Aus der Frühzeit des Christentums, Gesammelte Aufsätze, Tübingen 1963, S.197–252

Colpe, C., Die religionsgeschichtliche Schule. Darstellung und Kritik ihres Bildes vom gnostischen Erlösermythus, FRLANT 78, Göttingen 1961

Chadwick, H., Die Absicht des Epheserbriefes, ZNW 51, 1960, S.145–153

Conzelmann, H., Die Mitte der Zeit. Studien zur Theologie des Lukas, BzhistTh 17, Tübingen 1964⁵

Conzelmann, H., Die Apostelgeschichte, HBNT 7, Tübingen 1963

Conzelmann, H., Was von Anfang war, in: Neutestamentliche Studien für R.Bultmann, BZNW 21, 1954, S.194ff.

Coutts, J., Ephesians 1,3–14 and 1 Petr 1,3–12, NTS 3, 1956/57, S.115–127

Cumont, F., Die orientalischen Religionen im Römischen Heidentum, Leipzig 1931³

Dahl, N.A., Das Volk Gottes. Eine Untersuchung zum Kirchenbewußtsein des Urchristentums. Skrifter utgitt av Det Norske Videnskaps-Akademi i Oslo II Hist. Filos. Klasse 1941, No.2, Oslo 1941

Dahl, N.A., Adresse und Proömium des Epheserbriefes, ThZ 7, 1951, S.241–265

Deichgräber, R., Gotteshymnus und Christushymnus in der frühen Christenheit, StUNT 5, Göttingen 1967

Deissmann, A., Paulus. Eine kultur- und religionsgeschichtliche Skizze, Tübingen 1925²

Dibelius, M., Aufsätze zur Apostelgeschichte, hrsg. von H.Greeven, Berlin 1953²

Dibelius, M., Die Christianisierung einer hellenistischen Formel, in: Botschaft und Geschichte II, S.14–29, Tübingen 1956

Dibelius, M., Die Formgeschichte des Neuen Testaments (außerhalb der Evangelien), ThR NF 3, 1931, S.207–242

Dibelius, M., An die Kolosser, Epheser, an Philemon, HBNT 12, 3.Auflage neubearbeitet von H.Greeven, Tübingen 1953

Dibelius, M., Die Pastoralbriefe, HBNT 13, 3.Auflage bearbeitet von H.Conzelmann, Tübingen 1955

Erman, A., Die Welt am Nil, Leipzig 1936

Ewald, P., Epheser-, Kolosser- und Philemonbrief ausgelegt, KNT 10, Leipzig 1905

Feuillet, A., L'Eglise plérôme du Christ d'après Ephés I,23, NRT 78, 1956, S.449–472, 593–610

Fischer, K.M., Die Bedeutung des Leidens in der Theologie des Paulus, Diss. theol. Masch.-Schrift, Berlin 1967

Flusser, D., Die Christenheit nach dem Apostelkonzil, in: Antijudaismus, S.70–81

Fuchs, E., Freiheit des Glaubens. Römer 5–8 ausgelegt, BEvTh 14, München 1949

Gabathuler, H.J., Jesus Christus. Haupt der Kirche – Haupt der Welt. AThANT 45, Zürich 1965

Gäumann, N., Taufe und Ethik. Studien zu Römer 6, BEvTh 47, München 1967

Gaugler, E., Der Epheserbrief. Auslegung neutestamentlicher Schriften VI, Zürich 1966

Georgi, D., Die Gegner des Paulus im zweiten Korintherbrief, WMANT 11, Neukirchen 1964

Georgi, D., Die Geschichte der Kollekte des Paulus für Jerusalem, ThF 38, Hamburg 1965

Goetz, K. G., Ist der Mebaqqēr der Genizafragmente wirklich das Vorbild des christlichen Episkopats?, ZNW 30, 1931, S.89–93

Goodspeed, E. J., The Meaning of Ephesians, Chicago 1933

Goodspeed, E. J., The Key to Ephesians, Chicago 1956

Goppelt, L., Christentum und Judentum im ersten und zweiten Jahrhundert, BFchTh 55,2, Gütersloh 1954

Grundmann, W., Die Νήπιοι in der urchristlichen Paränese, NTS 5, 1958/59, S.188–205

Güttgemanns, E., Der leidende Apostel und sein Herr, FRLANT 90, Göttingen 1966

Hadidian, D. Y., tous de euangelistas in Eph 4,11, CBQ 28, 1966, S.317–321

Haenchen, E., Die Apostelgeschichte, MeyerK III, Göttingen 1957[11]

Haenchen, E., Gab es eine vorchristliche Gnosis?, in: Gott und Mensch, Gesammelte Aufsätze I, S.265–298, Tübingen 1965

Hahn, W.T., Das Mitsterben und Mitauferstehen mit Christus bei Paulus, Gütersloh 1937

Harnack, A., Die Quellen der sogenannten Apostolischen Kirchenordnung, TU II,5, Leipzig 1886

Harnack, A., Über den Dritten Johannesbrief, TU 15,3b, Leipzig 1897

Haupt, E., Die Gefangenschaftsbriefe, MeyerK VIII und IX, Göttingen 1902[8]

Hegermann, H., Die Vorstellung vom Schöpfungsmittler im hellenistischen Judentum und Urchristentum, TU 82, Berlin 1961

Hengel, M., Die Zeloten, AGSU 1, Leiden–Köln 1961

Hirsch, E., Die drei Berichte der Apostelgeschichte über die Bekehrung des Paulus, ZNW 28, 1929, S.305–312

Holl, K., Der Kirchenbegriff des Paulus in seinem Verhältnis zu dem der Urgemeinde, Gesammelte Aufsätze II, S.44–67, Tübingen 1928

Holsten, C., Das Evangelium des Paulus I, Berlin 1880

Holtzmann, H. J., Kritik der Epheser– und Kolosserbriefe, Leipzig 1872

Hopfner, Th., Die Griechisch-Orientalischen Mysterien. Sonderdruck aus der Zeitsch Theosophie, 12. Jg., Leipzig 1924.

Innitzer, Th., Der Hymnus in Eph 1,3–14, ZKTh 1904, S.612ff.

Jeremias, J., Jerusalem zur Zeit Jesu II,1, Göttingen 1929

Jeremias, J., Artikel ποιμήν, ThWB VI, S.484–501

Jervell, J., Imago Dei, FRLANT 76, Göttingen 1960

Jonas, H., Gnosis und spätantiker Geist. Band I, FRLANT NF 33 (51), Göttingen 1964[3]

Jones, C. P. M., The Calling of the Gentiles, in: Studies in Ephesians, S.76–88

Jülicher, A.–Fascher, E., Einleitung in das Neue Testament, Tübingen 1931[7]

Jüngst, J., Die Quellen der Apostelgeschichte, Gotha 1895

Käsemann, E., Leib und Leib Christi, BzhistTh 9, Tübingen 1933

Käsemann, E., Die Legitimität des Apostels, ZNW 41, 1942, S.33–77

Käsemann, E., Anliegen und Eigenart der paulinischen Abendmahlslehre, EVB I, S.11–34

Käsemann, E., Zum Verständnis von Röm 3,24–26, EVB I, S.96–100

Käsemann, E., Ketzer und Zeuge, EVB I, S.168–187

Käsemann, E., Gottesdienst im Alltag der Welt, EVB II, S.198–204

Käsemann, E., Artikel Epheserbrief, RGG[3] II, Sp.517–520

Käsemann, E., Die Gegenwart Christi: Das Kreuz, in: Christus unter uns, Stuttgart 1967

Kamlah, E., Wie beurteilt Paulus sein Leiden? ZNW 54, 1963, S.217ff.

Kamlah, E., Die Form der katalogischen Paränese, WUNT 7, Tübingen 1964

Kern, O., Die Religion der Griechen II, Berlin 1939

King, A. C., Ephesians in the Light of Form Criticism, ExT 63, 1951/52, S.273–276

Klein, G., Die zwölf Apostel. Ursprung und Gehalt einer Idee, FRLANT 77, Göttingen 1961

Knopf, R., Die Lehre der zwölf Apostel, Die zwei Clemensbriefe, HBNT E I, Tübingen 1920

Knopf, R., Das nachapostolische Zeitalter, Tübingen 1905

Kosmala, H., Nachfolge und Nachahmung Gottes. I. Im Griechischen Denken, Annual of the Swedish Theological Institute II, Leiden 1963

Kremer, J., Was an den Leiden Christi noch mangelt, BBB 12, Bonn 1956

Kümmel, W. G. (Feine–Behm–Kümmel), Einleitung in das Neue Testament, Heidelberg 1963[12]

Kümmel, W. G., Die Weherufe über die Schriftgelehrten und Pharisäer, in: Antijudaismus, S. 135–147

Kuhn, K. G., Artikel πανοπλία, ThWB V, S. 297–300

Kuhn, K. G., Der Epheserbrief im Lichte der Qumrantexte, NTS 7, 1960/61, S. 334–346

Liechtenhan, R., Artikel Monoimos der Araber, RE[3] XIII, S. 372

Leipoldt, J., Von der altchristlichen Taufe, WZ der Karl-Marx-Universität Leipzig III, 1953/54, Gesellschafts- und sprachwissenschaftliche Reihe, Heft 1, Albrecht Alt zum 70. Geburtstag gewidmet, wiederabgedruckt in: J. Leipoldt, Von den Mysterien zur Kirche, Gesammelte Aufsätze, Leipzig 1961, S. 231–254

Lietzmann, H., Messe und Herrenmahl, Arbeiten zur KG 8, Berlin 1955[2]

Linnemann, E., Gleichnisse Jesu, Göttingen 1964[3]

Lohmeyer, E., Σὺν Χριστῷ, Festgabe für Adolf Deissmann zum 60. Geburtstag, Tübingen 1927, S. 218–257

Lohse, E., Märtyrer und Gottesknecht, FRLANT NF 46 (64), Göttingen 1963[2]

Lohse, E., Die Briefe an die Kolosser und an Philemon, MeyerK IX,2, Göttingen 1968[14]

Marxsen, W., Einleitung in das Neue Testament, Gütersloh 1963

Marxsen, W., Die Nachfolge der Apostel. Wort und Dienst, Jahrbuch der Theologischen Schule Bethel, NF 5, 1957, S. 114–129

Masson, Ch., L'Epître de Saint-Paul aux Ephésians, CNT IX, 1953

Michl, J., Die 24 Ältesten in der Apokalypse des Hl. Johannes, 1938

Mitton, L. C., The Epistle to the Ephesians. Its Authorship, Origin and Purpose, Oxford 1951

Mitton, L. C., The Relationship between 1 Peter and Ephesians, JThSt NS 1, S. 65–73

Mogk, E., Grundriß der germanischen Philologie III, hrsg. von H. Paul, Straßburg 1900

Molin, G., Die Söhne des Lichts. Zeit und Stellung der Handschriften vom Toten Meer, Wien–München 1954

Morenz, S., Ägyptische Religion, Die Religionen der Menschheit VIII, Stuttgart 1960

Müller-Bardorf, J., Zur Frage der literarischen Einheit des Philipperbriefes, WZ Jena 7, 1957/58, ges.-sprachwiss. Reihe 4, S. 591 ff.

Munck, J., Israel and the Gentiles in the New Testament, JThSt NS 2, 1957, S. 3–16

Mussner, F., Christus, das All und die Kirche, Trierer Theologische Studien 5, Trier 1955

Mussner, F., Die Geschichtstheologie des Epheserbriefes, in: Studiorum Paulinorum Congressus II, 1961, Analecta Biblica VO, Rom 1963, S. 59–63

Nauck, W., Eph 2,19–22 – ein Tauflied? EvTh 13, 1953, S. 362–371

Nauck, W., Probleme des frühchristlichen Amtsverständnisses, ZNW 48, 1957, S. 200 bis 220

Neuenzeit, P., Das Herrenmahl. Studien zur paulinischen Eucharistieauffassung, StANT 1, München 1960

Neugebauer, F., In Christus, Göttingen 1961

Noack, B., Das Zitat in Eph 5,14, Studia Theologica Vol V Fasc I, Lund 1952

Norden, E., Agnostos Theos. Untersuchungen zur Formgeschichte religiöser Rede, Nachdruck Darmstadt 1956

Ochel, W., Die Annahme einer Bearbeitung des Kolosserbriefes im Epheserbrief in einer Analyse des Epheserbriefes dargestellt, Diss. phil. Marburg 1936

Odeberg, H., The View of the Universe in the Epistle to the Ephesians, Lunds Universitets Arsskrift, NF Avd 1, Bd. 29, Nr. 6, Lund 1934

Oepke, A., Artikel ὅπλον κτλ, ThWB V, S. 292–302

Le Origini dello Gnosticismo. Colloquio di Messina 13–18 Aprile 1966, Studies in the History of Religion XII, Leiden 1967

Von der Osten-Sacken, P., Gott und Belial, StUNT 6, Göttingen 1969

Percy, E., Die Probleme der Kolosser- und Epheserbriefe, Lund 1946

Percy, E., Der Leib Christi. Σῶμα Χριστοῦ in den paulinischen Homologumena und Antilegomena. Lunds Universitets Arsskrift NF Avd 1, Band 38, Nr. 1, Lund–Leipzig 1942

Percy, E., Zu den Problemen der Kolosser- und Epheserbriefe, ZNW 43, 1950/51, S. 178–194

Peterson, E., *ΕΙΣ ΘΕΟΣ*. Epigraphische, formgeschichtliche und religionsgeschichtliche Untersuchungen, FRLANT NF 24 (41), Göttingen 1926

Pfleiderer, O., Der Paulinismus, Leipzig 1890[2]

Pokorný, P., Der Epheserbrief und die Gnosis, Berlin 1965

Rahtjen, B. D., The three Letters of Paul to the Philippians, NTS 6, 1959/60, S.167ff.

Reitzenstein, R., Die Hellenistischen Mysterienreligionen, Nachdruck Darmstadt 1956

Reitzenstein, R., Poimandres. Studien zur Griechisch-Ägyptischen und Frühchristlichen Literatur, Leipzig 1904

Reitzenstein, R., Das iranische Erlösungsmysterium, Bonn 1921

Reitzenstein, R.–Schaeder, H. H., Studien zum antiken Synkretismus aus Iran und Griechenland, Studien der Bibliothek Warburg VII, Leipzig 1926

Rengstorf, K. H., Artikel *ἀποστέλλω κτλ*, ThWB I, S.397–448

Rudolph, K., Die Mandäer II, Der Kult, FRLANT NF 57 (75), Göttingen 1961

Sahlin, H., Die Beschneidung Christi, Symb. Bibl. Ups. 12, 1950, S.5–22

Sanders, J. N., Hymnic Elements in Ephesians 1–3, ZNW 56, 1965, S.214–232

Sanders, J. N., The Case of the Pauline Authorship, in: Studies in Ephesians, S.9–20

Saß, G., Apostelamt und Kirche, Forschungen zur Geschichte und Lehre des Protestantismus, 9.Reihe, Band 2, München 1939

Sasse, H., Artikel *αἰών κτλ*, ThWB I, S.197–209

Satake, A., Die Gemeindeordnung in der Johannesapokalypse, WMANT 21, Neukirchen 1966

Schenke, H.-M., Der Gott „Mensch" in der Gnosis, Berlin 1962

Schenke, H.-M., Die Herkunft des sogenannten Evangelium Veritatis, Berlin 1958

Schenke, H.-M., Der Widerstreit zwischen gnostischer und kirchlicher Christologie im Spiegel des Kolosserbriefes, ZThK 61, 1964, S.391–403

Schenke, H.-M., Auferstehungsglaube und Gnosis, ZNW 59, 1968, S.123–126

Schille, G., Frühchristliche Hymnen, Berlin 1962

Schlier, H., Christus und die Kirche im Epheserbrief, BzhistTh 6, Tübingen 1930

Schlier, H., Die Kirche nach dem Brief an die Epheser, in: Die Zeit der Kirche. Gesammelte Aufsätze I, Freiburg 1962[3], S.159–186

Schlier, H., Der Brief an die Epheser. Ein Kommentar. Düsseldorf 1963[3]

Schmid, J., Der Epheserbrief des Apostels Paulus, Freiburg 1928

Schmidt, T., Der Leib Christi, Leipzig 1919

Schmithals, W., Die Gnosis in Korinth, FRLANT NF 48 (66), Göttingen 1965[2]

Schmithals, W., Paulus und Jakobus, FRLANT 85, Göttingen 1963

Schmithals, W., Das kirchliche Apostelamt, FRLANT NF 61 (79), Göttingen 1961

Schmithals, W., Paulus und die Gnostiker, ThF 35, Hamburg 1965

Schmitz, O., Artikel *παραγγέλλω, παραγγελία*, ThWB V, S.759–762

Schnackenburg, R., „Er hat uns mitauferweckt". Zur Tauflehre des Epheserbriefes. Liturgisches Jahrbuch 2, Münster 1952, S.159–183

Schnackenburg, R., Gestalt und Wesen der Kirche nach dem Epheserbrief, Catholica 15, 1961, S.104–120

Schneider, J., Die Passionsmystik des Paulus, UNT 15, Leipzig 1929

Schrage, W., Die konkreten Einzelgebote in der paulinischen Paränese, Gütersloh 1961

Schroeder, D., Die Haustafeln des Neuen Testaments, Diss. theol. Hamburg 1959

Schweitzer, A., Die Mystik des Apostels Paulus, Tübingen 1954[2]

Schweizer, E., Artikel *σῶμα κτλ*, ThWB VII, S.1024–1091

Schweizer, E., Gemeinde und Gemeindeordnung im Neuen Testament, AThANT 35, Zürich 1959

Schweizer, E., Die „Mystik" des Sterbens und Auferstehens mit Christus bei Paulus, EvTh 26, 1966, S.239–257

Seeberg, A., Der Katechismus der Urchristenheit, Nachdruck ThB 26, München 1966

Spitta, F., Die Apostelgeschichte, ihre Quellen und deren geschichtlicher Wert, Halle 1891

Staerck, W., Die jüdische Gemeinde des Neuen Bundes, BFchrTh 27,3, Gütersloh 1922

Stauffer, E., Die Theologie des Neuen Testaments, Gütersloh 1948[4]

Steinmetz, F. J., Protologische Heils-Zuversicht. Die Strukturen des soteriologischen Denkens im Kolosser- und Epheserbrief, Frankfurter Theologische Studien II, Frankfurt 1969

Studies in Ephesians. Edited by F. L. Cross, London 1956

Stuhlmacher, P., Gerechtigkeit Gottes bei Paulus, FRLANT 87, Göttingen 1966[2]

Taeger, F., Charisma I, Stuttgart 1957

Tannehill, R., Dying and Rising with Christ, BZNW 32, Berlin 1967

Thompson, G. H. P., Ephesians III,13 and 2 Timothy II,10 in the Light of Colossians I,24, ExT 71, 1959/60, S. 187–189

Tröger, K. W., Mysterienglaube und Gnosis in Corpus Hermeticum XIII, TU 110, Berlin 1971

Vermaseren, M., Mithras. Geschichte eines Kultes. Urban-Taschenbuch 33, Stuttgart 1965

Vögtle, A., Die Tugend- und Lasterkataloge im Neuen Testament, NTA, Band 16, Heft 4/5, Münster 1936

Wagenführer, M. A., Die Bedeutung Christi für Welt und Kirche. Studien zum Kolosser- und Epheserbrief, Leipzig 1941

Wagner, G., Das religionsgeschichtliche Problem von Römer 6,1–11, AThANT 39, Zürich 1962

Walter, E., Christus und der Kosmos. Eine Auslegung von Eph 1,10, Stuttgart 1948

Wegenast, K., Das Verständnis der Tradition bei Paulus und in den Deuteropaulinen, WMANT 8, Neukirchen 1962

Weiß, J., Der erste Korintherbrief, MeyerK V, Göttingen 1910[9]

Weizsäcker, C., Das apostolische Zeitalter der christlichen Kirche, Tübingen–Leipzig 1902[3]

Wendt, H. H., Die Apostelgeschichte, MeyerK III, Göttingen 1913[9]

Wibbing, S., Die Tugend- und Lasterkataloge im Neuen Testament, BZNW 25, Berlin 1959

Wikenhauser, A., Die Kirche als der mystische Leib Christi nach dem Apostel Paulus, 1937

Wilckens, U., Die Missionsreden der Apostelgeschichte, WMANT 5, Neukirchen 1963[2]

Wilckens, U., Rezension zu Schmithals, Paulus und Jakobus, ThLZ 90, 1965, Sp. 598 bis 601

Williams, R. R., The Pauline Catechesis, in: Studies in Ephesians, S. 89–96

Wilson, R. McL., The Gospel of Philip, London 1962

Windisch, H., Paulus und Christus, UNT 24, Leipzig 1934

Winter, P., Zum Prozeß Jesu, in: Antijudaismus, S. 95–104

Wutz, F., Onomastica Sacra. Untersuchungen zum Liber Interpretationis Nominum Hebraicorum des Hl. Hieronymus, TU 41, Leipzig 1914

STELLENREGISTER

11. Koptisch-gnostische
Schriften

Zu den Abkürzungen: Sie entsprechen dem Schema, das der Berliner Arbeitskreis für koptisch-gnostische Schriften vorgeschlagen hat; vgl. den Sammelbeitrag in Neues Testament und Gnosis (Herausgeber: K.-W. Tröger); EVA – Berlin 1973.

BG   = *Die gnostischen Schriften des koptischen Papyrus Berolinensis 8502, TU 60, Berlin 1955*

NHC = *Nag-Hammadi-Codex. Die römische Zahl gibt den Codexband nach der Zählung von Krause/Labib; die arabische Zahl die Stellung der Schrift innerhalb des Bandes an*

p.   = *Originalseite innerhalb des Codex*

pl.   = *Einige Schriften sind auf Grund des ersten Fotokopienbandes (dem allerdings keine weiteren gefolgt waren) von Pachor Labib ediert worden. Die Zählung der Tafeln stimmt aber nicht mit den Codexseiten überein. In diesen Fällen (UW und WA) erfolgt die Stellenangabe mit pl. (plate = Tafel)*

Thomas- und Philippusevangelium werden nach der schon eingebürgerten Zählung in Sprüche bzw. Abschnitte angegeben.

Fettgedruckte Stellenangaben stehen dort, wo ausführlichere Inhaltsangaben über die betreffende Schrift gemacht sind.

Das Ägypter–Evangelium = ÄgEv
(NHC III,2 IV,2)

III,2 p.58,	
25ff.	93

Das Apokryphon des Johannes = AJ
(BG 2 NHC II,1
III,1 IV,1)

BG 26,9f.	62
36	189
59	190

NHC II,1

p.4,13	62
6,15	62
7,22	62
9,25ff.	189
10,7–9	189
13,5ff	93
14,5f.	194
20,19–26	190
20,27f.	190
22,6ff.	156
22,28ff.	190
23,10–13	191
23,32	156

NHC III,1

p.30,11f.	191

Die Apokalypse des
Adam = ApcAd

(NHC V,5)

p.66,28f.	93

Die erste Apokalypse
des Jakobus =
= 1 ApcJac
(NHC V,3)

p.33,21ff.	133

Die zweite Apokalypse
des Jakobus
= 2 ApcJac
(NHC V,4)

p.58,20–23	156

Asclepius = Ascl
(NHC VI,8)

	175

Epistula Jacobi
Apokrypha = EpJac
(NHC I,1) 157

p. 14,35f.	

Epistula Petri ad
Philippum = EpPt
(NHC VIII,2)

p.139,15–22	136

Evangelium Veritatis
= EV

(NHC I,2)	60.137
p.18,38–40	65
19,34–20,27	137

Das Evangelium nach
Philippus = EvPhil
(NHC II,3)

6	93
23	49.157
27	157
31	192
32	193
46	93
71	134
78	134.193
79	193
101	157
113	193
122	192

Das Evangelium nach
Thomas = EvThom
(NHC II,2)

22	134
37	155
43	93
50	133
77	72
106	134
114	134.193